الأنظمة والتوصيات الموحّدة المتعلقة بالتنقيب والاستكشاف

طبعة منقحة

٢٠١٥

16-00862 (A)

نُشـرت في جامايكـا، عـام ٢٠١٥
بإشراف السلطة الدولية لقاع البحار

16-00862 (A)

المحتويات

مقدمة

إن هذه الطبعة المنقحة من الأنظمة والتوصيات الموحّدة المتعلقة بالتنقيب والاستكشاف تتضمن الأنظمة التي أقرّتها حتى الآن جمعية السلطة الدولية لقاع البحار، والتوصيات المتعلقة بالمسائل التقنية والإدارية التي صدرت من أجل تنفيذ القواعد والأنظمة والإجراءات التي وضعتها السلطة الدولية لقاع البحار.

ويشمل الجزء الأول ثلاث مجموعات من الأنظمة التي تتعلق حصراً بالتنقيب عن الموارد المعدنية البحرية في المنطقة. ومنذ نشر الطبعة الأولى، أجرت السلطة مزيداً من التعديلات على هذه الأنظمة. وأُدخلت تلك التعديلات في المواضع المناسبة لتوفير نسخةٍ من النص موحّدةٍ وغير رسميةٍ. وترد التعديلات هنا بخط مختلف، بالبنط الثخين، مع الإشارة إليها في الحواشي. وهذه الأنظمة هي:

- نظام التنقيب عن العقيدات المؤلفة من عدة معادن واستكشافها في المنطقة (اعتُمد في ١٣ تموز/يوليه ٢٠٠٠، وعُدّل في ٢٥ تموز/يوليه ٢٠١٣ و ٢٤ تموز/يوليه ٢٠١٤)[١]؛
- نظام التنقيب عن الكبريتيدات العديدة الفلزات واستكشافها في المنطقة (اعتُمد في ٧ أيار/مايو ٢٠١٠ وعُدّل في ٢٥ تموز/يوليه ٢٠١٣ و ٢٤ تموز/يوليه ٢٠١٤)[٢]؛
- نظام التنقيب عن قشور المنغنيز الحديدي الغنية بالكوبالت واستكشافها في المنطقة (اعتُمد في ٢٧ تموز/يوليه ٢٠١٢ وعُدّل في ٢٥ تموز/يوليه ٢٠١٣)[٣].

وتشكل هذه الأنظمة جزءا من النظام التشريعي العام للمنطقة، الذي حُدّد في معظمه في الجزء الحادي عشر وفي المرفقين الثالث والرابع من اتفاقية الأمم المتحدة لقانون البحار لعام ١٩٨٢[٤] وفي اتفاق عام ١٩٩٤ المتعلق بتنفيذ الجزء الحادي عشر[٥].

---

(١) ISBA/6/A/18 و ISBA/19/A/9 و ISBA/19/A/12 و ISBA/20/A/9.

(٢) ISBA/16/A/12/Rev.1 و ISBA/19/A/12 و ISBA/20/A/10.

(٣) ISBA/18/A/11 و ISBA/19/A/12.

(٤) A/CONF.62/122 و Corr. 1-11 و *The Law of the Sea: Compendium of Basic Documents* (International Seabed Authority/The Caribbean Law Publishing Company, 2001), p. 1.

(٥) A/RES/48/263، المرفق. ويمكن أيضاً الاطلاع على نسخة منه في: *The Law of the Sea: Compendium of Basic Documents* (International Seabed Authority/The Caribbean Law Publishing Company, 2001), p. 206.

ويتضمن الجزء الثاني ما أصدرته اللجنة القانونية والتقنية التابعة للسلطة الدولية لقاع البحار من توصيات توجيهية للمتعاقدين بقصد مساعدتهم على تنفيذ قواعد السلطة وأنظمتها وإجراءاتها. وتشمل ما يلي:

- توصيات توجيهية للمتعاقدين لتقييم الآثار البيئية المحتملة الناشئة عن استكشاف المعادن البحرية في المنطقة[٦]؛
- توصيات توجيهية للمتعاقدين والدول المزكية بشأن البرامج التدريبية في إطار خطط العمل المتعلقة بالاستكشاف[٧]؛
- توصيات مقدَّمة لإرشاد المتعاقدين بشأن الإبلاغ عن النفقات الفعلية والمباشرة المتعلقة بالاستكشاف[٨]؛
- التوصيات التوجيهية للمتعاقدين بشأن مضمون التقارير السنوية وشكلها وهيكلها[٩]؛

وتتضمن هذه الطبعة أيضاً:

- مقرر مجلس السلطة الدولية لقاع البحار المتعلق بإجراءات ومعايير تمديد خطط عمل الاستكشاف الموافق عليها[١٠].

---

(٦) ISBA/19/LTC/8.

(٧) ISBA/19/LTC/14.

(٨) ISBA/21/LTC/11.

(٩) ISBA/21/LTC/15.

(١٠) ISBA/21/C/19*.

॥श्री॥

ISBA/19/A/9

السلطة الدولية لقاع البحار

Distr.: General
26 July 2013
Arabic
Original: English

الجمعية

الدورة التاسعة عشرة

كينغستون، جامايكا

١٥-٢٦ تموز/يوليه ٢٠١٣

مقرر لجمعية السلطة الدولية لقاع البحار يتعلق بالتعديلات في نظام التنقيب عن العقيدات المؤلفة من عدة معادن واستكشافها في المنطقة

إن جمعية السلطة الدولية لقاع البحار،

وقد نظرت في التعديلات في نظام التنقيب عن العقيدات المؤلفة من عدة معادن واستكشافها في المنطقة، كما اعتمدها المجلس، بصفة مؤقتة، في جلسته ١٩٠ المعقودة في ٢٢ تموز/يوليه ٢٠١٣،

توافق على التعديلات في نظام التنقيب عن العقيدات المؤلفة من عدة معادن واستكشافها في المنطقة، كما وردت في مرفق مقرر المجلس[1].

الجلسة ١٤٢

٢٥ تموز/يوليه ٢٠١٣

_____

(١) ISBA/19/C/17، المرفق.

ISBA/19/C/17

Distr.: General
22 July 2013
Arabic
Original: English

السلطة الدولية لقاع البحار

المجلس

الدورة التاسعة عشرة

كينغستون، جامايكا

15-26 تموز/يوليه 2013

مقرر لمجلس السلطة الدولية لقاع البحار يتعلق بالتعديلات في نظام التنقيب عن العقيدات المؤلفة من عدة معادن واستكشافها في المنطقة وما يتصل بذلك من مسائل

إن مجلس السلطة الدولية لقاع البحار،

1 - **يعتمد** التعديلات التي أدخلت على نظام التنقيب عن العقيدات المؤلفة من عدة معادن واستكشافها في المنطقة، بصيغتها الواردة في مرفق هذا المقرر؛

2 - **يقرر** تطبيق النظام المعدل مؤقتا اعتبارا من تاريخ اعتماد المجلس له، في انتظار أن توافق عليه جمعية السلطة الدولية لقاع البحار؛

3 - **يطلب** إلى الأمين العام، في حالة وجود طلب لم يبت فيه للحصول على الموافقة على خطة عمل تتعلق بالعقيدات المؤلفة من عدة معادن، مقدم قبل بدء نفاذ تعديلات النظام، أن يتشاور مع مقدم الطلب قبل التوقيع على عقد الاستكشاف بهدف إدراج التنقيحات اللازمة في شروط العقد الموحَّدة؛

4 - **يطلب** إلى اللجنة القانونية والتقنية التابعة للسلطة أن تُصدر توصية لينظر فيها المجلس في دورته العشرين لمواءمة المادة 21 من نظام التنقيب عن الكبريتيدات المؤلفة من عدة

230713   230713   13-40401 (A)
1340401

معادن واستكشافها في المنطقة⁽¹⁾ مع المادة 21 من نظام التنقيب عن قشور منغنيز الحديد الغنية بالكوبالت واستكشافها في المنطقة⁽²⁾؛

5 - *يقرر*، ريثما يتلقى توصية اللجنة القانونية والتقنية المشار إليها في الفقرة 4، ألا تطبق المادة 21 (1) (ب) من نظام التنقيب عن الكبريتيدات المؤلفة من عدة معادن واستكشافها في المنطقة؛

6 - *يطلب أيضا* إلى اللجنة القانونية والتقنية أن تستعرض أحكام نظام التنقيب عن العقيدات الكبريتيدات المؤلفة من عدة معادن واستكشافها في المنطقة، ونظام التنقيب عن الكبريتيدات المؤلفة من عدة معادن واستكشافها، ونظام التنقيب عن قشور منغنيز الحديد الغنية بالكوبالت واستكشافها في المنطقة، فيما يتعلق باحتكار الأنشطة في المنطقة وخيار عرض حصة في رأس المال في إطار ترتيب مشروع مشترك، بغرض إمكان مواءمة تلك المجموعات الثلاث من الأنظمة جميعا في هذا الصدد، وأن تقدم توصية بهذا الشأن لينظر فيها المجلس في دورته العشرين.

الجلسة 190
22 تموز/يوليه 2013

---

(1) ISBA/16/A/12/Rev.1.

(2) ISBA/18/A/11.

المرفق

نظام التنقيب عن العقيدات المؤلفة من عدة معادن واستكشافها في المنطقة

الديباجة

وفقا لاتفاقية الأمم المتحدة لقانون البحار المؤرخة 10 كانون الأول/ديسمبر 1982 (''الاتفاقية'')، يمثل قاع البحار والمحيطات وباطن أرضها، خارج حدود الولاية الوطنية، هي ومواردها، تراثا مشتركا للإنسانية، ويتم استكشافها واستغلالها لمصلحة الإنسانية جمعاء، التي تتصرف السلطة الدولية لقاع البحار لصالحها. وهدف هذه المجموعة من المواد هو الترتيب للتنقيب عن العقيدات المؤلفة من عدة معادن واستكشافها.

الجزء الأول
مقدمة

المادة 1
المصطلحات المستخدمة ونطاقها

1 -   للمصطلحات المستخدمة في الاتفاقية نفس المعنى في هذا النظام.

2 -   وفقا للاتفاق المتعلق بتنفيذ الجزء الحادي عشر من اتفاقية الأمم المتحدة لقانون البحار المؤرخة 10 كانون الأول/ديسمبر 1982 (''الاتفاق'')، تفسر أحكام الاتفاق والجزء الحادي عشر من الاتفاقية وتطبق معا بوصفهما صكا واحدا. وتفسر مواد هذا النظام والإشارات الواردة فيها إلى الاتفاقية وتطبق وفقا لذلك.

3 -   لأغراض هذا النظام:

(أ)   يعني مصطلح ''الاستغلال'' استخراج العقيدات المؤلفة من عدة معادن في المنطقة للأغراض التجارية واستخلاص المعادن منها، بما في ذلك بناء وتشغيل أنظمة التعدين والمعالجة والنقل لإنتاج المعادن وتسويقها؛

(ب)   يعني مصطلح ''الاستكشاف'' البحث، بحقوق خالصة، عن رواسب العقيدات المؤلفة من عدة معادن في المنطقة، وتحليل هذه الرواسب، واستخدام واختبار نظم ومعدات الاستخراج، ومرافق المعالجة وأنظمة النقل، وإجراء دراسات للعوامل البيئية والتقنية والاقتصادية والتجارية وغيرها من العوامل المناسبة التي يجب مراعاتها في الاستغلال؛

(ج)   يشمل مصطلح ''البيئة البحرية'' المكونات الفيزيائية والكيميائية، والجيولوجية، والبيولوجية، والظروف والعوامل التي تتفاعل فيما بينها وتحدد إنتاجية النظم الإيكولوجية البحرية وأوضاعها وحالتها ونوعيتها، ومياه البحار والمحيطات والمجال الجوي فوق تلك المياه، فضلا عن قاع البحار والمحيطات وباطن أرضها؛

(د)   يعني مصطلح ''العقيدات المؤلفة من عدة معادن'' واحدا من موارد المنطقة يتكون من أي راسب أو تراكم في أعماق البحار من العقيدات التي تحتوي على المنغنيز والنيكل والكوبالت والنحاس، وتوجد فوق سطح قاع البحر أو دونه بقليل؛

(هـ)   يعني مصطلح ''التنقيب'' البحث عن رواسب العقيدات المؤلفة من عدة معادن في المنطقة، ويشمل ذلك تقدير تكوين وحجم وتوزيع رواسب العقيدات المؤلفة من عدة معادن، وقيمها الاقتصادية، دون أن تترتب على ذلك أية حقوق خالصة؛

(و)   يعني مصطلح ''الضرر الجسيم الذي يلحق بالبيئة البحرية'' أي أثر يصيب البيئة البحرية من جراء الأنشطة في المنطقة، ويمثل تغييرا ضارا ذا شأن في البيئة البحرية يجري تقديره وفقا للقواعد والأنظمة والإجراءات التي اعتمدتها السلطة استنادا إلى المعايير والممارسات المعترف بها دوليا.

4 -   لا يؤثر هذا النظام بأي شكل من الأشكال في حرية البحث العلمي، وفقا للفقرة 87 من الاتفاقية، أو في الحق في إجراء أبحاث علمية بحرية في المنطقة وفقا للمادتين 143 و 256 من الاتفاقية. وليس في هذا النظام ما يفسر بطريقة تقيّد ممارسة الدول حريات أعالي البحار المنصوص عليها في المادة 87 من الاتفاقية.

5 -   يمكن استكمال هذا النظام بقواعد ومواد وإجراءات إضافية تتعلق، بوجه خاص، بحماية البيئة البحرية وحفظها. ويخضع هذا النظام لأحكام الاتفاقية والاتفاق وقواعد القانون الدولي الأخرى التي لا تتعارض مع الاتفاقية.

الجزء الثاني
التنقيب
المادة 2
التنقيب

1 -   يجري التنقيب وفقا للاتفاقية ولهذا النظام، ولا يمكن بدؤه إلا بعد أن يبلغ الأمين العام المنقّب بأن إخطاره قد سُجل عملا بالمادة 4 (2).

2 - تتبع الجهات المنقبة والسلطة نهجا تحوطيا حسب المبين في المبدأ 15 من إعلان ريو بشأن البيئة والتنمية[3]. ويُمتنع عن التنقيب متى وجدت أدلة مادية تنم عن وجود خطر يهدد بإلحاق ضرر جسيم بالبيئة البحرية.

3 - يُمتنع عن التنقيب في قطاع مشمول بخطة عمل موافق عليها لاستكشاف العقيدات المؤلفة من عدة معادن، أو في قطاع محجوز، كما لا يجوز التنقيب في قطاع حظر المجلس استغلاله لوجود خطر يهدد بإلحاق ضرر جسيم بالبيئة البحرية.

4 - لا يمنح التنقيب أية حقوق للمنقِّب فيما يتعلق بالموارد. على أنه يجوز للمنقِّب استخراج كمية معقولة من المعادن تكون الكمية اللازمة للاختبار وليس لأغراض تجارية.

5 - لا يوجد أي حد زمني للتنقيب، باستثناء التوقف عن التنقيب في قطاع معيّن بناء على إخطار خطي موجّه من الأمين العام إلى المنقِّب بأن الموافقة قد تمت على خطة عمل للاستكشاف بشأن ذلك القطاع.

6 - يجوز لأكثر من منقِّب إجراء التنقيب في القطاع نفسه أو القطاعات نفسها في آن واحد.

المادة 3
الإخطار بالتنقيب

1 - يقوم المنقِّب المقترح بإخطار السلطة بعزمه على القيام بالتنقيب.

2 - يقدم كل إخطار تنقيب بالشكل المحدد في المرفق الأول لهذا النظام، ويوجّه إلى الأمين العام ويكون مستوفيا لشروط هذا النظام.

3 - يقدم كل إخطار على النحو التالي:

(أ) في حالة الإخطارات الصادرة عن دولة: من قِبل السلطة المعينة لهذا الغرض؛

(ب) في حالة الإخطارات الصادرة عن كيان، من قِبل ممثله المعيّن؛

(ج) في حالة الإخطارات الصادرة عن مؤسسة: من قِبل السلطة المختصة فيها.

---

(3) *تقرير مؤتمر الأمم المتحدة المعني بالبيئة والتنمية، ريو دي جانيرو، 3-14 حزيران/يونيه 1992* (منشورات الأمم المتحدة، رقم المبيع A.93.I.8 والتصويب)، المجلد الأول، *القرارات التي اتخذها المؤتمر*، القرار 1، المرفق الأول.

4 - يقدم كل إخطار بإحدى لغات السلطة، ويتضمن كل إخطار ما يلي:

(أ) اسم المنقِّب المقترح وممثله المعيّن، وجنسية كل منهما وعنوانه؛

(ب) إحداثيات القطاع أو القطاعات التي سيجري التنقيب فيها، وفقا لأحدث معيار دولي مقبول بوجه عام تستخدمه السلطة؛

(ج) سرد عام لبرنامج التنقيب يشمل موعد البدء المقترح ومدة التنقيب التقريبية؛

(د) تعهد كتابي مرض من قِبل المنقِّب المقترح:

‘1’ بالامتثال للاتفاقية ولما يتصل بالموضوع من قواعد السلطة وأنظمتها وإجراءاتها وذلك فيما يتعلق بما يلي:

أ - التعاون في برامج التدريب المتصلة بالبحث العلمي البحري ونقل التكنولوجيا على النحو المشار إليه في المادتين 143 و 144 من الاتفاقية؛

ب - حماية البيئة البحرية وحفظها؛

‘2’ بقبول تحقق السلطة من الامتثال لذلك؛

‘3’ تزويد السلطة، بالقدر الممكن عمليا، بأي بيانات قد تكون متصلة بحماية وحفظ البيئة البحرية.

المادة 4
النظر في الإخطارات

1 - يوجه الأمين العام إشعارا كتابيا باستلام كل إخطار مقدم بموجب المادة 3، ويحدد فيه تاريخ الاستلام.

2 - يقوم الأمين العام باستعراض الإخطار واتخاذ إجراء بشأنه في غضون 45 يوما من تاريخ استلامه. فإذا كان الإخطار مستوفيا لشروط الاتفاقية وشروط هذا النظام، يسجل الأمين العام تفاصيل الإخطار في سجل يحتفظ به لهذا الغرض ويبلّغ المنقِّب كتابيا بأن الإخطار قد سُجّل على هذا النحو.

3 - يقوم الأمين العام، في غضون 45 يوما من استلام الإخطار، بإبلاغ المنقِّب المقترح، كتابيا، إذا تضمن الإخطار أي جزء من قطاع مشمول بخطة عمل موافق عليها لاستكشاف أو استغلال أي فئة من الموارد، أو تضمن أي جزء من قطاع محجوز أو أي جزء من قطاع

لم يوافق المجلس على استغلاله بسبب وجود خطر يهدد بإلحاق ضرر جسيم بالبيئة البحرية، أو إذا كان التعهد الكتابي غير مرضٍ. ويزود المنقب المقترح ببيان كتابي بالأسباب. وللمنقب المقترح، في حالات كهذه، أن يقدم في غضون 90 يوما إخطارا معدلا. ويقوم الأمين العام، في غضون 45 يوما، باستعراض هذا الإخطار المعدل واتخاذ إجراء بشأنه.

4 - يبلغ المنقِّب الأمين العام كتابيا بأي تغيير في المعلومات الواردة في الإخطار.

5 - لا يكشف الأمين العام عن أي تفاصيل ترد في الإخطار إلا بموافقة خطية من المنقِّب. ولكن يتعين أن يقوم الأمين العام من حين لآخر بإبلاغ جميع أعضاء السلطة بهوية المنقبين وبالقطاعات العامة التي تجري فيها عمليات التنقيب.

المادة 5

حماية وحفظ البيئة البحرية في أثناء التنقيب

1 - يتخذ كل منقِّب، في الحدود الممكنة قدر المعقول، التدابير اللازمة لمنع وتخفيف ومكافحة التلوث وغيره من الأخطار الناجمة عن التنقيب التي تتعرض لها البيئة البحرية، متبعا في ذلك نهجا تحوطيا ومستخدما لذلك الغرض أفضل الممارسات البيئية. وبصفة خاصة، يقلل كل منقِّب إلى أدنى حد أو يزيل ما يلي:

(أ) الآثار البيئية الضارة الناجمة عن التنقيب؛

(ب) التعارض أو التداخل الفعلي أو المحتمل مع أنشطة البحث العلمي البحرية الجارية أو المعتزمة، وفقا للمبادئ التوجيهية ذات الصلة التي ستوضع مستقبلا في هذا الصدد.

2 - يتعاون المنقبون مع السلطة في وضع وتنفيذ برامج لرصد وتقييم الآثار المحتملة لاستكشاف واستغلال العقيدات المؤلفة من عدة معادن على البيئة البحرية.

3 - يخطر المنقب الأمين العام خطيا على الفور، وبأكثر الوسائل فعالية، بأي حادث ينشأ عن التنقيب ويكون قد تسبب في إلحاق ضرر جسيم بالبيئة البحرية، أو يتسبب في ذلك، أو يهدد بإحداثه. ويتصرف الأمين العام لدى تلقي هذا الإخطار بطريقة تتسق والمادة 33.

المادة 6

التقرير السنوي

1 - يُقدم المنقِّب إلى السلطة خلال 90 يوما من نهاية كل سنة تقويمية تقريرا سنويا عن حالة التنقيب. ويُقدم الأمين العام هذه التقارير إلى اللجنة القانونية والتقنية. ويتضمن كل واحد من هذه التقارير ما يلي:

(أ) وصف عام لحالة التنقيب، والنتائج الرئيسية المتوصل إليها؛

(ب) معلومات عن الامتثال للتعهدات المشار إليها في المادة 3 (4) (د)؛

(ج) معلومات عن التقيد بالمبادئ التوجيهية ذات الصلة في هذا الصدد.

2 - إذا اعتزم المنقِّب المطالبة بنفقات التنقيب بوصفها جزءا من تكاليف الإعداد المتكبدة قبل بدء الإنتاج التجاري، عليه أن يقدم بيانا سنويا بالنفقات الفعلية والمباشرة التي تكبدها في تنفيذ عملية التنقيب يكون ممتثلا لمبادئ المحاسبة المقبولة دوليا ومصدقا عليه من قِبَل مكتب محاسبة قانونية مؤهل حسب الأصول.

المادة 7

سرية البيانات والمعلومات الواردة في التقرير المستمدة من عمليات التنقيب

1 - يكفل الأمين العام سرية جميع البيانات والمعلومات الواردة في التقارير المقدمة بموجب المادة 6، وتنطبق على ذلك، مع إدخال ما يلزم من تعديل، أحكام المادتين 36 و 37، شريطة ألا تعتبر البيانات والمعلومات المتصلة بحماية وحفظ البيئة البحرية سرية، وبخاصة تلك الواردة من برامج رصد البيئة. ويجوز للمنقِّب أن يطلب عدم كشف تلك البيانات لمدة تصل إلى ثلاث سنوات من تاريخ تقديمها.

2 - للأمين العام أن يكشف في أي وقت، بموافقة المنقِّب المعني، عن بيانات ومعلومات تتصل بالتنقيب في قطاع قُدم إخطار بشأنه. وللأمين العام أن ينشر هذه البيانات والمعلومات متى تأكد له، بعد بذل جهود معقولة لمدة عامين على الأقل، أن المنقِّب لم يعد موجودا أو لا يمكن العثور عليه.

المادة 8

الأشياء ذات الطابع الأثري أو التاريخي

يخطر المنقِّب الأمين العام كتابيا على الفور بأي شيء له، أو يمكن أن يكون له، طابع أثري أو تاريخي يعثر عليه في المنطقة، وبمكانه. وينقل الأمين العام هذه المعلومات إلى المدير العام لمنظمة الأمم المتحدة للتربية والعلم والثقافة.

الجزء الثالث
طلبات الموافقة في شكل عقود على خطط العمل المتعلقة بالاستكشاف

الفرع 1
أحكام عامة

المادة 9
أحكام عامة

رهنا بأحكام الاتفاقية، يمكن أن تقدم الجهات التالية طلبا إلى السلطة من أجل الموافقة على خطط العمل المتعلقة بالاستكشاف:

(أ)   المؤسسة، لحسابها الخاص أو في إطار ترتيب مشترك؛

(ب)   الدول الأطراف أو المؤسسات الحكومية أو الأشخاص الطبيعيون أو الاعتباريون الذين يحملون جنسيات الدول الأطراف أو الذين يكون لهذه الدول أو لرعاياها سيطرة فعلية عليهم، عندما تزكيهم هذه الدول، أو أي مجموعة من الفئات المتقدمة الذكر تتوافر فيها شروط هذا النظام.

الفرع 2
محتويات الطلبات

المادة 10
شكل الطلبات

1 -   يقدم كل طلب للحصول على الموافقة على خطة عمل للاستكشاف، بالشكل المحدد في المرفق الثاني لهذا النظام ويوجه إلى الأمين العام ويكون متفقا وشروط هذا النظام.

2 -   يقدم كل طلب على النحو التالي:

(أ)   في حالة طلب صادر عن دولة طرف، تقدمه السلطة المعينة لذلك الغرض؛

(ب)   في حالة طلب صادر عن كيان، يقدمه ممثل الكيان المعيّن أو السلطة التي تعينها لذلك الغرض الدولة أو الدول المزكّية؛

(ج)   في حالة طلب صادر عن المؤسسة، تقدمه السلطة المختصة في المؤسسة.

3 -   يتضمن كل طلب مقدم من مؤسسة حكومية أو من أحد الكيانات المشار إليها في المادة 9 (ب) أيضا ما يلي:

(أ)   معلومات كافية لمعرفة جنسية مقدم الطلب أو هوية الدولة أو الدول التي يكون لها أو لرعاياها سيطرة فعلية عليه؛

(ب)   المكان الرئيسي لعمل مقدم الطلب أو محل سكنه ومكان تسجيله، إن كان هذا منطبقا.

4 -   يتضمن كل طلب مقدم من شراكة كيانات أو اتحاد كيانات المعلومات اللازمة فيما يتعلق بكل عضو من أعضاء الشراكة أو الاتحاد.

المادة 11
شهادة التزكية

1 -   يُشفع بكل طلب مقدم من إحدى المؤسسات الحكومية أو من أحد الكيانات المشار إليها في المادة 9 (ب) شهادة تزكية تُصدرها الدولة التي تعد المؤسسة أو الكيان من رعاياها أو التي تسيطر عليها أو عليه سيطرة فعلية. وإذا كان لمقدم الطلب أكثر من جنسية واحدة، كما في حالة شراكة الكيانات أو اتحاد الكيانات المنتمية لأكثر من دولة، تصدر كل دولة معنية شهادة تزكية.

2 -   إذا كانت لمقدم الطلب جنسية دولة واحدة ولكن السيطرة الفعلية عليه بأيدي دولة أخرى أو رعاياها، تصدر كل دولة معنية شهادة تزكية.

3 -   توقع كل شهادة تزكية حسب الأصول بالنيابة عن الدولة المقدمة باسمها الشهادة، وينبغي أن تتضمن ما يلي:

(أ)   اسم مقدم الطلب؛

(ب)   اسم الدولة المزكية؛

(ج)   بيان بأن مقدم الطلب:

'1'   هو من رعايا الدولة المزكية؛

'2'   أو يخضع فعليا لسيطرة الدولة المزكية أو رعاياها؛

(د)   إقرار بأن الدولة تزكي مقدم الطلب؛

(ه)   تاريخ إيداع صك تصديق الدولة المزكية على الاتفاقية أو انضمامها إليها أو خلافتها فيها؛

(و) إقرار بأن الدولة المزكية تتحمل المسؤولية وفقا للمادتين 139، و 153 (4) من الاتفاقية، والمادة 4 (4) من مرفق الاتفاقية الثالث.

4 - تمتثل لأحكام هذه المادة أيضا الدول أو الكيانات الداخلة في ترتيب مشترك مع المؤسسة.

المادة 12
القدرات المالية والتقنية

1 - يحتوي كل طلب للحصول على موافقة على خطة عمل للاستكشاف على معلومات محددة وكافية لتمكين المجلس من تقرير ما إذا كان مقدم الطلب قادرا ماليا وتقنيا على الاضطلاع بخطة العمل المقترحة للاستكشاف وعلى الوفاء بالتزاماته المالية تجاه السلطة.

2 - أي طلب للموافقة على خطة عمل للاستكشاف مقدم باسم دولة أو كيان، أو أي عنصر من العناصر المكونة لهذا الكيان، مشار إليه في الفقرة 1 (أ) '2' أو '3' من القرار الثاني، بخلاف المستثمر الرائد المسجل الذي اضطلع بالفعل بأنشطة ضخمة في المنطقة قبل بدء نفاذ الاتفاقية، أو من خلَفه في المصلحة، يعتبر مستوفيا للمؤهلات المالية والتقنية اللازمة للموافقة على خطة عمل للاستكشاف إذا كانت الدولة أو الدول المزكية تشهد بأن مقدم الطلب قد أنفق مبلغا يساوي ما لا يقل عن 30 مليون دولار من دولارات الولايات المتحدة في أنشطة البحث والاستكشاف وأنفق ما لا يقل عن 10 في المائة من ذلك المبلغ في موقع القطاع المشار إليه في خطة العمل المتعلقة بالاستكشاف ومسح وتقييم ذلك القطاع.

3 - يتضمن الطلب الذي تقدمه المؤسسة، للحصول على الموافقة على خطة عمل للاستكشاف، بيانا من سلطتها المختصة يشهد بأن المؤسسة لديها الموارد المالية اللازمة لتغطية التكاليف المقدرة لخطة العمل المقترحة للاستكشاف.

4 - يتضمن الطلب المقدم من دولة أو من مؤسسة حكومية، للحصول على الموافقة على خطة عمل للاستكشاف، بخلاف المستثمر الرائد المسجل أو الكيان المشار إليه في الفقرة 1 (أ) '2' أو '3' من القرار الثاني، بيانا من الدولة أو من الدولة المزكية يشهد بأن لدى مقدم الطلب الموارد المالية اللازمة لتغطية التكاليف التقديرية لخطة العمل المقترحة للاستكشاف.

5 - يتضمن الطلب المقدم، للحصول على الموافقة على خطة عمل للاستكشاف، من كيان بخلاف المستثمر الرائد المسجل أو الكيان المشار إليه في الفقرة 1 (أ) '2' أو '3' من القرار الثاني نسخا من بياناته المالية المراجعة، بما فيها الميزانية العمومية وبيانات الأرباح والخسائر

للسنوات الثلاث الأخيرة، وتكون هذه ممثلة لمبادئ المحاسبة المقبولة دوليا ومصدقا عليها من قبل مكتب محاسبة قانونية مؤهل حسب الأصول.

6 - وإذا كان مقدم الطلب كيانا نُظم حديثا وليست لديه ميزانية عمومية مصدق عليها، فيتضمن الطلب ميزانية تقديرية مصدقا عليها من مسؤول مناسب يعمل لدى مقدم الطلب.

7 - وإذا كان مقدم الطلب تابعا لكيان آخر، فيتضمن الطلب نسخا من البيانات المالية التي تخص ذلك الكيان وبيانا من الكيان يمتثل لمبادئ المحاسبة المقبولة دوليا ويكون مصدقا عليه من قِبل مكتب محاسبة قانونية مؤهل حسب الأصول يفيد بأن مقدم الطلب ستكون لديه الموارد المالية اللازمة لإنجاز خطة العمل المتعلقة بالاستكشاف.

8 - وإذا كان مقدم الطلب تحت سيطرة دولة أو مؤسسة حكومية، فيتضمن الطلب بيانا من الدولة أو المؤسسة الحكومية يشهد فيه بأن مقدم الطلب ستكون لديه الموارد المالية اللازمة لتنفيذ خطة العمل المتعلقة بالاستكشاف.

9 - وإذا كان مقدم الطلب الذي يلتمس الموافقة على خطة عمل للاستكشاف يعتزم تمويل خطة العمل المقترحة للاستكشاف عن طريق القروض، فيتضمن طلبه مقدار تلك القروض وفترة السداد وسعر الفائدة.

10 - باستثناء ما تنص عليه الفقرة 2، يشمل كل طلب ما يلي:

(أ) وصف عام لما اكتسبه مقدم الطلب من خبرة ومعرفة ومهارات ومؤهلات تقنية ودراية فنية سابقة تتعلق بخطة العمل المقترحة للاستكشاف؛

(ب) وصف عام للمعدات والطرق التي يتوقع استخدامها في تنفيذ خطة العمل المقترحة للاستكشاف وغير ذلك من المعلومات المناسبة، غير المشمولة بحق الملكية، المتصلة بخصائص تلك التكنولوجيا؛

(ج) وصف عام لقدرة مقدم الطلب المالية والتقنية على التصدي لأي حادث أو نشاط يلحق ضررا جسيما بالبيئة البحرية.

11 - إذا كان مقدم الطلب شراكة كيانات أو اتحاد كيانات داخلة في ترتيب مشترك، يقوم كل عضو من أعضاء الشراكة أو الاتحاد بتوفير المعلومات التي تقتضيها هذه المادة.

المادة 13

العقود السابقة المبرمة مع السلطة

إذا سبق أن مُنح مقدم الطلب عقدا مع السلطة، أو مُنح عقد مع السلطة لأي عضو من أعضاء شراكة كيانات أو اتحاد كيانات داخل في ترتيب مشترك، عند تقديم الطلب من قبل شراكة أو اتحاد من هذا القبيل، يتضمن الطلب ما يلي:

(أ)   تاريخ العقد السابق أو العقود السابقة؛

(ب)   تاريخ كل تقرير مقدم إلى السلطة فيما يتصل بالعقد أو العقود، ورقمه المرجعي وعنوانه؛

(ج)   تاريخ إنهاء العقد أو العقود، إن كان قد حدث ذلك.

المادة 14

التعهدات

يقدم كل مقدم طلب، بما في ذلك المؤسسة، كجزء من طلبه للحصول على موافقة على خطة عمل للاستكشاف تعهدا خطيا إلى السلطة:

(أ)   بقبول تنفيذ ما ينطبق من التزامات ناشئة عن أحكام الاتفاقية، وقواعد السلطة وأنظمتها وإجراءاتها وقرارات أجهزة السلطة وأحكام عقوده مع السلطة، وبالامتثال لها؛

(ب)   بقبول رقابة السلطة على الأنشطة في المنطقة، على النحو الذي تأذن به الاتفاقية؛

(ج)   بتزويد السلطة بتأكيد خطي للوفاء بحسن نية بالتزاماته المقررة بموجب العقد.

المادة 15

المساحة الإجمالية المشمولة بالطلب

يعين كل طلب، يقدم للحصول على الموافقة على خطة عمل للاستكشاف، حدود المساحة المشمولة بالطلب، باستخدام قائمة إحداثيات وفقا لأحدث المعايير الدولية المقبولة عموما التي تستخدمها السلطة. أما الطلبات التي بخلاف ما يقدم بموجب المادة 17 فتشمل مساحة إجمالية، لا تكون بالضرورة قطاعا متصلا واحدا وإن كان له من الاتساع ومن القيمة التجارية المقدرة ما يكفي لإتاحة القيام بعمليتي تعدين. ويبين مقدم الطلب الإحداثيات التي

تقسّم المساحة إلى جزأين متساويين من حيث القيمة التجارية المقدرة. وتخضع المساحة التي ستخصص لمقدم الطلب لأحكام المادة 25.

المادة 16
البيانات والمعلومات التي يجب تقديمها قبل تعيين قطاع محجوز

1 - يحتوي كل طلب على بيانات ومعلومات كافية على النحو المبين في البند الثاني من المرفق الثاني لهذا النظام، تتعلق بالقطاع المشمول بالطلب لكي يتمكن المجلس، بناء على توصية اللجنة القانونية والتقنية، من تعيين قطاع محجوز استنادا إلى القيمة التجارية المقدرة لكل جزء. وتتمثل هذه البيانات والمعلومات في البيانات المتوفرة لدى مقدم الطلب بشأن جزأي القطاع المشمول بالطلب، بما في ذلك البيانات المستعملة في تحديد قيمته التجارية.

2 - إذا تبين للمجلس أن البيانات والمعلومات المقدمة من مقدم الطلب، بموجب البند الثاني من المرفق الثاني لهذا النظام، مرضية، يعيّن استنادا إلى ذلك، وآخذا في الاعتبار توصية اللجنة القانونية والتقنية، الجزء الذي سيكون قطاعا محجوزا من القطاع المشمول بالطلب. ويصبح القطاع المعين على هذا النحو قطاعا محجوزا حالما تتم الموافقة على خطة العمل الاستكشافي المتعلقة بالقطاع غير المحجوز ويوقع العقد. وإذا ما قرر المجلس وجود حاجة إلى معلومات إضافية وفقا لهذا النظام وللمرفق الثاني، يرُد المسألة إلى اللجنة كي تنظر فيها مرة أخرى، ويحدد المعلومات الإضافية اللازمة.

3 - يجوز للسلطة أن تكشف وفقا للمادة 14 (3) من المرفق الثالث للاتفاقية، عن البيانات والمعلومات التي ينقلها مقدم الطلب إلى السلطة فيما يتعلق بالقطاع المحجوز، وذلك بمجرد الموافقة على خطة العمل المتعلقة بالاستكشاف وإصدار العقد.

المادة 17
طلبات الموافقة على خطط العمل فيما يتعلق بقطاع محجوز

1 - يجوز لأي دولة نامية، أو لأي شخص طبيعي أو اعتباري تزكيه ويخضع لسيطرتها الفعلية أو لسيطرة دولة نامية أخرى أو أي مجموعة مما سلف، إخطار السلطة برغبتها في تقديم خطة عمل للاستكشاف بشأن قطاع محجوز. ويحيل الأمين العام هذا الإخطار إلى المؤسسة، وعليها أن تعلم الأمين خطيا، في غضون ستة أشهر، بما إذا كانت تعتزم الاضطلاع بأنشطة في ذلك القطاع أم لا. وإذا كانت المؤسسة تعتزم الاضطلاع بأنشطة في ذلك القطاع، كان عليها، وفقا للفقرة 4، أن تبلغ كتابيا أيضا المتعاقد الذي يكون طلبه المتعلق بالموافقة على خطة عمل للاستكشاف قد شمل أصلا ذلك القطاع.

2 - يجوز تقديم طلبات للحصول على موافقة على خطة عمل للاستكشاف في قطاع محجوز في أي وقت بعد أن يُصبح ذلك القطاع متاحا في أعقاب اتخاذ المؤسسة قرارا بأنها لا تعتزم القيام بأي أنشطة في ذلك القطاع، أو إذا لم تتخذ المؤسسة، في غضون ستة أشهر من استلام إخطار من الأمين العام، قرارا بشأن ما إذا كانت تعتزم القيام بأنشطة في ذلك القطاع، أو تبلغ الأمين العام كتابيا بأنها تجري مباحثات بشأن احتمال القيام بمشروع مشترك. وفي الحالة الأخيرة، تُمنح المؤسسة عاما واحدا من تاريخ هذا الإخطار كي تقرر ما إذا كانت ستضطلع بأنشطة في ذلك القطاع.

3 - إذا لم تقدم المؤسسة أو أي دولة نامية، أو أي من الكيانات المشار إليها في الفقرة 1 طلبا للحصول على موافقة على خطة عمل للاستكشاف للقيام بأنشطة في قطاع محجوز في غضون 15 عاما من بدء المؤسسة القيام بوظائفها بصورة مستقلة عن أمانة السلطة، أو في غضون 15 عاما من التاريخ الذي حُجز فيه ذلك القطاع للسلطة، مع اعتبار أحدث التاريخين، حق للمتعاقد الذي كان طلبه بالموافقة على خطة عمل للاستكشاف قد شمل أصلا ذلك القطاع تقديم طلب للموافقة على خطة عمل للاستكشاف في ذلك القطاع شريطة أن يعرض، بحسن نية، إدخال المؤسسة كشريك في مشروع مشترك.

4 - لكل متعاقد حق الأولوية في أن يرفض الدخول في اتفاق مشروع مشترك مع المؤسسة لاستكشاف القطاع الداخل في طلبه الموافقة على خطة عمل للتنقيب، والذي عيّنه المجلس بوصفه قطاعا محجوزا.

المادة 18

البيانات والمعلومات التي يجب أن تقدم من أجل الموافقة على خطة العمل المتعلقة بالاستكشاف

على كل مقدم طلب أن يقدم المعلومات التالية بغية الحصول على موافقة في شكل عقد على خطة العمل المتعلقة بالاستكشاف:

(أ) وصف عام وجدول زمني لبرنامج الاستكشاف المقترح، بما في ذلك برنامج أنشطة لفترة الخمس سنوات التالية مباشرة، مثل إجراء دراسات حول العوامل البيئية والتقنية والاقتصادية وغيرها من العوامل الملائمة التي يجب أخذها في الاعتبار عند الاستكشاف؛

(ب) وصف لبرنامج للدراسات الأوقيانوغرافية والدراسات البيئية الأساسية وفقا لهذا النظام وأي قواعد أنظمة وإجراءات بيئية تقررها السلطة وتتيح إجراء تقييم للتأثير الذي يحتمل

أن ينشأ عن أنشطة الاستكشاف المقترحة على البيئة، بما في ذلك على سبيل المثال لا الحصر التأثير الواقع على التنوع البيولوجي، مع مراعاة أي توجيهات تصدرها اللجنة القانونية والتقنية؛

(ج) تقييم أولي للتأثير المحتمل لأنشطة الاستكشاف المقترحة على البيئة البحرية؛

(د) سرد للتدابير المقترح اتخاذها لمنع التلوث وغيره من الأخطار التي تتعرض لها البيئة البحرية، والحد منها ومكافحتها وتقييم تأثيراتها المحتملة؛

(هـ) البيانات اللازمة لكي يتخذ المجلس القرار المطلوب منه اتخاذه وفقا للمادة 12 (1)؛

(و) جدول زمني للنفقات السنوية المتوقعة فيما يتعلق ببرنامج الأنشطة لفترة الخمس سنوات التالية مباشرة.

الفرع 3
الرسوم

المادة 19
رسوم الطلبات

1 - يكون رسم تجهيز طلب الحصول على موافقة على خطة عمل لاستكشاف العقيدات المؤلفة من عدة معادن مبلغا مقطوعا قدره 000 500 دولار من دولارات الولايات المتحدة أو ما يعادله بعملة قابلة للتحويل دون قيود، يُدفع بالكامل عند تقديم الطلب.

2 - إذا كانت التكاليف الإدارية التي تكبدتها السلطة في تجهيز طلب من الطلبات أقل من المبلغ المقطوع الوارد في الفقرة 1 أعلاه، فإن السلطة تسدد لمقدم الطلب الفرق في التكلفة. أما إذا فاقت التكاليفُ الإدارية التي تكبدتها السلطة في تجهيز طلب من الطلبات المبلغَ المقطوع الوارد في الفقرة 1 أعلاه، فإن مقدم الطلب يسدّد الفرق إلى السلطة؛ بشرط ألا يتجاوز أي مبلغ إضافي يدفعه مقدم الطلب نسبة 10 في المائة من الرسم المقطوع المشار إليه في الفقرة 1.

3 - يحدد الأمين العام مبالغ هذه الفروق وفق المشار إليه في الفقرة 2 أعلاه، آخذا في الحسبان أي معايير تضعها لجنة المالية لهذا الغرض، ثم يخطر مقدمَ الطلب بمبلغ الفرق. يسدد مقدم الطلب أو السلطة المبلغ المستحق في غضون 3 أشهر من توقيع العقد المشار إليه في المادة 23 أدناه.

4 - يقوم المجلس بانتظام بإعادة النظر في المبلغ المقطوع المشار إليه في الفقرة 1 أعلاه لضمان تغطيته للتكاليف الإدارية المتوقع تكبُدها عند تجهيز الطلبات ولتجنيب مقدمي الطلبات الحاجة إلى دفع مبالغ إضافية بموجب الفقرة 2 أعلاه.

الفرع 4
تجهيز الطلبات

المادة 20
استلام الطلبات والإشعار باستلامها وحفظها في مكان مأمون

1 - يقوم الأمين العام بما يلي:

(أ) توجيه إشعار كتابي، في غضون 30 يوما، باستلام كل طلب مقدم بموجب هذا الجزء للحصول على موافقة على خطة عمل للاستكشاف، ويحدد فيه تاريخ الاستلام؛

(ب) حفظ الطلب وملحقاته ومرفقاته في مكان مأمون وضمان سرية جميع البيانات والمعلومات السرية الواردة في الطلب؛

(ج) إخطار أعضاء السلطة باستلام هذا الطلب وتعميم معلومات عليهم بشأن الطلب تكون ذات طابع عام وغير سري.

المادة 21
نظر اللجنة القانونية والتقنية في الطلبات

1 - عند استلام طلب للموافقة على خطة عمل للاستكشاف، يخطر الأمين العام أعضاء اللجنة القانونية والتقنية بهذا الطلب ويدرج النظر فيه كبند في جدول أعمال الاجتماع المقبل للجنة. ولا تنظر اللجنة إلا في الطلب الذي عمم الأمين العام إخطارا به ومعلومات عنه وفقا للمادة 22 (ج) قبل ثلاثين يوما على الأقل من بدء اجتماع اللجنة الذي من المقرر أن ينظر خلاله في الطلب.

2 - تدرس اللجنة الطلبات وفقا لترتيب ورودها.

3 - تقرر اللجنة ما إذا كان مقدم الطلب:

(أ) قد امتثل لأحكام هذا النظام؛

(ب) قد قدم التعهدات والتأكيدات المحددة في المادة 14؛

(ج) يملك القدرة المالية والتقنية اللازمة لتنفيذ خطة العمل المقترحة للاستكشاف ووفر تفاصيل عن قدرته على الامتثال بسرعة للأوامر في حالات الطوارئ؛

(د) قد وفى على نحو مرض بالتزاماته فيما يتصل بأي عقد سبق إبرامه مع السلطة.

4 - تقرر اللجنة، وفقا للشروط المحددة في هذا النظام ولإجراءاتها، ما إذا كانت خطة العمل المقترحة للاستكشاف:

(أ) توفر الحماية الفعالة لصحة البشر وسلامتهم؛

(ب) توفر الحماية للبيئة البحرية وتكفل حفظها على نحو فعال، بما يغطي على سبيل المثال لا الحصر التأثير الواقع على التنوع البيولوجي؛

(ج) تكفل عدم إقامة المنشآت حيث يمكن أن تتسبب في عرقلة استخدام الممرات البحرية المعترف بها الضرورية للملاحة الدولية أو في القطاعات التي تكثر فيها أنشطة الصيد.

5 - إذا تأكدت اللجنة من النقاط المنصوص عليها في الفقرة 3، وقررت أن خطة العمل المقترحة للاستكشاف مستوفية لشروط الفقرة 4، توصي المجلس بالموافقة على خطة العمل هذه.

6 - تمتنع اللجنة عن التوصية بالموافقة على خطة عمل الاستكشاف إذا كان جزء من القطاع أو كل القطاع الذي تغطيه خطة العمل المقترحة للاستكشاف مشمولا:

(أ) بخطة عمل لاستكشاف العقيدات المؤلفة من عدة معادن وافق عليها المجلس؛ أو

(ب) بخطة عمل وافق عليها المجلس لاستكشاف أو استغلال موارد أخرى، إذا كان من المحتمل أن تؤدي خطة العمل المقترحة لاستكشاف العقيدات المؤلفة من عدة معادن إلى عرقلة لا مسوغ لها للأنشطة المضطلع بها في إطار خطة العمل الموافق عليها للموارد الأخرى؛ أو

(ج) بقطاع رفض المجلس الموافقة على استكشافه في الحالات التي تشير فيها الأدلة المادية إلى خطر إلحاق ضرر جسيم بالبيئة البحرية؛ أو

(د) إذا كانت خطة العمل المقترحة للاستكشاف قد قدمتها أو قامت بتزكيتها دولة لديها من الأصل:

'1' خطط عمل للاستكشاف والاستغلال، أو للاستغلال فقط، في قطاعات غير محجوزة تتجاوز في حجمها، مع أي من جزأي القطاع المشمول بالطلب، 30 في المائة من مساحة دائرية تبلغ 000 400 كيلومتر مربع تحيط بمركز أي من جزأي القطاع المشمول بخطة العمل المقترحة؛

'2' خطط عمل للاستكشاف والاستغلال، أو الاستغلال فقط، في قطاعات غير محجوزة تشكل معا 2 في المائة من الجزء غير المحجوز من المنطقة أو غير الموافق على استكشافه عملا بالمادة 162 (2) (خ) من الاتفاقية.

7 - يجوز للجنة القانونية والتقنية أن توصي بالموافقة على خطة من خطط العمل إذا رأت أنّ هذه الموافقة لن تسمح لدولة طرف أو لمن تزكيه من الكيانات باحتكار مزاولة الأنشطة المتعلقة بالعقيدات المتعددة الفلزات في المنطقة، أو تقصي دولا أطرافا أخرى عن مزاولة الأنشطة المتعلقة بالعقيدات المتعددة الفلزات في المنطقة. [4]

8 - باستثناء الطلبات المقدمة من المؤسسة، باسمها هي أو في مشروع مشترك، والطلبات المقدمة بموجب المادة 17، لا توصي اللجنة بالموافقة على خطة العمل المتعلقة بالاستكشاف إذا كان جزء أو كل القطاع المشمول بخطة العمل المقترحة للاستكشاف مشمولا بقطاع محجوز أو بقطاع معين من قبل المجلس بوصفه قطاعا محجوزا.

9 - إذا وجدت اللجنة أن الطلب لا يمتثل لهذا النظام، تخطر مقدم الطلب بذلك كتابيا، عن طريق الأمين العام، مبينة الأسباب. ولمقدم الطلب أن يعدل طلبه في غضون 45 يوما من تاريخ هذا الإخطار. وإذا رأت اللجنة، بعد النظر مرة أخرى في الطلب، ألا توصي بالموافقة على خطة العمل المتعلقة بالاستكشاف، تخطر مقدم الطلب بذلك وتتيح له فرصة أخرى لتقديم بيان أوضاع في غضون 30 يوما من تاريخ هذا الإخطار. وتولي اللجنة الاعتبار لأي بيان أوضاع يقدمه مقدم الطلب عند إعداد تقريرها وتوصيتها إلى المجلس.

10 - تراعي اللجنة عند النظر في خطة عمل مقترحة للاستكشاف المبادئ والسياسات والأهداف المتعلقة بالأنشطة المضطلع بها في المنطقة على نحو ما ينص عليه الجزء الحادي عشر والمرفق الثالث من الاتفاقية والاتفاق.

11 - تنظر اللجنة في الطلبات على وجه السرعة وتقدم إلى المجلس تقريرها وتوصياتها بشأن تسمية قطاعات وبشأن خطة العمل المتعلقة بالاستكشاف، وذلك في أول فرصة ممكنة، آخذة في الاعتبار الجدول الزمني لاجتماعات السلطة.

12 - تقوم اللجنة، في أدائها لواجباتها، بتطبيق هذا النظام وقواعد السلطة وأنظمتها وإجراءاتها تطبيقا موحدا وبلا تمييز.

---

[4] ISBA/20/A/9، المؤرخة 24 تموز/يوليه 2014، تعديلات

المادة 22
نظر المجلس في خطط العمل المتعلقة بالاستكشاف وموافقته عليها

ينظر المجلس في تقارير اللجنة وتوصياتها المتصلة بالموافقة على خطط العمل المتعلقة بالاستكشاف وفقا للفقرتين 11 و 12 من الفرع 3 من مرفق الاتفاق.

الجزء الرابع
عقود الاستكشاف

المادة 23
العقد

1 - بعد أن يوافق المجلس على خطة عمل للاستكشاف، تعد هذه الخطة في شكل عقد بين السلطة ومقدم الطلب، على النحو المنصوص عليه في المرفق الثالث لهذا النظام. ويتضمن كل عقد الشروط القياسية المحددة في المرفق الرابع والنافذة بتاريخ سريان العقد.

2 - يُوقع العقد من جانب الأمين العام بالنيابة عن السلطة ومن جانب مقدم الطلب. ويخطر الأمين العام جميع أعضاء السلطة كتابيا بإبرام كل عقد.

3 - عملا بمبدأ عدم التمييز، يشمل العقد المبرم مع الدولة أو الكيان أو عنصر ذلك الكيان، على نحو ما هو مشار إليه في الفقرة 6 (أ) من الفرع 1 من مرفق الاتفاق، ترتيبات مماثلة لما اتفق عليه مع أي مستثمر رائد مسجل ولا تقل تساهلا عنها. وإذا كانت الترتيبات المتخذة بشأن أي من الدول أو الكيانات، أو أي من مكونات هذه الكيانات المشار إليها في الفقرة 6 (أ) '1' من الفرع 1 من مرفق الاتفاق أكثر تساهلا، يتخذ المجلس ترتيبات مماثلة، ولا تقل تساهلا، فيما يتعلق بحقوق المستثمرين الرائدين المسجلين بالالتزامات التي يتحملونها، شريطة ألا تؤثر هذه الترتيبات في مصالح السلطة، وألا تتسبب في المساس بها.

المادة 24
حقوق المتعاقد

1 - يكون للمتعاقد حق خالص في استكشاف قطاع مشمول بخطة عمل تتعلق باستكشاف العقيدات المؤلفة من عدة معادن. وتكفل السلطة ألا يقوم أي كيان آخر بأعمال في القطاع نفسه تتعلق بموارد أخرى بطريقة قد تعوق العمليات التي يقوم بها المتعاقد.

2 - تمنح الأفضلية والأولوية، بين مقدمي طلبات خطط العمل لاستغلال نفس القطاع والموارد، للمتعاقد الذي لديه خطة عمل ووفق عليها لأغراض الاستكشاف فقط. ويجوز أن

يسحب المجلس هذه الأفضلية أو الأولوية إذا لم يمتثل المتعاقد لشروط خطة عمله الموافق عليها للاستكشاف في حدود المهلة المحددة في إخطار كتابي أو إخطارات كتابية من المجلس إلى المتعاقد تبين فيها الشروط التي لم يف المتعاقد بها. ويجب ألا تكون المهلة المحددة في أي من هذه الإخطارات غير معقولة. وتتاح للمتعاقد فرصة معقولة لسماع رأيه قبل أن يصبح سحب هذه الأفضلية أو الأولوية نهائيا. ويبدي المجلس أسباب اعتزامه سحب الأفضلية أو الأولوية وينظر في أي رد من المتعاقد. ويتخذ المجلس قراره مع مراعاة هذا الرد وبالاستناد إلى الأدلة المادية.

3 - لا يصبح سحب الأفضلية أو الأولوية نافذا ما لم يمنح المتعاقد فرصة معقولة لاستنفاد سبل الانتصاف القضائي المتاحة له وفقا للبند 5 من الجزء الحادي عشر من الاتفاقية.

المادة 25
مساحة القطاع، والتخلي

1 - لا تزيد المساحة الإجمالية المخصصة للمتعاقد بموجب العقد على 000 150 كيلومتر مربع. وعلى المتعاقد أن يتخلى عن أجزاء من القطاع المخصص له لتعود إلى المنطقة. فبحلول نهاية السنة الثالثة من تاريخ العقد، على المتعاقد أن يكون قد تخلى عن 20 في المائة من القطاع المخصص له؛ وبحلول نهاية السنة الخامسة من تاريخ العقد، عليه أن يكون قد تخلى عن 10 في المائة إضافية من القطاع المخصص له؛ وبعد ثماني سنوات من تاريخ العقد، عليه أن يكون قد تخلى عن 20 في المائة إضافية من القطاع المخصص أو نسبة أكبر تتجاوز قطاع الاستغلال الذي تقرره السلطة، على ألا يطلب من المتعاقد أن يتخلى عن أي جزء من هذا القطاع إذا كانت المساحة الكلية من القطاع المخصص له لا تزيد على 000 75 كيلومتر مربع.

2 - يجوز للمجلس، بناء على طلب من المتعاقد، وبتوصية من اللجنة، في ظروف استثنائية، تأجيل جدول التخلي. ويقرر المجلس وجود هذه الظروف الاستثنائية، وتشمل، في جملة أمور، إيلاء الاعتبار للظروف الاقتصادية السائدة أو غيرها من الظروف الاستثنائية غير المتوقعة الناشئة فيما يتعلق بالأنشطة التشغيلية للمتعاقد.

المادة 26
مدة العقود

1 - يوافق على خطة عمل للاستكشاف لفترة 15 سنة. ولدى انقضاء مدة خطة عمل للاستكشاف، يتعين على المتعاقد أن يقدم طلبا بشأن خطة عمل للاستغلال ما لم يكن قد

قام بذلك فعلا أو حصل على تمديد لخطة العمل الموضوعة للاستكشاف أو أن يقرر التنازل عن حقوقه في القطاع المشمول بخطة العمل الموضوعة للاستكشاف.

2 - للمتعاقد أن يطلب، في موعد لا يتجاوز ستة شهور قبل انقضاء خطة عمل للاستكشاف، تمديد خطة العمل المتعلقة بالاستكشاف لفترات لا يتجاوز كل منها خمس سنوات. ويوافق المجلس على طلبات التمديد بتوجيه من اللجنة إذا كان المتعاقد قد بذل عن حسن نية جهودا للامتثال لشروط خطة العمل ولكنه لم يتمكن لأسباب خارجة عن إرادته من إنجاز الأعمال التحضيرية اللازمة للانتقال إلى مرحلة الاستغلال أو إذا لم تُبرر الظروف الاقتصادية السائدة الانتقال إلى مرحلة الاستغلال.

المادة 27

التدريب

عملا بالمادة 15 من مرفق الاتفاقية الثالث، يتضمن كل عقد برنامجا عمليا، في شكل جدول زمني، لتدريب موظفي السلطة والدول القائمة بالاستغلال يضعه المتعاقد بالتعاون مع السلطة والدولة أو الدول المزكّية. وتركّز برامج التدريب على التدريب على القيام بعمليات الاستكشاف وتوفر ما يلزم لاشتراك هؤلاء الموظفين اشتراكا كاملا في كل الأنشطة المشمولة بالعقد. ويجوز تنقيح هذا البرنامج وتطويره من حين إلى آخر، حسب الاقتضاء، بموافقة الطرفين.

المادة 28

الاستعراض الدوري لتنفيذ خطة عمل الاستكشاف

1 - يضطلع المتعاقد والأمين العام معا باستعراض دوري لتنفيذ خطة عمل الاستكشاف مرة كل خمس سنوات. وللأمين العام أن يطلب إلى المتعاقد أن يقدم ما قد يلزم لأغراض هذا الاستعراض من بيانات ومعلومات إضافية.

2 - في ضوء الاستعراض يبين المتعاقد برنامج أنشطته لفترة السنوات الخمس التالية، مع إدخال ما يلزم من تعديلات على برنامج أنشطته السابق.

3 - يقدم الأمين العام تقريرا عن هذا الاستعراض إلى اللجنة والسلطة. ويوضح الأمين العام في التقرير ما إذا كانت قد روعيت في الاستعراض أي ملاحظات، أحالتها إليه الدول الأطراف في الاتفاقية، على طريقة وفاء المتعاقد بالتزاماته بموجب هذا النظام فيما يتعلق بحماية البيئة البحرية وحفظها.

المادة 29
إنهاء التزكية

1 - يحافظ كل متعاقد على التزكية اللازمة طوال فترة العقد.

2 - إذا أنهت الدولة تزكيتها، يكون عليها أن تخطر الأمين العام بذلك كتابيا على الفور. وينبغي أن تطلع الدولة المزكية الأمين العام أيضا على أسباب إنهائها لهذه التزكية. ويبدأ نفاذ إنهاء التزكية بانقضاء ستة شهور على تاريخ استلام الأمين العام للإخطار، ما لم يحدد الإخطار تاريخا لاحقا.

3 - في حالة إنهاء التزكية، يكون على المتعاقد أن يجد لنفسه، في غضون الفترة المشار إليها في الفقرة 2، جهة مزكية أخرى. وتقدم هذه الجهة المزكية شهادة التزكية وفقا للمادة 11، ويترتب على عدم التوصل إلى جهة مزكية أخرى في غضون الفترة المطلوبة إنهاء العقد.

4 - لا يشكل إنهاء التزكية من قبل دولة مزكية سببا لتحلل تلك الدولة من أي التزامات استحقت عليها عندما كانت دولة مزكية، كما لا يؤثر ذلك الإنهاء على أي حقوق أو التزامات قانونية نشأت خلال تلك التزكية.

5 - يقوم الأمين العام بإخطار أعضاء السلطة بإنهاء التزكية أو بتغييرها.

المادة 30
المسؤولية والتبعة

يتحمل كل من المتعاقد والسلطة المسؤولية والتبعة وفقا لأحكام الاتفاقية. ويواصل المتعاقد تحمل المسؤولية عن أي ضرر ناجم عن الأفعال غير المشروعة المرتكبة في أثناء إجرائه لعملياته، وبخاصة الضرر الذي يلحق بالبيئة البحرية بعد إنجاز مرحلة الاستكشاف.

الجزء الخامس
حماية البيئة البحرية وحفظها

المادة 31
حماية البيئة البحرية وحفظها

1 - تضع السلطة، وفقا لأحكام الاتفاقية والاتفاق، قواعد وأنظمة وإجراءات بيئية لضمان الحماية الفعالة للبيئة البحرية من الآثار الضارة الناجمة عن الأنشطة المضطلع بها في المنطقة، وتستعرضها دوريا.

2 - تتبع السلطة والدول المزكية، بغية التكفل بتوفير حماية فعالة للبيئة البحرية من الآثار الضارة التي قد تنشأ عن الأنشطة المضطلع بها في المنطقة، نهجا تحوطيا، حسب المبين في المبدأ 15 من إعلان ريو، وأفضل الممارسات البيئية.

3 - تقدم اللجنة القانونية والتقنية توصيات إلى المجلس بشأن تنفيذ الفقرتين 1 و 2 أعلاه.

4 - تقوم اللجنة بوضع وتنفيذ إجراءات لتتثبت، استنادا إلى أفضل المعلومات العلمية والفنية المتاحة، بما فيها المعلومات المقدمة عملا بالمادة 18، مما إذا كانت أنشطة الاستكشاف المقترحة في القطاع ستكون لها آثار خطيرة تضر بالنظم الإيكولوجية البحرية الهشة، وتكفل، إذا ثبت لديها أن بعض أنشطة الاستكشاف المقترحة ستكون لها آثار خطيرة تضر بالنظم الإيكولوجية البحرية الهشة، إدارة تلك الأنشطة درءا لتلك الآثار أو عدم السماح بالمضي فيها.

5 - عملا بالمادة 145 من الاتفاقية والفقرة 2 من هذا النظام، يتخذ كل متعاقد التدابير اللازمة، في الحدود الممكنة قدر المعقول، لمنع وتخفيف ومكافحة التلوث وغيره من الأخطار التي تتعرض لها البيئة البحرية من جراء الأنشطة التي يضطلع بها في المنطقة، متبعا في ذلك نهجا تحوطيا ومستخدما لذلك الغرض أفضل الممارسات البيئية.

6 - يتعاون المتعاقدون والدول المزكية والدول أو الكيانات الأخرى المهتمة بالموضوع مع السلطة على وضع وتنفيذ برامج لرصد وتقييم آثار التعدين في قاع البحار العميقة على البيئة البحرية. وتشمل تلك البرامج، عندما يشترطها المجلس، مقترحات تتعلق بقطاعات تخصص ويقتصر استعمالها بوصفها مناطق مرجعية للأثر ومناطق مرجعية للحفظ. ويقصد بـ "المناطق المرجعية للأثر" المناطق التي ستستخدم لتقييم أثر الأنشطة التي يُضطلع بها في المنطقة على البيئة البحرية وتكون نموذجا للخصائص البيئية التي تتسم بها المنطقة. ويقصد بـ "المناطق المرجعية للحفظ" المناطق التي لن يحدث فيها أي تعدين لضمان بقاء واستقرار نماذج نباتات قاع البحر من أجل تقييم أي تغيرات في التنوع البيولوجي للبيئة البحرية.

المادة 32
خطوط الأساس والرصد البيئيان

1 - يشترط كل عقد على المتعاقد أن يجمع بيانات بيئية أساسية ويضع خطوط أساس بيئية، آخذا في الاعتبار أي توصيات تصدرها اللجنة القانونية والتقنية وفقا للمادة 39، ليجري بالاستناد إليها تقييم الآثار المحتملة على البيئة البحرية من جراء برنامج الأنشطة التي يضطلع بها بموجب خطة عمل الاستكشاف، وبرنامجا لرصد تلك الآثار وتقديم تقارير عنها. ويجوز أن

تتضمن التوصيات التي تصدرها اللجنة، في جملة أمور، قائمة بأنشطة الاستكشاف التي يُرى أنها لا يحتمل أن تتسبب في آثار ضارة بالبيئة البحرية. ويتعاون المتعاقد مع السلطة والدولة أو الدول المزكية على وضع وتنفيذ برنامج رصد من هذا القبيل.

2 - يقدم المتعاقد سنويا تقارير خطية إلى الأمين العام عن تنفيذ برنامج الرصد المشار إليه في الفقرة 1 ونتائجه، ويقدم بيانات ومعلومات آخذا في الحسبان أي توصيات تصدرها اللجنة وفقا للمادة 39. ويحيل الأمين العام تلك التقارير إلى اللجنة للنظر فيها عملا بالمادة 165 من الاتفاقية.

المادة 33
الأوامر في حالات الطوارئ

1 - يقدم المتعاقد فورا إلى الأمين العام تقريرا خطيا، باستخدام أنجع الوسائل، عن أي حادث ينشأ عن أنشطة تسببت في إلحاق ضرر جسيم بالبيئة البحرية أو تتسبب في ذلك أو تهدد بإحداثه.

2 - في حالة إخطار الأمين العام أو معرفته بطرق أخرى بأي حادث أدت إليه أو سببته أنشطة المتعاقد في المنطقة، ويكون قد تسبب في إلحاق ضرر جسيم بالبيئة البحرية، أو يتسبب في ذلك، أو يهدد بإحداثه، يعمل الأمين العام على إصدار إخطار عام بالحادث، ويخطر كتابيا المتعاقد والدولة أو الدول المزكية ويقدم تقريرا على الفور إلى اللجنة القانونية والتقنية وإلى المجلس وإلى سائر أعضاء السلطة. وتوزع نسخة من التقرير على المنظمات الدولية المختصة، وعلى المنظمات والهيئات دون الإقليمية والإقليمية والعالمية المعنية. ويراقب الأمين العام ما يستجد من تطورات بشأن تلك الأحداث ويقدم عنها تقارير، حسب الاقتضاء، إلى اللجنة والمجلس وسائر أعضاء السلطة.

3 - يتخذ الأمين العام، ريثما يتخذ المجلس أي إجراء، التدابير الفورية ذات الطابع المؤقت التي تكون عملية معقولة في هذه الظروف لمنع إلحاق ضرر جسيم بالبيئة البحرية، أو خطر إلحاق ضرر جسيم بها، ولاحتواء ذلك الضرر، أو الخطر، وتخفيفه إلى أدنى حد ممكن. وتبقى هذه التدابير المؤقتة سارية لمدة لا تزيد على 90 يوما أو إلى أن يقرر المجلس في دورته العادية القادمة أو في دورة استثنائية التدابير التي ستتخذ، إن قرر ذلك عملا بالفقرة 6 من هذه المادة.

4 - تقرر اللجنة بعد تلقيها تقرير الأمين العام، مستندة إلى الأدلة الموفرة لها، وآخذة في الاعتبار التدابير التي سبق اتخذها المتعاقد، التدابير الضرورية للتصدي بفعالية لذلك الحادث بغية

منع إلحاق ضرر جسيم بالبيئة البحرية، أو خطر إلحاق ضرر جسيم بها، ولاحتواء ذلك الضرر، أو الخطر، وتخفيفه إلى أدنى حد ممكن، وتقدم توصياتها إلى المجلس.

5 - يجتمع المجلس للنظر في توصيات اللجنة.

6 - يجوز للمجلس أن يصدر، آخذا في الاعتبار توصيات اللجنة، وتقرير الأمين العام، وأي معلومات مقدمة من المتعاقد، وأي معلومات أخرى ذات صلة، أوامر في حالات الطوارئ، ويجوز أن تشمل هذه الأوامر إيقاف العمليات أو تعديلها، حسب الضرورة وبدرجة معقولة، من أجل منع إلحاق ضرر جسيم بالبيئة البحرية أو خطر إلحاق ضرر جسيم بها من جراء الأنشطة المضطلع بها في المنطقة، ولاحتواء ذلك الضرر، أو الخطر، وتخفيفه إلى أدنى حد ممكن.

7 - إذا لم يمتثل المتعاقد، على وجه السرعة، للأمر الصادر في حالة الطوارئ لمنع إلحاق ضرر جسيم بالبيئة البحرية أو خطر إلحاق ضرر جسيم بها من جراء الأنشطة التي يضطلع بها في المنطقة، ولاحتواء ذلك الضرر، أو الخطر، وتخفيفه إلى أدنى حد ممكن. يجوز للمجلس أن يتخذ، بنفسه أو من خلال ترتيبات مع آخرين، نيابة عنه، التدابير التي يراها ضرورية لمنع إلحاق أي ضرر جسيم بالبيئة البحرية أو خطر إلحاق ضرر جسيم بها ولاحتواء ذلك الضرر، أو الخطر، وتخفيفه إلى أدنى حد ممكن.

8 - ولكي يتمكن المجلس، عند الضرورة، من اتخاذ التدابير العملية الفورية لمنع الضرر الجسيم أو خطر الضرر الجسيم المشار إليهما في الفقرة 7 من المساس بالبيئة، ولاحتواء ذلك الضرر، أو الخطر، وتخفيفه إلى أدنى حد ممكن، يقدم المتعاقد إلى المجلس، قبل الشروع في اختبار أنظمة التجميع وعمليات التجهيز، ضمانا بقدرته المالية والتقنية على الامتثال بسرعة للأوامر الطارئة أو يضمن قدرة المجلس على اتخاذ تلك التدابير الطارئة، وإذا لم يقدم المتعاقد إلى المجلس تلك الضمانات، تتخذ الدولة أو الدول المزكية، استجابة لطلب يقدمه الأمين العام وعملا بالمادتين 139 و 235 من الاتفاقية التدابير اللازمة لكفالة تقديم المتعاقد لذلك الضمان، أو تتخذ تدابير تكفل تقديم المساعدة إلى السلطة في الوفاء بمسؤولياتها بموجب الفقرة 7.

المادة 34

حقوق الدول الساحلية

1 - ليس في هذا النظام ما يؤثر على حقوق الدول الساحلية وفقا للمادة 142 من الاتفاقية وغيرها من الأحكام ذات الصلة.

2 - لأية دولة ساحلية لديها من الأسباب ما يجعلها تعتقد أن من المحتمل أن يلحق أي نشاط للمتعاقد في المنطقة ضررا جسيما بالبيئة البحرية الواقعة تحت ولايتها أو سيادتها،

أو يهدد بإحداثه، أن تخطر الأمين العام كتابيا بالأسباب التي يستند إليها هذا الاعتقاد. ويتيح الأمين العام للمتعاقد وللدولة أو الدول المزكية له فرصة معقولة لدراسة الأدلة، إن وجدت، التي قدمتها الدولة الساحلية كأساس لاعتقادها. ويجوز للمتعاقد والدولة أو الدول المزكية له تقديم ملاحظاتهم على تلك الأسباب إلى الأمين العام في غضون فترة زمنية معقولة.

3 - إذا كانت هناك أسباب واضحة للاعتقاد بأن من المحتمل إصابة البيئة البحرية بضرر جسيم، يتصرف الأمين العام وفقا للمادة 33 ويتخذ، عند الضرورة، تدابير فورية ذات طابع مؤقت وفقا لما تنص عليه المادة 33 (3).

4 - يتخذ المتعاقدون جميع التدابير اللازمة لضمان الاضطلاع بأنشطتهم بحيث لا تتسبب في إلحاق ضرر جسيم بالبيئة البحرية المشمولة بولاية الدول الساحلية أو الخاضعة لسيادتها، بما في ذلك التلوث على سبيل الذكر لا الحصر، وبحيث لا يمتد هذا الضرر الجسيم أو هذا التلوث الناجم عن حوادث أو أنشطة في قطاع الاستكشاف الخاص بها إلى خارج ذلك القطاع.

المادة 35
رفات الموتى والأشياء والمواقع ذات الطابع الأثري أو التاريخي

يخطر المتعاقد الأمين العام كتابة على الفور بأي رفات للموتى يعثر عليه في منطقة الاستكشاف يكون ذا طابع أثري أو تاريخي أو بأي شيء أو موقع يكون له طابع مماثل ومكان وجوده، بما في ذلك ما اتخذ من تدابير لصيانته وحمايته. وينقل الأمين العام هذه المعلومات إلى المدير العام لمنظمة الأمم المتحدة للتربية والعلم والثقافة وإلى أي منظمة دولية مختصة أخرى. وبعد العثور على أي رفات للموتى أو على أي شيء أو موقع في منطقة الاستكشاف، وتجنبا للمس بذلك الرفات أو الشيء أو الموقع، لا يتم الاضطلاع بأي أعمال تنقيب أو استكشاف أخرى، في نطاق دائري معقول، إلى أن يقرر المجلس خلاف ذلك بعد أخذ آراء المدير العام لمنظمة الأمم المتحدة للتربية والعلم والثقافة أو أي منظمة دولية مختصة أخرى في الاعتبار.

الجزء السادس
السرية
المادة 36
سرية البيانات والمعلومات

1 - تعتبر سرية أي بيانات ومعلومات ذات قيمة تجارية تقدم أو تنقل إلى السلطة أو أي شخص يشارك في أي نشاط أو برنامج للسلطة عملا بهذا النظام أو بعقد صادر بموجب هذا

النظام ويحددها المتعاقد، بالتشاور مع الأمين العام، على أنها سرية، ما لم تكن بيانات ومعلومات:

(أ)   معروفة عموما أو متاحة للعموم من مصادر أخرى؛

(ب)   أو سبق لمالكها أن أتاحها للآخرين دون التزام بشأن سريتها؛

(ج)   أو موجودة أصلا في حوزة السلطة دون التزام بشأن سريتها.

2 - البيانات والمعلومات اللازمة للسلطة من أجل صياغة القواعد والأنظمة والإجراءات المتعلقة بحماية وحفظ البيئة البحرية وسلامتها، غير بيانات تصميم المعدات المشمولة بحقوق الملكية، لا تعتبر بيانات ومعلومات سرية.

3 - لا يجوز استخدام البيانات والمعلومات السرية إلا للأمين العام وموظفي الأمانة العامة، على النحو الذي يأذن به الأمين العام وأعضاء اللجنة القانونية والتقنية، وبما يكون ضروريا وهاما لممارستهم لسلطاتهم ووظائفهم بفعالية. ولا يأذن الأمين العام بالوصول إلى هذه البيانات والمعلومات إلا للاستخدام المحدود فيما يتعلق بوظائف وواجبات موظفي الأمانة العامة واللجنة القانونية والتقنية.

4 - يقوم الأمين العام والمتعاقد باستعراض البيانات والمعلومات السرية، بعد 10 سنوات من تاريخ تقديمها للسلطة أو انقضاء عقد الاستكشاف، أيهما جاء لاحقا، وكل خمس سنوات بعد ذلك، وذلك لتحديد ما إذا كان ينبغي أن تظل سرية. وتظل هذه البيانات والمعلومات سرية إذا أثبت المتعاقد أنها إذا أفشيت فسيؤدي هذا إلى خطر جسيم يلحق به ضررا اقتصاديا فادحا وجائرا. ولا تُفشى هذه البيانات والمعلومات إلا بعد أن تتاح للمتعاقد فرصة معقولة لاستنفاد سبل الانتصاف القضائية المتاحة له عملا بالبند 5 من الجزء الحادي عشر من الاتفاقية.

5 - إذا أبرم المتعاقد، في أي فترة بعد انقضاء مدة عقد الاستكشاف، عقدا لاستغلال أي جزء من قطاع الاستكشاف، تظل البيانات والمعلومات السرية المتصلة بذلك الجزء من القطاع سرية وفقا لعقد الاستغلال.

6 - ويجوز للمتعاقد أن يتنازل في أي وقت عن سرية البيانات والمعلومات.

المادة 37

إجراءات ضمان السرية

1 - يكون الأمين العام مسؤولا عن الحفاظ على سرية جميع البيانات والمعلومات السرية ولا يكشف عنها لأي شخص خارج السلطة إلا بموافقة كتابية مسبقة من المتعاقد. ولضمان سرية تلك البيانات والمعلومات، يقرر الأمين العام إجراءات تتسق مع أحكام الاتفاقية، وتنظم مناولة المعلومات السرية من جانب موظفي الأمانة العامة وأعضاء اللجنة القانونية والتقنية وأي شخص آخر يشارك في أي نشاط أو برنامج تنفذه السلطة. وتشمل تلك الإجراءات:

(أ) الاحتفاظ بالبيانات والمعلومات السرية في أماكن آمنة واتخاذ تدابير أمنية للحيلولة دون الوصول إلى تلك البيانات والمعلومات أو نقلها بدون إذن؛

(ب) وضع نظام لتصنيف وتدوين وجرد ما يرد من بيانات ومعلومات مكتوبة بما في ذلك نوعها ومصدرها ومسارها من وقت استلامها لحين التصرف فيها بشكل نهائي.

2 - لا يجوز للشخص المأذون له، بموجب هذا النظام، بالاطلاع على البيانات والمعلومات السرية أن يكشف عنها إلا بما تسمح به الاتفاقية وهذا النظام. ويفرض الأمين العام على أي شخص يُؤذن له بالاطلاع على البيانات والمعلومات السرية الإدلاء بتصريح مكتوب، بحضور الأمين العام أو ممثله المأذون له، يفيد أن الشخص المأذون له:

(أ) يقر أنه ملزم قانونا بموجب هذه الاتفاقية وهذا النظام بعدم الكشف عن البيانات والمعلومات السرية؛

(ب) يوافق على الامتثال للأنظمة والإجراءات السارية لضمان سرية تلك البيانات والمعلومات.

3 - تحمي اللجنة القانونية والتقنية سرية البيانات والمعلومات السرية المقدمة إليها عملا بهذا النظام الأساسي أو عقد مبرم بموجب هذا النظام، ولا يفشي أعضاء اللجنة، وفقا لأحكام المادة 163 (8) من الاتفاقية أي أسرار صناعية أو معلومات مشمولة بحق الملكية تحال إلى السلطة وفقا للمادة 14 من المرفق الثالث للاتفاقية أو أي معلومات سرية أخرى علموا بها بحكم اضطلاعهم بواجباتهم مع السلطة، وذلك حتى بعد انتهاء مهامهم.

4 - لا يفشي الأمين العام أو موظفو السلطة، حتى بعد انتهاء مهامهم لدى السلطة، أي أسرار صناعية أو بيانات مشمولة بحق الملكية تحال إلى السلطة، وفقا للمادة 14 من المرفق الثالث للاتفاقية، أو أي معلومات سرية أخرى علموا بها بحكم عملهم مع السلطة.

5 - يجوز للسلطة، مع مراعاة مسؤوليتها والتزامها بموجب المادة 22 من المرفق الثالث للاتفاقية، أن تتخذ ما تراه مناسبا من إجراءات ضد أي شخص اطلع على أي بيانات أو معلومات سرية، بحكم ما يضطلع به من واجبات مع السلطة، وأخل بالالتزامات المتصلة بالسرية، المنصوص عليها في هذه الاتفاقية وهذا النظام.

الجزء السابع
الإجراءات العامة

المادة 38
الإخطار والإجراءات العامة

1 - يقدم الأمين العام أو الممثل المعين للمنقِّب أو لمقدم الطلب أو للمتعاقد، كيفما اتفق الحال، كتابيا أي طلب أو التماس أو إخطار أو تقرير أو قبول أو موافقة أو تنازل أو توجيهات أو تعليمات مقدمة بموجب هذا النظام. ويكون التبليغ باليد أو التلكس أو الفاكس أو البريد الجوي المسجل أو بالبريد الإلكتروني المتضمن توقيعا إلكترونيا معتمدا إلى الأمين العام في مقر السلطة أو إلى الممثل المعين.

2 - يصبح التبليغ باليد نافذا عند القيام به. ويعتبر التبليغ بالتلكس نافذا في يوم العمل التالي لليوم الذي تظهر فيه عبارة الرد ''answer back'' على آلة التلكس لدى المرسل. ويصبح التبليغ بالفاكس نافذا عندما يستقبل المرسل التقرير المؤكد للإرسال '' ransmit confirmation report'' الذي يؤكد الإرسال إلى رقم الفاكس المطبوع الخاص بالمرسل إليه. ويعتبر التبليغ بالبريد الجوي المسجل نافذا بانقضاء 21 يوما على الإرسال. ويفترض استلام المرسل إليه لرسالة البريد الإلكتروني إذا دخلت نظام معلومات يخصصه المرسل إليه أو يستعمله لغرض استلام وثائق من النوع المرسل وكانت قابلة ليسترجعها المرسل إليه ويجهزها.

3 - يشكل الإخطار المرسل إلى الممثل المعين للمنقِّب أو لمقدم الطلب أو للمتعاقد إخطارا فعليا للمنقِّب أو مقدم الطلب أو المتعاقد، لكل الأغراض بموجب هذا النظام، ويكون الممثل المعين وكيلا للمنقِّب أو مقدم الطلب أو المتعاقد في تبليغ الإجراء أو الإخطار في أي إجراءات قانونية لأي محكمة مختصة.

4 - يشكل الإخطار المرسل إلى الأمين العام إخطارا فعليا للسلطة لكل الأغراض بموجب هذا النظام، ويكون الأمين العام وكيلا للسلطة، في تبليغ الإجراء أو الإخطار في أي إجراءات قانونية لأي محكمة مختصة.

المادة 39
التوصيات المقدمة لإرشاد المتعاقدين

1 - للجنة القانونية والتقنية أن تصدر من حين لآخر توصيات ذات طابع تقني أو إداري لإرشاد المتعاقدين بقصد مساعدتهم في تنفيذ قواعد السلطة وأنظمتها وإجراءاتها.

2 - يبلغ النص الكامل لهذه التوصيات إلى المجلس. وإذا وجد المجلس أن إحدى التوصيات تتنافى مع مقصد هذا النظام وهدفه، كان له أن يطلب تعديل هذه التوصية أو سحبها.

الجزء الثامن
تسوية المنازعات

المادة 40
المنازعات

1 - المنازعات المتعلقة بتفسير هذا النظام أو تطبيقه تسري وفقا للبند 5 من الجزء الحادي عشر من الاتفاقية.

2 - يكون أي قرار نهائي صادر عن محكمة لها بموجب الاتفاقية ولاية متصلة بحقوق وواجبات السلطة والمتعاقد واجب الإنفاذ في إقليم كل دولة طرف في الاتفاقية.

الجزء التاسع
الموارد عدا العقيدات المؤلفة من عدة معادن

المادة 41
الموارد عدا العقيدات المؤلفة من عدة معادن

إذا عثر منقِّب أو متعاقد على موارد في المنطقة عدا العقيدات المؤلفة من عدة معادن، كان التنقيب عن هذه الموارد واستكشافها واستغلالها خاضعا لقواعد السلطة وأنظمتها وإجراءاتها المتصلة بهذه الموارد وفقا للاتفاقية والاتفاق. ويبلغ المنقِّب أو المتعاقد السلطة بما عثر عليه.

الجزء العاشر
الاستعراض
المادة 42
الاستعراض

1 - بعد مضي خمسة أعوام على إقرار الجمعية لهذا النظام المنقح أو في أي وقت بعد ذلك، يضطلع المجلس باستعراض للطريقة التي طُبق بها النظام عمليا.

2 - يجوز لأي دولة طرف، أو للجنة القانونية والتقنية، أو لأي متعاقد من خلال الدولة المزكية له، توجيه طلب إلى المجلس في أي وقت لينظر، في دورته العادية التالية، في إدخال تنقيحات على هذا النظام، إذا اتضح، في ضوء تحسن المعارف أو التكنولوجيا، أن النظام غير موات.

3 - في ضوء هذا الاستعراض، يجوز للمجلس أن يعتمد تعديلات لأحكام هذا النظام ويطبقها مؤقتا، ريثما توافق الجمعية عليها، ويراعي في ذلك توصيات اللجنة القانونية والتقنية أو أي جهاز فرعي آخر معني. ويتم إدخال أي تعديلات دون المساس بالحقوق الممنوحة لأي متعاقد مع السلطة بموجب أحكام عقد أُبرم عملاً بهذا النظام الساري وقت إجراء أي من هذه التعديلات.

4 - وفي حال تعديل أي من أحكام هذا النظام، يجوز للمتعاقد والسلطة أن ينقحا العقد وفقاً للمادة 24 من المرفق الرابع.

المرفق الأول

الإخطار بالعزم على التنقيب

1 - اسم المُنَقِّب:

2 - العنوان الكامل للمُنَقِّب:

3 - العنوان البريدي (إذا كان مختلفا عن العنوان أعلاه):

4 - رقم الهاتف:

5 - رقم الفاكس:

6 - عنوان البريد الإلكتروني:

7 - جنسية المُنَقِّب:

8 - إذا كان المنقِّب شخصا اعتباريا، يقوم بما يلي:

(أ) تحديد مكان تسجيل المنقِّب؛

(ب) تحديد مكان العمل/السكن؛

(ج) إرفاق نسخة من شهادة تسجيل المنقِّب.

9 - اسم ممثل المنقّب المعين:

10 - العنوان الكامل لممثل المنقِّب المعين (إذا كان مختلفا عن العنوان أعلاه):

11 - العنوان البريدي (إذا كان مختلفا عن العنوان أعلاه):

12 - رقم الهاتف:

13 - رقم الفاكس:

14 - عنوان البريد الإلكتروني:

15 - ترفق إحداثيات القطاع العريض أو القطاعات التي سيجري التنقيب فيها (وفقا للنظام الجيوديسي العالمي WGS 84).

16 - يرفق وصف عام لبرنامج التنقيب يشمل موعد بدء البرنامج ومدته التقريبية.

17 - يرفق تعهد كتابي بأن المنقّب سيقوم بما يلي:

(أ)   الامتثال للاتفاقية ولما يتصل بالموضوع من قواعد السلطة وأنظمتها وإجراءاتها فيما يتعلق بما يلي:

'1'   التعاون في برامج التدريب المتصلة بالبحث العلمي البحري ونقل التكنولوجيا على النحو المشار إليه في المادتين 143 و 144 من الاتفاقية؛

'2'   حماية وحفظ البيئة البحرية؛

(ب)   قبول تحقق السلطة من الامتثال لذلك.

18 - تُدرج أدناه جميع ملاحق ومرفقات هذا الإخطار (ينبغي تقديم جميع البيانات والمعلومات في شكل مطبوع وشكل رقمي تحدده السلطة).

التاريخ:

توقيع ممثل المنَقِّب المعين

تصديق:

توقيع الشخص المصَدق

اسم الشخص المصَدق

لقب الشخص المصَدق

المرفق الثاني

طلب الموافقة على خطة عمل للاستكشاف، بغرض الحصول على عقد

البند الأول
معلومات تتعلق بمقدم الطلب

1 - اسم مقدم الطلب:

2 - العنوان الكامل لمقدم الطلب:

3 - العنوان البريدي (إذا كان مختلفا عن العنوان أعلاه):

4 - رقم الهاتف:

5 - رقم الفاكس:

6 - عنوان البريد الإلكتروني:

7 - اسم ممثل مقدم الطلب المعين:

8 - العنوان الكامل لممثل مقدم الطلب المعين (إذا كان مختلفا عن العنوان أعلاه):

9 - العنوان البريدي (إذا كان مختلفا عن العنوان أعلاه):

10 - رقم الهاتف:

11 - رقم الفاكس:

12 - عنوان البريد الإلكتروني:

13 - إذا كان مقدم الطلب شخصا اعتباريا، يقوم بما يلي:

(أ) تحديد مكان تسجيل المنقِّب؛

(ب) تحديد مكان العمل/السكن؛

(ج) إرفاق نسخة من شهادة تسجيل المنقّب.

14 - تحدد الدولة أو الدول المزكية.

15 - بالنسبة لكل دولة مزكية، يبين تاريخ إيداع صك تصديق الدولة المزكية على اتفاقية الأمم المتحدة لقانون البحار المؤرخة 10 كانون الأول/ديسمبر 1982 أو انضمامها إليها أو خلافتها فيها، وتاريخ قبولها الامتثال للاتفاق المتصل بتنفيذ الجزء الحادي عشر من الاتفاقية.

16 - يتعين أن ترفق بهذا الطلب شهادة تزكية صادرة عن الدولة المزكية. وإذا كان لمقدم الطلب أكثر من جنسية واحدة، كما في حالة الشراكة أو الاتحاد اللذين يضمان كيانات من أكثر من دولة واحدة، يتعين أن ترفق بالطلب شهادة تزكية صادرة عن كل دولة من الدول المعنية.

البند الثاني
معلومات تتصل بالقطاع المشمول بالطلب

17 - يحدد القطاع المشمول بالطلب عن طريق إرفاق قائمة بالإحداثيات الجغرافية (وفقا للنظام الجيوديسي العالمي (WGS 84)).

18 - ترفق خريطة (بمقياس وإسقاط تحددهما السلطة) وقائمة بالإحداثيات التي تقسم القطاع الإجمالي إلى جزأين متساويين من حيث القيمة التجارية المقدرة.

19 - ترفق في ملحق معلومات كافية تمكن المجلس من تعيين قطاع محجوز استنادا إلى القيمة التجارية المقدرة لكل جزء من جزأي القطاع المشمول بالطلب. وتتضمن هذه المعلومات البيانات المتوفرة لمقدم الطلب بالنسبة لجزأي القطاع المشمول بالطلب، بما في ذلك ما يلي:

(أ)   بيانات عن موقع ومسح وتقييم العقيدات المؤلفة من عدة معادن في القطاعين، بما في ذلك ما يلي:

'1'   وصف للتكنولوجيا المتعلقة باستخراج وتجهيز العقيدات المؤلفة من عدة معادن، واللازمة لتعيين قطاع محجوز؛

'2'   خريطة للخصائص الفيزيائية والجيولوجية، مثل طبوغرافيا قاع البحر والقياسات العميقة والتيارات التحتية، ومعلومات عن مدى موثوقية تلك البيانات؛

'3'   بيانات توضح متوسط كثافة (وفرة) العقيدات المؤلفة من عدة معادن بوحدات الكيلوغرام/المتر المربع، وترفق بها خريطة لدرجة الوفرة تبين أماكن مواقع أخذ العينات؛

‘4’ بيانات توضح متوسط المحتوى العنصري من المعادن ذات الأهمية (الرتبة) الاقتصادية بناء على تقييمات كيميائية، معبرا عن ذلك بالنسبة المئوية في الوزن (الجاف)، وترفق بها خريطة توضح الرتبة؛

‘5’ خرائط مجمعة لدرجات وفرة العقيدات المؤلفة من عدة معادن ورتبها؛

‘6’ حسابات مستندة إلى الإجراءات النموذجية، بما في ذلك تحليل إحصائي، مع استعمال البيانات المقدمة، تفيد بتوقع احتواء القطاعين على عقيدات مؤلفة من معادن متعددة ذات قيمة تجارية تقديرية متكافئة معبَّر عنها بدلالة المعادن الممكن استخراجها من المناطق القابلة للتعدين؛

‘7’ وصف للتقنيات التي يستخدمها مقدم الطلب.

(ب) معلومات تتعلق بالبارامترات البيئية (الموسمية وأثناء فترة الاختبار) تتضمن أمورا من بينها سرعة الرياح واتجاهاتها، ودرجة ملوحة المياه، ودرجة الحرارة، والتجمعات البيولوجية.

20 - إذا كان القطاع المشمول بالطلب يحتوي على أي جزء من قطاع محجوز، ترفق قائمة بإحداثيات القطاع الذي يشكل جزءا من القطاع المحجوز وتبين مؤهلات مقدم الطلب وفقا للمادة 17 من النظام.

البند الثالث

معلومات مالية وتقنية(أ)

21 - ترفق معلومات كافية لتمكين المجلس من تحديد ما إذا كان مقدم الطلب قادرا ماليا على الاضطلاع بخطة العمل المقترحة وعلى الوفاء بالتزاماته المالية تجاه السلطة:

(أ) إذا كان الطلب مقدما من ”المؤسسة“، ترفق شهادة من سلطتها المختصة بأن لدى المؤسسة الموارد المالية اللازمة لتغطية التكاليف التقديرية لخطة العمل المقترحة للاستكشاف؛

(أ) أي طلب للموافقة على خطة عمل للاستكشاف مقدم باسم دولة أو كيان، أو أي عنصر من العناصر المكونة لهذا الكيان، مشار إليه في الفقرة 1 (أ) ‘2’ أو ‘3’ من القرار الثاني، بخلاف المستثمر الرائد المسجل الذي اضطلع بالفعل بأنشطة ضخمة في المنطقة قبل بدء نفاذ الاتفاقية، أو من خَلَفه في المصلحة، يعتبر مستوفيا للمؤهلات المالية والتقنية اللازمة للموافقة على خطة عمل إذا كانت الدولة أو الدول المزكية تشهد بأن مقدم الطلب قد أنفق مبلغا يساوي ما لا يقل عن 30 مليون دولار من دولارات الولايات المتحدة في أنشطة البحث والاستكشاف وأنفق ما لا يقل عن 10 في المائة من ذلك المبلغ في موقع القطاع المشار إليه في خطة العمل ومسح وتقييم ذلك القطاع.

(ب) وإذا كان الطلب مقدما من دولة أو مؤسسة حكومية، يرفق بيان من هذه الدولة أو من الدولة المزكية يشهد على أن لدى مقدم الطلب الموارد المالية اللازمة لتغطية التكاليف التقديرية لخطة العمل المقترحة للاستكشاف؛

(ج) وإذا كان الطلب مقدما من كيان، ترفق نسخ من البيانات المالية المراجعة لمقدم الطلب، بما فيها الميزانية العمومية وبيانات الأرباح والخسائر للسنوات الثلاث الأخيرة، وتكون هذه ممتثلة لمبادئ المحاسبة المسلَّم بها دوليا ومصدقا عليها من مكتب محاسبة قانونية مؤهل حسب الأصول:

'1' وإذا كان مقدم الطلب كيانا نُظم حديثا وليس لديه ميزانية عمومية مصدق عليها، تقدم ميزانية تقديرية مصدق عليها من مسؤول مناسب لدى مقدم الطلب؛

'2' وإذا كان مقدم الطلب تابعا لكيان آخر، تقدم نسخ من البيانات المالية التي تخص ذلك الكيان، وبيان من الكيان يمتثل للممارسات المحاسبية المقبولة دوليا مصدق عليه من قبل مكتب محاسبة قانونية مؤهل حسب الأصول يفيد بأن مقدم الطلب ستكون لديه الموارد المالية اللازمة لتنفيذ خطة العمل المتعلقة بالاستكشاف؛

'3' وإذا كان مقدم الطلب خاضعا لسيطرة دولة أو مؤسسة حكومية، يقدم بيان من الدولة أو المؤسسة الحكومية يشهد فيه بأن مقدم الطلب ستكون لديه الموارد المالية اللازمة لتنفيذ خطة العمل المتعلقة بالاستكشاف.

22 - إذا كان المقصود هو تمويل خطة عمل الاستكشاف المقترحة عن طريق القروض، يرفق بيان بمقدار هذه القروض وفترة السداد وسعر الفائدة.

23 - ترفق معلومات كافية تمكن المجلس من تحديد ما إذا كان مقدم الطلب قادرا من الناحية التقنية على تنفيذ خطة عمل الاستكشاف المقترحة، بما في ذلك ما يلي:

(أ) وصف عام لما اكتسبه مقدم الطلب من خبرة ومعرفة ومهارات ومؤهلات تقنية ودراية فنية سابقة تتعلق بخطة العمل المقترحة للاستكشاف؛

(ب) وصف عام للمعدات والطرق التي يتوقع استخدامها في تنفيذ خطة العمل المقترحة للاستكشاف وغير ذلك من المعلومات المناسبة غير المشمولة بحق الملكية، المتصلة بخصائص هذه التكنولوجيا؛

(ج) وصف عام لقدرة مقدم الطلب المالية والتقنية على التصدي لأي حادث أو نشاط يلحق ضررا جسيما بالبيئة البحرية.

البند الرابع
خطة عمل الاستكشاف

24 – ترفق المعلومات التالية المتصلة بخطة عمل الاستكشاف:

(أ) وصف عام لبرنامج الاستكشاف المقترح وجدول زمني لإنجازه، بما فيه برنامج الأنشطة لفترة الخمس سنوات التالية مباشرة من قبيل الدراسات المقرر إجراؤها حول العوامل البيئية والتقنية والاقتصادية وغيرها من العوامل الملائمة التي يجب أخذها في الاعتبار عند الاستكشاف؛

(ب) وصف لبرنامج دراسات خط الأساس الأوقيانوغرافية والبيئية وفقا لهذا النظام وأي قواعد وأنظمة وإجراءات بيئية تضعها السلطة للتمكين من إجراء تقييم للأثر البيئي المحتمل أن ينشأ عن الأنشطة المقترحة، بما في ذلك على سبيل المثال لا الحصر التأثير الواقع على التنوع البيولوجي، مع مراعاة أي توصيات تصدرها اللجنة القانونية والتقنية؛

(ج) تقييم أولي للأثر المحتمل لأنشطة الاستكشاف المقترحة على البيئة البحرية؛

(د) وصف للتدابير المقترحة من أجل منع وتخفيف وضبط التلوث والأخطار الأخرى فضلا عن الآثار التي يمكن أن تتعرض لها البيئة البحرية؛

(هـ) جدول بالنفقات السنوية المتوقعة فيما يتعلق ببرنامج العمل لفترة الخمس سنوات التالية مباشرة.

البند الخامس
التعهدات

25 – يرفق تعهد كتابي بأن مقدم الطلب سيقوم بما يلي:

(أ) يقبل تنفيذ ما ينطبق من التزامات ناشئة عن أحكام الاتفاقية وقواعد السلطة وأنظمتها وإجراءاتها وقرارات أجهزة السلطة ذات السلطة وأحكام عقوده مع السلطة، والامتثال لها؛

(ب) يقبل رقابة السلطة على الأنشطة في المنطقة، على النحو الذي تأذن به الاتفاقية؛

(ج) يزود السلطة بتأكيد خطي يتعهد فيه بأن يفي بحسن نية بالتزاماته المقررة بموجب العقد.

البند السادس
العقود السابقة

26 - إذا كان مقدم الطلب سبق أن مُنح أي عقد مع السلطة، أو مُنح - في حالة تقديم الطلب من قبل شراكة كيانات أو اتحاد كيانات داخل في ترتيب مشترك - عقد مع السلطة لأي عضو من أعضاء شراكة أو اتحاد من هذا القبيل، يشمل الطلب ما يلي:

(أ) تاريخ العقد السابق أو العقود السابقة؛

(ب) تاريخ كل تقرير مقدم إلى السلطة فيما يتصل بالعقد أو العقود، ورقمه المرجعي وعنوانه؛

(ج) تاريخ إنهاء العقد أو العقود، عند الانطباق.

البند السابع
المشفوعات

27 - ترفق بهذا الطلب قائمة بجميع المشفوعات والمرفقات (وينبغي تقديم جميع البيانات والمعلومات في شكل مطبوع وفي شكل رقمي تحدده السلطة).

التاريخ:

توقيع ممثل مقدم الطلب المعين

تصديق

توقيع الشخص المصَدق

اسم الشخص المصَدق

لقب الشخص المصَدق

المرفق الثالث

عقد استكشاف

هذا العقد المحرر في اليوم ـــــ من ـــــ الموافق ـــــ بين السلطة الدولية لقاع البحار ممثلة بأمينها العام (المشار إليها أدناه بـ ''السلطة'') و ـــــــــ ممثلا بـ ـــــــ (المشار إليه أدناه بـ ''المتعاقد'') ينص على ما يلي:

إدراج الشروط

1 - تدرج في هذا العقد الشروط القياسية الواردة في المرفق الرابع لنظام التنقيب عن العقيدات المؤلفة من عدة معادن في المنطقة واستكشافها ويجري العمل بها كما لو كانت واردة بكاملها في هذه الوثيقة.

قطاع الاستكشاف

2 - لأغراض هذا العقد يعني ''قطاع الاستكشاف'' الجزء من المنطقة المخصص للمتعاقد لأغراض الاستكشاف، والذي تحدده الإحداثيات الواردة في الجدول 1 من هذا العقد والذي يجري خفضه من حين لآخر وفقا للشروط القياسية وللنظام.

منح الحقوق

3 - اعتبارا لما يلي: (أ) المصلحة المشتركة للسلطة والمتعاقد في الاضطلاع بأنشطة الاستكشاف بقطاع الاستكشاف عملا باتفاقية الأمم المتحدة لقاع البحار المؤرخة 10 كانون الأول/ديسمبر 1982 واتفاق تنفيذ الجزء الحادي عشر من الاتفاقية؛ (ب) مسؤولية السلطة عن تنظيم ومراقبة الأنشطة في المنطقة، وخاصة بهدف إدارة موارد المنطقة، وفقا للنظام القانوني المحدد في الجزء الحادي عشر من الاتفاقية والجزء الثاني عشر من الاتفاق على التوالي؛ (ج) مصلحة المتعاقد والتزامه المالي في الاضطلاع بالأنشطة في قطاع الاستكشاف والتعهدات المتبادلة في هذا العقد؛ تمنح السلطة المتعاقد بموجب هذا العقد الحق الخالص لاستكشاف العقيدات المؤلفة من عدة معادن في قطاع الاستكشاف وفقا لأحكام وشروط هذا العقد.

بدء سريان العقد ومدته

4 - رهنا بالشروط القياسية، يبدأ سريان هذا العقد بعد توقيع الطرفين عليه ويظل ساريا لمدة خمسة عشر عاما بعد ذلك إلا في الحالتين التاليتين:

(أ) إذا حصل المتعاقد على عقد استغلال في قطاع الاستكشاف يبدأ سريانه قبل انقضاء مدة الخمسة عشر عاما المذكورة؛ أو

(ب) إذا تم إنهاء العقد قبل انقضاء تلك المدة؛ بشرط جواز تمديد فترة العقد وفقا للشرطين القياسيين 2-3 و 2-17.

الجداول

5 - الجداول المشار إليها في الشروط القياسية، أي البند 4 والبند 8، هي لأغراض هذا العقد الجدولان 2 و 3 على التوالي.

الاتفاق الكامل

6 - يعبر هذا العقد عن كل ما اتفق عليه الطرفان، ولا يجوز تعديل أحكامه نتيجة لأي تفاهم شفوي أو صك سابق.

وإثباتا لما تقدم، قام الممثلان الموقعان أدناه المفوضان حسب الأصول، كل من قبل الطرف الذي يمثله، بتوقيع هذا العقد في هذا اليوم .... الموافق ....

الجدول 1

[الإحداثيات والخرائط التوضيحية لقطاع الاستكشاف]

الجدول 2

[برنامج أنشطة الخمس سنوات الحالية بصيغته المنقحة من وقت لآخر]

الجدول 3

[يصبح برنامج التدريب جدولا من العقد بعد موافقة السلطة عليه وفقا للبند 8 من الشروط القياسية]

المرفق الرابع

شروط قياسية لعقد الاستكشاف

البند 1
تعاريف

1-1 في الشروط التالية:

(أ) يعني مصطلح ”قطاع الاستكشاف“ جزء المنطقة المخصص للمتعاقد لأغراض الاستكشاف، الوارد وصفه في الجدول 1 لهذا العقد، والذي يجوز الحد منه من حين لآخر وفقا لهذا العقد وللنظام؛

(ب) يعني مصطلح ”برنامج الأنشطة“ برنامج الأنشطة المحدد في الجدول 2 لهذا العقد والذي يجوز تعديله من حين لآخر وفقا للبند 4-3 والبند 4-4 من هذا العقد؛

(ج) يعني مصطلح ”النظام“ الأنظمة التي تعتمدها السلطة بشأن التنقيب عن العقيدات المؤلفة من عدة معادن واستكشافها في المنطقة.

2-1 تحمل المصطلحات والعبارات الوارد تعريفها في النظام نفس المعنى الذي تحمله في هذه الشروط القياسية.

3-1 وفقا لاتفاق تنفيذ الجزء الحادي عشر من اتفاقية الأمم المتحدة لقانون البحار المؤرخة 10 كانون الأول/ديسمبر 1982، تفسر أحكامه والجزء الحادي عشر من الاتفاقية وتطبق معا بوصفها صكا واحدا؛ ويفسر ويطبق هذا العقد وما يرد فيه من إشارات إلى الاتفاقية وفقا لذلك.

4-1 يشمل هذا العقد جداول العقد التي تشكل جزءا لا يتجزأ منه.

البند 2
ضمان الحيازة

1-2 يكون للمتعاقد ضمان الحيازة ولا يعلق هذا العقد أو ينهى أو ينقح إلا وفقا للبنود 20 و 21 و 24 منه.

2-2 يكون للمتعاقد دون غيره الحق في استكشاف العقيدات المتعددة المعادن في قطاع الاستكشاف وفقا لأحكام هذا العقد وشروطه. وتكفل السلطة ألا يقوم أي كيان آخر

بعمليات في القطاع لاستكشاف فئة أخرى من الموارد بطريقة تتعارض على نحو غير معقول مع العمليات التي يقوم بها المتعاقد.

3-2 يحق للمتعاقد في أي وقت أن يتنازل، بموجب إشعار يقدمه للسلطة، ودونما جزاء، عن كامل حقوقه في قطاع الاستكشاف أو جزء منها، شريطة أن يظل المتعاقد مسؤولا عن جميع الالتزامات الناشئة قبل تاريخ التنازل فيما يتعلق بالقطاع المتنازل عنه.

4-2 ليس في هذا العقد ما يُعتبر مانحا للمتعاقد أي حق غير الحقوق الممنوحة صراحة فيه. وتحتفظ السلطة بحق التعاقد بشأن موارد غير العقيدات المتعددة المعادن مع أطراف ثالثة في القطاع المشمول بهذا العقد.

البند 3
مدة العقد

1-3 يبدأ سريان هذا العقد بعد توقيع كل من الطرفين عليه، ويظل ساريا لمدة خمسة عشر عاما بعد ذلك ما لم:

(أ) يحصل المتعاقد على عقد استغلال في قطاع الاستكشاف يبدأ سريانه قبل انقضاء مدة الخمسة عشر عاما المذكورة؛ أو

(ب) يتم إنهاء العقد قبل انقضاء تلك المدة، بشرط جواز تمديد العقد وفقا للبندين 3-2 و 17-2 أدناه.

2-3 يجوز، بناء على طلب يقدمه المتعاقد في موعد أقصاه ستة أشهر قبل انقضاء هذا العقد، تمديد هذا العقد لفترات لا يتجاوز أي منها خمس سنوات بالأحكام والشروط التي يتفق عليها عندئذ بين السلطة والمتعاقد وفقا للنظام. وتتم الموافقة على هذه التمديدات إذا كان المتعاقد قد بذل جهودا مخلصة للامتثال لمقتضيات هذا العقد ولكنه لم يستطع لأسباب خارجة عن إرادته إتمام الأعمال التحضيرية اللازمة للانتقال إلى مرحلة الاستغلال أو إذا لم تبرر الظروف الاقتصادية السائدة الانتقال إلى مرحلة الاستغلال.

3-3 بالرغم من انتهاء هذا العقد وفقا للبند 3-1 منه، إذا طلب المتعاقد عقد استغلال، قبل 90 يوما على الأقل من تاريخ انتهاء العقد، فإن حقوق المتعاقد والتزاماته بموجب هذا العقد تستمر إلى أن ينظر في الطلب ويتم إصدار عقد الاستغلال أو رفضه.

البند 4
الاستكشاف

1-4 يشرع المتعاقد في الاستكشاف وفقا للجدول الزمني المنصوص عليه في برنامج الأنشطة الوارد في الجدول 2 طيا ويتقيد بالفترات الزمنية أو أي تعديل يدخل عليها على النحو الذي ينص عليه هذا العقد.

2-4 يقوم المتعاقد بتنفيذ برنامج الأنشطة المنصوص عليه في الجدول 2 طيا. وعليه عند القيام بهذا العمل أن ينفق في كل سنة من سنوات العقد مبلغا لا يقل عن المبلغ المحدد في هذا البرنامج أو في أي استعراض له يتفق عليه، في نفقات فعلية ومباشرة تتعلق بالاستكشاف.

3-4 يجوز للمتعاقد، بموافقة من السلطة لا يجوز حجبها إلا لسبب معقول، أن يدخل من وقت لآخر على برنامج الأنشطة وعلى النفقات المحددة فيه التغييرات التي قد يكون من الضروري ومن الحكمة إدخالها وفقا للسنن الحميدة في صناعة التعدين، ومع مراعاة ظروف السوق المتعلقة بالمعادن التي تحتوي عليها العقيدات المتعددة المعادن، والظروف الاقتصادية العالمية ذات الصلة الأخرى.

4-4 على المتعاقد والأمين العام أن يقوما، في موعد لا يتجاوز 90 يوما قبل انقضاء كل فترة مدتها خمس سنوات من تاريخ بدء سريان هذا العقد وفقا للبند 3 منه، بإجراء استعراض مشترك لتنفيذ خطة عمل الاستكشاف بموجب هذا العقد. ويجوز للأمين العام أن يطلب من المتعاقد أن يقدم أي بيانات ومعلومات إضافية حسب الاقتضاء لأغراض الاستعراض. وفي ضوء الاستعراض، يجري المتعاقد ما يلزم من تعديلات في خطة عمله، ويبين برنامج أنشطته للسنوات الخمس التالية، بما في ذلك جدول منقح للنفقات السنوية المتوقعة. ويعدل الجدول 2 الوارد طيا وفقا لذلك.

البند 5
الرصد البيئي

1-5 يتخذ المتعاقد التدابير اللازمة، في الحدود الممكنة قدر المعقول، لمنع وتخفيف ومكافحة التلوث وغيره من المخاطر التي تتعرض لها البيئة البحرية من جراء الأنشطة التي يضطلع بها في المنطقة، متبعا في ذلك نهجا تحوطيا ومستخدما لذلك الغرض أفضل الممارسات البيئية.

2-5 قبل بدء أنشطة الاستكشاف، يقدم المتعاقد إلى السلطة ما يلي:

(أ) تقييم للآثار المحتملة للأنشطة المقترحة على البيئة البحرية؛

(ب) مقترح لبرنامج رصد من أجل تحديد الأثر المحتمل للأنشطة المقترحة على البيئة البحرية؛

(ج) بيانات يمكن استخدامها لتحديد خط أساس بيئي لتقييم أثر الأنشطة المقترحة.

5-3 يقوم المتعاقد، وفقا للنظام، بجمع بيانات خط الأساس البيئي مع تقدم أنشطة الاستكشاف وتطورها ويضع خطوط أساس بيئية يُستند إليها في تقدير الآثار المحتملة لأنشطة المتعاقد على البيئة البحرية.

5-4 يقوم المتعاقد، وفقا للنظام، بوضع وتنفيذ برنامج لرصد هذه الآثار على البيئة البحرية والإبلاغ عنها ويتعاون المتعاقد مع السلطة في تنفيذ هذا الرصد.

5-5 يقدم المتعاقد إلى الأمين العام، في غضون 90 يوما من نهاية كل سنة تقويمية، تقريرا عن تنفيذ ونتائج برنامج الرصد المشار إليه في البند 5-3 من هذا العقد ويقدم البيانات والمعلومات وفقا للنظام.

البند 6
خطط الطوارئ وحالات الطوارئ

6-1 على المتعاقد قبل الشروع في برنامج أنشطته بموجب هذا العقد أن يقدم إلى الأمين العام خطة للطوارئ للتصدي بطريقة فعالة للحوادث التي تنشأ عن أنشطة المتعاقد في البحر في قطاع الاستكشاف ويحتمل أن تلحق ضررا جسيما بالبيئة البحرية أو تهدد بذلك. وتحدد خطة الطوارئ تلك إجراءات خاصة وتنص على توفير معدات كافية ومناسبة لمواجهة تلك الحوادث، وينبغي أن تتضمن بالخصوص ترتيبات من أجل:

(أ) القيام فورا بتوجيه إنذار عام في قطاع أنشطة الاستكشاف؛

(ب) القيام فورا بإخطار الأمين العام؛

(ج) إنذار السفن التي قد تكون على وشك الدخول إلى منطقة الطوارئ؛

(د) تدفق المعلومات الكاملة بصورة مستمرة إلى الأمين العام فيما يتصل بخصوصيات حالة الطوارئ والتدابير التي جرى اتخاذها والإجراءات الإضافية المطلوبة؛

(هـ) القيام حسب الاقتضاء بإزالة المواد الملوّثة؛

(و) الحد من الضرر الجسيم الذي يلحق البيئة البحرية ومنع ذلك الضرر في الحدود الممكنة قدر المعقول، فضلا عن التخفيف من آثاره؛

(ز) التعاون حسب الاقتضاء مع المتعاقدين الآخرين ومع السلطة من أجل مواجهة أي حالة طوارئ؛

(ح) إجراء تمرينات دورية على الاستجابة لحالات الطوارئ.

6-2 يقدم المتعاقد إلى الأمين العام فورا تقريرا عن أي حادث ينشأ عن أنشطته ويكون قد تسبب في إلحاق ضرر جسيم بالبيئة البحرية أو يتسبب في ذلك أو يهدد بإحداثه. ويجب أن يتضمن هذا التقرير تفاصيل هذا الحادث، بما في ذلك:

(أ) إحداثيات القطاع المتأثر أو الذي يمكن، بشكل معقول، توقع تأثره؛

(ب) وصف التدابير التي يتخذها المتعاقد لمنع إلحاق ضرر جسيم بالبيئة البحرية، أو خطر إلحاق ضرر جسيم بها، ولاحتواء ذلك الضرر، أو الخطر، وتخفيفه إلى أدنى حد ممكن وإصلاح الحالة؛

(ج) وصف التدابير التي يتخذها المتعاقد لرصد آثار الحادث على البيئة البحرية؛

(د) أية معلومات تكميلية معقولة قد يطلبها الأمين العام.

6-3 على المتعاقد الامتثال للأوامر التي يصدرها المجلس في حالات الطوارئ ولأي تدابير فورية ذات طابع مؤقت يصدرها الأمين العام وفقا للنظام لمنع إلحاق ضرر جسيم بالبيئة البحرية، أو خطر إلحاق ضرر جسيم بها، ولاحتواء ذلك الضرر، أو الخطر، وتخفيفه إلى أدنى حد ممكن وإصلاح الحالة، ويمكن أن تشمل أوامر تصدر إلى المتعاقد ليقوم على الفور بتعليق أو تعديل أية أنشطة في قطاع الاستكشاف.

6-4 في حالة عدم امتثال المتعاقد على الفور للأوامر التي تصدر في حالات الطوارئ أو التدابير الفورية ذات الطابع المؤقت، يجوز للمجلس أن يتخذ، على نفقة المتعاقد، الإجراءات المعقولة اللازمة لمنع إلحاق ضرر جسيم بالبيئة البحرية، أو خطر إلحاق ضرر جسيم بها، ولاحتواء ذلك الضرر، أو الخطر، وتخفيفه إلى أدنى حد ممكن وإصلاح الحالة. وعلى المتعاقد أن يسدد فورا للسلطة مبلغ هذه المصاريف. وتضاف تلك المصاريف إلى أي غرامات مالية قد تفرض على المتعاقد عملا بأحكام هذا العقد أو النظام.

البند 7
رفات الموتى والأشياء والمواقع ذات الطابع الأثري أو التاريخي

يخطر المتعاقد الأمين العام كتابة على الفور بأي رفات للموتى يعثر عليه في قطاع الاستكشاف يكون ذا طابع أثري أو تاريخي أو بأي شيء أو موقع يكون له طابع مماثل وبمكان وجوده، بما في ذلك ما اتخذ من تدابير لصيانته وحمايته. ويحيل الأمين العام هذه المعلومات إلى المدير العام لمنظمة الأمم المتحدة للتربية والعلم والثقافة وإلى أي منظمة دولية مختصة أخرى. وبعد العثور على أي رفات أموات أو على أي شيء أو موقع في قطاع الاستكشاف، وتجنبا للمس بذلك الرفات أو الشيء أو الموقع، لا يتم الاضطلاع بأي أعمال تنقيب أو استكشاف أخرى، في نطاق دائري معقول، إلى أن يقرر المجلس خلاف ذلك بعد أخذ آراء المدير العام لمنظمة الأمم المتحدة للتربية والعلم والثقافة أو أي منظمة دولية مختصة أخرى في الاعتبار.

البند 8
التدريب

8-1 وفقا للنظام، يقدم المتعاقد إلى السلطة للموافقة، وقبل بدء الاستكشاف بموجب هذا العقد، البرامج المقترحة لتدريب موظفي السلطة والدول النامية، بما في ذلك اشتراك هؤلاء الموظفين في كافة الأنشطة التي يقوم بها المتعاقد بموجب هذا العقد.

8-2 يخضع نطاق برنامج التدريب وتمويله للتفاوض بين المتعاقد والسلطة والدولة أو الدول المزكية.

8-3 ينفذ المتعاقد برامج التدريب وفقا للبرنامج المحدد لتدريب الموظفين المشار إليه في البند 8-1 من هذا العقد والمعتمد من السلطة وفقا للنظام، ويصبح هذا البرنامج، حسبما يتم تنقيحه وتطويره من حين لآخر، جزءا من هذا العقد بوصفه الجدول 3.

البند 9
الدفاتر والسجلات

يمسك المتعاقد مجموعة كاملة وصحيحة من الدفاتر والحسابات والسجلات المالية طبقا لمبادئ المحاسبة المقبولة دوليا وتتضمن هذه الدفاتر والحسابات والسجلات المالية معلومات تكشف عن كامل النفقات الفعلية والمباشرة المتعلقة بالاستكشاف وأي معلومات أخرى تيسر إجراء مراجعة فعلية لتلك النفقات.

البند 10
التقارير السنوية

1-10 يقدم المتعاقد خلال 90 يوما من نهاية كل سنة تقويمية تقريرا إلى الأمين العام بالشكل الذي قد توصي به اللجنة القانونية والتقنية من حين لآخر عن برنامج الأنشطة التي اضطلع بها في قطاع الاستكشاف، ويتضمن، حسب الانطباق، معلومات مفصلة بما يكفي بشأن ما يلي:

(أ) أعمال الاستكشاف المضطلع بها خلال السنة التقويمية، بما في ذلك الخرائط والجداول والرسوم البيانية الموضحة لما أنجز من أعمال وما حقق من نتائج؛

(ب) والمعدات المستخدمة لأعمال الاستكشاف، بما في ذلك نتائج التجارب التي أجريت على تكنولوجيات تعدين مقترحة، ولا يشمل ذلك بيانات تصميم المعدات؛

(ج) تنفيذ برامج التدريب، بما فيها أي عمليات مقترحة لتنقيح أو تطوير تلك البرامج.

2-10 وتتضمن هذه التقارير أيضا ما يلي:

(أ) نتائج برامج رصد البارامترات البيئية، بما في ذلك مشاهداتها وقياساتها وتقييماتها وتحليلاتها؛

(ب) وبيان عن كمية العقيدات المتعددة المعادن المستخرجة كعينات أو لأغراض الاختبار؛

(ج) وبيان متفق ومبادئ المحاسبة المقبولة دوليا ومصدق عليه من شركة محاسبين عموميين مؤهلة على النحو الواجب أو من الدولة المزكية، عندما يكون المتعاقد دولة أو مؤسسة تابعة للدولة، يتضمن النفقات الفعلية والمباشرة المتعلقة بالاستكشاف التي تحملها المتعاقد لدى الاضطلاع ببرنامج العمل خلال السنة المحاسبية للمتعاقد. وللمتعاقد حق المطالبة باعتبار هذه النفقات جزءا من تكاليف التنمية التي تكبدها قبل بدء الإنتاج التجاري؛

(د) وتفاصيل أي تعديلات يقترح إدخالها على برنامج الأنشطة، وأسباب هذه التعديلات.

3-10 يقدم المتعاقد أيضا معلومات إضافية لاستكمال التقارير المشار إليها في البندين 10-1 و 10-2 طيا، حسبما يطلبه الأمين العام، من وقت لآخر، ضمن حدود معقولة، وذلك بهدف تنفيذ مهام السلطة بموجب الاتفاقية والنظام وهذا العقد.

4-10 يحتفظ المتعاقد، في حالة جيدة وإلى حين انتهاء العقد، بجزء نموذجي من عينات العقيدات المتعددة المعادن التي يحصل عليها خلال عملية الاستكشاف. ويجوز للسلطة أن تطلب من المتعاقد كتابة أن يسلمها جزءا من أي عينة حصل عليها خلال عملية الاستكشاف بهدف تحليلها.

5-10 تدفع الجهة المتعاقدة عند تقديم التقرير السنوي رسما سنويا للمساهمة في التكاليف العامة قدره 47 000 دولار (أو مبلغا يتم تحديده وفقا للبند 10-6 من هذا النظام) لتغطية التكاليف التي تتكبدها السلطة في مجالي الإدارة والإشراف فيما يتعلق بهذا العقد وفي مجال استعراض التقارير المقدمة وفقا للبند 10-1 من هذا النظام.

6-10 يجوز للسلطة تنقيح الرسم السنوي للمساهمة في التكاليف العامة بحيث يعبر عن التكاليف التي تتكبدها بالفعل وفي الحدود المعقولة.[5]

البند 11
البيانات والمعلومات الواجب تقديمها عند انتهاء العقد

1-11 ينقل المتعاقد إلى السلطة جميع البيانات والمعلومات الضرورية والمتعلقة بممارسة السلطة لسلطاتها ووظائفها بفعالية فيما يتصل بقطاع الاستكشاف وفقا لأحكام هذا البند.

2-11 عند انتهاء هذا العقد، يقدم المتعاقد، إن لم يكن قد فعل ذلك، البيانات والمعلومات التالية إلى الأمين العام:

(أ) نسخ من جميع البيانات الجيولوجية، والبيئية، والجيوكيميائية والجيوفيزيائية التي حصل عليها في أثناء تنفيذ برنامج الأنشطة مما يلزم ويتسم بالأهمية من أجل ممارسة السلطة لسلطاتها ومهامها بفعالية فيما يتعلق بقطاع الاستكشاف؛

(ب) تقدير للمناطق القابلة للتعدين، عند تحديد تلك المناطق، يتضمن تفاصيل عن رتبة وكمية ما ثبت وجوده، وما يرجح وجوده، وما قد يكون هناك من احتياطيات العقيدات المتعددة المعادن، وظروف التعدين المتوقعة؛

(ج) نسخ من جميع التقارير الجيولوجية والتقنية والمالية والاقتصادية التي أعدها المتعاقد بنفسه أو أعدت له، مما يلزم ويتسم بالأهمية من أجل ممارسة السلطة لسلطاتها ومهامها بفعالية فيما يتعلق بمنطقة الاستكشاف؛

[5] ISBA/19/A/12، المؤرخة 25 تموز/يوليه 2013، تعديلات

(د)   معلومـات مفصـلة بمـا يكفـي عـن المعـدات المسـتخدمة للاضـطلاع بأعمـال الاستكشاف، بما في ذلك نتائج التجارب التي أجريت على تكنولوجيات تعدين مقترحة، ولا يشمل هذا بيانات تصميم المعدات؛

(هـ)   بيان بكمية العقيدات المتعددة المعادن التي استخرجت كعينـات أو لأغراض التجارب؛

(و)   بيان بالكيفية التي تحفظ بها مستندات تلك العينات ومكان حفظها وإتاحتها للسلطة.

11-3 ويقـدم المتعاقـد أيضـا إلى الأمـين العام البيانات والمعلومـات المذكورة في الفقرة 11-2 طيا إذا ما قدم، قبل انتهاء هذا العقد، طلبا للموافقة على خطة عمل للاستغلال أو تنازل عن حقوقه في قطاع الاستكشاف بقدر ما تتعلق تلك البيانات والمعلومات بالقطاع المتنازل عنه.

البند 12
السرية

تعتبر البيانات والمعلومـات التي تقدم إلى السلطة بموجب هـذا العقد سرية وفقا لأحكـام النظام.

البند 13
التعهدات

13-1 ينفـذ المتعاقـد عمليـة الاستكشـاف وفقـا لشـروط وأحكـام هـذا العقـد وللنظام والجـزء الحـادي عشـر مـن الاتفاقيـة والاتفـاق، وغير ذلـك مـن قواعـد القـانون الدولي التي لا تتعارض مع الاتفاقية.

13-2 يتعهد المتعاقد بما يلي:

(أ)   قبول أحكام هذا العقد كأحكام نافذة والامتثال لها؛

(ب)   الامتثال لما ينطبق من الالتزامات الناشئة عن أحكام الاتفاقية وقواعد وأنظمة وإجراءات السلطة، ومقررات أجهزتها ذات الصلة؛

(ج)   قبول رقابة السلطة على الأنشطة المضطلع بها في المنطقة كما هو مخول لها في الاتفاقية؛

(د)   الوفاء بحسن نية بالتزاماته بموجب هذا العقد؛

(هـ)   التقيد، في حدود المعقول عمليا، بالتوصيات التي تصدرها اللجنة القانونية والتقنية من وقت لآخر.

13-3 ينفذ المتعاقد بنشاط برنامج العمل:

(أ)   بما ينبغي من الاجتهاد والكفاءة والاقتصاد؛

(ب)   مع إيلاء الاعتبار الواجب لأثر الأنشطة التي يضطلع بها على البيئة البحرية؛

(ج)   مع إيلاء اعتبار معقول للأنشطة الأخرى المضطلع بها في البيئة البحرية.

13-4 تتعهد السلطة بالوفاء بنية حسنة بصلاحياتها ومهامها بموجب الاتفاقية والاتفاق وفقا للمادة 157 من الاتفاقية.

البند 14
التفتيش

14-1 يسمح المتعاقد للسلطة بإرسال مفتشيها على متن السفن والمنشآت التي يستخدمها للقيام بأنشطة في قطاع الاستكشاف بهدف:

(أ)   رصد امتثال المتعاقد لشروط وأحكام العقد وللنظام؛

(ب)   رصد ما لهذه الأنشطة من آثار على البيئة البحرية.

14-2 يخطر الأمين العام المتعاقد في موعد معقول بالموعد المتوقع والمدة المتوقعة لعمليات التفتيش، وبأسماء المفتشين وبأية أنشطة يقوم بها المفتش وقد تستلزم توفير معدات خاصة أو مساعدة خاصة من موظفي المتعاقد.

14-3 تكون لهؤلاء المفتشين سلطة تفتيش أية سفينة أو منشأة، بما في ذلك سجل أدائها ومعداتها وسجلاتها ومرافقها وسائر البيانات المسجلة وأية وثائق ذات صلة تعتبر ضرورية لرصد امتثال المتعاقد.

14-4 يقوم المتعاقد ووكلاؤه وموظفوه بمساعدة المفتشين في تأدية واجباتهم، كما يقومون بما يلي:

(أ)   قبول وتيسير صعود المفتشين بشكل سريع وآمن على متن السفن والمنشآت؛

(ب)   التعاون والمساعدة في تفتيش أية سفينة أو منشأة تبعا لهذه الإجراءات؛

(ج)   إتاحة الوصول إلى جميع المعدات والمرافق ذات الصلة الموجودة بالسفن والمنشآت وإتاحة الاتصال بموظفيها في جميع الأوقات المعقولة؛

(د)   عدم عرقلة عمل المفتشين أو إرهابهم أو التدخل في أعمالهم أثناء تأدية واجباتهم؛

(هـ)   توفير التسهيلات المعقولة للمفتشين، بما في ذلك توفير الغذاء والسكن، عندما يكون ذلك مناسبا؛

(و)   تيسير المغادرة الآمنة للمفتشين.

5-14 يتجنب المفتشون التدخل في العمليات الآمنة المعتادة على متن السفن والمنشآت التي يستخدمها المتعاقد للقيام بأنشطة في القطاع الذي يزورونه ويتصرفون وفقا للأنظمة والتدابير المعتمدة لحماية سرية البيانات والمعلومات ذات القيمة التجارية.

6-14 يتاح للأمين العام ولممثليه المفوضين على النحو الواجب، الوصول، لأغراض المراجعة والفحص، لدفاتر المتعاقد ووثائقه وأوراقه وسجلاته اللازمة وذات الصلة المباشرة للتحقق من النفقات المشار إليها في البند 10-2 (ج).

7-14 يوفر الأمين العام المعلومات ذات الصلة الواردة في تقارير المفتشين إلى المتعاقد والدولة أو الدول المزكية، حيثما يلزم اتخاذ إجراءات.

8-14 إذا لم يواصل المتعاقد الاستكشاف، لأي سبب من الأسباب، ولم يطلب عقدا للاستغلال، يتعين عليه، قبل الانسحاب من منطقة الاستكشاف، أن يخطر الأمين العام بذلك كتابة، للسماح للسلطة بإجراء تفتيش بموجب هذا البند، إذا ما قررت ذلك.

البند 15
معايير السلامة والعمل والصحة

1-15 يلتزم المتعاقد بالقواعد والمعايير الدولية المقبولة عموما والتي تقررها المنظمات الدولية المختصة أو المؤتمرات الدبلوماسية العامة بشأن سلامة الحياة في البحار ومنع وقوع حوادث تصادم وما تعتمده السلطة من قواعد وأنظمة وإجراءات تتصل بسلامة الحياة في البحار، وتحمل كل سفينة مستعملة في القيام بأنشطة في المنطقة الشهادات القانونية الصحيحة والسارية المفعول المطلوبة بموجب تلك القواعد والمعايير الدولية والصادرة عملا بها.

2-15 يحترم المتعاقد، في القيام بأنشطة الاستكشاف بموجب هذا العقد، ويتقيد بالقواعد والأنظمة والإجراءات المعتمدة من السلطة والمتصلة بالحماية من التمييز في العمالة وبالسلامة والصحة المهنيتين، وعلاقات العمل والضمان الاجتماعي والأمن الوظيفي وظروف المعيشة في

موقـع العمـل. وتراعـي هـذه القواعـد والأنظمـة والإجـراءات اتفاقيـات وتوصيـات منظمـة العمـل الدوليـة والمنظمـات الدوليـة المختصـة الأخـرى.

البند 16
المسؤولية والتبعة

16-1 تقـع علـى عاتـق المتعاقـد المسؤوليـة عـن المقـدار الفعلـي لأي ضـرر، بمـا فـي ذلـك أي ضـرر يلحـق بالبيئـة البحريـة، يكـون ناشـئا عـن فعـل أو امتنـاع غيـر مشـروع، مـن جانبـه أو مـن جانـب موظفيـه والمتعاقديـن معـه مـن البـاطن، ووكلائـه وجميـع مـن يعملـون لحسـابهم أو ينوبـون عنهـم فـي إدارة عملياتـه بموجـب هـذا العقـد بمـا فـي ذلـك تكاليـف التدابيـر المعقولـة التـي تتخـذ لمنـع أي ضـرر يلحـق بالبيئـة البحريـة أو للحـد مـن هـذا الضـرر، مـع مراعـاة مـا لـم يمكـن أن تكـون السـلطة قـد أسهمت به من فعل أو امتناع.

16-2 يعـوض المتعاقـد السـلطة وموظفيهـا والمتعاقديـن معهـا مـن البـاطن ووكلائهـا عـن أيـة مطالبـات مـن أي طـرف آخـر أو أيـة التزامـات قبلـه تكـون ناشـئة عـن أي فعـل أو امتنـاع غيـر مشـروع مـن جانـب المتعاقـد وموظفيـه ووكلائـه والمتعاقديـن معـه مـن البـاطن وجميـع مـن يعملـون لحسـابه أو ينوبـون عنـه فـي إدارة العمليـات التـي يضطلـع بهـا بموجـب هـذا العقـد.

16-3 تقـع علـى عاتـق السـلطة المسؤوليـة عـن المقـدار الفعلـي لأي ضـرر يلحـق بالمتعاقـد ويكـون ناشـئا عـن أفعـال غيـر مشـروعة ارتكبتهـا فـي ممارسـتها لصلاحيتهـا ووظائفهـا، بمـا فـي ذلـك الانتهاكـات الـواردة فـي المـادة 168 (2) مـن الاتفاقيـة، مـع مراعـاة أي فعـل أو امتنـاع يكـون قـد أسـهم بـه المتعاقـد وموظفيـه وعملائـه والمتعاقديـن معـه مـن البـاطن وجميـع مـن يعملـون لحسـابه أو ينوبـون عنـه فـي إدارة العمليـات التـي يضطلـع بهـا بموجـب هـذا العقـد.

16-4 تعـوض السـلطة المتعاقـد وموظفيـه والمتعاقديـن معـه مـن البـاطن ووكلائـه وجميـع مـن يعملـون لحسـابه أو ينوبـون عنـه فـي إدارة العمليـات التـي يضطلـع بهـا بموجـب هـذا العقـد عـن أيـة مطالبـات مـن أي طـرف آخـر أو أيـة التزامـات قبلـه تكـون ناشـئة عـن أي فعـل أو امتنـاع غيـر مشـروع تكـون قـد ارتكبتـه فـي ممارسـتها لصلاحياتهـا ووظائفهـا، بمـا فـي ذلـك الانتهاكـات الـواردة فـي المـادة 168 (2) مـن الاتفاقيـة.

16-5 يحتفـظ المتعاقـد بوثائـق تأميـن مناسـبة مـع شـركات معتـرف بهـا دوليـا وفقـا للممارسـة البحريـة الدوليـة المقبولـة عمومـا.

البند 17
القوة القاهرة

17-1 لا يكون المتعاقد مسؤولا عن أي تأخير أو قصور لا يمكن تفاديه بسبب قوة قاهرة في أداء أي من التزاماته بموجب هذا العقد. ولأغراض هذا العقد، يعني مصطلح ''قوة قاهرة'' أي حدث أو ظرف لا يتوقع، بشكل معقول، أن يحول المتعاقد دون حدوثه أو أن يسيطر عليه؛ شريطة ألا يكون هذا الحدث أو الظرف ناشئا عن الإهمال أو عدم مراعاة الممارسات الحميدة المتبعة في صناعة التعدين.

17-2 يمنح المتعاقد، عند الطلب، فترة إضافية من الوقت تساوي الفترة التي تعطل فيها عمله بسبب القوة القاهرة، ويمدد أجل هذا العقد وفقا لذلك.

17-3 في حالة وجود قوة قاهرة، يتخذ المتعاقد جميع التدابير المعقولة لاسترداد قدرته على الأداء والامتثال لشروط وأحكام هذا العقد في أقل وقت ممكن.

17-4 في حالة وجود قوة قاهرة يخطر المتعاقد السلطة بذلك في أقرب وقت ممكن في حدود المعقول، كما يخطر السلطة بعودة الأوضاع الطبيعية.

البند 18
التحلل من المسؤولية

لا يجوز بأي شكل من الأشكال أن يدعي أو يوحي المتعاقد أو أية شركة تابعة له أو أي متعاقد يتعاقد معه من الباطن، سواء كان ذلك صراحة أو ضمنا، بأن السلطة لها رأي أو أعربت عن رأي أو أن أي مسؤول فيها له رأي أو أعرب عن رأي فيما يتعلق بالعقيدات المتعددة المعادن في منطقة الاستكشاف، كما لا يجوز أن يرد بيان بهذا المعنى، أو يصدق عليه، في أي نشرة تمهيدية، أو مذكرة، أو دورية، أو إعلان، أو نشرة صحفية، أو وثيقة مشابهة تصدر عن المتعاقد، أو أية شركة تابعة له أو أي متعاقد يتعاقد معه من الباطن. وتشير إلى هذا العقد بشكل مباشر أو غير مباشر. ولأغراض هذا البند يعني مصطلح ''شركة تابعة'' أي شخص أو منشأة أو شركة أو كيان مملوك لدولة إذا كان أي من هذه الكيانات يسيطر على المتعاقد، أو يسيطر عليه المتعاقد، أو يشترك المتعاقد في السيطرة عليه.

البند 19
التنازل عن الحقوق

يحق للمتعاقد أن يتنازل عن حقوقه وأن ينهي هذا العقد بدون عقوبة بإرسال إخطار بذلك إلى السلطة، شريطة أن يظل هذا المتعاقد مسؤولا عن جميع الالتزامات التي استحقت قبل تاريخ هذا التنازل وعن الالتزامات التي يتعين الوفاء بها بعد الإنهاء وفقا للنظام.

البند 20
إنهاء التزكية

20-1 على المتعاقد، إذا تغيرت جنسيته أو تغيرت الدولة التي لها سيطرة عليه أو أنهت الدولة المزكية له حسب تعريفها في النظام تزكيتها، أن يخطر السلطة بذلك على الفور.

20-2 وفي أي الحالتين، ينتهي هذا العقد على الفور ما لم يحصل المتعاقد على مزكٍ آخر مستوف للشروط المنصوص عليها في الأنظمة يقدم إلى السلطة في غضون المهلة المحددة في الأنظمة شهادة تزكية للمتعاقد بالشكل المنصوص عليه.

البند 21
تعليق العقد وإنهاؤه والعقوبات

21-1 يجوز للمجلس أن يعلّق هذا العقد أو ينهيه بإخطار كتابي يتضمن بيانا بأسباب اتخاذ ذلك الإجراء، دون أن يمس ذلك أي حق من الحقوق الأخرى التي قد تكون للسلطة، في أي من الحالات التالية:

(أ)   إذا كان المتعاقد، على الرغم من التحذيرات الكتابية الموجهة إليه من السلطة، قد زاول أنشطته بطريقة تسفر عن انتهاكات خطيرة مستمرة ومتعمدة للأحكام الأساسية لهذا العقد، والجزء الحادي عشر من الاتفاقية، والاتفاق، وقواعد وأنظمة وإجراءات السلطة؛

(ب)   أو إذا لم يمتثل المتعاقد لقرار نهائي ملزم صادر عن الهيئة المختصة بتسوية المنازعات بالنسبة له؛

(ج)   أو إذا أصبح المتعاقد معسرا أو أعلن إفلاسه أو عقد صلحا واقيا من الإفلاس مع دائنيه أو دخل في عملية تصفية أو حراسة قضائية، قسرا أو طوعا، أو قدم التماسا أو طلبا إلى أي محكمة من أجل تعيين حارس قضائي أو أمين تفليسة أو حارس قضائي عليه أو بدأ أية إجراءات تتصل به بموجب أي قانون للإفلاس أو الإعسار أو إعادة تسوية الدين، سواء كان ساريا الآن أو سيسري فيما بعد، ما لم يكن ذلك بهدف إعادة تشكيل الدين.

21-2 يجوز للمجلس، دون إخلال بالبند 17، وبعد التشاور مع المتعاقد، أن يعلق أو ينهي هذا العقد، دون أن يمس ذلك أي حق من الحقوق الأخرى التي قد تكون للسلطة، إذا تعذر على المتعاقد الوفاء بالتزاماته بموجب هذا العقد بسبب حادث أو ظرف من ظروف القوة القاهرة، المبينة في البند 17-1، يكون قد استمر لفترة متواصلة تتعدى سنتين، رغم أن المتعاقد قد اتخذ كافة التدابير المعقولة لاسترداد قدرته على الوفاء بأحكام وشروط هذا العقد والامتثال لها في أقصر وقت ممكن.

21-3 يتم التعليق أو الإنهاء بموجب إخطار يقدم عن طريق الأمين العام، ويشمل بيانا بأسباب اتخاذ هذا الإجراء. ويصبح التعليق أو الإنهاء نافذا بانقضاء 60 يوما على إرسال هذا الإخطار، ما لم يطعن المتعاقد في غضون هذه الفترة في حق السلطة في تعليق هذا العقد أو إنهائه وفقا للبند 5 من الجزء الحادي عشر من الاتفاقية.

21-4 إذا اتخذ المتعاقد إجراء من هذا القبيل، لا يجوز تعليق هذا العقد أو إنهاؤه إلا وفقا لقرار نهائي ملزم وفقا للفرع 5 من الجزء الحادي عشر من الاتفاقية.

21-5 يجوز للمجلس، إذا علّق هذا العقد، أن يطلب من المتعاقد بإخطار يرسله إليه أن يستأنف عملياته وأن يمتثل لأحكام وشروط هذا العقد، في موعد لا يتجاوز 60 يوما بعد إرسال هذا الإخطار.

21-6 في حالة حدوث أي انتهاك لهذا العقد لا يشمله البند 21-1 (أ) منه، أو بدلا من تعليق العقد أو إنهائه بموجب البند 21-1 منه، يجوز للمجلس أن يفرض على المتعاقد عقوبات مالية تتناسب وخطورة الانتهاك.

21-7 لا يجوز للمجلس أن ينفذ قرارا ينطوي على عقوبات مالية إلى أن يُمنح المتعاقد فرصة معقولة لاستنفاد وسائل الانتصاف القضائية المتاحة له عملا بالبند 5 من الجزء الحادي عشر من الاتفاقية.

21-8 في حالة إنهاء هذا العقد أو انقضاء مدته، يمتثل المتعاقد لأنظمة السلطة ويزيل جميع التجهيزات والمنشآت والمعدات والمواد من قطاع الاستكشاف ويجعل هذا القطاع مأمونا بحيث لا يشكل خطرا على الأشخاص أو النقل البحري أو البيئة البحرية.

البند 22
نقل الحقوق والالتزامات

22-1 لا يجوز نقل حقوق المتعاقد والتزاماته بموجب هذا العقد، سواء كليا أو جزئيا، إلا بموافقة السلطة ووفقا للنظام.

22-2 لا يجوز أن تمتنع السلطة بدون مبررات معقولة عن منح موافقتها على النقل إذا توافرت في الطرف المراد نقل هذه الحقوق والالتزامات إليه من جميع النواحي مؤهلات مقدم الطلب وفقا للنظام، واضطلع بجميع التزامات المتعاقد، وإذا كان النقل لا يمنح المنقول إليه الحق في خطة عمل تحظرها الفقرة 3 (ج) من المادة 6 من المرفق الثالث للاتفاقية.

22-3 تنفذ أحكام هذا العقد وتعهداته وشروطه لصالح طرفيه ولمن يخلف أيا منهما أو يحل محله عن طريق النقل، وتكون ملزمة لهما وللخلف أو المنقول إليه.

البند 23
عدم التنازل

لا يعتبر تنازل أي من الطرفين عن أي حقوق ناجمة عن الإخلال بأحكام وشروط هذا العقد الواقعة على عاتق الطرف الآخر تنازلا من هذا الطرف عن أي إخلال لاحق بنفس الحكم أو الشرط الواقع على عاتق الطرف الآخر.

البند 24
التنقيح

24-1 عندما تنشأ أو يكون من المحتمل أن تنشأ ظروف ترى السلطة أو المتعاقد أنها قد تجعل هذا العقد غير عادل أو تجعل من غير العملي أو من المستحيل تحقيق الأهداف الواردة فيه أو في الجزء الحادي عشر من الاتفاقية أو في الاتفاق، يتفاوض الطرفان على تنقيحه وفقا لذلك.

24-2 يجوز أيضا تنقيح هذا العقد بموجب اتفاق بين المتعاقد والسلطة لتيسير تنفيذ أي قواعد أو أنظمة أو إجراءات اعتمدتها السلطة في أعقاب دخول هذا العقد حيز النفاذ.

24-3 لا يجوز تنقيح هذا العقد أو تعديله أو تحويره بأية طريقة أخرى إلا بموافقة المتعاقد والسلطة بموجب صك مناسب موقع من الممثلين المفوضين من قبل الطرفين.

البند 25
المنازعات

25-1 تسوى وفقا للبند 5 من الجزء الحادي عشر من الاتفاقية أية منازعة تنشأ بين الطرفين بشأن تفسير هذا العقد أو تطبيقه.

2-25 وفقا للمادة 21 (2) من المرفق الثالث للاتفاقية، تكون لأي قرار تصدره محكمة أو هيئة قضائية مختصة بموجب الاتفاقية المتعلقة بحقوق والتزامات السلطة والمتعاقد قوة نفاذ في إقليم أي دولة طرف في الاتفاقية تتأثر بذلك القرار.

البند 26
الإخطار

1-26 يقدم كتابة كل طلب أو إخطار أو تقرير أو موافقة أو تنازل أو توجيه أو تعليمات يقوم الأمين العام أو الشخص المعيَّن ممثلا للمتعاقد، كيفما تكون الحال، بتقديمه بموجب هذا العقد. ويكون التبليغ باليد أو التلكس أو الفاكس أو البريد الجوي المسجل أو بالبريد الإلكتروني المتضمن لتوقيع معتمد إلى الأمين العام في مقر السلطة أو إلى الشخص المعين ممثلا. ويكون اشتراط تقديم أية معلومات كتابة بموجب هذا النظام مستوفى إذا قدمت المعلومات في وثيقة إلكترونية تتضمن توقيعا رقميا.

2-26 يحق لأي الطرفين تغيير أي من هذه العناوين إلى أي عنوان آخر بإرسال إخطار إلى الطرف الآخر لا تقل مهلته عن عشرة أيام.

3-26 يصبح التبليغ باليد نافذا عند إتمامه. ويعتبر التبليغ بالتلكس نافذا في يوم العمل التالي لليوم الذي تظهر فيه عبارة "answer back" على جهاز تلكس الطرف المرسل. ويصبح التبليغ بالفاكس نافذا عندما يستقبل المرسل "تقرير تأكيد الإرسال" الذي يؤكد حدوث الإرسال إلى رقم الفاكس المطبوع الخاص بالمرسل إليه. ويعتبر التبليغ بالبريد الجوي المسجل نافذا بانقضاء 21 يوما على تاريخ الإرسال. ويفترض استلام المرسل إليه الرسالة الإلكترونية إذا دخلت نظام معلومات يخصصه المرسل إليه أو يستعمله لغرض استلام وثائق من النوع المرسل وكانت قابلة لاسترجاع المرسل إليه لها وتجهيزه لها.

4-26 يعتبر إخطار الشخص المعين ممثلا للمتعاقد إخطارا فعليا للمتعاقد في كل الأغراض المشمولة بهذا العقد، ويكون الشخص المعين ممثلا للمتعاقد هو وكيله فيما يتعلق بالإعلان أو الإخطار في أية دعوى تقام أمام محكمة أو هيئة قضائية مختصة.

5-26 يعتبر إخطار الأمين العام إخطارا فعليا للسلطة في كل الأغراض المشمولة بهذا العقد، ويكون الأمين العام هو وكيل السلطة فيما يتعلق بالإعلان أو الإخطار في أية دعوى تقام أمام محكمة أو هيئة قضائية مختصة.

البند 27
القانون الواجب التطبيق

27-1 يخضع هـذا العقد لأحكـام هـذا العقـد، وقواعـد السـلطة وأنظمتهـا وإجراءاتهـا، والجـزء الحادي عشر من الاتفاقية، والاتفاق، وسائر قواعد القانون الدولي التي لا تتعارض مع الاتفاقية.

27-2 على المتعاقد وموظفيه والمتعاقدين معه مـن الباطـن ووكلائه وجميع مـن يعملون لحسابهم أو ينوبون عنهم في إدارة عملياته بموجب هذا العقد التقيد بالقانون الواجب التطبيق المشار إليه في البند 27-1 أعلاه، والامتنـاع عـن الاشـتراك بصـورة مباشـرة أو غـير مباشـرة في أي معاملـة يحظرها القانون الواجب التطبيق.

27-3 ليس في هذا العقد ما يمكـن اعتباره إعفاء مـن ضرورة تقديم طلب للحصول على أي إذن أو تصريح قد يكون لازما للاضطلاع بأية أنشطة تتم بموجب هـذا العقد، ومـن ضرورة الحصول على هذا الإذن أو التصريح.

البند 28
التفسير

الغرض من تقسيم هذا العقد إلى بنود وبنود فرعية ومن إيراد العناوين هو تيسير الرجوع إليها فحسب، ويجب ألا يؤثر ذلك في تفسير أحكامه.

البند 29
الوثائق الإضافية

يوافق كـل مـن طرفي هـذا العقـد على تنفيـذ وإنجـاز كـل الصكوك الإضافية وأداء كـل الأعمال والأمور الإضافية التي قد تكون ضرورية أو مناسبة لتنفيذ أحكامه.

———————

السلطة الدولية لقاع البحار

ISBA/16/A/12/Rev.1

الجمعية

Distr.: General
15 November 2010
Arabic
Original: English

الدورة السادسة عشرة

كينغستون، جامايكا

26 نيسان/أبريل - 7 أيار/مايو 2010

مقرر جمعية السلطة الدولية لقاع البحار بشأن نظام التنقيب عن الكبريتيدات العديدة الفلزات واستكشافها في المنطقة

إن جمعية السلطة الدولية لقاع البحار،

وقد نظرت في نظام التنقيب عن الكبريتيدات العديدة الفلزات واستكشافها، بالصيغة المؤقتة التي اعتمدها المجلس في جلسته 161 المعقودة في 6 أيار/مايو 2010 (ISBA/16/C/L.5).

توافق على نظام التنقيب عن الكبريتيدات العديدة الفلزات واستكشافها في المنطقة، بصيغته الواردة في مرفق هذه الوثيقة.

الجلسة 130
7 أيار/مايو 2010

المرفق

نظام التنقيب عن الكبريتيدات المتعددة الفلزات واستكشافها في المنطقة

الديباجة

وفقا لاتفاقية الأمم المتحدة لقانون البحار (''الاتفاقية''), يمثل قاع البحار والمحيطات وباطن أرضها، خارج حدود الولاية الوطنية، وكذا مواردهما، تراثا مشتركا للإنسانية، ويتم استكشافها واستغلالها لمصلحة الإنسانية جمعاء، التي تتصرف السلطة الدولية لقاع البحار لصالحها. وهدف هذه المجموعة من المواد هو الترتيب للتنقيب عن الكبريتيدات المتعددة الفلزات واستكشافها.

الجزء الأول
مقدمة

المادة 1
المصطلحات المستخدمة ونطاقها

1 -   للمصطلحات المستخدمة في الاتفاقية نفس المعنى في هذا النظام.

2 -   وفقا للاتفاق المتعلق بتنفيذ الجزء الحادي عشر من اتفاقية الأمم المتحدة لقانون البحار المؤرخة 10 كانون الأول/ديسمبر 1982 (''الاتفاق''), تفسر أحكام الاتفاق والجزء الحادي عشر من اتفاقية الأمم المتحدة لقانون البحار المؤرخة 10 كانون الأول/ ديسمبر 1982 وتطبق معا بوصفهما صكا واحدا. وتفسر مواد هذا النظام وما ورد فيها من إشارات إلى الاتفاقية وتطبق وفقا لذلك.

3 -   لأغراض هذا النظام:

(أ)   يعني مصطلح ''الاستغلال'' استخراج الكبريتيدات المتعددة الفلزات في المنطقة للأغراض التجارية واستخلاص المعادن منها، بما في ذلك بناء وتشغيل أنظمة التعدين والمعالجة والنقل لإنتاج المعادن وتسويقها؛

(ب)   يعني مصطلح ''الاستكشاف'' البحث، بحقوق خالصة، عن رواسب الكبريتيدات المتعددة الفلزات في المنطقة، وتحليل هذه الرواسب، واستخدام واختبار نظم

ومعدات الاستخلاص، ومرافق المعالجة وأنظمة النقل، وإجراء دراسات للعوامل البيئية والتقنية والاقتصادية والتجارية وغيرها من العوامل المناسبة التي يجب مراعاتها في الاستغلال؛

(ج) يشمل مصطلح ”البيئة البحرية“ المكونات الفيزيائية والكيميائية، والجيولوجية، والبيولوجية، والظروف والعوامل التي تتفاعل فيما بينها وتحدد إنتاجية النظم الإيكولوجية البحرية وأوضاعها وحالتها ونوعيتها، ومياه البحار والمحيطات والمجال الجوي فوق تلك المياه، فضلا عن قاع البحار والمحيطات وباطن أرضها؛

(د) يعني مصطلح ”الكبريتيدات المتعددة الفلزات“ رواسب الكبريتيدات والموارد المعدنية المقترنة بها في المنطقة التي تكونت عن طريق المياه الحارة والتي تحتوي على تركيزات المعادن بما فيها، من جملة أشياء أخرى، النحاس والرصاص والزنك والذهب والفضة؛

(هـ) يعني مصطلح ”التنقيب“ البحث عن رواسب الكبريتيدات المتعددة الفلزات في المنطقة، ويشمل ذلك تقدير تكوين وحجم وتوزيع رواسب الكبريتيدات المتعددة الفلزات، وقيمها الاقتصادية، دون أن تترتب على ذلك أية حقوق خالصة؛

(و) يعني مصطلح ”الضرر الجسيم الذي يلحق بالبيئة البحرية“ أي أثر يصيب البيئة البحرية جراء الأنشطة في المنطقة، ويمثل تغييرا ضارا ذا شأن في البيئة البحرية يجري تقديره وفقا للقواعد والأنظمة والإجراءات التي اعتمدتها السلطة استنادا إلى المعايير والممارسات المعترف بها دوليا.

4 - لا يؤثر هذا النظام بأي شكل من الأشكال في حرية البحث العلمي، وفقا للفقرة 87 من الاتفاقية، أو في الحق في إجراء أبحاث علمية بحرية في المنطقة وفقا للمادتين 143 و 256 من الاتفاقية. وليس في هذا النظام ما يفسر بطريقة تقيد ممارسة الدول حريات أعالي البحار المنصوص عليها في المادة 78 من الاتفاقية.

5 - يمكن استكمال هذا النظام بقواعد وأنظمة وإجراءات إضافية تتعلق، بوجه خاص، بحماية البيئة البحرية وحفظها. ويخضع هذا النظام لأحكام الاتفاقية والاتفاق وقواعد القانون الدولي الأخرى التي لا تتعارض مع الاتفاقية.

الجزء الثاني
التنقيب

المادة 2
التنقيب

1 - يجري التنقيب وفقا للاتفاقية ولهذا النظام، ولا يمكن بدؤه إلا إذا أبلغ الأمين العام المنقّب أن إخطاره قد سُجل عملا بالفقرة 2 من المادة 4.

2 - يتبع المنقبون والأمين العام نهجا تحوطيا، حسب المبين في المبدأ 15 من إعلان ريو[1]. ويمتنع عن التنقيب متى وجدت أدلة مادية تشير إلى خطر إلحاق ضرر جسيم بالبيئة البحرية.

3 - يمتنع عن التنقيب في قطاع مشمول بخطة عمل موافق عليها لاستكشاف الكبريتيدات المتعددة الفلزات، أو في قطاع محجوز، كما لا يجوز التنقيب في قطاع حظر المجلس استغلاله لوجود خطر يهدد بإلحاق ضرر جسيم بالبيئة البحرية.

4 - لا يمنح التنقيب أية حقوق للمنقّب فيما يتعلق بالموارد. على أنه يجوز للمنقّب استخراج كمية معقولة من المعادن تكون الكمية اللازمة للاختبار وليس لأغراض تجارية.

5 - لا يوجد أي حد زمني للتنقيب، باستثناء التوقف عن التنقيب في قطاع معيّن بناء على إخطار خطي موجّه من الأمين العام إلى المنقّب بأن الموافقة قد تمت على خطة عمل للاستكشاف بشأن ذلك القطاع.

6 - يجوز لأكثر من منقّب إجراء التنقيب في القطاع نفسه أو القطاعات نفسها في آن واحد.

المادة 3
الإخطار بالتنقيب

1 - يقوم المنقّب المقترح بإخطار السلطة بعزمه على القيام بالتنقيب.

2 - يقدم كل إخطار تنقيب بالشكل المحدد في المرفق 1 لهذا النظام، ويوجّه إلى الأمين العام ويكون مستوفيا لشروط هذا النظام.

3 - يقدم كل إخطار على النحو التالي:

─────────

(1) تقرير مؤتمر الأمم المتحدة المعني بالبيئة والتنمية، ريو دي جانيرو، 3-14 حزيران/يونيه 1991 (منشورات الأمم المتحدة، رقم المبيع A.91.1.8 والتصويبان) المجلد الأول: القرارات التي اتخذها المؤتمر، القرار 1، المرفق 1.

(أ)   في حالة الإخطارات الصادرة عن دولة: من قِبل السلطة المعينة لهذا الغرض؛

(ب)   في حالة الإخطارات الصادرة عن كيان، من قِبل ممثله المعيّن؛

(ج)   في حالة الإخطارات الصادرة عن مؤسسة: من قِبل السلطة المختصة فيها.

4 -   يقدم كل إخطار بإحدى لغات السلطة، ويتضمن كل إخطار ما يلي:

(أ)   اسم المنقّب المقترح وممثله المعين، وجنسية كل منهما وعنوانه؛

(ب)   إحداثيات القطاع أو القطاعات التي سيجري التنقيب فيها، وفقا لأحدث معيار دولي مقبول بوجه عام تستخدمه السلطة؛

(ج)   سرد عام لبرنامج التنقيب يشمل موعد البدء المقترح ومدة التنقيب التقريبية؛

(د)   تعهد كتابي مرض من قِبل المنقب المقترح:

'1'   بالامتثال للاتفاقية ولما يتصل بالموضوع من قواعد السلطة وأنظمتها وإجراءاتها وذلك فيما يتعلق بما يلي:

أ -   التعاون في برامج التدريب المتصلة بالبحث العلمي البحري ونقل التكنولوجيا على النحو المشار إليه في المادتين 143 و 144 من الاتفاقية؛

ب -   حماية البيئة البحرية وحفظها؛

'2'   قبول تحقق السلطة من الامتثال لذلك؛

'3'   تزويد السلطة، بالقدر الممكن عمليا، بأي بيانات قد تكون متصلة بحماية وحفظ البيئة البحرية.

المادة 4
النظر في الإخطارات

1 -   يوجه الأمين العام إشعارا كتابيا باستلام كل إخطار مقدم بموجب المادة 3، ويحدد فيه تاريخ الاستلام.

2 -   يقوم الأمين العام باستعراض الإخطار واتخاذ إجراء بشأنه في غضون 45 يوما من تاريخ استلامه. فإذا كان الإخطار مستوفيا لشروط الاتفاقية وشروط هذا النظام، يسجل الأمين

العام تفاصيل الإخطار في سجل يحتفظ به لهذا الغرض ويبلّغ المنقّب كتابيا بأن الإخطار قد سُجّل على هذا النحو.

3 - يقوم الأمين العام، في غضون 45 يوما من استلام الإخطار، بإبلاغ المنقب المقترح، كتابيا، إذا تضمن الإخطار أي جزء من قطاع مشمول بخطة عمل موافق عليها لاستكشاف أو استغلال أي فئة من الموارد، أو تضمن أي جزء من قطاع محجوز أو أي جزء من قطاع لم يوافق المجلس استغلاله بسبب خطر يهدد بإلحاق ضرر جسيم بالبيئة البحرية، أو إذا كان التعهد الكتابي غير مرضٍ. ويزود المنقب المقترح ببيان كتابي بالأسباب. وللمنقب المقترح، في حالات كهذه، أن يقدم في غضون 90 يوما إخطارا معدلا. ويقوم الأمين العام، في غضون 45 يوما، باستعراض هذا الإخطار المعدل واتخاذ إجراء بشأنه.

4 - يبلغ المنقّب الأمين العام كتابيا بأي تغيير في المعلومات الواردة في الإخطار.

5 - لا يكشف الأمين العام عن أي تفاصيل ترد في الإخطار إلا بموافقة مكتوبة من المنقب. ولكن يتعين أن يقوم الأمين العام من حين لآخر بإبلاغ جميع أعضاء السلطة بهوية المنقبين وبالقطاعات العامة التي تجري فيها عمليات التنقيب.

المادة 5

حماية وحفظ البيئة البحرية خلال التنقيب

1 - يتخذ كل منقب، بالقدر الممكن بصورة معقولة، التدابير اللازمة لمنع التلوث وغيره من الأخطار التي تتعرض لها البيئة البحرية والناجمة عن التنقيب، والحد منها ومكافحتها، متبعا نهجا تحوطيا وأفضل الممارسات البيئية. وبصفة خاصة يقلل كل منقب إلى أدنى حد أو يزيل ما يلي:

(أ) الآثار البيئية الضارة الناجمة عن التنقيب؛

(ب) التعارض أو التداخل الفعلي أو المحتمل مع أنشطة البحث العلمي البحرية الجارية أو المقررة، وفقا للمبادئ التوجيهية ذات الصلة التي ستوضع مستقبلا في هذا الصدد.

2 - يتعاون المنقبون مع السلطة في وضع وتنفيذ برامج لرصد وتقييم الآثار المحتملة لاستكشاف واستغلال الكبريتيدات المتعددة الفلزات على البيئة البحرية.

3 - يخطر المنقب الأمين العام خطيا على الفور، وبأكثر الوسائل فعالية، بأي حادث ناجم عن التنقيب تسبب في إلحاق ضرر جسيم بالبيئة البحرية أو يتسبب فيه أو يمكن أن يتسبب فيه. ويتصرف الأمين العام لدى تلقي هذا الإخطار بطريقة تتسق والمادة 35.

المادة 6

التقرير السنوي

1 - يُقدم المنقّب إلى السلطة خلال 90 يوما من نهاية كل سنة تقويمية تقريرا سنويا عن حالة التنقيب. ويُقدم الأمين العام هذه التقارير إلى اللجنة القانونية والتقنية. ويتضمن كل واحد من هذه التقارير ما يلي:

(أ)   وصف عام لحالة التنقيب، والنتائج الرئيسية المتوصل إليها؛

(ب)   معلومات عن الامتثال للتعهدات المشار إليها في الفقرة 4 (د) من المادة 3؛ و

(ج)   معلومات عن التمسك بالمبادئ التوجيهية ذات الصلة في هذا الصدد.

2 - إذا اعتزم المنقب المطالبة بنفقات التنقيب بوصفها جزءا من تكاليف الإعداد المتكبدة قبل بدء الإنتاج التجاري، عليه أن يقدم بيانا سنويا بالنفقات الفعلية والمباشرة التي تكبدها في تنفيذ عملية التنقيب يكون مطابقا لمبادئ المحاسبة المقبولة دوليا ومصدّقا عليه من قِبَل مكتب محاسبة قانونية مؤهل حسب الأصول.

المادة 7

سرية البيانات والمعلومات الواردة في التقرير السنوي المستمدة من عمليات التنقيب

1 - يكفل الأمين العام سرية جميع البيانات والمعلومات الواردة في التقارير المقدمة بموجب المادة 6، وتنطبق على ذلك، مع إدخال ما يلزم من تعديل، أحكام المادتين 38 و 39، شريطة ألا تعتبر سرية البيانات والمعلومات المتصلة بحماية وحفظ البيئة البحرية، وبخاصة تلك الواردة من برامج رصد البيئة. ويجوز للمنقب أن يطلب عدم كشف تلك البيانات لمدة تصل إلى ثلاث سنوات من تاريخ تقديمها.

2 - للأمين العام أن يكشف في أي وقت، بموافقة المنقب المعني، عن بيانات ومعلومات تتصل بالتنقيب في قطاع قُدم إخطار بشأنه. وللأمين العام أن ينشر تلك البيانات والمعلومات متى تأكد له، بعد بذل جهود معقولة لمدة عامين على الأقل، أن المنقب لم يعد موجودا أو لا يمكن العثور عليه.

المادة 8

الأشياء ذات الطابع الأثري أو التاريخي

يخطر المنقب الأمين العام كتابيا على الفور بأي شيء يعثر عليه في المنطقة له أو يمكن أن يكون له طابع أثري أو تاريخي، وبمكان وجوده. وينقل الأمين العام هذه المعلومات إلى المدير العام لمنظمة الأمم المتحدة للتربية والعلم والثقافة.

الجزء الثالث

طلبات الموافقة في شكل عقود على خطط العمل المتعلقة بالاستكشاف

الفرع 1
أحكام عامة

المادة 9
أحكام عامة

رهنا بأحكام الاتفاقية، يمكن أن تقدم الجهات التالية طلبا إلى السلطة من أجل الموافقة على خطط العمل المتعلقة بالاستكشاف:

(أ) المؤسسة، لحسابها الخاص أو في إطار ترتيب مشترك؛

(ب) الدول الأطراف أو المؤسسات الحكومية أو الأشخاص الطبيعيون أو الاعتباريون الذين يحملون جنسيات الدول الأطراف أو الذين يكون لهذه الدول أو لرعاياها سيطرة فعلية عليهم، عندما تزكيهم هذه الدول، أو أي مجموعة من الفئات المتقدمة الذكر تتوافر فيها شروط هذا النظام.

الفرع 2
محتويات الطلبات

المادة 10
شكل الطلبات

1 - يقدم كل طلب للحصول على الموافقة على خطة عمل للاستكشاف، بالشكل المحدد في المرفق 2 لهذا النظام ويوجه إلى الأمين العام ويكون متفقا وشروط هذا النظام.

2 - يقدم كل طلب على النحو التالي:

(أ) في حالة طلب صادر عن دولة طرف، تقدمه السلطة المعينة لذلك الغرض؛

(ب) في حالة طلب صادر عن كيان، يقدمه ممثل الكيان المعيّن أو السلطة التي تعينها لذلك الغرض الدولة أو الدول المزكّية؛

(ج) في حالة طلب صادر عن المؤسسة، تقدمه السلطة المختصة في المؤسسة.

3 - يتضمن كل طلب مقدم من مؤسسة حكومية أو من أحد الكيانات المشار إليها في الفقرة الفرعية (ب) من المادة 9 أيضا ما يلي:

(أ) معلومات كافية لمعرفة جنسية مقدم الطلب أو هوية الدولة أو الدول التي يكون لها أو لرعاياها سيطرة فعلية عليه؛

(ب) المكان الرئيسي لعمل مقدم الطلب أو محل سكنه ومكان تسجيله، إن كان هذا منطبقا.

4 - يتضمن كل طلب مقدم من شراكة كيانات أو اتحاد كيانات المعلومات اللازمة فيما يتعلق بكل عضو من أعضاء الشراكة أو الاتحاد.

المادة 11
شهادة التزكية

1 - يُشفع بكل طلب مقدم من إحدى المؤسسات الحكومية أو من أحد الكيانات المشار إليها في الفقرة الفرعية (ب) من المادة 9 شهادة تزكية تُصدرها الدولة التي تعد المؤسسة أو الكيان من رعاياها أو التي تسيطر عليها أو عليه سيطرة فعلية. وإذا كان لمقدم الطلب أكثر من جنسية واحدة، كما في حالة شراكة الكيانات أو اتحاد الكيانات المنتمية لأكثر من دولة، تصدر كل دولة معنية شهادة تزكية.

2 - إذا كانت لمقدم الطلب جنسية دولة واحدة ولكن السيطرة الفعلية عليه بأيدي دولة أخرى أو رعاياها، تصدر كل دولة معنية شهادة تزكية.

3 - توقع كل شهادة تزكية حسب الأصول بالنيابة عن الدولة المقدمة باسمها الشهادة، وينبغي أن تتضمن:

(أ) اسم مقدم الطلب؛

(ب) اسم الدولة المزكية؛

(ج) بيان بأن مقدم الطلب:

‘1’ هو من رعايا الدولة المزكية؛

‘2’ أو يخضع فعليا لسيطرة الدولة المزكية أو رعاياها؛

(د) إقرار بأن الدولة تزكي مقدم الطلب؛

(هـ) تاريخ إيداع صك تصديق الدولة المزكية على الاتفاقية أو انضمامها إليها أو خلافتها فيها؛

(و) إقرار بأن الدولة المزكية تتحمل المسؤولية وفقا للمادة 139، والفقرة 4 من المادة 153، والفقرة 4 من المادة 4 من مرفق الاتفاقية الثالث.

4 - تمتثل لأحكام هذه المادة أيضا الدول أو الكيانات الداخلة في ترتيب مشترك مع المؤسسة.

المادة 12

المساحة الإجمالية المشمولة بالطلب

1 - لأغرض هذا النظام، يعني مصطلح ”قطعة كبريتيدات متعددة الفلزات“ خلية في شبكة تحددها السلطة، مقاسها التقريبي 10 كيلومترات في 10 كيلومترات ولا تزيد مساحتها عن 100 كيلومتر مربع.

2 - يتألف القطاع المشمول بكل طلب للحصول على الموافقة على خطة عمل لاستكشاف الكبريتيدات المتعددة الفلزات مما لا يزيد عن 100 قطعة من الكبريتيدات المتعددة الفلزات التي يجب أن يرتبها مقدمو الطلبات في ما لا يقل عن خمس مجموعات، على النحو الوارد في الفقرة 3 أدناه.

3 - ويجب أن تتضمن كل مجموعة من قطع الكبريتيدات المتعددة الفلزات ما لا يقل عن خمس قطع متلاصقة. وتعتبر القطعتان من الكبريتيدات المتعددة الفلزات اللتان تتلامسان عند أية نقطة قطعتين متلاصقتين. ولا يلزم أن تكون مجموعات قطع الكبريتيدات المتعددة الفلزات متلاصقة وإنما تكون متقاربة وتقع داخل منطقة مستطيلة الشكل لا تتجاوز مساحتها 300 000 كيلومتر مربع وحيث لا يتجاوز الضلع الأطول 1 000 كيلومتر في طوله.

4 - برغم أحكام الفقرة 2 أعلاه، إذا اختار مقدم الطلب أن يسهم بقطاع محجوز للقيام بأنشطة عملا بالمادة 9 من المرفق الثالث للاتفاقية، وفقا للمادة 17، لا يجوز أن تتجاوز المساحة الإجمالية التي يغطيها الطلب 200 قطعة من قطع الكبريتيدات المتعددة الفلزات. وتُرتب هذه القطع في مجموعتين متساويتين في القيمة التجارية التقديرية، ويرتب مقدم الطلب كل مجموعة من هاتين المجموعتين في مجموعات كما ورد في الفقرة 3 أعلاه.

المادة 13

القدرات المالية والتقنية

1 - يحتوي كل طلب للحصول على موافقة على خطة عمل للاستكشاف على معلومات محددة وكافية لتمكين المجلس من تقرير ما إذا كان مقدم الطلب قادرا ماليا وتقنيا على الاضطلاع بخطة العمل المقترحة للاستكشاف وعلى الوفاء بالتزاماته المالية تجاه السلطة.

2 - يتضمن الطلب الذي تقدمه المؤسسة، للحصول على الموافقة على خطة عمل للاستكشاف، بيانا من سلطتها المختصة يشهد بأن المؤسسة لديها الموارد المالية اللازمة لتغطية التكاليف التقديرية لخطة العمل المقترحة للاستكشاف.

3 - يتضمن الطلب المقدم من دولة أو من مؤسسة حكومية، للحصول على الموافقة على خطة عمل للاستكشاف، بيانا من الدولة أو من الدولة المزكية يشهد بأن لدى مقدم الطلب الموارد المالية اللازمة لتغطية التكاليف التقديرية لخطة العمل المقترحة للاستكشاف.

4 - يتضمن الطلب المقدم من كيان، للحصول على الموافقة على خطة عمل للاستكشاف، نسخا من بياناته المالية المراجعة، بما فيها الميزانية العمومية وبيانات الأرباح والخسائر للسنوات الثلاث الأخيرة، تكون مطابقة لمبادئ المحاسبة المقبولة دوليا ومصدقا عليها من قِبل مكتب محاسبة قانونية مؤهل حسب الأصول؛

(أ) وإذا كان مقدم الطلب كيانا نُظم حديثا وليست لديه ميزانية عمومية مصدق عليها، تقدم ميزانية عمومية مؤقتة مصدق عليها من مسؤول مناسب يعمل لدى مقدم الطلب؛

(ب) وإذا كان مقدم الطلب تابعا لكيان آخر، تقدم نسخ من البيانات المالية التي تخص ذلك الكيان وبيان من ذلك الكيان في امتثال لمبادئ المحاسبة المقبولة دوليا ويكون مصدقا عليه من قِبل مكتب محاسبة قانونية مؤهل حسب الأصول بما يؤكد أن مقدم الطلب ستكون لديه الموارد المالية اللازمة لإنجاز خطة العمل المتعلقة بالاستكشاف؛

(ج) وإذا كان مقدم الطلب تحت سيطرة دولة أو مؤسسة حكومية، يقدم بيان من الدولة أو المؤسسة الحكومية يشهد فيه بأن مقدم الطلب ستكون لديه الموارد المالية اللازمة لتنفيذ خطة العمل المتعلقة بالاستكشاف.

5 - إذا كان مقدم الطلب المشار إليه في الفقرة 4 يعتزم تمويل خطة العمل المقترحة للاستكشاف عن طريق القروض، يتضمن طلبه مقدار تلك القروض وفترة السداد وسعر الفائدة.

6 - يشمل كل طلب ما يلي:

(أ) وصف عام لما اكتسبه مقدم الطلب من خبرة ومعرفة ومهارات ومؤهلات فنية ودراية فنية سابقة تتعلق بخطة العمل المقترحة للاستكشاف؛

(ب) وصف عام للمعدات والطرق التي يتوقع استخدامها في تنفيذ خطة العمل المقترحة للاستكشاف وغير ذلك من المعلومات غير التجارية المناسبة بشأن خصائص تلك التكنولوجيا؛

(ج) وصف عام لقدرة مقدم الطلب المالية والتقنية على الاستجابة لأي حادث أو نشاط يلحق ضررا جسيما بالبيئة البحرية.

7 - إذا كان مقدم الطلب شراكة كيانات أو اتحاد كيانات داخلة في ترتيب مشترك، يقوم كل عضو من أعضاء الشراكة أو الاتحاد بتوفير المعلومات التي تقتضيها هذه المادة.

المادة 14
العقود السابقة المبرمة مع السلطة

إذا سبق أن مُنح مقدم الطلب عقدا مع السلطة، أو مُنح عقد مع السلطة لأي عضو من أعضاء شراكة كيانات أو اتحاد كيانات داخل في ترتيب مشترك، عند تقديم الطلب من قبل شراكة أو اتحاد من هذا القبيل، يتضمن الطلب ما يلي:

(أ) تاريخ العقد السابق أو العقود السابقة؛

(ب) التاريخ والرقم المرجعي والعنوان لكل تقرير مقدم إلى السلطة فيما يتصل بالعقد أو العقود؛

(ج) تاريخ إنهاء العقد أو العقود، إن كان قد حدث ذلك.

المادة 15
التعهدات

يقدم كل مقدم طلب، بما في ذلك المؤسسة، كجزء من طلبه للحصول على موافقة على خطة عمل للاستكشاف تعهدا خطيا إلى السلطة:

(أ) بقبول تنفيذ ما ينطبق من التزامات ناشئة عن أحكام الاتفاقية، وقواعد السلطة وأنظمتها وإجراءاتها وقرارات أجهزة السلطة وأحكام عقوده مع السلطة، وبالامتثال لها؛

(ب)   بقبول رقابة السلطة على الأنشطة في المنطقة، على النحو الـذي تـأذن
به الاتفاقية؛

(ج)   تزويد السلطة بتأكيد كتابي للوفاء بحسن نية بالتزاماته المقررة بموجب العقد.

المادة 16

اختيار مقدم الطلب المساهمة في قطاع محجوز أو المشاركة بحصة في رأس المال في إطار ترتيب يتعلق بمشروع مشترك

يقوم كل مقدم طلب عند التقدم بطلبه باختيار إما:

(أ)   أن يسهم بقطـاع يحجـز لتنفيـذ أنشطة عمـلا بالمـادة 9 مـن المرفق الثالـث
للاتفاقية، وفقا للمادة 17؛ أو

(ب)   أن يعرض حصة في رأس المال في مشروع مشترك وفقا للمادة 19.

المادة 17

البيانات والمعلومات التي يجب تقديمها قبل تعيين قطاع محجوز

1 -   إذا اختار مقدم الطلب أن يسهم بقطاع محجوز للقيام بأنشطة عمـلا بالمادة 9 مـن
المرفق الثالـث للاتفاقية، يكون القطـاع المشمـول بالطلب على قدر مـن الاتساع ومن القيمـة
التجارية التقديرية بما يكفي لإتاحة القيـام بعمليتي تعدين ويقوم مقدم الطلب بتحديد شكله
وفقا للفقرة 4 من المادة 12.

2 -   يحتوي كل طلب مـن هـذا القبيل على بيانـات ومعلومـات كافية على النحـو المبين في
البند الثالث من المرفق 2 لهذا النظام، تتعلق بالقطاع المشمول بالطلب لكي يتمكن المجلس،
بنـاء على توصية اللجنة القانونية والتقنية، مـن تعيين قطاع محجوز استنادا إلى القيمـة التجارية
المقدرة لكـل جزء. وتتمثل هـذه البيانـات والمعلومـات في البيانـات المتوافرة لـدى مقدم الطلب
بشأن جزأي القطاع المشمول بالطلب، بما في ذلك البيانات المستعملة في تحديد قيمته التجارية.

3 -   إذا تبين للمجلس أن البيانـات والمعلومـات المقدمـة مـن مقـدم الطلب، بموجب البنـد
الثالـث مـن المرفق 2 لهـذا النظام، مرضية، يعيّن استنادا إلى ذلك، وآخـذا في الاعتبار توصية
اللجنـة القانونيـة والتقنيـة، الجزء الـذي سيكون قطاعـا محجوزا مـن القطـاع المشمـول بالطلب.
ويصبح القطاع المعين على هـذا النحو قطاعـا محجوزا حالمـا تتم الموافقة على خطة العمـل
الاستكشافي المتعلقة بالقطاع غير المحجوز ويوقع العقد. وإذا مـا قـرر المجلس وجـود حاجة إلى

معلومات إضافية وفقا لهذا النظام وللمرفق الثاني، يحيل المسألة مرة أخرى إلى اللجنة كي تواصل النظر فيها، ويحدد المعلومات الإضافية اللازمة.

4 - يجوز للسلطة أن تكشف وفقا للفقرة 3 من المادة 14 من المرفق الثالث للاتفاقية، عن البيانات والمعلومات التي ينقلها مقدم الطلب إلى السلطة فيما يتعلق بالقطاع المحجوز، وذلك بمجرد الموافقة على خطة العمل المتعلقة بالاستكشاف وإصدار العقد.

المادة 18
طلبات الموافقة على خطط العمل فيما يتعلق بقطاع محجوز

1 - يجوز لأي دولة نامية، أو لأي شخص طبيعي أو اعتباري تزكيه ويخضع لسيطرتها الفعلية أو لسيطرة دولة نامية أخرى أو أي مجموعة مما سلف، إخطار السلطة برغبتها في تقديم خطة عمل للاستكشاف بشأن قطاع محجوز. ويحيل الأمين العام هذا الإخطار إلى المؤسسة، وعليها أن تعلم الأمين العام خطيا، في غضون ستة أشهر، بما إذا كانت تعتزم الاضطلاع بأنشطة في ذلك القطاع أم لا. وإذا كانت المؤسسة تعتزم الاضطلاع بأنشطة في ذلك القطاع، كان عليها، عملا بالفقرة 4، أن تبلغ كتابيا أيضا المتعاقد الذي يكون طلبه المتعلق بالموافقة على خطة عمل للاستكشاف قد شمل أصلا ذلك القطاع.

2 - يجوز تقديم طلبات للحصول على موافقة على خطة عمل للاستكشاف في قطاع محجوز في أي وقت بعد أن يُصبح ذلك القطاع متاحا في أعقاب اتخاذ المؤسسة قرارا بأنها لا تعتزم القيام بأي أنشطة في ذلك القطاع، أو إذا لم تتخذ المؤسسة، في غضون ستة أشهر من استلام إخطار من الأمين العام، قرارا بشأن ما إذا كانت تعتزم القيام بأنشطة في ذلك القطاع، أو تبلغ الأمين العام كتابيا بأنها تجري مباحثات بشأن احتمال القيام بمشروع مشترك. وفي الحالة الأخيرة، تُمنح المؤسسة عاما واحدا من تاريخ هذا الإخطار كي تقرر ما إذا كانت ستضطلع بأنشطة في ذلك القطاع.

3 - إذا لم تقدم المؤسسة أو أي دولة نامية، أو أي من الكيانات المشار إليها في الفقرة 1 طلبا للحصول على موافقة على خطة عمل للاستكشاف للقيام بأنشطة في قطاع محجوز في غضون 15 عاما من بدء المؤسسة في مهامها بصورة مستقلة عن أمانة السلطة، أو في غضون 15 عاما من التاريخ الذي حُجز فيه ذلك القطاع للسلطة، مع اعتبار أحدث التاريخين، حق للمتعاقد الذي كان طلبه بالموافقة على خطة عمل للاستكشاف قد شمل أصلا ذلك القطاع تقديم طلب للموافقة على خطة عمل للاستكشاف في ذلك القطاع شريطة أن يعرض، بحسن نية، إدخال المؤسسة كشريك في مشروع مشترك.

4 -   لكل متعاقد حق الأولوية في أن يرفض الدخول في ترتيب لمشروع مشترك مع المؤسسة لاستكشاف القطاع الداخل في طلبه الموافقة على خطة عمل للتنقيب، والذي عينه المجلس بوصفه قطاعا محجوزا.

المادة 19
المشاركة في رأس المال في ترتيب لمشروع مشترك

1 -   إذا اختار مقدم الطلب أن يعرض المشاركة في رأس المال في ترتيب لمشروع مشترك، فعليه تقديم بيانات ومعلومات وفقا للمادة 20. ويخضع القطاع الذي سيخصص لمقدم الطلب لأحكام المادة 27.

2 -   يشمل ترتيب المشروع المشترك، الذي يبدأ نفاذه اعتبارا من التاريخ الذي يبرم فيه مقدم الطلب عقد استغلال، ما يلي:

(أ)   تحصل المؤسسة على حد أدنى قدره 20 في المائة من المشاركة في رأس المال في المشروع المشترك بناء على الأسس التالية:

'1'   يتم الحصول على نصف المشاركة في رأس المال دون أي مدفوعات مباشرة أو غير مباشرة لمقدم الطلب وتعامل على أساس التساوي مع مشاركة مقدم الطلب في رأس مال المشروع، بالنسبة لكل الأغراض؛

'2'   يتعامل مع باقي المشاركة في رأس المال على أساس التساوي مع مشاركة مقدم الطلب، بالنسبة لكل الأغراض، إلا أن المؤسسة لن تتسلم أي أرباح موزعة فيما يتعلق بهذه المشاركة إلى أن يستعيد مقدم الطلب إجمالي مشاركته في رأس المال في المشروع المشترك؛

(ب)   برغم الحكم الوارد في الفقرة الفرعية (أ)، يعرض مقدم الطلب، مع ذلك، على المؤسسة فرصة شراء نسبة ثلاثين في المائة أخرى من حصص المشاركة في رأس مال المشروع المشترك أو نسبة أقل تختار المؤسسة شراءها، على أساس التعامل القائم على المساواة مع مقدم الطلب بالنسبة لجميع الأغراض (2)؛

(ج)   باستثناء ما هو منصوص عليه تحديدا في الاتفاق بين مقدم الطلب والمؤسسة، لا تكون المؤسسة، بسبب مشاركتها في رأس المال، ملزمة على أي وجه آخر بتوفير أموال أو ائتمانات أو بإصدار ضمانات أو بأن تقبل، بأي وجه آخر، أي تبعات مالية أيا كانت من

_____

(2) ينبغي تناول أحكام وشروط الحصول على حصة في رأس المال بمزيد من التفصيل.

أجل ترتيب المشروع المشترك أو باسمه، كما لا تكون ملزمة بأن تكتتب لمزيد من المشاركة في رأس المال حتى تحافظ على مشاركتها المتناسبة في ترتيب المشروع المشترك.

المادة 20
البيانات والمعلومات التي يجب أن تقدم من أجل الموافقة على خطة العمل المتعلقة بالاستكشاف

1 - ينبغي على كل مقدم طلب أن يقدم المعلومات التالية بغية الحصول على موافقة في شكل عقد على خطة العمل المتعلقة بالاستكشاف:

(أ) وصف عام وجدول زمني لبرنامج الاستكشاف المقترح، بما في ذلك برنامج أنشطة لفترة الخمس سنوات التالية مباشرة، مثل إجراء دراسات حول العوامل البيئية والتقنية والاقتصادية وغيرها من العوامل الملائمة التي يجب أخذها في الاعتبار عند الاستكشاف؛

(ب) وصف لبرنامج الدراسات الأوقيانوغرافية والدراسات البيئية الأساسية وفقا لهذا النظام وأي قواعد وأنظمة وإجراءات بيئية تقررها السلطة وتتيح إجراء تقييم للتأثير البيئي الذي يحتمل أن ينشأ عن أنشطة الاستكشاف المقترحة، بما في ذلك على سبيل المثال لا الحصر التأثير على التنوع البيولوجي، مع مراعاة أي توصيات تصدرها اللجنة القانونية والتقنية؛

(ج) تقييم أولي للتأثير المحتمل لأنشطة الاستكشاف المقترحة على البيئة البحرية؛

(د) سرد للتدابير المقترح اتخاذها لمنع تلوث البيئة البحرية والمخاطر الأخرى التي تتعرض لها، والحد منها ومكافحتها وتقييم تأثيراتها المحتملة؛

(هـ) البيانات اللازمة لكي يتخذ المجلس القرار المطلوب منه اتخاذه وفقا للفقرة 1 من المادة 13؛

(و) جدول زمني للنفقات السنوية المتوقعة فيما يتعلق ببرنامج الأنشطة لفترة الخمس سنوات التالية مباشرة.

2 - إذا اختار مقدم الطلب أن يسهم بقطاع محجوز، يقدم مقدم الطلب البيانات والمعلومات المتعلقة بهذا القطاع إلى السلطة بعد تعيين المجلس للقطاع المحجوز وفقا للفقرة 3 من المادة 17.

3 - إذا اختار مقدم الطلب أن يعرض حصة في رأس المال في إطار ترتيب مشروع مشترك، يحيل مقدم الطلب البيانات والمعلومات المتعلقة بهذا القطاع إلى السلطة عند الإعلان عن اختياره.

الفرع 3
الرسوم

المادة 21
رسوم الطلبات

1 - يكون رسم تجهيز طلب للموافقة على خطة عمل لاستكشاف الكبريتيدات المتعددة الفلزات رسما مقطوعا مقداره 000 500 دولار من دولارات الولايات المتحدة أو ما يعادلها بالعملات القابلة للتحويل في السوق الحرة، يُسدَّد بالكامل عند تقديم الطلب.

2 - إذا كانت التكاليف الإدارية التي تكبدتها السلطة في تجهيز طلب من الطلبات أقل من المبلغ المقطوع الوارد في الفقرة 1 أعلاه، فإن السلطة تسدد لمقدم الطلب الفرق في التكلفة. أما إذا فاقت التكاليفُ الإدارية التي تكبدتها السلطة في تجهيز الطلب المبلغَ المقطوع الوارد في الفقرة 1 أعلاه، فإن مقدم الطلب يسدّد الفرق إلى السلطة، بشرط ألا يتجاوز أي مبلغ إضافي يدفعه مقدم الطلب نسبة 10 في المائة من الرسم المقطوع المشار إليه في الفقرة 1.

3 - يحدد الأمين العام مبالغ الفرق على النحو المشار إليه في الفقرة 2 أعلاه، آخذا في الحسبان أي معايير تضعها لجنة المالية لهذا الغرض، ثم يخطر مقدمَ الطلب بمبلغ الفرق. ويتضمن الإخطار بيانا بالنفقات التي تكبدتها السلطة. ويُسدّد مقدمُ الطلب المبلغَ المستحق أو تردّه السلطة في غضون ثلاثة أشهر من توقيع العقد المشار إليه في المادة 25 أدناه.

4 - يقوم المجلس بانتظام بإعادة النظر في المبلغ المقطوع المشار إليه في الفقرة 1 أعلاه لضمان تغطيته للتكاليف الإدارية المتوقع تكبُّدها عند تجهيز الطلبات ولتجنيب مقدمي الطلبات الحاجة إلى دفع مبالغ إضافية بموجب الفقرة 2 أعلاه.[3]

---

[3] ISBA/20/A/10، المؤرخة 24 تموز/يوليه 2014، تعديلات.

الفرع 4
تجهيز الطلبات

المادة 22
استلام الطلبات والإشعار باستلامها وحفظها في مكان مأمون

يقوم الأمين العام بما يلي:

(أ)   توجيه إشعار كتابي في غضون 30 يوما باستلام كل طلب مقدم بموجب هذا الجزء للحصول على موافقة على خطة عمل للاستكشاف، ويحدد فيه تاريخ الاستلام؛

(ب)   حفظ الطلب وملحقاته ومرفقاته في مكان مأمون وضمان سرية جميع البيانات والمعلومات السرية الواردة في الطلب؛

(ج)   إخطار أعضاء السلطة باستلام هذا الطلب وتعميم معلومات عليهم بشأن الطلب تكون ذات طابع عام وغير سري.

المادة 23
نظر اللجنة القانونية والتقنية في الطلبات

1 –   عند استلام طلب للموافقة على خطة عمل للاستكشاف، يخطر الأمين العام أعضاء اللجنة القانونية والتقنية بهذا الطلب ويدرج النظر فيه كبند في جدول أعمال الاجتماع المقبل للجنة. ولا تنظر اللجنة إلا في الطلب الذي عمم الأمين العام إخطاراً به ومعلومات عنه وفقا للمادة 22 (ج) قبل ثلاثين يوما على الأقل من بدء اجتماع اللجنة الذي من المقرر أن ينظر خلاله في الطلب.

2 –   تدرس اللجنة الطلبات وفقا لترتيب ورودها.

3 –   تقرر اللجنة ما إذا كان مقدم الطلب:

(أ)   قد امتثل لأحكام هذا النظام؛

(ب)   قد قدم التعهدات والتأكيدات المحددة في المادة 15؛

(ج)   يملك القدرة المالية والتقنية اللازمة لتنفيذ خطة العمل المقترحة للاستكشاف أو وفر تفاصيل عن قدرته على الامتثال بسرعة للأوامر في حالات الطوارئ؛

(د)   قد وفّى على نحو مرضٍ بالتزاماته فيما يتصل بأي عقد سبق إبرامه مع السلطة.

4 – تقرر اللجنة، وفقا للشروط المحددة في هذا النظام ولإجراءاتها، ما إذا كانت خطة العمل المقترحة للاستكشاف:

(أ)   توفر الحماية الفعالة لصحة البشر وسلامتهم؛

(ب)   توفر الحماية للبيئة البحرية وتكفل حفظها بشكل فعال بما في ذلك حمايتها وحفظها مما يترتب من آثار على التنوع البيولوجي على سبيل الذكر لا الحصر؛

(ج)   تكفل عدم إقامة المنشآت حيث يمكن أن تتسبب في عرقلة استخدام الممرات البحرية المعترف بها الضرورية للملاحة الدولية أو في القطاعات التي تكثر فيها أنشطة الصيد.

5 – إذا تأكدت اللجنة من النقاط المنصوص عليها في الفقرة 3، وقررت أن خطة العمل المقترحة للاستكشاف مستوفية لشروط الفقرة 4، توصي المجلس بالموافقة على خطة العمل هذه.

6 – تمتنع اللجنة عن التوصية بالموافقة على خطة عمل الاستكشاف إذا كان جزء من القطاع أو كل القطاع الذي تغطيه خطة العمل المقترحة للاستكشاف مشمولا:

(أ)   بخطة عمل لاستكشاف الكبريتيدات المتعددة الفلزات وافق عليها المجلس؛ أو

(ب)   بخطة عمل وافق عليها المجلس لاستكشاف أو استغلال موارد أخرى، إذا كان من المحتمل أن تؤدي خطة العمل المقترحة لاستكشاف الكبريتيدات المتعددة الفلزات إلى عرقلة لا مسوغ لها للأنشطة المضطلع بها في إطار خطة العمل الموافق عليها للموارد الأخرى؛ أو

(ج)   بقطاع رفض المجلس الموافقة على استكشافه في الحالات التي تشير فيها الأدلة المادية إلى خطر إلحاق ضرر جسيم بالبيئة البحرية.

7 – يجوز للجنة القانونية والتقنية أن توصي بالموافقة على خطة عمل إذا رأت أن هذه الموافقة لن تسمح لدولة طرف أو كيانات مشمولة برعاية تلك الدولة باحتكار مزاولة الأنشطة المتعلقة بالكبريتيدات المتعددة الفلزات في المنطقة أو استبعاد دول أطراف أخرى من هذه الأنشطة.

8 – باستثناء الطلبات المقدمة من المؤسسة، باسمها هي أو في مشروع مشترك، والطلبات المقدمة بموجب المادة 17، لا توصي اللجنة بالموافقة على خطة العمل المتعلقة بالاستكشاف إذا كان جزء أو كل القطاع المشمول بخطة العمل المقترحة للاستكشاف مشمولا بقطاع محجوز أو بقطاع معين من قبل المجلس بوصفه قطاعا محجوزا.

9 - إذا وجدت اللجنة أن الطلب لا يستوفي شروط هذا النظام، تخطر مقدم الطلب بذلك كتابيا، عن طريق الأمين العام، مبينة الأسباب. ويجوز لمقدم الطلب أن يعدل طلبه في غضون 45 يوما من تاريخ هذا الإخطار. وإذا رأت اللجنة، بعد النظر مرة أخرى في الطلب، ألا توصي بالموافقة على خطة العمل المتعلقة بالاستكشاف، تخطر مقدم الطلب بذلك وتتيح له فرصة أخرى لتقديم بيان أوضاع في غضون 30 يوما من تاريخ هذا الإخطار. وتولي اللجنة الاعتبار لأي بيان أوضاع يقدمه مقدم الطلب عند إعداد تقريرها وتوصيتها إلى المجلس.

10 - تراعي اللجنة عند النظر في خطة عمل مقترحة للاستكشاف المبادئ والسياسات والأهداف المتعلقة بالأنشطة المضطلع بها في المنطقة على نحو ما ينص عليه الجزء الحادي عشر والمرفق الثالث للاتفاقية والاتفاق.

11 - تنظر اللجنة في الطلبات على وجه السرعة وتقدم إلى المجلس تقريرها وتوصياتها بشأن تسمية قطاعات وبشأن خطة العمل المتعلقة بالاستكشاف، وذلك في أول فرصة ممكنة، آخذة في الاعتبار الجدول الزمني لاجتماعات السلطة.

12 - تقوم اللجنة، في أدائها لواجباتها، بتطبيق هذا النظام وقواعد السلطة وأنظمتها وإجراءاتها تطبيقا موحدا وبلا تمييز.

المادة 24
نظر المجلس في خطط العمل المتعلقة بالاستكشاف وموافقته عليها

وينظر المجلس في تقارير اللجنة وتوصياتها المتصلة بالموافقة على خطط العمل المتعلقة بالاستكشاف وفقا للفقرتين 11 و 12 من الفرع 3 من مرفق الاتفاق.

الجزء الرابع
عقود الاستكشاف

المادة 25
العقد

1 - بعد أن يوافق المجلس على خطة عمل للاستكشاف، تعد هذه الخطة في شكل عقد بين السلطة ومقدم الطلب، على النحو المنصوص عليه في المرفق 3 لهذا النظام. ويتضمن كل عقد الشروط القياسية المحددة في المرفق 4 والنافذة بتاريخ سريان العقد.

2 - يُوقع العقد من جانب الأمين العام بالنيابة عن السلطة ومن جانب مقدم الطلب. ويخطر الأمين العام جميع أعضاء السلطة كتابيا بإبرام كل عقد.

المادة 26
حقوق المتعاقد

1 - يكون للمتعاقد حق خالص في استكشاف قطاع مشمول بخطة عمل تتعلق باستكشاف الكبريتيدات المتعددة الفلزات. وتكفل السلطة ألا يقوم أي كيان آخر بأعمال في القطاع نفسه تتعلق بموارد أخرى بطريقة قد تعوق العمليات التي يقوم بها المتعاقد.

2 - تمنح الأفضلية والأولوية، بين مقدمي طلبات خطط العمل لاستغلال نفس القطاع والموارد، للمتعاقد الذي لديه خطة عمل ووفق عليها لأغراض الاستكشاف فقط. ويجوز أن يسحب المجلس هذه الأفضلية أو الأولوية إذا لم يمتثل المتعاقد لشروط خطة عمله الموافق عليها للاستكشاف في حدود المهلة المحددة في إخطار كتابي أو إخطارات كتابية من المجلس إلى المتعاقد تبين فيها الشروط التي لم يف المتعاقد بها. ويجب ألا تكون المهلة المحددة في أي من هذه الإخطارات غير معقولة. وتتاح للمتعاقد فرصة معقولة لسماع رأيه قبل أن يصبح سحب هذه الأفضلية أو الأولوية نهائيا. ويبدي المجلس أسباب اعتزامه سحب الأفضلية أو الأولوية وينظر في أي رد من المتعاقد. ويتخذ المجلس قراره مع مراعاة هذا الرد وبالاستناد إلى الأدلة المادية.

3 - لا يصبح سحب الأفضلية أو الأولوية نافذا ما لم يمنح المتعاقد فرصة معقولة لاستنفاد سبل الانتصاف القضائي المتاحة له وفقا للفرع 5 من الجزء الحادي عشر من الاتفاقية.

المادة 27
مساحة القطاع، والتخلي

1 - يتخلى المتعاقد عن القطاع المخصص له وفقا للفقرة 2 من هذه المادة. وليس من الضروري أن تكون القطاعات المتخلى عنها متلاصقة، ويحددها المتعاقد في شكل قطع فرعية تتألف من خلية واحدة أو أكثر في شبكة حسبما تنص عليه السلطة.

2 - لا تتجاوز المساحة الإجمالية للقطاع المخصص للمتعاقد بموجب العقد 10 000 كيلومتر مربع. ويتخلى المتعاقد عن أجزاء القطاع المخصص له وفقا للموعدين التاليين:

(أ) بحلول نهاية السنة الثامنة من تاريخ العقد، على المتعاقد أن يتخلى عن 50 في المائة على الأقل من القطاع الأصلي المخصص له؛

(ب) بحلول نهاية السنة العاشرة من تاريخ العقد، على المتعاقد أن يتخلى عن 75 في المائة على الأقل من القطاع الأصلي المخصص له؛

4 - يجوز للمتعاقد في أي وقت أن يتخلى عن أجزاء من القطاع المخصص له قبل الموعدين الواردين في الفقرة 2 شريطة ألا يطلب من المتعاقد أن يتخلى عن جزء إضافي من ذلك القطاع حينما لا يتجاوز القطاع المخصص له المتبقي بعد التخلي 2 500 كيلومتر مربع.

5 - تعود الأجزاء المتخلى عنها إلى القطاع.

6 - في نهاية السنة الخامسة عشرة من تاريخ العقد، أو حينما يقدم المتعاقد طلبا للحصول على حقوق الاستغلال، أيهما أسبق، يعين المتعاقد قطاعا من القطاع المتبقي المخصص له للاحتفاظ به لأغراض الاستغلال.

7 - يجوز للمجلس، بناء على طلب من المتعاقد، وبتوصية من اللجنة، في ظروف استثنائية، تأجيل جدول التخلي. ويقرر المجلس وجود هذه الظروف الاستثنائية، وتشمل، في جملة أمور، إيلاء الاعتبار للظروف الاقتصادية السائدة أو غيرها من الظروف الاستثنائية غير المتوقعة الناشئة فيما يتعلق بالأنشطة التشغيلية للمتعاقد.

المادة 28
مدة العقود

1 - يوافق على خطة عمل للاستكشاف لفترة 15 سنة. ولدى انقضاء مدة خطة عمل للاستكشاف، يتعين على المتعاقد أن يقدم طلبا بشأن خطة عمل للاستغلال ما لم يكن قد

قام بذلك فعلا أو حصل على تمديد لخطة العمل الموضوعة للاستكشاف أو أن يقرر التنازل عن حقوقه في القطاع المشمول بخطة العمل الموضوعة للاستكشاف.

2 - للمتعاقد أن يطلب، في موعد لا يتجاوز ستة شهور قبل انقضاء خطة عمل للاستكشاف، تمديد خطة العمل المتعلقة بالاستكشاف لفترات لا يتجاوز كل منها خمس سنوات. ويوافق المجلس على طلبات التمديد بتوصية من اللجنة إذا كان المتعاقد قد بذل عن حسن نية جهودا للامتثال لشروط خطة العمل ولكنه لم يتمكن لأسباب خارجة عن إرادته من إنجاز الأعمال التحضيرية اللازمة للانتقال إلى مرحلة الاستغلال أو إذا لم تُبرر الظروف الاقتصادية السائدة الانتقال إلى مرحلة الاستغلال.

المادة 29

التدريب

عملا بالمادة 15 من مرفق الاتفاقية الثالث، يتضمن كل عقد برنامجا عمليا، في شكل جدول زمني، لتدريب موظفي السلطة والدول القائمة بالاستغلال يضعه المتعاقد بالتعاون مع السلطة والدولة أو الدول المزكّية. وتركّز برامج التدريب على التدريب على القيام بعمليات الاستكشاف وتوفر ما يلزم لاشتراك هؤلاء الموظفين اشتراكا كاملا في كل الأنشطة المشمولة بالعقد. ويجوز تنقيح هذا البرنامج وتطويره من حين إلى آخر، حسب الاقتضاء، بموافقة الطرفين.

المادة 30

الاستعراض الدوري لتنفيذ خطة عمل الاستكشاف

1 - يضطلع المتعاقد والأمين العام معا باستعراض دوري لتنفيذ خطة عمل الاستكشاف مرة كل خمس سنوات. وللأمين العام أن يطلب إلى المتعاقد أن يقدم ما قد يلزم لأغراض هذا الاستعراض من بيانات ومعلومات إضافية.

2 - في ضوء الاستعراض، يبين المتعاقد برنامج أنشطته لفترة السنوات الخمس التالية، مع إدخال ما يلزم من تعديلات على برنامج أنشطته السابق.

3 - يقدم الأمين العام تقريرا عن هذا الاستعراض إلى اللجنة والسلطة. ويوضح الأمين العام في التقرير ما إذا كانت قد روعيت في الاستعراض أي ملاحظات، أحالتها إليه الدول الأطراف في الاتفاقية، على طريقة وفاء المتعاقد بالتزاماته بموجب هذا النظام فيما يتعلق بحماية البيئة البحرية وحفظها.

المادة 31

إنهاء التزكية

1 - يحافظ كل متعاقد على التزكية اللازمة طوال فترة العقد.

2 - إذا أنهت الدولة تزكيتها، يكون عليها أن تخطر الأمين العام بذلك كتابيا على الفور. وينبغي أن تطلع الدولة المزكية الأمين العام أيضا على أسباب إنهائها لهذه التزكية. ويبدأ نفاذ إنهاء التزكية بانقضاء ستة شهور على تاريخ استلام الأمين العام للإخطار، ما لم يحدد الإخطار تاريخا لاحقا.

3 - في حالة إنهاء التزكية، يكون على المتعاقد أن يجد لنفسه، في غضون الفترة المشار إليها في الفقرة 2، جهة مزكية أخرى. وتقدم هذه الجهة المزكية شهادة التزكية وفقا للمادة 11، ويترتب على عدم التوصل إلى جهة مزكية أخرى في غضون الفترة المطلوبة إنهاء العقد.

4 - لا يشكل إنهاء التزكية من قبل دولة مزكية سببا لتحلل تلك الدولة من أي التزامات استحقت عليها عندما كانت دولة مزكية، كما لا يؤثر ذلك الإنهاء على أي حقوق أو التزامات قانونية نشأت خلال تلك التزكية.

5 - يقوم الأمين العام بإخطار أعضاء السلطة بإنهاء التزكية أو بتغييرها.

المادة 32

المسؤولية والتبعة

يتحمل كل من المتعاقد والسلطة المسؤولية والتبعة وفقا لأحكام الاتفاقية. ويواصل المتعاقد تحمل المسؤولية عن أي ضرر ناجم عن الأفعال غير المشروعة المرتكبة في أثناء إجرائه لعملياته، وبخاصة الضرر الذي يلحق بالبيئة البحرية بعد إنجاز مرحلة الاستكشاف.

الجزء الخامس

حماية البيئة البحرية وحفظها

المادة 33

حماية البيئة البحرية وحفظها

1 - تضع السلطة، وفقا لأحكام الاتفاقية والاتفاق، قواعد وأنظمة وإجراءات بيئية لضمان الحماية الفعالة للبيئة البحرية من الآثار الضارة الناجمة عن الأنشطة المضطلع بها في المنطقة، وتستعرضها دوريا.

2 - تتبع السلطة والدول المزكية، بغية كفالة توفير حماية فعالة للبيئة البحرية من الآثار الضارة التي قد تنشأ عن الأنشطة المضطلع بها في المنطقة، نهجا تحوطيا، حسب المبين في المبدأ 15 من إعلان ريو، وأفضل الممارسات البيئية.

3 - تقدم اللجنة القانونية والتقنية توصيات إلى المجلس بشأن تنفيذ الفقرتين 1 و 2 أعلاه.

4 - تقوم اللجنة بوضع وتنفيذ إجراءات لتتثبت، استنادا إلى أفضل المعلومات العلمية والفنية المتاحة، بما فيها المعلومات المقدمة عملا بالمادة 20، مما إذا كانت أنشطة الاستكشاف المقترحة في المنطقة ستكون لها آثار خطيرة تضر بالنظم الإيكولوجية البحرية الهشة، وبخاصة المنافث الحرارية المائية، وتكفل، إذا ثبت لديها أن بعض أنشطة الاستكشاف المقترحة ستكون لها آثار خطيرة تضر بالنظم الإيكولوجية البحرية الهشة، إدارة تلك الأنشطة درءا لتلك الآثار أو عدم السماح بالمضي فيها.

5 - عملا بالمادة 145 من الاتفاقية والفقرة 2 من هذه المادة، يتخذ كل متعاقد التدابير اللازمة لمنع وتخفيف ومكافحة التلوث وغيره من الأخطار التي تتعرض لها البيئة البحرية والناجمة عن الأنشطة المضطلع بها في المنطقة بالقدر الممكن المعقول، متبعا نهجا تحوطيا وأفضل الممارسات البيئية.

6 - يتعاون المتعاقدون والدول المزكية والدول أو الكيانات الأخرى المهتمة بالموضوع مع السلطة على وضع وتنفيذ برامج لرصد وتقييم آثار التعدين في قاع البحار العميقة على البيئة البحرية. وتشمل تلك البرامج، عندما يشترطها المجلس، مقترحات تتعلق بقطاعات تخصص ويقتصر استعمالها بوصفها مناطق مرجعية للأثر ومناطق مرجعية للحفظ. ويقصد بـ ''المناطق المرجعية للأثر'' المناطق التي ستستخدم لتقييم أثر الأنشطة التي يضطلع بها كل متعاقد في المنطقة على البيئة البحرية وتكون نموذجا للخصائص البيئية التي تتسم بها المنطقة. ويقصد بـ ''المناطق المرجعية للحفظ'' المناطق التي لن يحدث فيها أي تعدين لضمان بقاء واستقرار نماذج نباتات قاع البحر من أجل تقييم أي تغيرات في التنوع البيولوجي بالبيئة البحرية.

المادة 34
خطوط الأساس والرصد البيئيان

1 - يشترط كل عقد على المتعاقد أن يجمع بيانات بيئية أساسية ويضع أسسا بيئية، آخذا في الاعتبار أي توصيات تصدرها اللجنة القانونية والتقنية وفقا للمادة 41، ليجري بالاستناد إليها تقييم الآثار المحتملة على البيئة البحرية من جراء الأنشطة التي يضطلع بها بموجب خطة عمل الاستكشاف، وبرنامجا لرصد تلك الآثار وتقديم تقارير عنها. ويجوز أن تتضمن التوصيات

التي تصدرها اللجنة، في جملة أمور، سردا لأنشطة الاستكشاف التي يجوز اعتبارها لا تنطوي على احتمال التسبب في آثار ضارة بالبيئة البحرية. ويتعاون المتعاقد، حسب الاقتضاء، مع السلطة والدولة أو الدول المزكية على وضع وتنفيذ برنامج رصد من هذا القبيل.

2 - يقدم المتعاقد سنويا تقارير كتابية إلى الأمين العام عن تنفيذ برنامج الرصد المشار إليه في الفقرة 1 ونتائجه، ويقدم بيانات ومعلومات آخذا في الحسبان أي توصيات تصدرها اللجنة وفقا للمادة 41. ويحيل الأمين العام مثل تلك التقارير إلى اللجنة للنظر فيها عملا بالمادة 165 من الاتفاقية.

المادة 35
الأوامر في حالات الطوارئ

1 - يقدم المتعاقد فورا إلى الأمين العام تقريرا خطيا، باستخدام أنجع الوسائل، عن أي حادث ينشأ عن أنشطة تسببت في إلحاق ضرر جسيم بالبيئة البحرية أو تسبب فيه أو يمكن أن تتسبب فيه.

2 - في حالة إخطار الأمين العام أو معرفته بطرق أخرى بأي حادث ناتج أو ناشئ عن أنشطة متعاقد في المنطقة أدى إلى إلحاق ضرر جسيم بالبيئة البحرية أو يؤدي إليه أو يمكن أن يؤدي إليه، يعمل الأمين العام على إصدار إخطار عام بالحادث، ويخطر كتابيا المتعاقد والدولة أو الدول المزكية ويقدم تقريرا على الفور إلى اللجنة القانونية والتقنية والمجلس وإلى كافة الأعضاء الآخرين في السلطة. وتوزع نسخة من التقرير على جميع أعضاء السلطة، وعلى المنظمات الدولية المختصة، وعلى المنظمات والهيئات دون الإقليمية والإقليمية والعالمية المعنية. ويراقب الأمين العام ما يستجد من تطورات بشأن تلك الأحداث ويقدم عنها تقارير، حسب الاقتضاء، إلى اللجنة والمجلس وإلى كافة الأعضاء الآخرين في السلطة.

3 - يتخذ الأمين العام، ريثما يتخذ المجلس أي إجراءات، تدابير فورية ذات طابع مؤقت تكون عملية ومعقولة في هذه الظروف لاتقاء الضرر الجسيم بالبيئة البحرية أو خطر إلحاق ضرر جسيم بها واحتوائه وتخفيفه إلى أقصى حد. وتبقى هذه التدابير المؤقتة سارية لمدة لا تزيد على 90 يوما أو إلى أن يقرر المجلس في دورته العادية القادمة أو في دورة استثنائية التدابير التي ستتخذ عند الاقتضاء عملا بالفقرة 6 من هذه المادة.

4 - تقرر اللجنة بعد تلقيها تقرير الأمين العام، مستندة إلى الأدلة الموفرة لها، وآخذة في الاعتبار التدابير التي سبق أن اتخذها المتعاقد، التدابير الضرورية للتصدي بفعالية للحادث بغية

اتقاء الضرر الجسيم بالبيئة البحرية أو خطر إلحاق ضرر جسيم بها واحتوائه وتخفيفه إلى أقصى حد، وتقدم توصياتها إلى المجلس.

5 - يجتمع المجلس للنظر في توصيات اللجنة.

6 - يجوز للمجلس أن يصدر، آخذا في الاعتبار توصيات اللجنة، وتقرير الأمين العام، وأي معلومات مقدمة من المتعاقد، وأي معلومات أخرى ذات صلة، أوامر في حالات الطوارئ، ويجوز أن تشمل هذه الأوامر إيقاف العمليات أو تعديلها، حسب الضرورة وبدرجة معقولة، من أجل اتقاء الضرر الجسيم بالبيئة البحرية أو خطر إلحاق ضرر جسيم بها جراء الأنشطة المضطلع بها في المنطقة واحتوائه وتخفيفه إلى أقصى حد.

7 - إذا لم يمتثل المتعاقد، على وجه السرعة، للأمر الصادر في حالة الطوارئ لاتقاء الضرر الجسيم بالبيئة البحرية أو خطر إلحاق ضرر جسيم بها جراء الأنشطة المضطلع بها في المنطقة واحتوائه وتخفيفه إلى أقصى حد، يجوز للمجلس أن يتخذ، بنفسه أو من خلال ترتيبات مع آخرين، نيابة عنه، التدابير التي يراها ضرورية لاتقاء الضرر الجسيم بالبيئة البحرية أو خطر إلحاق ضرر جسيم بها واحتوائه وتخفيفه إلى أقصى حد.

8 - لكي يتمكن المجلس، عند الضرورة، من اتخاذ التدابير العملية الفورية لاتقاء الضرر الجسيم بالبيئة البحرية أو خطر إلحاق ضرر جسيم بها واحتوائه وتخفيفه إلى أقصى حد، على نحو ما هو مشار إليه في الفقرة 7، يقدم المتعاقد إلى المجلس، قبل الشروع في اختبار أنظمة التجميع وعمليات التجهيز، ضمانا بقدرته المالية والتقنية على الامتثال بسرعة للأوامر الطارئة أو يضمن قدرة المجلس على اتخاذ تلك التدابير الطارئة، وإذا لم يقدم المتعاقد إلى المجلس تلك الضمانات، تتخذ الدولة أو الدول المزكية، استجابة لطلب يقدمه الأمين العام وعملا بالمادتين 139 و 235 من الاتفاقية التدابير اللازمة لكفالة تقديم المتعاقد لذلك الضمان، أو تتخذ تدابير تكفل تقديم المساعدة إلى السلطة في الوفاء بمسؤولياتها بموجب الفقرة 7.

المادة 36
حقوق الدول الساحلية

1 - ليس في هذا النظام ما يؤثر على حقوق الدول الساحلية وفقا للمادة 142 من الاتفاقية وغيرها من الأحكام ذات الصلة.

2 - لأية دولة ساحلية لديها من الأسباب ما يجعلها تعتقد أن من المحتمل أن يتسبب أي نشاط للمتعاقد في المنطقة في إلحاق ضرر جسيم بالبيئة البحرية الواقعة تحت ولايتها أو سيادتها أو يمكن أن يتسبب فيه أن تخطر الأمين العام كتابيا بالأسباب التي يستند إليها هذا الاعتقاد.

ويتيح الأمين العام للمتعاقد وللدولة أو الدول المزكية له فرصة معقولة لدراسة الأدلة، إن وجدت، التي قدمتها الدولة الساحلية كأساس لاعتقادها. ويجوز للمتعاقد والدولة أو الدول المزكية له تقديم ملاحظاتهم على تلك الأسباب إلى الأمين العام في غضون فترة زمنية معقولة.

3 - إذا كانت هناك أسباب واضحة للاعتقاد بأن من المحتمل إصابة البيئة البحرية بضرر جسيم، يتصرف الأمين العام وفقا للمادة 35 ويتخذ، عند الضرورة، تدابير فورية ذات طابع مؤقت وفقا لما تنص عليه الفقرة 3 من المادة 35.

4 - يتخذ المتعاقدون جميع التدابير اللازمة لضمان الاضطلاع بأنشطتهم بحيث لا تتسبب في إلحاق ضرر جسيم بالبيئة البحرية المشمولة بولاية الدول الساحلية أو الخاضعة لسيادتها، بما في ذلك التلوث على سبيل الذكر لا الحصر، وبحيث لا يمتد هذا الضرر الجسيم أو هذا التلوث الناجم عن حوادث أو أنشطة في قطاع الاستكشاف إلى خارج تلك القطاعات.

المادة 37

رفات الموتى والأشياء والمواقع ذات الطابع الأثري أو التاريخي

يخطر المتعاقد الأمين العام كتابة على الفور بأي رفات أموات يعثر عليه في قطاع الاستكشاف يكون ذا طابع أثري أو تاريخي أو بأي شيء أو موقع يكون له طابع مماثل وبمكان وجوده، بما في ذلك ما اتخذ من تدابير لصيانته وحمايته. ويحيل الأمين العام هذه المعلومات إلى المدير العام لمنظمة الأمم المتحدة للتربية والعلم والثقافة وإلى أي منظمة دولية مختصة أخرى. وبعد العثور على أي رفات أموات أو على أي شيء أو موقع في قطاع الاستكشاف، وتجنبا للمس بذلك الرفات أو الشيء أو الموقع، لا يتم الاضطلاع بأي أعمال تنقيب أو استكشاف أخرى، في نطاق دائري معقول، إلى أن يقرر المجلس خلاف ذلك بعد أخذ آراء المدير العام لمنظمة الأمم المتحدة للتربية والعلم والثقافة أو أي منظمة دولية مختصة أخرى في الاعتبار.

الجزء السادس
السرية

المادة 38
سرية البيانات والمعلومات

1 - تعتبر سرية أي بيانات ومعلومات ذات قيمة تجارية تقدم أو تنقل إلى السلطة أو أي شخص يشارك في أي نشاط أو برنامج للسلطة عملا بهذا النظام أو بعقد صادر بموجب هذا النظام ويحددها المتعاقد، بالتشاور مع الأمين العام، على أنها سرية، ما لم تكن بيانات ومعلومات:

(أ) معروفة عموما أو متاحة للعموم من مصادر أخرى؛

(ب) أو سبق لمالكها أن أتاحها للآخرين دون التزام بشأن سريتها؛

(ج) أو موجودة أصلا في حوزة السلطة دون التزام بشأن سريتها.

البيانات والمعلومات اللازمة للسلطة من أجل صياغة القواعد والأنظمة والإجراءات المتعلقة بحماية وحفظ البيئة البحرية وسلامتها، غير بيانات تصميم ا المعدات المشمولة بحقوق الملكية، لا تعتبر بيانات ومعلومات سرية.

2 - لا يجوز استخدام البيانات والمعلومات السرية إلا للأمين العام وموظفي الأمانة العامة، على النحو الذي يأذن به الأمين العام وأعضاء اللجنة القانونية والتقنية، وبما يكون ضروريا وهاما لممارستهم لسلطاتهم ووظائفهم بفعالية. ولا يأذن الأمين العام بالوصول إلى هذه البيانات والمعلومات إلا للاستخدام المحدود فيما يتعلق بوظائف وواجبات موظفي الأمانة العامة واللجنة القانونية والتقنية.

3 - يقوم الأمين العام والمتعاقد باستعراض البيانات والمعلومات السرية، بعد عشر سنوات من تاريخ تقديمها للسلطة أو انقضاء عقد الاستكشاف، أيهما جاء لاحقا، وكل خمس سنوات بعد ذلك، وذلك لتحديد ما إذا كان ينبغي أن تظل سرية. وتظل هذه البيانات والمعلومات سرية إذا أثبت المتعاقد أنها إذا أفشيت فسيؤدي هذا إلى خطر جسيم يلحق به ضررا اقتصاديا فادحا وجائرا. ولا تُفشى هذه البيانات والمعلومات إلا بعد أن تتاح للمتعاقد فرصة معقولة لاستنفاد سبل الانتصاف القضائية المتاحة له عملا بالبند 5 من الجزء الحادي عشر من الاتفاقية.

4 - إذا أبرم المتعاقد، في أي فترة بعد انقضاء مدة عقد التنقيب، عقدا لاستغلال أي جزء من منطقة التنقيب تظل البيانات والمعلومات السرية المتصلة بذلك الجزء من المنطقة سرية وفقا لعقد التنقيب.

5 - يجوز للمتعاقد أن يتنازل في أي وقت عن سرية البيانات والمعلومات.

المادة 39
إجراءات ضمان السرية

1 - يكون الأمين العام مسؤولا عن الحفاظ على سرية جميع البيانات والمعلومات السرية، ولا يكشف عنها لأي شخص خارج السلطة إلا بموافقة كتابية مسبقة من المتعاقد. ولضمان سرية تلك البيانات والمعلومات، يقرر الأمين العام إجراءات تتسق مع أحكام الاتفاقية، وتنظم مناولة المعلومات السرية من جانب موظفي الأمانة العامة وأعضاء اللجنة القانونية والتقنية وأي شخص آخر يشارك في أي نشاط أو برنامج تنفذه السلطة. وتشمل تلك الإجراءات:

(أ) الاحتفاظ بالبيانات والمعلومات السرية في أماكن آمنة واتخاذ تدابير أمنية للحيلولة دون الوصول إلى تلك البيانات والمعلومات أو نقلها بدون إذن؛

(ب) وضع نظام لتصنيف وتدوين وجرد ما يرد من بيانات ومعلومات مكتوبة بما في ذلك نوعها ومصدرها ومسارها من وقت استلامها لحين التصرف فيها بشكل نهائي.

2 - لا يجوز للشخص المأذون له، بموجب هذا النظام، بالاطلاع على البيانات والمعلومات السرية أن يكشف عنها إلا بما تسمح به الاتفاقية وهذا النظام. ويفرض الأمين العام على أي شخص يُؤذن له بالاطلاع على البيانات والمعلومات السرية الإدلاء بتصريح مكتوب، بحضور الأمين العام أو ممثله المأذون له، يفيد أن الشخص المأذون له:

(أ) يقر أنه ملزم قانونا بموجب هذه الاتفاقية وهذا النظام بعدم الكشف عن البيانات والمعلومات السرية؛

(ب) يوافق على الامتثال للأنظمة والإجراءات السارية لضمان سرية تلك البيانات والمعلومات.

3 - تحمي اللجنة القانونية والتقنية سرية البيانات والمعلومات السرية المقدمة إليها عملا بهذا النظام أو عقد مبرم بموجب هذا النظام، ولا يفشي أعضاء اللجنة، وفقا لأحكام الفقرة 8 من المادة 163 من الاتفاقية أي أسرار صناعية أو معلومات متملكة أحيلت إلى السلطة وفقا

للمـادة 14 مـن المرفق الثالـث للاتفاقيـة أو أي معلومـات سرية أخرى علموا بهـا بحكم اضطلاعهم بواجباتهم مع السلطة، وذلك حتى بعد انتهاء مهامهم.

4 - لا يفشي الأمين العام أو موظفو السلطة، حتى بعد انتهاء مهامهم لدى السلطة، أي أسرار صناعية أو بيانات متملكة تحال إلى السلطة، وفقا للمـادة 14 مـن المرفق الثالث للاتفاقية، أو أي معلومات سرية أخرى علموا بها بحكم عملهم مع السلطة.

5 - يجوز للسلطة، مع مراعـاة مسؤوليتها والتزامها بموجب المادة 22 من المرفق الثالث للاتفاقيـة، أن تتخـذ مـا تـراه مناسبا مـن إجـراءات ضـد أي شخص أطلع علـى أي بيانـات أو معلومات سرية، بحكم ما يضطلع به من واجبات مع السلطة، وأخل بالالتزامات المتصلة بالسرية، المنصوص عليها في الاتفاقية وهذا النظام.

الجزء السابع
الإجراءات العامة

المادة 40
الإخطار والإجراءات العامة

1 - يقدم الأمين العام أو الممثل المعين للمنقّب أو لمقدم الطلب أو للمتعاقد، حسب الحالـة، كتابيـا أي طلب أو التمـاس أو إخطار أو تقرير أو قبـول أو موافقـة أو تنـازل أو توجيهات أو تعليمات مقدمة بموجب هـذا النظام. ويكون التبليغ باليد أو التلكس أو الفاكس أو البريد المسجل أو بالبريد الإلكتروني المتضمن لتوقيع إلكتروني معتمد إلى الأمين العام في مقر السلطة أو إلى الممثل المعين.

2 - يصبح التبليغ باليد نافذا عند القيام به. ويعتبر التبليغ بالتلكس نافذا في يوم العمل التالي لليوم الذي تظهر فيه عبارة الرد "answer back" على آلة التلكس لدى المرسل. ويصبح التبليغ بالفاكس نافذا عندما يستقبل المرسل التقرير المؤكد للإرسال "transmit confirmation report" الذي يؤكد الإرسال إلى رقم الفاكس المطبوع الخاص بالمرسل إليه. ويعتبر التبليغ بالبريد الجوي المسجل نافذا بانقضاء 21 يوما على الإرسال. ويفترض استلام المرسل إليه للوثيقة الإلكترونية إذا دخلت نظام معلومات يخصصه المرسل إليه أو يستعمله لغرض استلام وثائق من النوع المرسل وكانت قابلة ليسترجعها المرسل إليه ويجهزها.

3 - يشكل الإخطار المرسل إلى الممثل المعين للمنقّب أو لمقدم الطلب أو للمتعاقد إخطارا فعليا للمنقّب أو مقدم الطلب أو المتعاقد، لكل الأغراض بموجب هذا النظام، ويكون الممثل

المعين وكيلا للمنقّب أو مقدم الطلب أو المتعاقد في تبليغ الإجراء أو الإخطار في أي إجراءات قانونية لأي محكمة مختصة.

4 - يشكل الإخطار المرسل إلى الأمين العام إخطارا فعليا للسلطة لكل الأغراض بموجب هذا النظام، ويكون الأمين العام وكيلا للسلطة، في تبليغ الإجراء أو الإخطار في أي إجراءات قانونية لأي محكمة مختصة.

المادة 41
التوصيات المقدمة لإرشاد المتعاقدين

1 - للجنة القانونية والتقنية أن تصدر من حين لآخر توصيات ذات طابع تقني أو إداري لإرشاد المتعاقدين بقصد مساعدتهم في تنفيذ قواعد السلطة وأنظمتها وإجراءاتها.

2 - يبلغ النص الكامل لهذه التوصيات إلى المجلس. وإذا وجد المجلس أن إحدى التوصيات تتنافى مع مقصد هذا النظام وهدفه، كان له أن يطلب تعديل هذه التوصية أو سحبها.

الجزء الثامن
تسوية المنازعات

المادة 42
المنازعات

1 - المنازعات المتعلقة بتفسير هذا النظام أو تطبيقه تسوى وفقا للفرع 5 من الجزء الحادي عشر من الاتفاقية.

2 - يكون أي قرار نهائي صادر عن محكمة لها بموجب الاتفاقية ولاية متصلة بحقوق وواجبات السلطة والمتعاقد واجب الإنفاذ في إقليم كل دولة طرف في الاتفاقية.

الجزء التاسع
الموارد عدا الكبريتيدات المتعددة الفلزات

المادة 43
الموارد عدا الكبريتيدات المتعددة الفلزات

إذا عثر منقّب أو متعاقد على موارد في المنطقة عدا الكبريتيدات المتعددة الفلزات، كان التنقيب عن هذه الموارد واستكشافها واستغلالها خاضعا لقواعد السلطة وأنظمتها وإجراءاتها المتصلة بهذه الموارد وفقا للاتفاقية والاتفاق. ويبلغ المنقب أو المتعاقد السلطة بما عثر عليه.

الجزء العاشر
الاستعراض

المادة 44
الاستعراض

1 - بعض مضي خمسة أعوام على إقرار الجمعية لهذا النظام أو في أي وقت بعد ذلك، يضطلع المجلس باستعراض للطريقة التي طُبق بها النظام عمليا.

2 - يجوز لأي دولة طرف أو للجنة القانونية والتقنية أو لأي متعاقد من خلال الدولة المزكية له توجيه طلب إلى المجلس في أي وقت لينظر، في دورته العادية القادمة، في إدخال تنقيحات على هذا النظام، إذا اتضح، في ضوء تحسن المعارف أو التكنولوجيا، أن النظام غير موات.

3 - وفي ضوء هذا الاستعراض، يجور للمجلس أن يعتمد تعديلات لأحكام هذا النظام ويطبقها مؤقتا، ريثما توافق الجمعية عليها، ويراعي في ذلك توصيات اللجنة القانونية والتقنية أو أي جهاز فرعي آخر معني. ويتم إدخال أي تعديلات دون المساس بالحقوق الممنوحة لأي متعاقد مع السلطة بموجب أحكام عقد أُبرم عملاً بهذا النظام الساري وقت إجراء أي من هذه التعديلات.

4 - وفي حال تعديل أي من أحكام هذا النظام، يجوز للمتعاقد والسلطة أن ينقحا العقد وفقاً للمادة 24 من المرفق 4.

المرفق 1

الإخطار بالعزم على التنقيب

1 - اسم المنَقّب:

2 - العنوان الكامل للمُنَقّب:

3 - العنوان البريدي (إذا كان مختلفا عن العنوان أعلاه):

4 - رقم الهاتف:

5 - رقم الفاكسميلي:

6 - عنوان البريد الإلكتروني:

7 - جنسية المنَقّب:

8 - إذا كان المنقّب شخصا اعتباريا، يحدد ما يلي:

(أ) مكان التسجيل؛

(ب) ومكان العمل/السكن.

مع إرفاق نسخة من شهادة تسجيل المنقّب.

9 - اسم ممثل المنقّب المعين:

10 - العنوان الكامل لممثل المنقّب المعين (إذا كان مختلفا عن العنوان أعلاه):

11 - العنوان البريدي (إذا كان مختلفا عن العنوان أعلاه):

12 - رقم الهاتف:

13 - رقم الفاكسميلي:

14 - عنوان البريد الإلكتروني:

15 - ترفق إحداثيات القطاع العريض أو القطاعات التي سيجري التنقيب فيها (وفقا للنظام الجيوديسي العالمي WGS 84).

16 - يرفق وصف عام لبرنامج التنقيب يشمل موعد بدء البرنامج ومدته التقريبية.

17 - يرفق تعهد كتابي بأن المنقّب سيقوم بما يلي:

(أ) الامتثال للاتفاقية ولما يتصل بالموضوع من قواعد السلطة وأنظمتها وإجراءاتها فيما يتعلق بما يلي:

'1' التعاون في برامج التدريب المتصلة بالبحث العلمي البحري ونقل التكنولوجيا على النحو المشار إليه في المادتين 143 و 144 من الاتفاقية؛

'2' حماية وحفظ البيئة البحرية؛ و

(ب) قبول تحقق السلطة من الامتثال لذلك.

18 - تُدرج أدناه جميع ملاحق ومرفقات هذا الإخطار (ينبغي تقديم جميع البيانات والمعلومات في شكل رقمي مطبوع تحدده السلطة):

التاريخ: ______ ____________

توقيع ممثل المنَقّب المعين

تصديق:

______

توقيع الشخص المصَدق

______

اسم الشخص المصَدق

______

لقب الشخص المصَدق

المرفق 2

طلب الموافقة على خطة عمل للاستكشاف، بغرض الحصول على عقد

البند الأول
معلومات تتعلق بمقدم الطلب

1 - اسم مقدم الطلب:

2 - العنوان الكامل لمقدم الطلب:

3 - العنوان البريدي (إذا كان مختلفا عن العنوان أعلاه):

4 - رقم الهاتف:

5 - رقم الفاكسميلي:

6 - عنوان البريد الإلكتروني:

7 - اسم ممثل مقدم الطلب المعين:

8 - العنوان الكامل لممثل مقدم الطلب المعين (إذا كان مختلفا عن العنوان أعلاه):

9 - العنوان البريدي (إذا كان مختلفا عن العنوان أعلاه):

10 - رقم الهاتف:

11 - رقم الفاكسميلي:

12 - عنوان البريد الإلكتروني:

13 - إذا كان مقدم الطلب شخصا اعتباريا، يحدد ما يلي:

(أ)   مكان التسجيل؛

(ب)   ومكان العمل الرئيسي/السكن

مع إرفاق نسخة من شهادة تسجيل مقدم الطلب.

14 - تحدد الدولة أو الدول المزكية.

15 - بالنسبة لكل دولة مزكية، يبين تاريخ إيداع صك تصديق الدولة المزكية على اتفاقية الأمم المتحدة لقانون البحار لعام 1982 أو انضمامها إليها أو خلافتها فيها، وتاريخ قبولها

الامتثال للاتفاق المتصل بتنفيذ الجزء الحادي عشر من اتفاقية الأمم المتحدة لقانون البحار المؤرخة 10 كانون الأول/ديسمبر 1982.

16 - يتعين أن ترفق بهذا الطلب شهادة تزكية صادرة عن الدولة المزكية. وإذا كان لمقدم الطلب أكثر من جنسية واحدة، كما في حالة الشراكة أو الاتحاد اللذين يضمان كيانات من أكثر من دولة واحدة، يتعين أن ترفق بالطلب شهادة تزكية صادرة عن كل دولة من الدول المعنية.

البند الثاني

معلومات تتصل بالقطاع المشمول بالطلب

17 - تعين حدود القطع المشمولة بالطلب عن طريق إرفاق خريطة (بمقياس وإسقاط تحددهما السلطة)، وقائمة بالإحداثيات الجغرافية (وفقا للنظام الجيوديسي العالمي WGS 84).

18 - يشار إلى ما إذا كان مقدم الطلب اختار المساهمة بقطاع محجوز وفقا للمادة 17 أو عرض المشاركة بحصة في رأس المال في إطار ترتيب يتعلق بمشروع مشترك وفقا للمادة 19.

19 - إذا اختار مقدم الطلب المساهمة بقطاع محجوز:

(أ) ترفق خريطة (بمقياس وإسقاط تحددهما السلطة) وقائمة بالإحداثيات تقسم القطاع الإجمالي إلى جزأين متساويين من حيث القيمة التجارية المقدرة؛ و

(ب) ترفق في ملحق معلومات كافية تمكن المجلس من تعيين قطاع محجوز استنادا إلى القيمة التجارية المقدرة لكل جزء من جزأي القطاع المشمول بالطلب. ويتضمن هذا الملحق البيانات المتوفرة لمقدم الطلب بالنسبة لجزأي القطاع المشمول بالطلب، بما في ذلك ما يلي:

'1' بيانات عن موقع ومسح وتقييم الكبريتيدات المتعددة الفلزات في القطاعين، بما في ذلك ما يلي:

(أ) وصف للتكنولوجيا المتعلقة باستخراج وتجهيز الكبريتيدات المتعددة الفلزات، واللازمة لتعيين قطاع محجوز؛

(ب) خريطة للخصائص الفيزيائية والجيولوجية، مثل طبوغرافيا قاع البحر والقياسات العميقة وتيارات الأعماق ومعلومات عن مدى موثوقية تلك البيانات؛

(ج) خريطة تظهر البيانات المستقاة عن طريق الاستشعار من بعد (من قبيل المسوح الكهرمغنطيسية) وغيرها من البيانات المستقاة من المسوح المستخدمة لتحديد الامتداد الجانبي لكل كتلة من كتل الكبريتيدات المتعددة الفلزات؛

(د)   بيانات تستقى من العينات الجوفية التي يتم الحصول عليها بواسطة الحفر وغيرها من البيانات المستخدمة لتحديد البعد الثالث للرواسب وبالتالي تحديد درجة وطنية كتل الكبريتيدات المتعددة الفلزات؛

(هـ)   بيانات تظهر توزيع مواقع الكبريتيدات المتعددة الفلزات النشطة وغير النشطة والوقت الذي انتهى فيه النشاط في المواقع غير النشطة والذي بوشر فيه النشاط في المواقع النشطة؛

(و)   بيانات تظهر السعة الطنية المتوسطة (بالأطنان المترية) لكل كتلة من الكبريتيدات المتعددة الفلزات تتضمن موقع التعدين وخريطة مشفوعة بها للمقادير بالأطنان تبين أماكن وجود مواقع أخذ العينات؛

(ز)   بيانات تظهر متوسط المحتوى العنصري للمعادن ذات الأهمية الاقتصادية (الدرجة) محسوبا استنادا إلى تحليل كيميائي ومعبرا عنه في صورة نسبة مئوية من الوزن (الجاف) وخريطة مشفوعة تبين الدرجة بين كتل الكبريتيدات المتعددة الفلزات وضمنها؛

(ح)   خرائط مجمعة لطنية ودرجة الكبريتيدات المتعددة الفلزات؛

(ط)   حساب مستند إلى الإجراءات النموذجية، بما في ذلك تحليل إحصائي، مع استخدام البيانات المقدمة والافتراضات المعتمدة في الحسابات، تفيد بتوقع احتواء القطاعين على كبريتيدات متعددة الفلزات ذات قيمة تجارية تقديرية متكافئة معبر عنها بدلالة المعادن الممكن استخراجها من المناطق القابلة للتعدين؛

(ي)   وصف للتقنيات التي يستخدمها مقدم الطلب؛

’2‘   معلومات تتعلق بالبارامترات البيئية (الموسمية وأثناء فترة الاختبار) تتضمن أمورا من بينها سرعة الرياح واتجاهاتها، وارتفاع الأمواج ومدتها واتجاهها، وسرعة التيارات واتجاهاتها، ودرجة ملوحة المياه، ودرجة الحرارة، والتجمعات البيولوجية.

20 – إذا كان القطاع المشمول بالطلب يحتوي على أي جزء من قطاع محجوز، ترفق قائمة بإحداثيات القطاع الذي يشكل جزءا من القطاع المحجوز وتبين مؤهلات مقدم الطلب وفقا للمادة 18 من النظام.

البند الثالث

معلومات مالية وتقنية

21 - ترفق معلومات كافية لتمكين المجلس من تحديد ما إذا كان مقدم الطلب قادرا ماليا على الاضطلاع بخطة العمل المقترحة وعلى الوفاء بالتزاماته المالية تجاه السلطة.

(أ) إذا كان الطلب مقدما من المؤسسة، ترفق شهادة من سلطتها المختصة بأن لدى المؤسسة الموارد المالية اللازمة لتغطية التكاليف التقديرية لخطة العمل المقترحة للاستكشاف؛

(ب) وإذا كان الطلب مقدما من دولة أو مؤسسة حكومية، يرفق بيان من هذه الدولة أو من الدولة المزكية يشهد على أن لدى مقدم الطلب الموارد المالية اللازمة لتغطية التكاليف التقديرية لخطة العمل المقترحة للاستكشاف؛

(ج) وإذا كان الطلب مقدما من كيان، ترفق نسخ من البيانات المالية المراجعة لمقدم الطلب، بما فيها الميزانية العمومية وبيانات الأرباح والخسائر للسنوات الثلاث الأخيرة، وتكون هذه ممتثلة لمبادئ المحاسبة المقبولة دوليا ومصدقا عليها من مكتب محاسبة قانونية مؤهل حسب الأصول؛

'1' وإذا كان مقدم الطلب كيانا نُظم حديثا وليس لديه ميزانية مراجعة، تقدم ميزانية تقديرية مصدق عليها من مسؤول مختص لدى مقدم الطلب؛

'2' وإذا كان مقدم الطلب هيئة فرعية تابعة لكيان آخر، تقدم نسخ من البيانات المالية لذلك الكيان، وبيان من الكيان ممتثل للممارسات المحاسبية المقبولة دوليا ومصدق عليه من قبل مكتب محاسبة قانونية مؤهل حسب الأصول يفيد بأن مقدم الطلب ستكون لديه الموارد المالية اللازمة لتنفيذ خطة العمل المتعلقة بالاستكشاف؛

'3' وإذا كان مقدم الطلب خاضعا لسيطرة دولة أو مؤسسة حكومية، يقدم بيان من الدولة أو المؤسسة الحكومية يشهد على أن مقدم الطلب ستكون لديه الموارد المالية اللازمة لتنفيذ خطة العمل.

22 - إذا كان المقصود هو تمويل خطة عمل الاستكشاف المقترحة عن طريق القروض، يرفق بيان بمقدار هذه القروض وفترة السداد وسعر الفائدة.

23 - ترفق معلومات كافية تمكن المجلس من تحديد ما إذا كان مقدم الطلب قادرا من الناحية التقنية على تنفيذ خطة عمل الاستكشاف المقترحة، بما في ذلك:

(أ)   وصف عـام لخبرة مقـدم الطلب السـابقة ومعرفتـه ومهاراتـه ومؤهلاتـه التقنيـة ودرايته الفنية فيما يتصل بخطة العمل المقترحة للاستكشاف؛

(ب)   ووصف عـام للمعدات والطرق التـي مـن المتوقع أن تستعمل في تنفيـذ خطة العمل المقترحة للاستكشاف وغير ذلك من المعلومات المناسبة، غير المحمية بقوانين الملكية، عن خصائص هذه التكنولوجيا؛

(ج)   ووصف عام لقدرة مقدم الطلب المالية والتقنية على الاستجابة إزاء أي حادث أو نشاط يلحق ضررا جسيما بالبيئة البحرية.

البند الرابع
خطة عمل الاستكشاف

24 –   ترفق المعلومات التالية المتصلة بخطة عمل الاستكشاف:

(أ)   وصف عـام لبرنامج الاستكشاف المقترح وجدول زمني لإنجازه، بما فيه برنامج الأنشطة لفتـرة الخمس سنوات التالية مباشرة مـن قبيـل الدراسات المقرر إجراؤها حول العوامـل البيئيـة والتقنيـة والاقتصادية وغيرها مـن العوامـل الملائمـة التـي يجـب أخـذها في الاعتبـار عنـد الاستكشاف؛

(ب)   وصف لبرنامج دراسات خط الأساس الأوقيانوغرافية والبيئية وفقا لهذا النظام وأي قواعد وأنظمة وإجراءات بيئية تضعها السلطة للتمكين من إجراء تقييم للتأثير البيئي الذي يحتمل أن ينشـأ عـن أنشطة الاستكشاف المقترحة، بما في ذلك على سبيل المثال لا الحصر التأثير على التنوع البيولوجي، مع مراعاة أي توصيات تصدرها اللجنة القانونية والتقنية؛

(ج)   تقييم أولي للأثر المحتمل لأنشطة الاستكشاف المقترحة على البيئة البحرية؛

(د)   وصف للتـدابير المقترحـة مـن أجـل منع وتخفيـف وضبط التلوث والأخطار الأخرى فضلا عن الآثار التي يمكن أن تتعرض لها البيئة البحرية؛

(هـ)   جـدول بالنفقـات السنوية المتوقعـة فيمـا يتعلق ببرنامج العمل لفتـرة الخمس سنوات التالية مباشرة.

البند الخامس
التعهدات

25 –   يرفق تعهد كتابي بأن مقدم الطلب سيقوم بما يلي:

(أ) يقبل تنفيذ ما ينطبق من التزامات ناشئة عن أحكام الاتفاقية وقواعد السلطة وأنظمتها وإجراءاتها وقرارات أجهزة السلطة ذات الصلة وأحكام عقوده مع السلطة، والامتثال لها؛

(ب) يقبل رقابة السلطة على الأنشطة في المنطقة، على النحو الذي تأذن به الاتفاقية؛

(ج) يزود السلطة بتأكيد خطي يتعهد فيه بأن يفي بحسن نية بالتزاماته المقررة بموجب العقد.

البند السادس

العقود السابقة

26 - هل سبق أن مُنح أي عقد مع السلطة لمقدم الطلب، أو مُنح، في حالة تقديم الطلب من قبل شراكة كيانات أو اتحاد كيانات داخل في ترتيب مشترك، عقد مع السلطة لأي عضو من أعضاء شراكة أو اتحاد أي منتسب لكيان من هذا القبيل؟

27 - إذا كان الجواب على الفقرة 27 هو "نعم"، يشمل الطلب ما يلي:

(أ) تاريخ العقد السابق أو العقود السابقة؛

(ب) تواريخ وأرقام إحالة وعناوين التقارير المقدمة إلى السلطة فيما يتصل بالعقد أو بالعقود؛

(ج) تاريخ إنهاء العقد أو العقود، عند الانطباق.

البند السابع

الملاحق

28 - ترفق بهذا الطلب قائمة بجميع الملاحق والمرفقات (وينبغي تقديم جميع البيانات والمعلومات في شكل مطبوع وفي شكل رقمي تحدده السلطة):

التاريخ: ______ ___________

توقيع ممثل مقدم الطلب المعين

تصديق:

_____

توقيع الشخص المصَدق

_____

اسم الشخص المصَدق

_____

لقب الشخص المصَدق

المرفق 3

عقد استكشاف

هـذا العقـد المحرر في اليوم   من   الموافـق   بين السلطة الدوليـة لقـاع البحـار ممثلـة بأمينهـا العـام (المشار إليهـا أدنـاه بـ ''السلطـة'') و   ممـثلا بـ   (المشار إليه أدناه بـ ''المتعاقد'') ينص على ما يلي:

إدراج الشروط

ألف – تـدرج في هـذا العقـد الشروط القياسيـة الـواردة في المرفـق 4 لنظام التنقيـب عـن الكبريتيدات المتعـددة الفلزات في المنطقـة واستكشافها ويجري العمل بهـا كمـا لو كانت واردة بكاملها في هذه الوثيقة.

قطاع الاستكشاف

باء – لأغراض هـذا العقـد يعني ''قطاع الاستكشـاف'' الجزء من المنطقـة المخصص للمتعاقد لأغراض الاستكشاف، والذي تحدده الإحداثيات الـواردة في الجدول 1 من هذا العقـد والذي يجري خفضه من حين لآخر وفقا للشروط القياسية وللنظام.

منح الحقوق

جيم – اعتبارا لما يلي:

(1)   المصلحة المشتركة للسلطة والمتعاقد في الاضطلاع بأنشطة الاستكشاف بقطاع الاستكشاف عملا بالاتفاقية والاتفاق؛

(2)   مسؤولية السلطة عـن تنظيم ومراقبة الأنشطـة في المنطقـة، وخاصـة بهـدف إدارة موارد المنطقة، وفقا للنظام القانوني المحدد في الجزء الحادي عشر من الاتفاقية والجزء الثاني عشر من الاتفاق على التوالي؛

(3)   مصلحة المتعاقد والتزامه المالي في الاضطلاع بالأنشطة في قطاع الاستكشاف والتعهـدات المتبادلـة في هذا العقـد؛ تمنح السلطة المتعاقد بموجب هذا العقد الحـق الخـالص لاستكشاف الكبريتيدات المتعـددة الفلزات في قطاع الاستكشاف وفقا لأحكام وشروط هذا العقد.

بدء سريان العقد ومدته

دال – رهنا بالشروط القياسية، يبدأ سريان هذا العقد بعد توقيع الطرفين عليه ويظل ساريا لمدة خمسة عشر عاما بعد ذلك إلا في الحالتين التاليتين:

(1)   إذا حصل المتعاقد على عقد استكشاف في قطاع الاستكشاف يبدأ سريانه قبل انقضاء مدة الخمسة عشر عاما المذكورة؛ أو

(2)   إذا تم إنهاء العقد قبل انقضاء تلك المدة؛ بشرط جواز تمديد فترة العقد وفقا للشرطين القياسيين 3-2 و 17-2.

الجداول

هاء – الجداول المشار إليها في الشروط القياسية، أي البند 4 والبند 8، هي لأغراض هذا العقد الجدولان 2 و 3 على التوالي.

الاتفاق الكامل

واو – يعبر هذا العقد عن كل ما اتفق عليه الطرفان، ولا يجوز تعديل أحكامه نتيجة لأي تفاهم شفوي أو صك سابق.

وإثباتا لما تقدم، قام الممثلان الموقعان أدناه المفوضان حسب الأصول، كل من قبل الطرف الذي يمثله، بتوقيع هذا العقد في هذا اليوم   الموافق   .

الجدول 1

[الإحداثيات والخرائط التوضيحية لقطاع الاستكشاف]

الجدول 2

[برنامج أنشطة الخمس سنوات الحالية بصيغته المنقحة من وقت لآخر]

الجدول 3

[يصبح برنامج التدريب جدولا من العقد بعد موافقة السلطة عليه وفقا للبند 8 من الشروط القياسية.]

المرفق 4

الشروط القياسية لعقد الاستكشاف

البند 1

تعاريف

1-1 في الشروط التالية:

(أ) يعني مصطلح ”قطاع الاستكشاف“ جزء المنطقة المخصص للمتعاقد لأغراض الاستكشاف، الوارد وصفه في الجدول 1 لهذا العقد، والذي يجوز الحد منه من حين لآخر وفقا لهذا العقد وللأنظمة؛

(ب) يعني مصطلح ”برنامج الأنشطة“ برنامج الأنشطة المحدد في الجدول 2 لهذا العقد والذي يجوز تعديله من حين لآخر وفقا للبند 4-3 والبند 4-4 من هذا العقد؛

(ج) يعني مصطلح ”النظام“ الأنظمة التي تعتمدها السلطة بشأن التنقيب عن الكبريتيدات المتعددة الفلزات واستكشافها في المنطقة؛

2-1 تحمل المصطلحات والعبارات الوارد تعريفها في النظام نفس المعنى الذي تحمله في هذه الشروط القياسية.

3-1 وفقا لاتفاق تنفيذ الجزء الحادي عشر من اتفاقية الأمم المتحدة لقانون البحار المؤرخة 10 كانون الأول/ديسمبر 1982، تفسر أحكامه والجزء الحادي عشر من الاتفاقية وتطبق معا بوصفها صكا واحدا؛ ويفسر ويطبق هذا العقد وما يرد فيه من إشارات إلى الاتفاقية وفقا لذلك.

4-1 يشمل هذا العقد جداول العقد التي تشكل جزءا لا يتجزأ منه.

البند 2

ضمان الحيازة

1-2 يكون للمتعاقد ضمان الحيازة ولا يعلق هذا العقد أو ينهى أو ينقح إلا وفقا للبنود 20 و 21 و 24 منه.

2-2 يكون للمتعاقد دون غيره الحق في استكشاف الكبريتيدات المتعددة الفلزات في قطاع الاستكشاف وفقا لأحكام هذا العقد وشروطه. وتكفل السلطة ألا يقوم أي كيان آخر

بعمليات في القطاع لاستكشاف فئة أخرى من الموارد بطريقة تتعارض على نحو غير معقول مع العمليات التي يقوم بها المتعاقد.

3-2 يحق للمتعاقد في أي وقت أن يتنازل، بموجب إشعار يقدمه للسلطة، ودونما جزاء، عن كامل حقوقه في قطاع الاستكشاف أو جزء منها، شريطة أن يظل المتعاقد مسؤولا عن جميع الالتزامات الناشئة قبل تاريخ التنازل فيما يتعلق بالقطاع المتنازل عنه.

4-2 ليس في هذا العقد ما يُعتبر مانحا للمتعاقد أي حق غير الحقوق الممنوحة صراحة فيه. وتحتفظ السلطة بحق التعاقد بشأن موارد غير الكبريتيدات المتعددة الفلزات مع أطراف ثالثة في القطاع المشمول بهذا العقد.

البند 3

مدة العقد

1-3 يبدأ سريان هذا العقد بعد توقيع كل من الطرفين عليه، ويظل ساريا لمدة خمسة عشر عاما بعد ذلك ما لم:

(أ) يحصل المتعاقد على عقد استكشاف في قطاع الاستكشاف يبدأ سريانه قبل انقضاء مدة الخمسة عشر عاما المذكورة؛ أو

(ب) يتم إنهاء العقد قبل انقضاء تلك المدة،

بشرط جواز تمديد مدة العقد وفقا للبندين 3-2 و 17-2 أدناه.

2-3 يجوز، بناء على طلب يقدمه المتعاقد في موعد أقصاه ستة أشهر قبل انقضاء هذا العقد، تمديد هذا العقد لفترات لا يتجاوز أي منها خمس سنوات بالأحكام والشروط التي يتفق عليها عندئذ بين السلطة والمتعاقد وفقا للأنظمة. وتتم الموافقة على هذه التمديدات إذا كان المتعاقد قد بذل جهودا مخلصة للامتثال لمقتضيات هذا العقد ولكنه لم يستطع لأسباب خارجة عن إرادته إتمام الأعمال التحضيرية اللازمة للانتقال إلى مرحلة الاستغلال أو إذا لم تبرر الظروف الاقتصادية السائدة الانتقال إلى مرحلة الاستغلال.

3-3 بالرغم من انتهاء هذا العقد وفقا للبند 3-1 منه، فإذا طلب المتعاقد عقد استكشاف، قبل 90 يوما على الأقل من تاريخ انتهاء العقد، فإن حقوق المتعاقد والتزاماته بموجب هذا العقد تستمر إلى أن ينظر في الطلب ويتم إصدار عقد الاستكشاف أو رفضه.

البند 4
الاستكشاف

1-4 يشرع المتعاقد في الاستكشاف وفقا للجدول الزمني المنصوص عليه في برنامج الأنشطة الوارد في الجدول 2 طيا ويتقيد بالفترات الزمنية أو أي تعديل يدخل عليها على النحو الذي ينص عليه هذا العقد.

2-4 يقوم المتعاقد،، بتنفيذ برنامج الأنشطة المنصوص عليه في الجدول 2طيا. وعليه عند القيام بهذا العمل أن ينفق في كل سنة من سنوات العقد مبلغا لا يقل عن المبلغ المحدد في هذا البرنامج أو في أي استعراض له يتفق عليه، في نفقات فعلية ومباشرة تتعلق بالاستكشاف.

3-4 يجوز للمتعاقد، بموافقة من السلطة لا يجوز حجبها إلا لسبب معقول، أن يدخل من وقت لآخر على برنامج الأنشطة وعلى النفقات المحددة فيه التغييرات التي قد يكون من الضروري ومن الحكمة إدخالها وفقا للممارسات الحميدة في صناعة التعدين، ومع مراعاة ظروف السوق المتعلقة بالمعادن التي تحتوي عليها الكبريتيدات المتعددة الفلزات والظروف الاقتصادية العالمية ذات الصلة الأخرى.

4-4 على المتعاقد والأمين العام أن يقوما، في موعد لا يتجاوز 90 يوما قبل انقضاء كل فترة مدتها خمس سنوات من تاريخ بدء سريان هذا العقد وفقا للبند 3 منه، بإجراء استعراض مشترك لتنفيذ خطة عمل الاستكشاف بموجب هذا العقد. ويجوز للأمين العام أن يطلب من المتعاقد أن يقدم أي بيانات ومعلومات إضافية حسب الاقتضاء لأغراض الاستعراض. وفي ضوء الاستعراض، يجري المتعاقد ما يلزم من تعديلات في خطة عمله ويبين برنامج أنشطته للسنوات الخمس التالية، بما في ذلك جدول منقح للنفقات السنوية المتوقعة مع أية تعديلات لازمة لبرنامج أنشطته السابق. ويعدل الجدول 2 الوارد طيا وفقا لذلك.

البند 5
الرصد البيئي

1-5 يتخذ المتعاقد التدابير اللازمة لمنع التلوث وغيره من الأخطار التي تتعرض لها البيئة البحرية والناجمة عن الأنشطة المضطلع بها في المنطقة، والحد منها ومكافحتها بقدر ما يكون ذلك ممكنا بشكل معقول متبعا نهجا تحوطيا وأفضل الممارسات البيئية.

2-5 قبل بدء أنشطة الاستكشاف، يقدم المتعاقد إلى السلطة ما يلي:

(أ) تقييم الأثر بشأن الآثار المحتملة للأنشطة المقترحة على البيئة البحرية؛

(ب) ومقترح لبرنامج رصد من أجل تحديد الأثر المحتمل للأنشطة المقترحة على البيئة البحرية؛

(ج) وبيانات يمكن استخدامها لتحديد خط أساس بيئي لتقييم أثر الأنشطة المقترحة.

5-3 يقوم المتعاقد، وفقا للأنظمة، بجمع بيانات خط الأساس البيئي مع تقدم أنشطة الاستكشاف وتطورها ويضع خطوط أساس بيئية يُستند إليها في تقدير الآثار المحتملة لأنشطة المتعاقد على البيئة البحرية.

5-4 يقوم المتعاقد، وفقا للأنظمة، بوضع وتنفيذ برنامج لرصد هذه الآثار على البيئة البحرية والإبلاغ عنها ويتعاون المتعاقد مع السلطة في تنفيذ هذا الرصد.

5-5 يقدم المتعاقد إلى الأمين العام، في غضون 90 يوما من نهاية كل سنة تقويمية، تقريرا عن تنفيذ ونتائج برنامج الرصد المشار إليه في البند 5-4 من هذا العقد ويقدم البيانات والمعلومات وفقا للنظام.

البند 6
خطط الطوارئ وحالات الطوارئ

6-1 على المتعاقد قبل الشروع في برنامج أنشطته بموجب هذا العقد أن يقدم إلى الأمين العام، خطة طوارئ للتصدي بفعالية للحوادث التي تنشأ عن أنشطة المتعاقد في البحر في قطاع الاستكشاف ويرجح أن تتسبب في إلحاق ضرر جسيم بالبيئة البحرية أو يمكن أن تتسبب فيه. وتحدد خطة الطوارئ تلك إجراءات خاصة وتنص على توفير معدات كافية ومناسبة لمواجهة تلك الحوادث، وينبغي أن تتضمن بالخصوص ترتيبات من أجل:

(أ) القيام فورا بتوجيه إنذار عام في قطاع أنشطة الاستكشاف؛

(ب) القيام فورا بإخطار الأمين العام؛

(ج) إنذار السفن التي قد تكون على وشك الدخول إلى منطقة الطوارئ؛

(د) تدفق المعلومات الكاملة بصورة مستمرة إلى الأمين العام فيما يتصل بتفاصيل حالة الطوارئ والتدابير التي جرى اتخاذها والإجراءات الإضافية المطلوبة؛

(هـ) القيام حسب الاقتضاء بإزالة المواد الملوِّثة؛

(و) الحد من الضرر الجسيم الذي يلحق البيئة البحرية ومنع ذلك الضرر بالقدر الممكن بشكل معقول، فضلا عن التخفيف من آثاره؛

(ز) التعاون، حسب الاقتضاء، مع المتعاقدين الآخرين ومع السلطة من أجل مواجهة أي حالة طوارئ؛

(ح) إجراء تدريبات دورية على الاستجابة لحالات الطوارئ.

2-6 يقدم المتعاقد إلى الأمين العام فورا تقريرا عن أي حادث ينشأ عن أنشطته ويكون قد تسبب في إلحاق ضرر جسيم بالبيئة البحرية أو يتسبب فيه أو يمكن أن يتسبب فيه. ويجب أن يتضمن هذا التقرير تفاصيل هذا الحادث، بما في ذلك:

(أ) إحداثيات القطاع المتأثر أو الذي يمكن، بشكل معقول، توقع تأثره؛

(ب) وصف التدابير التي يتخذها المتعاقد لاتقاء الضرر الجسيم بالبيئة البحرية أو خطر إلحاق ضرر جسيم بها واحتوائه وتخفيفه إلى أقصى حد وإصلاحه؛

(ج) وصف التدابير التي يتخذها المتعاقد لرصد آثار الحادث على البيئة البحرية؛

(د) أية معلومات تكميلية معقولة قد يطلبها الأمين العام.

3-6 يمتثل المتعاقد للأوامر التي يصدرها المجلس في حالات الطوارئ ولأي تدابير فورية ذات طابع مؤقت يصدرها الأمين العام وفقا للنظام لاتقاء الضرر الجسيم بالبيئة البحرية أو خطر إلحاق ضرر جسيم بها واحتوائه وتخفيفه إلى أقصى حد وإصلاحه، ويمكن أن تشمل أوامر تصدر إلى المتعاقد ليقوم على الفور بتعليق أو تعديل أية أنشطة في قطاع الاستكشاف.

4-6 في حالة عدم امتثال المتعاقد على الفور للأوامر التي تصدر في حالات الطوارئ أو التدابير الفورية ذات الطابع المؤقت، يجوز للمجلس أن يتخذ، على نفقة المتعاقد، الإجراءات المعقولة اللازمة لاتقاء الضرر الجسيم بالبيئة البحرية أو خطر إلحاق ضرر جسيم بها أو احتواء ذلك الضرر أو تخفيفه إلى أقصى حد أو إصلاحه. وعلى المتعاقد أن يسدد فورا للسلطة مبلغ هذه المصاريف. وتضاف تلك المصاريف إلى أي غرامات مالية قد تفرض على المتعاقد عملا بأحكام هذا العقد أو النظام.

البند 7

رفات الموتى والأشياء والمواقع ذات الطابع الأثري أو التاريخي

يخطر المتعاقد الأمين العام كتابة على الفور بأي رفات أموات يعثر عليه في قطاع الاستكشاف يكون ذا طابع أثري أو تاريخي أو بأي شيء أو موقع يكون له طابع مماثل وبمكان

وجوده، بما في ذلك ما اتخذ من تدابير لصيانته وحمايته. ويحيل الأمين العام هذه المعلومات إلى المدير العام لمنظمة الأمم المتحدة للتربية والعلم والثقافة وإلى أي منظمة دولية مختصة أخرى. وبعد العثور على أي رفات أموات أو على أي شيء أو موقع في قطاع الاستكشاف، وتجنبا للمس بذلك الرفات أو الشيء أو الموقع، لا يتم الاضطلاع بأي أعمال تنقيب أو استكشاف أخرى، في نطاق دائري معقول، إلى أن يقرر المجلس خلاف ذلك بعد أخذ آراء المدير العام لمنظمة الأمم المتحدة للتربية والعلم والثقافة أو أي منظمة دولية مختصة أخرى في الاعتبار.

البند 8

التدريب

8-1 وفقا للأنظمة، يقدم المتعاقد إلى السلطة للموافقة، وقبل بدء الاستكشاف بموجب هذا العقد، البرامج المقترحة لتدريب موظفي السلطة والدول النامية، بما في ذلك اشتراك هؤلاء الموظفين في كافة الأنشطة التي يقوم بها المتعاقد بموجب هذا العقد.

8-2 يخضع نطاق برنامج التدريب وتمويله للتفاوض بين المتعاقد والسلطة والدولة أو الدول المزكية.

8-3 ينفذ المتعاقد برامج التدريب وفقا للبرنامج المحدد لتدريب الموظفين المشار إليه في البند 8-1 من هذا العقد والمعتمد من السلطة وفقا للأنظمة، ويصبح هذا البرنامج، حسبما يتم تنقيحه وتطويره من حين لآخر، جزءا من هذا العقد بوصفه الجدول 3.

البند 9

الدفاتر والسجلات

يمسك المتعاقد مجموعة كاملة وصحيحة من الدفاتر والحسابات والسجلات المالية طبقا لمبادئ المحاسبة المقبولة دوليا. وتتضمن هذه الدفاتر والحسابات والسجلات المالية معلومات تكشف عن كامل النفقات الفعلية والمباشرة المتعلقة بالاستكشاف وأي معلومات أخرى تيسر إجراء مراجعة فعلية لتلك النفقات.

البند 10

التقارير السنوية

10-1 يقدم المتعاقد خلال 90 يوما من نهاية كل سنة تقويمية تقريرا إلى الأمين العام بالشكل الذي قد توصي به اللجنة القانونية والتقنية من حين لآخر عن برنامج الأنشطة التي اضطلع بها في قطاع الاستكشاف، ويتضمن، حسب الانطباق، معلومات مفصلة بما يكفي بشأن ما يلي:

(أ) أعمال الاستكشاف المضطلع بها خلال السنة التقويمية، بما في ذلك الخرائط والجداول والرسوم البيانية الموضحة لما أنجز من أعمال وما حقق من نتائج؛

(ب) المعدات المستخدمة لأعمال الاستكشاف، بما في ذلك نتائج التجارب التي أجريت على تكنولوجيات تعدين مقترحة، ولا يشمل ذلك بيانات تصميم المعدات؛

(ج) تنفيذ برامج التدريب، بما فيها أي عمليات مقترحة لتنقيح أو تطوير تلك البرامج.

10-2 وتتضمن هذه التقارير أيضا ما يلي:

(أ) نتائج برامج رصد البارامترات البيئية، بما في ذلك مشاهداتها وقياساتها وتقييماتها وتحليلاتها؛

(ب) وبيان عن كمية الكبريتيدات المتعددة الفلزات المستخرجة كعينات أو لأغراض الاختبار؛

(ج) وبيان متفق ومبادئ المحاسبة المقبولة دوليا ومصدق عليه من شركة محاسبين عموميين مؤهلة على النحو الواجب أو من الدولة المزكية، عندما يكون المتعاقد دولة أو مؤسسة تابعة للدولة، يتضمن النفقات الفعلية والمباشرة المتعلقة بالاستكشاف التي تحملها المتعاقد لدى الاضطلاع ببرنامج العمل خلال السنة المحاسبية للمتعاقد. وللمتعاقد حق المطالبة باعتبار هذه النفقات جزءا من تكاليف التنمية التي تكبدها قبل بدء الإنتاج التجاري؛

(د) وتفاصيل أي تعديلات يقترح إدخالها على برنامج الأنشطة، وأسباب هذه التعديلات.

10-3 يقدم المتعاقد أيضا معلومات إضافية لاستكمال التقارير المشار إليها في البندين 10-1 و 10-2 طيا، حسبما يطلبه الأمين العام، من وقت لآخر، ضمن حدود معقولة، وذلك بهدف تنفيذ مهام السلطة بموجب الاتفاقية والنظام وهذا العقد.

10-4 يحتفظ المتعاقد، في حالة جيدة وإلى حين انتهاء العقد، بجزء نموذجي من العينات والعينات الجوفية للكبريتيدات المتعددة الفلزات التي يحصل عليها خلال عملية الاستكشاف. ويجوز للسلطة أن تطلب من المتعاقد كتابة أن يسلمها جزءا من أي عينة أو عينة لبية حصل عليها خلال عملية الاستكشاف بهدف تحليلها.

5-10 تدفع الجهة المتعاقدة عند تقديم التقرير السنوي رسما سنويا للمساهمة في التكاليف العامة قدره 000 47 دولار (أو مبلغا يتم تحديده وفقا للبند 10-6 من هذا النظام) لتغطية التكاليف التي تتكبدها السلطة في مجالي الإدارة والإشراف فيما يتعلق بهذا العقد وفي مجال استعراض التقارير المقدمة وفقا للبند 10-1 من هذا النظام.

6-10 يجوز للسلطة تنقيح الرسم السنوي للمساهمة في التكاليف العامة بحيث يعبر عن التكاليف التي تتكبدها بالفعل وفي الحدود المعقولة.[4]

البند 11

البيانات والمعلومات الواجب تقديمها عند انتهاء العقد

1-11 ينقل المتعاقد إلى السلطة جميع البيانات والمعلومات الضرورية والمتعلقة بممارسة السلطة لسلطاتها ووظائفها بفعالية فيما يتصل بقطاع الاستكشاف وفقا لأحكام هذا البند.

2-11 عند انتهاء هذا العقد، يقدم المتعاقد، إن لم يكن قد فعل ذلك، البيانات والمعلومات التالية إلى الأمين العام:

(أ) نسخ من جميع البيانات الجيولوجية، والبيئية، والجيوكيميائية والجيوفيزيائية التي حصل عليها في أثناء تنفيذ برنامج الأنشطة مما يلزم ويتسم بالأهمية من أجل ممارسة السلطة لسلطاتها ومهامها بفعالية فيما يتعلق بمنطقة الاستكشاف؛

(ب) وتقدير للرواسب القابلة للتعدين، عند تحديد تلك الرواسب، يتضمن تفاصيل عن رتبة وكمية ما ثبت وجوده، وما يرجح وجوده، وما قد يكون هناك من احتياطيات الكبريتيدات المتعددة الفلزات وظروف التعدين المتوقعة؛

(ج) ونسخ من جميع التقارير الجيولوجية والتقنية والمالية والاقتصادية التي أعدها المتعاقد بنفسه أو أعدت له، مما يلزم ويتسم بالأهمية من أجل ممارسة السلطة لسلطاتها ومهامها بفعالية فيما يتعلق بمنطقة الاستكشاف؛

(د) ومعلومات مفصلة بما يكفي عن المعدات المستخدمة للاضطلاع بأعمال الاستكشاف، بما في ذلك نتائج التجارب التي أجريت على تكنولوجيات تعدين مقترحة، ولا يشمل هذا بيانات تصميم المعدات؛

[4] ISBA/19/A/12، المؤرخة 25 تموز/يوليه 2013، تعديلات

(هـ)   وبيـان بكميـة الكبريتيـدات المتعـددة الفلـزات الـتي استخرجت كعينـات أو لأغراض التجارب؛

(و)   وبيان بالكيفية التي تحفظ بها مستندات تلك العينات الجوفية ومكان حفظها وإتاحتها للسلطة.

11-3 ويقـدم المتعاقـد أيضـا إلى الأمـين العـام البيانـات والمعلومـات المـذكورة في الفقـرة 11-2 طيا إذا مـا قـدم، قبـل انتهـاء هـذا العقـد، طلبـا للموافقـة علـى خطـة عمـل للاستغلال أو تنازل عن حقوقه في قطاع الاستكشاف بقدر ما تتعلق تلك البيانات والمعلومات بالقطاع المتنازل عنه.

البند 12
السرية

تعتبر البيانات والمعلومات التي تقدم إلى السلطة بموجب هذا العقد سرية وفقا لأحكام هذا البند والنظام.

البند 13
التعهدات

13-1 ينفذ المتعاقد عملية الاستكشاف وفقا لشروط وأحكـام هـذا العقد وللأنظمـة والجـزء الحادي عشر مـن الاتفاقية والاتفاق، وغير ذلك مـن قواعد القانون الدولي التي لا تتعارض مـع الاتفاقية.

13-2 يتعهد المتعاقد بما يلي:

(أ)   قبول أحكام هذا العقد كأحكام نافذة والامتثال لها؛

(ب)   الامتثال لما ينطبق مـن الالتزامـات الناشئة عن أحكـام الاتفاقية وقواعد وأنظمـة وإجراءات السلطة، ومقررات أجهزتها ذات الصلة؛

(ج)   قبول رقابة السلطة على الأنشطة المضطلع بها في المنطقة كما هو مخول لها في الاتفاقية؛

(د)   الوفاء بحسن نية بالتزاماته بموجب هذا العقد؛

(هـ)   التقيـد، في حـدود المعقـول عمليـا، بالتوصيات الـتي تصـدرها اللجنـة القانونيـة والتقنية من وقت لآخر.

13-3 ينفذ المتعاقد بنشاط برنامج العمل:

(أ)   بما ينبغي من الاجتهاد والكفاءة والاقتصاد؛

(ب)   مع إيلاء الاعتبار الواجب لأثر الأنشطة التي يضطلع بها على البيئة البحرية؛

(ج)   مع إيلاء اعتبار معقول للأنشطة الأخرى المضطلع بها في البيئة البحرية.

13-4 تتعهد السلطة بالوفاء بنية حسنة بصلاحياتها ومهامها بموجب الاتفاقية والاتفاق وفقا للمادة 157 من الاتفاقية.

البند 14
التفتيش

14-1 يسمح المتعاقد للسلطة بإرسال مفتشيها على متن السفن والمنشآت التي يستخدمها للقيام بأنشطة في قطاع الاستكشاف بهدف:

(أ)   رصد امتثال المتعاقد لشروط وأحكام العقد وللأنظمة؛

(ب)   رصد ما لهذه الأنشطة من آثار على البيئة البحرية.

14-2 يخطر الأمين العام المتعاقد في موعد معقول بالموعد المتوقع والمدة المتوقعة لعمليات التفتيش، وبأسماء المفتشين وبأية أنشطة يقوم بها المفتش وقد تستلزم توفير معدات خاصة أو مساعدة خاصة من موظفي المتعاقد.

14-3 تكون لهؤلاء المفتشين سلطة تفتيش أية سفينة أو منشأة، بما في ذلك سجل أدائها ومعداتها وسجلاتها ومرافقها وسائر البيانات المسجلة وأية وثائق ذات صلة تعتبر ضرورية لرصد امتثال المتعاقد.

14-4 يقوم المتعاقد ووكلاؤه وموظفوه بمساعدة المفتشين في تأدية واجباتهم، كما يقومون بما يلي:

(أ)   قبول وتيسير صعود المفتشين بشكل سريع آمن على متن السفن والمنشآت؛

(ب)   التعاون والمساعدة في تفتيش أية سفينة أو منشأة تبعا لهذه الإجراءات؛

(ج)   إتاحة الوصول إلى جميع المعدات والمرافق ذات الصلة الموجودة بالسفن والمنشآت وإتاحة الاتصال بموظفيها في جميع الأوقات المعقولة؛

(د)   عدم عرقلة عمل المفتشين أو إرهابهم أو التدخل في أعمالهم أثناء تأدية واجباتهم؛

(هـ) توفير التسهيلات المعقولة للمفتشين، بما في ذلك توفير الغذاء والسكن، عندما يكون ذلك مناسبا؛

(و) تيسير المغادرة الآمنة للمفتشين.

14-5 يتجنب المفتشون التدخل في العمليات الآمنة المعتادة على متن السفن والمنشآت التي يستخدمها المتعاقد للقيام بأنشطة في القطاع الـذي يزورونه ويتصرفون وفقا للأنظمـة والتـدابير المعتمدة لحماية سرية البيانات والمعلومات.

14-6 يتاح للأمين العام ولممثليه المفوضين على النحو الواجب، الوصول، لأغراض المراجعة والفحص، لـدفاتر المتعاقد ووثائقه وأوراقه وسجلاته اللازمة وذات الصلة المباشرة للتحقق من النفقات المشار إليها في البند 10-2 (ج).

14-7 يوفر الأمين العام المعلومات ذات الصلة الواردة في تقارير المفتشين إلى المتعاقد والدولة أو الدول المزكية، حيثما يلزم اتخاذ إجراءات.

14-8 إذا لم يواصل المتعاقد الاستكشاف، لأي سبب مـن الأسباب، ولم يطلـب عقدا للاستغلال، يتعين عليه، قبل الانسحاب من منطقة الاستكشاف، أن يخطر الأمين العام بذلك كتابة، للسماح للسلطة بإجراء تفتيش بموجب هذا البند، إذا ما قررت ذلك.

البند 15
معايير السلامة والعمل والصحة

15-1 يلتزم المتعاقد بالقواعد والمعايير الدولية المقبولة عموما والتي تقررها المنظمـات الدوليـة المختصة أو المؤتمرات الدبلوماسية العامـة بشـأن سـلامة الحيـاة في البحار ومنع وقوع حوادث تصـادم ومـا تعتمده السـلطة مـن قواعد وأنظمة وإجراءات تتصل بسلامة الحياة في البحـار، وتحمل كـل سفينة مستعملة فـي القيـام بأنشطة في المنطقة الشـهادات القانونيـة الصـحيحة والسارية المفعول المطلوبة بموجب تلك القواعد والمعايير الدولية والصادرة عملا بها.

15-2 يحترم المتعاقد، لدى القيام بأنشطة الاستكشاف بموجب هذا العقد، ويتقيد بالقواعد والأنظمة والإجراءات المعتمدة من السلطة والمتصلة بالحماية من التمييز في العمالة وبالسلامة والصحة المهنيتين، وعلاقات العمل والضمان الاجتماعي والأمن الوظيفي وظروف المعيشة فـي موقع العمل. وتراعي هـذه القواعد والأنظمـة والإجراءات اتفاقيات وتوصيات منظمة العمل الدولية والمنظمات الدولية المختصة الأخرى.

البند 16

المسؤولية والتبعة

16-1 تقع على عاتق المتعاقد المسؤولية عن المقدار الفعلي لأي ضرر، بما في ذلك أي ضرر يلحق بالبيئة البحرية، يكون ناشئا عن فعل أو امتناع غير مشروع، من جانبه أو من جانب موظفيه والمتعاقدين معه من الباطن، ووكلائه وجميع من يعملون لحسابهم أو ينوبون عنهم في إدارة عملياته بموجب هذا العقد، بما في ذلك تكاليف التدابير المعقولة التي تتخذ لمنع أي ضرر يلحق بالبيئة البحرية أو للحد من هذا الضرر، مع مراعاة ما لم يمكن أن تكون السلطة قد أسهمت به من فعل أو امتناع.

16-2 يعوض المتعاقد السلطة وموظفيها والمتعاقدين معها من الباطن ووكلائها عن أية مطالبات من أي طرف آخر أو أية التزامات قبله تكون ناشئة عن أي فعل أو امتناع غير مشروع من جانب المتعاقد وموظفيه ووكلائه والمتعاقدين معه من الباطن وجميع من يعملون لحسابه أو ينوبون عنه في إدارة العمليات التي يضطلع بها بموجب هذا العقد.

16-3 تقع على عاتق السلطة المسؤولية عن المقدار الفعلي لأي ضرر يلحق بالمتعاقد ويكون ناشئا عن أفعال غير مشروعة ارتكبتها في ممارستها لصلاحيتها ووظائفها، بما في ذلك الانتهاكات الواردة في الفقرة 2 من المادة 168 من الاتفاقية، مع مراعاة أي فعل أو امتناع يكون قد أسهم به المتعاقد وموظفيه وعملائه والمتعاقدين معه من الباطن وجميع من يعملون لحسابه أو ينوبون عنه في إدارة العمليات التي يضطلع بها بموجب هذا العقد.

16-4 تعوض السلطة المتعاقد وموظفيه والمتعاقدين معه من الباطن ووكلائه وجميع من يعملون لحسابه أو ينوبون عنه في إدارة العمليات التي يضطلع بها بموجب هذا العقد عن أية مطالبات من أي طرف آخر أو أية التزامات قبله تكون ناشئة عن أي فعل أو امتناع غير مشروع تكون قد ارتكبته في ممارستها لصلاحياتها ووظائفها، بما في ذلك الانتهاكات الواردة في الفقرة 2 من المادة 168 من الاتفاقية.

16-5 يحتفظ المتعاقد بوثائق تأمين مناسبة مع شركات معترف بها دوليا وفقا للممارسة البحرية الدولية المقبولة عموما.

البند 17

القوة القاهرة

17-1 لا يكون المتعاقد مسؤولا عن أي تأخير أو قصور، لا يمكن تفاديه بسبب قوة قاهرة في الوفاء بأي من التزاماته بموجب هذا العقد. ولأغراض هذا العقد، يعني مصطلح "قوة قاهرة"

أي حـدث أو ظـرف لا يتوقـع، بشـكل معقول، أن يحـول المتعاقـد دون حدوثـه أو أن يسـيطر عليـه؛ شـريطة ألا يكـون هـذا الحـدث أو الظـرف ناشئا عـن الإهمـال أو عـدم مراعاة الممارسـات الحميدة المتبعة في صناعة التعدين.

17-2 يمنح المتعاقد، عند الطلب، فترة إضافية من الوقت تساوي الفترة التي تعطل فيها عمله بسبب القوة القاهرة، ويمدد أجل هذا العقد وفقا لذلك.

17-3 في حالة وجود قوة قاهرة، يتخـذ المتعاقـد جميـع التدابير المعقولـة لاسترداد قدرتـه على الوفاء بشروط وأحكام هذا العقد والامتثال له في أقصر وقت ممكن.

17-4 في حالة وجود قوة قاهرة يخطر المتعاقد السلطة بذلك في أقرب وقت ممكن في حدود المعقول، كما يخطر السلطة بعودة الأوضاع الطبيعية.

البند 18
التحلل من المسؤولية

لا يجـوز بأي شـكل مـن الأشـكال أن يدعـي أو يوحي المتعاقـد أو أية شـركة تابعة له أو أي متعاقـد يتعاقـد معـه مـن البـاطن، سـواء كان ذلك صراحـة أو ضمنا، بأن السـلطة لهـا رأي أو أعربـت عـن رأي أو أن أي مسـؤول فيهـا لـه رأي أو أعـرب عـن رأي فيمـا يتعلـق بالكبريتيـدات المتعددة الفلزات في منطقة الاستكشاف، كما لا يجوز أن يرد بيان بهذا المعنى، أو يصدق عليه، في أي نشـرة تمهيدية، أو مذكرة، أو دوريـة، أو إعـلان، أو نشـرة صحفيـة، أو وثيقة مشـابهة تصدر عـن المتعاقـد، أو أية شـركة تابعة لـه أو أي متعاقـد يتعاقـد معـه مـن البـاطن. وتشـير إلى هذا العقد بشـكل مبـاشر أو غـير مبـاشر. ولأغـراض هـذا البنـد يعـني مصطلـح ''شـركة تابعة'' أي شـخص أو منشـأة أو شـركة أو كيـان مملوك لدولة إذا كان أي مـن هـذه الكيانات يسـيطر على المتعاقد، أو يسيطر عليه المتعاقد، أو يشترك المتعاقد في السيطرة عليه.

البند 19
التنازل عن الحقوق

يحـق للمتعاقـد أن يتنـازل عـن حقوقـه وأن ينهـي هـذا العقد بدون عقوبة بإرسـال إخطار بذلك إلى السـلطة، شـريطة أن يظل هـذا المتعاقـد مسـؤولا عـن جميـع الالتزامات التي اسـتحقت قبل تاريخ هذا التنازل وعن الالتزامات التي يتعين الوفاء بها بعد الإنهاء وفقا لأنظمة السلطة.

البند 20

إنهاء التزكية

20-1 على المتعاقد إذا تغيرت جنسيته أو تغيرت الدولة التي لها سيطرة عليه أو أنهت الدولة المزكية له حسب تعريفها في الأنظمة، تزكيتها، أن يخطر السلطة بذلك على الفور.

20-2 وفي أي الحالتين، ينتهي هذا العقد على الفور ما لم يحصل المتعاقد على مزكٍ آخر مستوف للشروط المنصوص عليها في الأنظمة يقدم إلى السلطة في غضون المهلة المحددة في الأنظمة شهادة تزكية للمتعاقد بالشكل المنصوص عليه.

البند 21

تعليق العقد وإنهاؤه والعقوبات

21-1 يجوز للمجلس أن يعلّق هذا العقد أو ينهيه بإخطار كتابي يتضمن بيانا بأسباب اتخاذ ذلك الإجراء، دون أن يمس ذلك أي حق من الحقوق الأخرى التي قد تكون للسلطة، في أي من الحالات التالية:

(أ)   إذا كان المتعاقد، على الرغم من التحذيرات الكتابية الموجهة إليه من السلطة، قد زاول أنشطته بطريقة تسفر عن انتهاكات خطيرة مستمرة ومتعمدة للأحكام الأساسية لهذا العقد، والجزء الحادي عشر من الاتفاقية، والاتفاق، وقواعد وأنظمة وإجراءات السلطة؛

(ب)   أو إذا لم يمتثل المتعاقد لقرار نهائي ملزم صادر عن الهيئة المختصة بتسوية المنازعات بالنسبة له؛

(ج)   أو إذا أصبح المتعاقد معسرا أو أعلن إفلاسه أو عقد صلحا واقيا من الإفلاس مع دائنيه أو دخل في عملية تصفية أو حراسة قضائية، قسرا أو طوعا، أو قدم التماسا أو طلبا إلى أي محكمة من أجل تعيين حارس قضائي أو أمين تفليسة أو حارس قضائي عليه أو بدأ أية إجراءات تتصل به بموجب أي قانون للإفلاس أو الإعسار أو إعادة تسوية الدين، سواء كان ساريا الآن أو سيسري فيما بعد، ما لم يكن ذلك بهدف إعادة تشكيل الدين.

21-2 يجوز للمجلس، دون إخلال بالبند 17، وبعد التشاور مع المتعاقد، أن يعلق أو ينهي هذا العقد، دون إخلال بأي حقوق أخرى قد تكون للسلطة، إذا تعذر على المتعاقد الوفاء بالتزاماته بموجب هذا العقد بسبب حادث أو ظرف من ظروف القوة القاهرة، المبينة في البند 17-1، والتي تظل قائمة لفترة متواصلة تتعدى سنتين، رغم أن المتعاقد قد اتخذ كافة التدابير المعقولة لاسترداد قدرته على الوفاء بأحكام وشروط هذا العقد والامتثال لها في أقصر وقت ممكن.

21-3 يتم التعليق أو الإنهاء بموجب إخطار يقدم عن طريق الأمين العام، ويشمل بيانا بأسباب اتخاذ هذا الإجراء. ويصبح التعليق أو الإنهاء نافذا بانقضاء 60 يوما على إرسال هذا الإخطار، ما لم يطعن المتعاقد في غضون هذه الفترة في حق السلطة في تعليق هذا العقد أو إنهائه وفقا للفرع 5 من الجزء الحادي عشر من الاتفاقية.

21-4 إذا اتخذ المتعاقد إجراء من هذا القبيل، لا يجوز تعليق هذا العقد أو إنهاؤه إلا وفقا لقرار نهائي ملزم وفقا للفرع 5 من الجزء الحادي عشر من الاتفاقية.

21-5 يجوز للمجلس، إذا علّق هذا العقد، أن يطلب من المتعاقد بإخطار يرسله إليه أن يستأنف عملياته وأن يمتثل لأحكام وشروط هذا العقد، في موعد لا يتجاوز 60 يوما بعد إرسال هذا الإخطار.

21-6 في حالة حدوث أي انتهاك لهذا العقد لا يشمله البند 21-1 (أ) منه، أو بدلا من تعليق العقد أو إنهائه بموجب البند 21-1 منه، يجوز للمجلس أن يفرض على المتعاقد عقوبات مالية تتناسب وخطورة الانتهاك.

21-7 لا يجوز للمجلس أن ينفذ قرارا ينطوي على عقوبات مالية إلى أن يُمنح المتعاقد فرصة معقولة لاستنفاد وسائل الانتصاف القضائية المتاحة له عملا بالفرع 5 من الجزء الحادي عشر من الاتفاقية.

21-8 في حالة إنهاء هذا العقد أو انقضاء مدته، يمتثل المتعاقد لأنظمة السلطة ويزيل جميع التجهيزات والمنشآت والمعدات والمواد من قطاع الاستكشاف ويجعل هذا القطاع مأمونا بحيث لا يشكل خطرا على الأشخاص أو النقل البحري أو البيئة البحرية.

البند 22

نقل الحقوق والالتزامات

22-1 لا يجوز نقل حقوق المتعاقد والتزاماته بموجب هذا العقد، سواء كليا أو جزئيا، إلا بموافقة السلطة ووفقا للأنظمة.

22-2 لا يجوز أن تمتنع السلطة بدون مبررات معقولة عن منح موافقتها على النقل إذا توافرت في الطرف المراد نقل هذه الحقوق والالتزامات إليه من جميع النواحي مؤهلات مقدم الطلب وفقا للنظام، واضطلع بجميع التزامات المتعاقد، وإذا كان النقل لا يمنح المنقول إليه الحق في خطة عمل تحظرها الفقرة الفرعية (ج) من الفقرة 3 من المادة 6 من المرفق الثالث للاتفاقية.

3-22 تنفذ أحكام هذا العقد وتعهداته وشروطه لصالح طرفيه ولمن يخلف أيا منهما أو يحل محله عن طريق النقل، وتكون ملزمة لهما وللخلف أو المنقول إليه.

البند 23

عدم التنازل

لا يعتبر تنازل أي من الطرفين عن أي حقوق ناجمة عن الإخلال بأحكام وشروط هذا العقد الواقعة على عاتق الطرف الآخر تنازلا من هذا الطرف عن أي إخلال لاحق بنفس الحكم أو الشرط الواقع على عاتق الطرف الآخر.

البند 24

التنقيح

1-24 عندما تنشأ أو يكون من المحتمل أن تنشأ ظروف ترى السلطة أو المتعاقد أنها قد تجعل هذا العقد غير عادل أو تجعل من غير العملي أو من المستحيل تحقيق الأهداف الواردة فيه أو في الجزء الحادي عشر من الاتفاقية أو في الاتفاق، يتفاوض الطرفان على تنقيحه وفقا لذلك.

2-24 يجوز أيضا تنقيح هذا العقد بموجب اتفاق بين المتعاقد والسلطة لتيسير تنفيذ أي قواعد أو أنظمة أو إجراءات اعتمدتها السلطة في أعقاب دخول هذا العقد حيز النفاذ.

3-24 لا يجوز تنقيح هذا العقد أو تعديله أو تحويره بأية طريقة أخرى إلا بموافقة المتعاقد والسلطة بموجب صك مناسب موقع من الممثلين المفوضين من قبل الطرفين.

البند 25

المنازعات

1-25 تسوى وفقا للفرع 5 من الجزء الحادي عشر من الاتفاقية أية منازعة تنشأ بين الطرفين بشأن تفسير هذا العقد أو تطبيقه.

2-25 وفقا للفقرة 2، من المادة 21، من المرفق الثالث للاتفاقية، تكون لأي قرار تصدره محكمة أو هيئة قضائية مختصة بموجب الاتفاقية المتعلقة بحقوق والتزامات السلطة والمتعاقد قوة نفاذ في إقليم أي دولة طرف في الاتفاقية تتأثر بذلك القرار.

البند 26

الإخطار

26-1 يقدم كتابة كل طلب أو إخطار أو تقرير أو موافقة أو تنازل أو توجيه أو تعليمات يقوم الأمين العام أو الشخص المعين ممثلا للمتعاقد، حسب الحالة، بتقديمه بموجب هذا العقد. ويكون التبليغ باليد أو التلكس أو الفاكس أو البريد المسجل أو بالبريد الإلكتروني المتضمن لتوقيع معتمد إلى الأمين العام في مقر السلطة أو إلى الممثل المعين. ويكون اشتراط تقديم أية معلومات كتابة بموجب هذا النظام مستوفى إذا قدمت المعلومات في وثيقة إلكترونية تتضمن توقيعا رقميا.

26-2 يحق لأي الطرفين تغيير أي من هذه العناوين إلى أي عنوان آخر بإرسال إخطار إلى الطرف الآخر لا تقل مهلته عن عشرة أيام.

26-3 يصبح التبليغ باليد نافذا عند إتمامه. ويعتبر التبليغ بالتلكس نافذا في يوم العمل التالي لليوم الذي تظهر فيه عبارة ”answer back“ على جهاز تلكس الطرف المرسل. ويصبح التبليغ بالفاكس نافذا عندما يستقبل المرسل ”تقرير تأكيد الإرسال“ الذي يؤكد حدوث الإرسال إلى رقم الفاكس المطبوع الخاص بالمرسل إليه. ويعتبر التبليغ بالبريد الجوي المسجل نافذا بانقضاء 21 يوما على تاريخ الإرسال. ويفترض استلام المرسل إليه للوثيقة الإلكترونية إذا دخلت نظام معلومات يخصصه المرسل إليه أو يستعمله لغرض استلام وثائق من النوع المرسل وكانت قابلة لاسترجاع المرسل إليه لها وتجهيزه لها.

26-4 يعتبر إخطار الشخص المعين ممثلا للمتعاقد إخطارا فعليا للمتعاقد في كل الأغراض المشمولة بهذا العقد، ويكون الشخص المعين ممثلا للمتعاقد هو وكيله فيما يتعلق بالإعلان أو الإخطار في أية دعوى تقام أمام محكمة أو هيئة قضائية مختصة.

26-5 يعتبر إخطار الأمين العام إخطارا فعليا للسلطة في كل الأغراض المشمولة بهذا العقد، ويكون الأمين العام هو وكيل السلطة فيما يتعلق بالإعلان أو الإخطار في أية دعوى تقام أمام محكمة أو هيئة قضائية مختصة.

البند 27

القانون الواجب التطبيق

27-1 يخضع هذا العقد لأحكام هذا العقد، وقواعد السلطة وأنظمتها وإجراءاتها، والجزء الحادي عشر من الاتفاقية، والاتفاق، وسائر قواعد القانون الدولي التي لا تتعارض مع الاتفاقية.

27-2 على المتعاقد وموظفيه والمتعاقدين معه من الباطن ووكلائه وجميع من يعملون لحسابهم أو ينوبون عنهم في إدارة عملياته بموجب هذا العقد التقيد بالقانون الواجب التطبيق المشار إليه في البند 27-1 أعلاه، والامتناع عن الاشتراك بصورة مباشرة أو غير مباشرة في أي معاملة يحظرها القانون الواجب التطبيق.

27-3 ليس في هذا العقد ما يمكن اعتباره إعفاء من ضرورة تقديم طلب للحصول على أي إذن أو تصريح قد يكون لازما للاضطلاع بأية أنشطة تتم بموجب هذا العقد، ومن ضرورة الحصول على هذا الإذن أو التصريح.

البند 28

التفسير

الغرض من تقسيم هذا العقد إلى بنود وبنود فرعية ومن إيراد العناوين هو تيسير الرجوع إليها فحسب، ويجب ألا يؤثر ذلك في تفسير أحكامه.

البند 29

الوثائق الإضافية

يوافق كل من طرفي هذا العقد على تنفيذ وإنجاز كل الصكوك الإضافية وأداء كل الأعمال والأمور الإضافية التي قد تكون ضرورية أو مناسبة لتنفيذ أحكامه.

ISBA/18/A/11

Distr.: General
22 October 2012
Arabic
Original: English

السلطة الدولية لقاع البحار

الجمعية

الدورة الثامنة عشرة

كينغستون، جامايكا

16-27 تموز/يوليه 2012

مقرر جمعية السلطة الدولية لقاع البحار بشأن نظام التنقيب عن قشور المنغنيز الحديدي الغنية بالكوبالت واستكشافها في المنطقة

إن جمعية السلطة الدولية لقاع البحار،

وقد نظرت في نظام التنقيب عن قشور المنغنيز الحديدي الغنية بالكوبالت واستكشافها، بالصيغة المؤقتة التي اعتمدها المجلس في جلسته 181 المعقودة في 26 تموز/يوليه 2012،

توافق على نظام التنقيب عن قشور المنغنيز الحديدي الغنية بالكوبالت واستكشافها في المنطقة بصيغته الواردة في مرفق هذا المقرر.

الجلسة 138

27 تموز/يوليه 2012

12-57343 (A)   201112   201112
1257343

المرفق

نظام التنقيب عن قشور المنغنيز الحديدي الغنية بالكوبالت واستكشافها في المنطقة

الديباجة

وفقا لاتفاقية الأمم المتحدة لقانون البحار المؤرخة 10 كانون الأول/ديسمبر 1982 (''الاتفاقية'')، يمثل قاع البحار والمحيطات وباطن أرضها، خارج حدود الولاية الوطنية، وكذا مواردهما، تراثا مشتركا للإنسانية، ويتم استكشافها واستغلالها لمصلحة الإنسانية جمعاء، التي تتصرف السلطة الدولية لقاع البحار باسمها. وهدف هذا النظام هو الترتيب للتنقيب عن قشور المنغنيز الحديدي الغنية بالكوبالت واستكشافها.

الجزء الأول

مقدمة

المادة 1

المصطلحات المستخدمة ونطاقها

1 - للمصطلحات المستخدمة في الاتفاقية نفس المعنى في هذا النظام.

2 - وفقا للاتفاق المتعلق بتنفيذ الجزء الحادي عشر من اتفاقية الأمم المتحدة لقانون البحار المؤرخة 10 كانون الأول/ديسمبر 1982 (''الاتفاق'')، تفسر أحكام الاتفاق والجزء الحادي عشر من الاتفاقية وتطبق معا بوصفها صكا واحدا. وتفسر مواد هذا النظام وما ورد فيها من إشارات إلى الاتفاقية وتطبق وفقا لذلك.

3 - لأغراض هذا النظام:

(أ) يعني مصطلح ''القشور الغنية بالكوبالت'' الرواسب الهيدروكسيدية/الأكسيدية من الحديد والمنغنيز الغنية بالكوبالت التي تكونت من ترسب المعادن مباشرة من مياه البحار على الطبقات السفلية الصلبة التي تحتوي على تركيزات ضئيلة ولكن مهمة من الكوبالت والتيتانيوم والنيكل والبلاتين والموليبدينوم والتيليريوم والسيريوم والعناصر المعدنية والأرضية النادرة الأخرى؛

(ب) يعني مصطلح "الاستغلال" استخراج القشور الغنية بالكوبالت في المنطقة للأغراض التجارية واستخلاص المعادن منها، بما في ذلك بناء وتشغيل نظم التعدين والمعالجة والنقل لإنتاج المعادن وتسويقها؛

(ج) يعني مصطلح "الاستكشاف" البحث، بحقوق خالصة، عن رواسب القشور الغنية بالكوبالت في المنطقة، وتحليل هذه الرواسب، واستخدام واختبار نظم ومعدات الاستخلاص، ومرافق المعالجة ونظم النقل، وإجراء دراسات للعوامل البيئية والتقنية والاقتصادية والتجارية وغيرها من العوامل المناسبة التي يجب مراعاتها في الاستغلال؛

(د) يشمل مصطلح "البيئة البحرية" المكونات الفيزيائية والكيميائية، والجيولوجية، والبيولوجية، والظروف والعوامل التي تتفاعل فيما بينها وتحدد إنتاجية النظم الإيكولوجية البحرية وأوضاعها وحالتها ونوعيتها، ومياه البحار والمحيطات والمجال الجوي فوق تلك المياه، فضلا عن قاع البحار والمحيطات وباطن أرضها؛

(هـ) يعني مصطلح "التنقيب" البحث عن رواسب القشور الغنية بالكوبالت في المنطقة، ويشمل ذلك تقدير تكوين رواسب القشور الغنية بالكوبالت وحجمها وتوزيعها، وقيمها الاقتصادية، دون أن تترتب على ذلك أية حقوق خالصة؛

(و) يعني مصطلح "الضرر الجسيم الذي يلحق بالبيئة البحرية" أي أثر يصيب البيئة البحرية جراء الأنشطة في المنطقة، ويمثل تغييرا ضارا ذا شأن في البيئة البحرية يحدد حجمه وفقا للقواعد والأنظمة والإجراءات التي اعتمدتها السلطة استنادا إلى المعايير والممارسات المعترف بها دوليا.

4 - لا يؤثر هذا النظام بأي شكل من الأشكال في حرية البحث العلمي، وفقا للفقرة 87 من الاتفاقية، أو في الحق في إجراء أبحاث علمية بحرية في المنطقة وفقا للمادتين 143 و 256 من الاتفاقية. وليس في هذا النظام ما يفسر بطريقة تقيد ممارسة الدول حريات أعالي البحار المنصوص عليها في المادة 87 من الاتفاقية.

5 - يمكن أن يُكمل هذا النظام بقواعد وأنظمة وإجراءات إضافية تتعلق، بوجه خاص، بحماية البيئة البحرية وحفظها. ويخضع هذا النظام لأحكام الاتفاقية والاتفاق وقواعد القانون الدولي الأخرى التي لا تتعارض مع الاتفاقية.

الجزء الثاني
التنقيب

المادة 2
التنقيب

1 - يجري التنقيب وفقا للاتفاقية ولهذا النظام، ولا يمكن بدؤه إلا إذا أبلغ الأمين العام المنقّب أن إخطاره قد سُجل عملا بالمادة 4 (2).

2 - يتبع المنقبون والسلطة نهجا تحوطياً، حسب المبيّن في المبدأ 15 من إعلان ريو بشأن البيئة والتنمية[1].

3 - يُمتنع عن التنقيب متى وجدت أدلة مادية تشير إلى خطر إلحاق ضرر جسيم بالبيئة البحرية.

4 - يُمتنع عن التنقيب في قطاع مشمول بخطة عمل موافق عليها لاستكشاف القشور الغنية بالكوبالت، أو في قطاع محجوز، كما لا يجوز التنقيب في قطاع حظر مجلس السلطة الدولية لقاع البحار استغلاله لوجود خطر ينذر بإلحاق ضرر جسيم بالبيئة البحرية.

5 - لا يمنح التنقيب أية حقوق للمنقّب فيما يتعلق بالموارد. على أنه يجوز للمنقّب استخراج كمية معقولة من المعادن تكون هي الكمية اللازمة للاختبار ولا تكون لأغراض تجارية.

6 - لا يوجد أي حد زمني للتنقيب، باستثناء التوقف عن التنقيب في قطاع معيّن بناء على إخطار خطي موجّه من الأمين العام إلى المنقّب بأن الموافقة قد تمت على خطة عمل للاستكشاف بشأن ذلك القطاع.

7 - يجوز لأكثر من منقّب إجراء التنقيب في القطاع نفسه أو القطاعات نفسها في آن واحد.

---

(1) تقرير مؤتمر الأمم المتحدة المعني بالبيئة والتنمية، ريو دي جانيرو، 3-14 حزيران/يونيه 1992، (منشورات الأمم المتحدة، رقم المبيع A.93.1.8 والتصويبان)، المجلد الأول، القرارات التي اتخذها المؤتمر، القرار 1، المرفق الأول.

المادة 3

الإخطار بالتنقيب

1 -   يقوم المنقّب المقترح بإخطار السلطة بعزمه القيام بالتنقيب.

2 -   يقدم كل إخطار تنقيب بالشكل المحدد في المرفق الأول لهذا النظام، ويوجّه إلى الأمين العام ويكون مستوفيا لشروط هذا النظام.

3 -   يقدم كل إخطار على النحو التالي:

(أ)   في حالة الإخطارات الصادرة عن دولة: من قِبل السلطة المعينة لهذا الغرض؛

(ب)   في حالة الإخطارات الصادرة عن كيان، من قِبل ممثله المعيّن؛

(ج)   في حالة الإخطارات الصادرة عن مؤسسة: من قِبل السلطة المختصة فيها.

4 -   يقدم كل إخطار بإحدى لغات السلطة، ويتضمن كل إخطار ما يلي:

(أ)   اسم المنقّب المقترح وممثله المعين، وجنسية كل منهما وعنوانه؛

(ب)   إحداثيات القطاع أو القطاعات التي سيجري التنقيب فيها، وفقا لأحدث معيار دولي مقبول بوجه عام تستخدمه السلطة؛

(ج)   سرد عام لبرنامج التنقيب يشمل موعد البدء المقترح ومدة التنقيب التقريبية؛

(د)   تعهد كتابي مرض من قِبل المنقب المقترح بما يلي:

'1'   الامتثال للاتفاقية ولما يتصل بالموضوع من قواعد السلطة وأنظمتها وإجراءاتها وذلك فيما يتعلق بما يلي:

أ -   التعاون في برامج التدريب المتصلة بالبحث العلمي البحري ونقل التكنولوجيا على النحو المشار إليه في المادتين 143 و 144 من الاتفاقية؛

ب -   حماية البيئة البحرية وحفظها؛

'2'   قبول أن تحقق السلطة من الامتثال لذلك؛

'3'   تزويد السلطة، بالقدر الممكن عمليا، بأي بيانات قد تكون متصلة بحماية البيئة البحرية وحفظها.

المادة 4

النظر في الإخطارات

1 - يوجه الأمين العام إشعارا كتابيا باستلام كل إخطار مقدم بموجب المادة 3، ويحدد فيه تاريخ الاستلام.

2 - يقوم الأمين العام باستعراض الإخطار واتخاذ إجراء بشأنه في غضون 45 يوماً من تاريخ استلامه. فإذا كان الإخطار مستوفياً لشروط الاتفاقية وشروط هذا النظام، يسجل الأمين العام تفاصيل الإخطار في سجل يحتفظ به لهذا الغرض ويبلّغ المنقّب كتابياً بأن الإخطار قد سُجّل على هذا النحو.

3 - يقوم الأمين العام، في غضون 45 يوماً من استلام الإخطار، بإبلاغ المنقب المقترح، خطياً، إذا تضمن الإخطار أي جزء من قطاع مشمول بخطة عمل موافق عليها لاستكشاف أو استغلال أي فئة من الموارد، أو تضمن أي جزء من قطاع محجوز أو أي جزء من قطاع لم يوافق المجلس على استغلاله بسبب خطر ينذر بإلحاق ضرر جسيم بالبيئة البحرية، أو إذا كان التعهد الخطي غير مرضٍ. ويزود المنقب المقترح ببيان خطي بالأسباب. وللمنقب المقترح، في حالات كهذه، أن يقدم في غضون 90 يوماً إخطارا معدّلا. ويقوم الأمين العام، في غضون 45 يوما، باستعراض هذا الإخطار المعدل واتخاذ إجراء بشأنه.

4 - يبلغ المنقّب الأمين العام خطياً بأي تغيير في المعلومات الواردة في الإخطار.

5 - لا يكشف الأمين العام عن أي تفاصيل ترد في الإخطار إلا بموافقة مكتوبة من المنقب. ولكن يتعين أن يقوم الأمين العام من حين لآخر بإبلاغ جميع أعضاء السلطة بهوية المنقبين وبالقطاعات العامة التي تجري فيها عمليات التنقيب.

المادة 5

حماية البيئة البحرية وحفظها أثناء التنقيب

1 - يتخذ كل منقّب، بالقدر الممكن بصورة معقولة، التدابير اللازمة لمنع التلوث وغيره من الأخطار التي تتعرض لها البيئة البحرية والناجمة عن التنقيب، والحد منها ومكافحتها، متبعا نهجا تحوطيا وأفضل الممارسات البيئية. وبصفة خاصة، يقلل كل منقب إلى أدنى حد أو يزيل ما يلي:

(أ) الآثار البيئية الضارة الناجمة عن التنقيب؛

(ب) التعارض أو التداخل الفعلي أو المحتمل مع أنشطة البحث العلمي البحرية الجارية أو المقررة، وفقا للمبادئ التوجيهية ذات الصلة التي ستوضع مستقبلا في هذا الصدد.

2 - يتعاون المنقبون مع السلطة في وضع وتنفيذ برامج لرصد وتقييم الآثار المحتملة لاستكشاف القشور الغنية بالكوبالت واستغلالها على البيئة البحرية.

3 - يخطر المنقب الأمين العام خطياً على الفور، وبأكثر الوسائل فعالية، بأي حادث ناجم عن التنقيب تسبب في إلحاق ضرر جسيم بالبيئة البحرية أو يتسبب فيه أو يمكن أن يتسبب فيه. ويتصرف الأمين العام لدى تلقي هذا الإخطار بطريقة تتسق والمادة 35.

المادة 6

التقرير السنوي

1 - يُقدم المنقّب إلى السلطة خلال 90 يوماً من نهاية كل سنة تقويمية تقريرا سنوياً عن حالة التنقيب. ويُقدم الأمين العام هذه التقارير إلى اللجنة القانونية والتقنية. ويتضمن كل تقرير من هذه التقارير ما يلي:

(أ) وصف عام لحالة التنقيب، والنتائج الرئيسية المتوصل إليها؛

(ب) معلومات عن الامتثال للتعهدات المشار إليها في الفقرة 4 (د) من المادة 3؛

(ج) معلومات عن التمسك بالمبادئ التوجيهية ذات الصلة في هذا الصدد.

2 - إذا اعتزم المنقب المطالبة بنفقات التنقيب بوصفها جزءا من تكاليف الإعداد المتكبدة قبل بدء الإنتاج التجاري، فعليه أن يقدم بيانا سنويا بالنفقات الفعلية والمباشرة التي تكبدها في تنفيذ عملية التنقيب يكون مطابقا لمبادئ المحاسبة المقبولة دوليا ومصدّقا عليه من قِبَل مكتب محاسبة قانونية مؤهل حسب الأصول.

المادة 7

سرّية البيانات والمعلومات الواردة في التقرير السنوي المستمدة من عمليات التنقيب

1 - يكفل الأمين العام سرية جميع البيانات والمعلومات الواردة في التقارير المقدمة بموجب المادة 6، وتنطبق على ذلك، مع إدخال ما يلزم من تعديل، أحكام المادتين 38 و 39، شريطة ألا تعتبر البيانات والمعلومات المتصلة بحماية وحفظ البيئة البحرية سرية، وبخاصة تلك الواردة من برامج رصد البيئة. ويجوز للمنقب أن يطلب عدم كشف تلك البيانات لمدة تصل إلى ثلاث سنوات من تاريخ تقديمها.

2 - للأمين العام أن يكشف في أي وقت، بموافقة المنقب المعني، عن بيانات ومعلومات تتصل بالتنقيب في قطاع قُدم إخطار بشأنه. وللأمين العام أن ينشر تلك البيانات والمعلومات متى تأكد له، بعد بذل جهود معقولة لمدة عامين على الأقل، أن المنقب لم يعد موجودا أو لا يمكن العثور عليه.

المادة 8

الأشياء ذات الطابع الأثري أو التاريخي

يخطر المنقب الأمين العام خطياً على الفور بأي شيء يعثر عليه في المنطقة له أو يمكن أن يكون له طابع أثري أو تاريخي، وبمكان وجوده. وينقل الأمين العام هذه المعلومات إلى المدير العام لمنظمة الأمم المتحدة للتربية والعلم والثقافة.

الجزء الثالث

طلبات الموافقة في شكل عقود على خطط العمل المتعلقة بالاستكشاف

الفرع 1

أحكام عامة

المادة 9

أحكام عامة

رهنا بأحكام الاتفاقية، يمكن أن تقدم الجهات التالية طلبات إلى السلطة من أجل الموافقة على خطط العمل المتعلقة بالاستكشاف:

(أ) المؤسسة، لحسابها الخاص أو في إطار ترتيب مشترك؛

(ب) الدول الأطراف أو المؤسسات الحكومية أو الأشخاص الطبيعيون أو الاعتباريون الذين يحملون جنسيات الدول الأطراف أو الذين يكون لهذه الدول أو لرعاياها سيطرة فعلية عليهم، عندما تزكيهم هذه الدول، أو أي مجموعة من الفئات المتقدمة الذكر تتوافر فيها شروط هذا النظام.

الفرع 2
محتويات الطلبات

المادة 10
شكل الطلبات

1 - يقدم كل طلب للحصول على الموافقة على خطة عمل للاستكشاف، بالشكل المحدد في المرفق الثاني لهذا النظام ويوجه إلى الأمين العام ويكون متفقا وشروط هذا النظام.

2 - يقدم كل طلب على النحو التالي:

(أ) في حالة طلب صادر عن دولة طرف، تقدمه السلطة المعينة لذلك الغرض؛

(ب) في حالة طلب صادر عن كيان، يقدمه ممثل الكيان المعيّن أو السلطة التي تعيّنها لذلك الغرض الدولة أو الدول المزكّية؛

(ج) في حالة طلب صادر عن المؤسسة، تقدمه السلطة المختصة في المؤسسة.

3 - يتضمن كل طلب مقدم من مؤسسة حكومية أو من أحد الكيانات المشار إليها في المادة 9 (ب) أيضا ما يلي:

(أ) معلومات كافية لمعرفة جنسية مقدم الطلب أو هوية الدولة أو الدول التي يكون لها أو لرعاياها سيطرة فعلية عليه؛

(ب) المكان الرئيسي لعمل مقدم الطلب أو محل سكنه، ومكان تسجيله، إن كان هذا منطبقا.

4 - يتضمن كل طلب مقدم من شراكة كيانات أو اتحاد كيانات المعلومات اللازمة فيما يتعلق بكل عضو من أعضاء الشراكة أو الاتحاد.

المادة 11
شهادة التزكية

1 - يرفق كل طلب مقدم من مؤسسة حكومية أو من أحد الكيانات المشار إليها في المادة 9 (ب) بشهادة تزكية صادرة عن الدولة التي تعد المؤسسة أو الكيان من رعاياها أو التي تسيطر عليها أو عليه سيطرة فعلية. وإذا كان لمقدم الطلب أكثر من جنسية واحدة، كما في حالة شراكة الكيانات أو اتحاد الكيانات المنتمية لأكثر من دولة، تصدر كل دولة معنية شهادة تزكية.

2 – إذا كان لمقدم الطلب جنسية دولة واحدة ولكنه يخضع فعلياً لسيطرة دولة أخرى أو رعاياها، تصدر كل دولة معنية شهادة تزكية.

3 – توقع كل شهادة تزكية حسب الأصول بالنيابة عن الدولة المقدمة باسمها الشهادة، وينبغي أن تتضمن ما يلي:

(أ) اسم مقدم الطلب؛

(ب) اسم الدولة المزكية؛

(ج) بيانا بأن مقدم الطلب:

'1' هو من رعايا الدولة المزكية؛ أو

'2' يخضع فعليا لسيطرة الدولة المزكية أو رعاياها؛

(د) إقرار من الدولة المزكية بأنها تزكي مقدم الطلب؛

(ه) تاريخ إيداع صك تصديق الدولة المزكية على الاتفاقية أو انضمامها إليها أو خلافتها فيها؛

(و) إقرار بأن الدولة المزكية تتحمل المسؤولية وفقا للمادتين 139 و 153 (4) من الاتفاقية، والمادة 4 (4) من المرفق الثالث للاتفاقية.

4 – تمتثل لأحكام هذه المادة أيضا الدول أو الكيانات الداخلة في ترتيب مشترك مع المؤسسة.

المادة 12
المساحة الإجمالية المشمولة بالطلب

1 – لأغراض هذا النظام، يعني مصطلح ''قطعة قشور الكوبالت'' خلية أو خلايا كثيرة لشبكة تحددها السلطة، قد تكون مربعة أو مستطيلة الشكل، ولا تزيد مساحتها عن 20 كيلومترا مربعا.

2 – يتألف القطاع المشمول بكل طلب للحصول على الموافقة على خطة عمل لاستكشاف قطع القشور الكوبالتية مما لا يزيد عن 150 قطعة من قشور الكوبالت التي يجب أن يرتبها مقدم الطلب في مجموعات، على النحو الوارد في الفقرة 3 أدناه.

3 – تشكل خمس قطع متلاصقة من القشور الكوبالتية مجموعة من قطع القشور الكوبالتية. وتعتبر القطعتان اللتان تتلامسان عند أي نقطة قطعتين متلاصقتين. وينبغي ألا تكون

مجموعات قطع قشور الكوبالت متلاصقة، إنما تكون قريبة وتقع بالكامل داخل منطقة جغرافية لا يزيد طولها عن 550 كيلومتراً وعرضها 550 كيلومتراً.

4 - بصرف النظر عن أحكام الفقرة 2 أعلاه، لا يجوز، عند اختيار مقدم الطلب أن يسهم بقطاع محجوز للقيام بأنشطة عملا بالمادة 9 من المرفق الثالث للاتفاقية، وفقا للمادة 17، لا يجوز أن تتجاوز المساحة الإجمالية التي يغطيها الطلب 300 قطعة من قشور الكوبالت. وتُرتب هذه القطع في مجموعتين متساويتين في القيمة التجارية التقديرية، ويرتب مقدم الطلب كل مجموعة من هاتين المجموعتين في مجموعات، كما ورد في الفقرة 3 أعلاه.

المادة 13
القدرات المالية والتقنية

1 - يحتوي كل طلب للحصول على موافقة على خطة عمل للاستكشاف على معلومات محددة وكافية لتمكين المجلس من تقرير ما إذا كان مقدم الطلب قادرا ماليا وتقنيا على الاضطلاع بخطة العمل المقترحة للاستكشاف وعلى الوفاء بالتزاماته المالية تجاه السلطة.

2 - يتضمن الطلب الذي تقدمه المؤسسة، للحصول على الموافقة على خطة عمل للاستكشاف، بيانا من سلطتها المختصة يشهد بأن المؤسسة لديها الموارد المالية اللازمة لتغطية التكاليف التقديرية لخطة العمل المقترحة للاستكشاف.

3 - يتضمن الطلب المقدم من دولة أو من مؤسسة حكومية، للحصول على الموافقة على خطة عمل للاستكشاف، بيانا من الدولة أو من الدولة المزكية يشهد بأن لدى مقدم الطلب الموارد المالية اللازمة لتغطية التكاليف التقديرية لخطة العمل المقترحة للاستكشاف.

4 - يتضمن الطلب المقدم من كيان، للحصول على الموافقة على خطة عمل للاستكشاف، نسخا من بياناته المالية المراجعة، بما فيها الميزانية العمومية وبيانات الأرباح والخسائر للسنوات الثلاث الأخيرة، تكون مطابقة لمبادئ المحاسبة المقبولة دوليا ومصدقا عليها من قِبل مكتب محاسبة قانونية مؤهل حسب الأصول.

5 - وإذا كان مقدم الطلب كيانا نُظم حديثا وليست لديه ميزانية عمومية مصدق عليها، يتضمن الطلب ميزانية عمومية مؤقتة مصدق عليها من مسؤول مناسب يعمل لدى مقدم الطلب.

6 - وإذا كان مقدم الطلب تابعا لكيان آخر، يتضمن الطلب نسخا من البيانات المالية التي تخص ذلك الكيان وبيانا من ذلك الكيان في امتثال لمبادئ المحاسبة المقبولة دوليا ويكون

مصدقا عليه من قِبل مكتب محاسبة قانونية مؤهل حسب الأصول بما يؤكد أن مقدم الطلب ستكون لديه الموارد المالية اللازمة لإنجاز خطة العمل المتعلقة بالاستكشاف.

7 - وإذا كان مقدم الطلب تحت سيطرة دولة أو مؤسسة حكومية، يتضمن الطلب بيانا من الدولة أو المؤسسة الحكومية تشهد فيه بأن مقدم الطلب ستكون لديه الموارد المالية اللازمة لتنفيذ خطة العمل المتعلقة بالاستكشاف.

8 - إذا كان مقدم الطلب، للحصول على الموافقة على خطة عمل للاستكشاف، يعتزم تمويل خطة العمل المقترحة للاستكشاف عن طريق القروض، يتضمن طلبه مقدار تلك القروض وفترة السداد وسعر الفائدة.

9 - يشمل كل طلب ما يلي:

(أ) وصف عام لما اكتسبه مقدم الطلب من خبرات ومعارف ومهارات ومؤهلات فنية ودراية فنية سابقة تتعلق بخطة العمل المقترحة للاستكشاف؛

(ب) وصف عام للمعدات والطرق التي يتوقع استخدامها في تنفيذ خطة العمل المقترحة للاستكشاف وغير ذلك من المعلومات غير التجارية المناسبة بشأن خصائص تلك التكنولوجيا؛

(ج) وصف عام لقدرة مقدم الطلب المالية والتقنية على الاستجابة لأي حادث أو نشاط يلحق ضررا جسيما بالبيئة البحرية.

10 - إذا كان مقدم الطلب شراكة كيانات أو اتحاد كيانات داخلة في ترتيب مشترك، يقوم كل عضو من أعضاء الشراكة أو الاتحاد بتوفير المعلومات التي تقتضيها هذه المادة.

المادة 14
العقود السابقة المبرمة مع السلطة

إذا سبق أن مُنح مقدم الطلب عقدا مع السلطة، أو مُنح عقد مع السلطة لأي عضو من أعضاء شراكة كيانات أو اتحاد كيانات داخل في ترتيب مشترك، عند تقديم الطلب من قبل شراكة أو اتحاد من هذا القبيل، يتضمن الطلب ما يلي:

(أ) تاريخ العقد السابق أو العقود السابقة؛

(ب) التواريخ والأرقام المرجعية والعناوين لكل تقرير مقدم إلى السلطة فيما يتصل بالعقد أو العقود؛

(ج) تاريخ إنهاء العقد أو العقود، إن كان ذلك قد حدث.

المادة 15
التعهدات

يقدم كل مقدم طلب، بما في ذلك المؤسسة، ضمن طلبه الحصول على موافقة على خطة عمل للاستكشاف، تعهدا خطيا إلى السلطة بما يلي:

(أ)   قبول تنفيذ ما ينطبق من التزامات ناشئة عن أحكام الاتفاقية، وقواعد السلطة وأنظمتها وإجراءاتها وقرارات أجهزة السلطة وأحكام عقوده مع السلطة، وبالامتثال لها؛

(ب)   قبول رقابة السلطة على الأنشطة في المنطقة، على النحو الذي تأذن به الاتفاقية؛

(ج)   تزويد السلطة بتأكيد خطي للوفاء بحسن نية بالتزاماته المقررة بموجب العقد.

المادة 16
اختيار مقدم الطلب المساهمة في قطاع محجوز أو المشاركة بحصة في رأس المال في إطار ترتيب يتعلق بمشروع مشترك

يختار كل مقدم طلب عند التقدم بطلبه إما:

(أ)   أن يسهم بقطاع يحجز لتنفيذ أنشطة عملا بالمادة 9 من المرفق الثالث للاتفاقية وفقا للمادة 17؛ أو

(ب)   أن يعرض حصة في رأس المال المتعلق بترتيب مشروع مشترك وفقا للمادة 19.

المادة 17
البيانات والمعلومات التي يجب تقديمها قبل تحديد المنطقة المحجوزة

1 -   إذا اختار مقدم الطلب أن يسهم بقطاع محجوز للقيام بأنشطة عملا بالمادة 9 من المرفق الثالث للاتفاقية، يكون القطاع المشمول بالطلب على قدر من الاتساع ومن القيمة التجارية التقديرية بما يكفي لإتاحة القيام بعمليتي تعدين ويقوم مقدم الطلب بتحديد شكله وفقا للفقرة 4 من المادة 12.

2 -   يحتوي كل طلب من هذا القبيل على بيانات ومعلومات كافية على النحو المبين في الفرع الثاني من المرفق الثاني لهذا النظام، تتعلق بالقطاع المشمول بالطلب لكي يتمكن المجلس، بناء على توصية اللجنة القانونية والتقنية، من تحديد منطقة محجوزة استنادا إلى القيمة التجارية

المقدرة لكل جزء. وتشمل هذه البيانات والمعلومات بيانات متاحة لمقدم الطلب بشأن جزأي القطاع المشمول بالطلب، بما في ذلك البيانات المستعملة في تحديد قيمته التجارية.

3 - إذا تبين للمجلس أن البيانات والمعلومات المقدمة من مقدم الطلب، بموجب الفرع الثاني من المرفق الثاني لهذا النظام، مرضية، فيعيّن استنادا إلى ذلك، وآخذا في الاعتبار توصية اللجنة القانونية والتقنية، الجزء الذي سيكون قطاعا محجوزا من القطاع المشمول بالطلب. ويصبح القطاع المعين على هذا النحو قطاعا محجوزا حالما تتم الموافقة على خطة العمل الاستكشافي المتعلقة بالقطاع غير المحجوز ويوقع العقد. وإذا ما قرر المجلس وجود حاجة إلى معلومات إضافية وفقا لهذا النظام وللمرفق الثاني، فيحيل المسألة مرة أخرى إلى اللجنة كي تواصل النظر فيها، ويحدد المعلومات الإضافية اللازمة.

4 - يجوز للسلطة أن تكشف، وفقا للمادة 14 (3) من المرفق الثالث للاتفاقية، عن البيانات والمعلومات التي ينقلها مقدم الطلب إلى السلطة فيما يتعلق بالقطاع المحجوز، وذلك بمجرد الموافقة على خطة العمل المتعلقة بالاستكشاف وإصدار العقد.

المادة 18
طلبات الموافقة على خطط العمل فيما يتعلق بقطاع محجوز

1 - يجوز لأي دولة نامية، أو لأي شخص طبيعي أو اعتباري تزكيه هذه الدولة ويخضع لسيطرتها الفعلية أو لسيطرة دولة نامية أخرى أو أي مجموعة مما سلف، إخطار السلطة برغبتها في تقديم خطة عمل للاستكشاف بشأن قطاع محجوز. ويحيل الأمين العام هذا الإخطار إلى المؤسسة، وعليها أن تعلم الأمين العام خطيا، في غضون ستة أشهر، بما إذا كانت تعتزم الاضطلاع بأنشطة في ذلك القطاع أم لا. وإذا كانت المؤسسة تعتزم الاضطلاع بأنشطة في ذلك القطاع، فإن عليها، عملا بالفقرة 4، أن تبلغ خطيا أيضا المتعاقد الذي يكون طلبه المتعلق بالموافقة على خطة عمل للاستكشاف قد شمل أصلا ذلك القطاع.

2 - يجوز تقديم طلبات للحصول على موافقة على خطة عمل للاستكشاف في قطاع محجوز في أي وقت بعد أن يُصبح ذلك القطاع متاحا في أعقاب اتخاذ المؤسسة قرارا بأنها لا تعتزم القيام بأي أنشطة في ذلك القطاع، أو إذا لم تتخذ المؤسسة، في غضون ستة أشهر من استلام إخطار من الأمين العام، قرارا بشأن ما إذا كانت تعتزم القيام بأنشطة في ذلك القطاع، أو تبلغ الأمين العام كتابيا بأنها تجري مباحثات بشأن احتمال القيام بمشروع مشترك. وفي الحالة الأخيرة، تُمنح المؤسسة عاما واحدا من تاريخ هذا الإخطار كي تقرر ما إذا كانت ستضطلع بأنشطة في ذلك القطاع.

3 - إذا لم تقدم المؤسسة أو أي دولة نامية، أو أي من الكيانات المشار إليها في الفقرة 1 طلبا للحصول على موافقة على خطة عمل للاستكشاف للقيام بأنشطة في قطاع محجوز في غضون 15 عاما من بدء المؤسسة مهامها بصورة مستقلة عن أمانة السلطة، أو في غضون 15 عاما من التاريخ الذي حُجز فيه ذلك القطاع للسلطة، مع اعتبار أحدث التاريخين، فيحق للمتعاقد الذي كان طلبه بالموافقة على خطة عمل للاستكشاف قد شمل أصلا ذلك القطاع تقديم طلب للموافقة على خطة عمل للاستكشاف في ذلك القطاع شريطة أن يعرض، بحسن نية، إدخال المؤسسة كشريك في مشروع مشترك.

4 - لكل متعاقد حق الأولوية في أن يرفض الدخول في ترتيب لمشروع مشترك مع المؤسسة لاستكشاف القطاع الداخل في طلبه الموافقة على خطة عمل للاستكشاف، الذي عينه المجلس بوصفه قطاعا محجوزا.

المادة 19

المشاركة بحصة في رأس المال المتعلق بترتيب لمشروع مشترك

1 - إذا اختار مقدم الطلب أن يعرض المشاركة بحصة في رأس المال المتعلق بترتيب لمشروع مشترك، فعليه تقديم بيانات ومعلومات وفقا للمادة 20. ويخضع القطاع الذي سيخصص لمقدم الطلب لأحكام المادة 27.

2 - يشمل ترتيب المشروع المشترك، الذي يبدأ نفاذه اعتبارا من التاريخ الذي يبرم فيه مقدم الطلب عقد استغلال، ما يلي:

(أ) تحصل المؤسسة على حد أدنى قدره 20 في المائة من حصة المشاركة في ترتيب المشروع المشترك بناء على الأسس التالية:

‘1’ يتم الحصول على نصف حصة المشاركة في رأس المال دون أي مدفوعات، مباشرة أو غير مباشرة، لمقدم الطلب، وتُعامل على أساس التساوي مع حصة مشاركة مقدم الطلب في رأس مال المشروع، بالنسبة لكل الأغراض؛

‘2’ يتم التعامل مع باقي حصة المشاركة في رأس المال على أساس التساوي مع حصة مشاركة مقدم الطلب بالنسبة لكل الأغراض، إلا أن المؤسسة لن تتسلم أي أرباح موزعة فيما يتعلق بهذه المشاركة إلى أن يستعيد مقدم الطلب إجمالي مشاركته في ترتيب المشروع المشترك؛

(ب) بصرف النظر عن الحكم الوارد في الفقرة الفرعية (أ)، يعرض مقدم الطلب، مع ذلك، على المؤسسة فرصة شراء نسبته 30 في المائة أخرى من حصص المشاركة في رأس مال

ترتيب المشروع المشترك أو نسبة أقل تختار المؤسسة شراءها، على أساس التعامل القائم على المساواة مع مقدم الطلب بالنسبة لجميع الأغراض[2]؛

(ج)   باستثناء ما هو منصوص عليه تحديدا في الاتفاق بين مقدم الطلب والمؤسسة، لا تكون المؤسسة، بسبب مشاركتها في رأس المال، ملزمة على أي وجه آخر بتوفير أموال أو ائتمانات أو بإصدار ضمانات أو بأن تقبل، بأي وجه آخر، أي تبعات مالية أيا كانت من أجل ترتيب المشروع المشترك أو باسمه، كما لا تكون ملزمة بأن تكتتب لمزيد من المشاركة في رأس المال حتى تحافظ على مشاركتها المتناسبة في ترتيب المشروع المشترك.

المادة 20
البيانات والمعلومات التي يجب تقديمها من أجل الموافقة على خطة العمل المتعلقة بالاستكشاف

1 -   ينبغي أن يقدم كل مقدم طلب المعلومات التالية بغية الحصول على موافقة في شكل عقد على خطة العمل المتعلقة بالاستكشاف:

(أ)   وصف عام وجدول زمني لبرنامج الاستكشاف المقترح، بما في ذلك برنامج أنشطة لفترة السنوات الخمس التالية مباشرة، مثل الدراسات التي ينبغي إجراؤها فيما يتعلق بالعوامل البيئية والتقنية والاقتصادية وغيرها من العوامل الملائمة التي يجب أخذها في الاعتبار عند الاستكشاف؛

(ب)   وصف للبرنامج المتعلق بإجراء دراسات أوقيانوغرافية وبيئية أساسية وفقا لهذا النظام وأي قواعد وأنظمة وإجراءات بيئية تقررها السلطة وتتيح إجراء تقييم للتأثير البيئي الذي يحتمل أن ينشأ عن أنشطة الاستكشاف المقترحة، بما في ذلك على سبيل المثال لا الحصر التأثير على التنوع البيولوجي، مع مراعاة أي توصيات تصدرها اللجنة القانونية والتقنية؛

(ج)   تقييم أولي للتأثير المحتمل لأنشطة الاستكشاف المقترحة على البيئة البحرية؛

(د)   سرد للتدابير المقترح اتخاذها لمنع تلوث البيئة البحرية والمخاطر الأخرى التي تتعرض لها، والحد منها ومكافحتها وتقييم تأثيراتها المحتملة؛

(ه)   البيانات اللازمة لكي يتخذ المجلس القرار المطلوب منه اتخاذه وفقا للمادة 13 (1)؛

---

[2] ينبغي تناول أحكام وشروط الحصول على حصة في رأس المال بمزيد من التفصيل.

(و) جدول زمني للنفقات السنوية المتوقعة فيما يتعلق ببرنامج الأنشطة لفترة السنوات الخمس التالية مباشرة.

2 - إذا اختار مقدم الطلب أن يسهم بقطاع محجوز، فعليه أن يقدم البيانات والمعلومات المتعلقة بهذا القطاع إلى السلطة بعد تعيين المجلس للقطاع المحجوز وفقا للمادة 17 (3).

3 - إذا اختار مقدم الطلب أن يعرض حصة في رأس المال المتعلق بترتيب مشروع مشترك، فإن عليه أن يحيل البيانات والمعلومات المتعلقة بهذا القطاع إلى السلطة عند الإعلان عن اختياره.

الفرع 3
الرسوم

المادة 21
رسوم الطلبات

1 - يكون رسم تجهيز طلب الموافقة على خطةٍ لاستكشاف قشور الكوبالت رسما مقطوعا قدره 500 000 من دولارات الولايات المتحدة أو ما يعادلها بالعملات القابلة للتحويل في السوق الحرة، ويكون الرسمُ واجبَ السداد بالكامل عند تقديم الطلب.

2 - إذا قلّت التكاليف الإدارية التي تكبدتها السلطة في تجهيز طلب من الطلبات عن المبلغ المقطوع المحدد في الفقرة 1 أعلاه، فإن السلطة تردّ لمقدمِ الطلب الفَرْق. أما إذا فاقت التكاليفُ الإدارية التي تكبدتها السلطة في تجهيز طلب من الطلبات المبلغَ المقطوع المحدد في الفقرة 1 أعلاه، فإن مقدم الطلب يسدّد الفرق إلى السلطة؛ بشرط ألا يتجاوز أي مبلغ إضافي يدفعه مقدم الطلب نسبة 10 في المائة من الرسم المقطوع المشار إليه في الفقرة 1.

3 - يقوم الأمين العام بتحديد مبالغ هذه الفروق وفق المشار إليه في الفقرة 2 أعلاه وآخذا في الحسبان أي معايير تضعها لجنة المالية لهذا الغرض، ثم يخطر مقدمَ الطلب بمبلغ الفرق. ويتضمن الإخطار بيانا بالنفقات التي تكبدتها السلطة. ويُسدّد مقدمُ الطلب المبلغَ المستحق أو تردّه السلطة في غضون 3 أشهر من توقيع العقد المشار إليه في المادة 25 أدناه.

4 - يقوم المجلس بانتظام بإعادة النظر في المبلغ المقطوع المشار إليه في الفقرة 1 أعلاه لضمان تغطيته للتكاليف الإدارية المتوقع تكبُدها عند تجهيز الطلبات ولتجنيب مقدمي الطلبات الحاجة إلى دفع مبالغ إضافية بموجب الفقرة 2 أعلاه.

الفرع 4
تجهيز الطلبات

المادة 22
استلام الطلبات والإشعار باستلامها وحفظها في مكان مأمون

يقوم الأمين العام بما يلي:

(أ) توجيه إشعار خطي في غضون 30 يوما باستلام كل طلب مقدم بموجب هذا الجزء لاستصدار موافقة على خطة عمل للاستكشاف، ويحدد فيه تاريخ الاستلام؛

(ب) حفظ الطلب وملحقاته ومرفقاته في مكان مأمون وضمان سرية جميع البيانات والمعلومات السرية الواردة في الطلب؛

(ج) إخطار أعضاء السلطة باستلام هذا الطلب وتعميم معلومات عليهم بشأن الطلب تكون ذات طابع عام وغير سري.

المادة 23
نظر اللجنة القانونية والتقنية في الطلبات

1 - عند استلام طلب للموافقة على خطة عمل للاستكشاف، يخطر الأمين العام أعضاء اللجنة القانونية والتقنية بهذا الطلب ويدرج النظر فيه كبند في جدول أعمال الاجتماع المقبل للجنة. ولا تنظر اللجنة إلا في الطلب الذي عمم الأمين العام إخطارا به ومعلومات عنه وفقا للمادة 22 (ج) قبل ثلاثين يوما على الأقل من بدء اجتماع اللجنة الذي من المقرر أن ينظر خلاله في الطلب.

2 - تدرس اللجنة الطلبات وفقا لترتيب ورودها.

3 - تقرر اللجنة ما إذا كان مقدم الطلب:

(أ) قد امتثل لأحكام هذا النظام؛

(ب) قد قدم التعهدات والتأكيدات المحددة في المادة 15؛

(ج) يملك القدرة المالية والتقنية اللازمة لتنفيذ خطة العمل المقترحة للاستكشاف ووفر تفاصيل عن قدرته على الامتثال بسرعة للأوامر في حالات الطوارئ؛

(د) قد وفّى على نحو مرضٍ بالتزاماته فيما يتصل بأي عقد سبق إبرامه مع السلطة.

4 - تقرر اللجنة، وفقا للشروط المحددة في هذا النظام ولإجراءاتها، ما إذا كانت خطة العمل المقترحة للاستكشاف:

(أ) توفر الحماية الفعالة لصحة البشر وسلامتهم؛

(ب) توفر الحماية للبيئة البحرية وتكفل حفظها بشكل فعال بما في ذلك حمايتها وحفظها مما يترتب من آثار على التنوع البيولوجي على سبيل الذكر لا الحصر؛

(ج) تكفل عدم إقامة المنشآت حيث يمكن أن تتسبب في عرقلة استخدام الممرات البحرية المعترف بها الضرورية للملاحة الدولية أو في القطاعات التي تكثر فيها أنشطة الصيد.

5 - إذا تأكدت اللجنة من النقاط المنصوص عليها في الفقرة 3، وقررت أن خطة العمل المقترحة للاستكشاف مستوفية لشروط الفقرة 4، توصي المجلس بالموافقة على خطة العمل هذه.

6 - تمتنع اللجنة عن التوصية بالموافقة على خطة عمل الاستكشاف إذا كان جزء من القطاع أو كل القطاع الذي تغطيه خطة العمل المقترحة للاستكشاف مشمولا:

(أ) بخطة عمل لاستكشاف قشور الكوبالت، وافق عليها المجلس؛ أو

(ب) بخطة عمل وافق عليها المجلس لاستكشاف أو استغلال موارد أخرى، إذا كان من المحتمل أن تؤدي خطة العمل المقترحة لاستكشاف قشور الكوبالت، إلى عرقلة لا مسوغ لها للأنشطة المضطلع بها في إطار خطة العمل الموافق عليها للموارد الأخرى؛ أو

(ج) بقطاع رفض المجلس الموافقة على استغلاله في الحالات التي تشير فيها الأدلة المادية إلى خطر إلحاق ضرر جسيم بالبيئة البحرية.

7 - يجوز للجنة القانونية والتقنية أن توصي بالموافقة على خطة عمل إذا تبين لها أن هذه الموافقة لن تسمح لدولة طرف أو لكيانات تزكى من قبلها باحتكار الاضطلاع بالأنشطة في المنطقة فيما يتعلق بقشور الكوبلت أو بمنع دول أطراف أخرى من أنشطة تتعلق بقشور الكوبلت في المنطقة.

8 - باستثناء الطلبات المقدمة من المؤسسة، باسمها هي أو في مشروع مشترك، والطلبات المقدمة بموجب المادة 18، لا توصي اللجنة بالموافقة على خطة العمل المتعلقة بالاستكشاف إذا كان جزء أو كل القطاع المشمول بخطة العمل المقترحة للاستكشاف مشمولا بقطاع محجوز أو بقطاع معين من قبل المجلس بوصفه قطاعا محجوزا.

9 - إذا وجدت اللجنة أن الطلب لا يستوفي شروط هذا النظام، تخطر مقدم الطلب بذلك خطيا، عن طريق الأمين العام، مبينة الأسباب. ويجوز لمقدم الطلب أن يعدل طلبه في غضون 45 يوما من تاريخ هذا الإخطار. وإذا رأت اللجنة، بعد النظر مرة أخرى في الطلب، ألا توصي بالموافقة على خطة العمل المتعلقة بالاستكشاف، فتخطر مقدم الطلب بذلك وتتيح له فرصة أخرى لتقديم بيان أوضاع في غضون 30 يوما من تاريخ هذا الإخطار. وتولي اللجنة الاعتبار لأي بيان أوضاع يقدمه مقدم الطلب عند إعداد تقريرها وتوصيتها إلى المجلس.

10 - تراعي اللجنة عند النظر في خطة عمل مقترحة للاستكشاف المبادئ والسياسات والأهداف المتعلقة بالأنشطة المضطلع بها في المنطقة على نحو ما ينص عليه الجزء الحادي عشر والمرفق الثالث للاتفاقية والاتفاق.

11 - تنظر اللجنة في الطلبات على وجه السرعة وتقدم إلى المجلس تقريرها وتوصياتها بشأن تعيين قطاعات وبشأن خطة العمل المتعلقة بالاستكشاف، وذلك في أول فرصة ممكنة، آخذة في الاعتبار الجدول الزمني لاجتماعات السلطة.

12 - تقوم اللجنة، في أدائها لواجباتها، بتطبيق هذا النظام وقواعد السلطة وأنظمتها وإجراءاتها تطبيقا موحدا وبلا تمييز.

المادة 24
نظر المجلس في خطط العمل المتعلقة بالاستكشاف وموافقته عليها

ينظر المجلس في تقارير اللجنة القانونية والتقنية وتوصياتها المتصلة بالموافقة على خطط العمل المتعلقة بالاستكشاف وفقا للفقرتين 11 و 12 من الفرع 3 من مرفق الاتفاق.

الجزء الرابع
عقود الاستكشاف

المادة 25
العقد

1 - بعد أن يوافق المجلس على خطة عمل للاستكشاف، تعد هذه الخطة في شكل عقد بين السلطة ومقدم الطلب، على النحو المنصوص عليه في المرفق الثالث لهذا النظام. ويتضمن كل عقد الشروط القياسية المحددة في المرفق الرابع والنافذة بتاريخ سريان العقد.

2 - يُوقع العقد من جانب الأمين العام بالإنابة عن السلطة ومن جانب مقدم الطلب. ويخطر الأمين العام جميع أعضاء السلطة خطيا بإبرام كل عقد.

المادة 26
حقوق المتعاقد

1 - يكون للمتعاقد حق خالص في استكشاف قطاع مشمول بخطة عمل تتعلق باستكشاف قشور الكوبالت. وتكفل السلطة ألا يقوم أي كيان آخر بأعمال في القطاع نفسه تتعلق بموارد أخرى بطريقة قد تعوق العمليات التي يقوم بها المتعاقد.

2 - تمنح الأفضلية والأولوية، بين مقدمي طلبات خطط العمل لاستغلال نفس القطاع والموارد، للمتعاقد الذي لديه خطة عمل ووفق عليها لأغراض الاستكشاف فقط. ويجوز أن يسحب المجلس هذه الأفضلية أو الأولوية إذا لم يمتثل المتعاقد لشروط خطة عمله الموافق عليها للاستكشاف في حدود المهلة المحددة في إخطار خطي أو إخطارات خطية من المجلس إلى المتعاقد تبين فيها الشروط التي لم يف المتعاقد بها. ويجب ألا تكون المهلة المحددة في أي من هذه الإخطارات غير معقولة. وتتاح للمتعاقد فرصة معقولة لسماع رأيه قبل أن يصبح سحب هذه الأفضلية أو الأولوية نهائيا. ويبدي المجلس أسباب اعتزامه سحب الأفضلية أو الأولوية وينظر في أي رد من المتعاقد. ويتخذ المجلس قراره مع مراعاة هذا الرد وبالاستناد إلى الأدلة المادية.

3 - لا يصبح سحب الأفضلية أو الأولوية نافذا ما لم يمنح المتعاقد فرصة معقولة لاستنفاد سبل الانتصاف القضائي المتاحة له وفقا للفرع 5 من الجزء الحادي عشر من الاتفاقية.

المادة 27
مساحة القطاع، والتخلي

1 - يتخلى المتعاقد عن القطاع المخصص له وفقا للفقرة 1 من هذه المادة. وليس من الضروري أن تكون القطاعات المتخلى عنها متلاصقة، ويحددها المتعاقد في شكل قطع فرعية تتألف من خلية واحدة أو أكثر في شبكة حسبما تنص عليه السلطة. وبحلول نهاية السنة الثامنة من تاريخ العقد، على المتعاقد أن يكون قد تخلى عن الثلث على الأقل من القطاع الأصلي المخصص له، وبحلول نهاية السنة العاشرة من تاريخ العقد، على المتعاقد أن يكون قد تخلى عن الثلثين على الأقل من القطاع الأصلي المخصص له؛ أو يقوم المتعاقد، في نهاية السنة الخامسة عشرة من تاريخ العقد أو حينما يقدم طلبا للحصول على حقوق الاستغلال، أيهما أسبق، بتعيين قطاع من القطاع المتبقي المخصص له للاحتفاظ به لأغراض الاستغلال.

2- بصرف النظر عن أحكام الفقرة 1، لا يكون المتعاقد مطالَبا بالتخلي عن أي قطع إضافية من ذلك القطاع إن لم تزد المساحة المتبقية من القطاع المخصص له بعد التخلي عن 1 000 كيلومتر مربع.

3 - يجوز للمتعاقد في أي وقت أن يتخلى عن أجزاء من القطاع المخصص له قبل المواعيد الواردة في الفقرة 1.

4 - تعود الأجزاء المتخلى عنها إلى المنطقة.

5 - يجوز للمجلس، بناء على طلب من المتعاقد، وبتوصية من اللجنة، في ظروف استثنائية، تأجيل جدول التخلي. ويقرر المجلس وجود هذه الظروف الاستثنائية، وتشمل، في جملة أمور، إيلاء الاعتبار للظروف الاقتصادية السائدة أو غيرها من الظروف الاستثنائية غير المتوقعة الناشئة فيما يتعلق بالأنشطة التشغيلية للمتعاقد.

المادة 28
مدة العقود

1 - يوافق على خطة عمل للاستكشاف لفترة 15 سنة. ولدى انقضاء مدة خطة عمل للاستكشاف، يتعين على المتعاقد أن يقدم طلبا بشأن خطة عمل للاستغلال ما لم يكن قد قام بذلك فعلا أو حصل على تمديد لخطة العمل الموضوعة للاستكشاف أو أن يقرر التنازل عن حقوقه في القطاع المشمول بخطة العمل الموضوعة للاستكشاف.

2 - للمتعاقد أن يطلب، في موعد لا يتجاوز ستة شهور قبل انقضاء خطة عمل للاستكشاف، تمديد خطة العمل المتعلقة بالاستكشاف لفترات لا يتجاوز كل منها خمس سنوات. ويوافق المجلس على طلبات التمديد بتوصية من اللجنة إذا كان المتعاقد قد بذل عن حسن نية جهودا للامتثال لشروط خطة العمل ولكنه لم يتمكن لأسباب خارجة عن إرادته من إنجاز الأعمال التحضيرية اللازمة للانتقال إلى مرحلة الاستغلال أو إذا لم تُبرر الظروف الاقتصادية السائدة الانتقال إلى مرحلة الاستغلال.

المادة 29
التدريب

عملا بالمادة 15 من مرفق الاتفاقية الثالث، يتضمن كل عقد برنامجا عمليا، في شكل جدول زمني، لتدريب موظفي السلطة والدول القائمة بالاستغلال يضعه المتعاقد بالتعاون مع السلطة والدولة أو الدول المزكّية. وتركّز برامج التدريب على التدريب على القيام بعمليات

الاستكشاف وتوفر ما يلزم لاشتراك هؤلاء الموظفين اشتراكا كاملا في كل الأنشطة المشمولة بالعقد. ويجوز تنقيح هذا البرنامج وتطويره من حين إلى آخر، حسب الاقتضاء، بموافقة الطرفين.

المادة 30
الاستعراض الدوري لتنفيذ خطة عمل الاستكشاف

1 - يضطلع المتعاقد والأمين العام معا باستعراض دوري لتنفيذ خطة عمل الاستكشاف مرة كل خمس سنوات. وللأمين العام أن يطلب إلى المتعاقد أن يقدم ما قد يلزم لأغراض هذا الاستعراض من بيانات ومعلومات إضافية.

2 - في ضوء الاستعراض، يبين المتعاقد برنامج أنشطته لفترة السنوات الخمس التالية، مع إدخال ما يلزم من تعديلات على برنامج أنشطته السابق.

3 - يقدم الأمين العام تقريرا عن هذا الاستعراض إلى اللجنة والمجلس. ويوضح الأمين العام في التقرير ما إذا كانت قد روعيت في الاستعراض أي ملاحظات، أحالتها إليه الدول الأطراف في الاتفاقية، على طريقة وفاء المتعاقد بالتزاماته بموجب هذا النظام فيما يتعلق بحماية البيئة البحرية وحفظها.

المادة 31
إنهاء التزكية

1 - يحافظ كل متعاقد على التزكية اللازمة طوال فترة العقد.

2 - إذا أنهت الدولة تزكيتها، يكون عليها أن تخطر الأمين العام بذلك خطيا على الفور. وينبغي أن تطلع الدولة المزكية الأمين العام أيضا على أسباب إنهائها لهذه التزكية. ويبدأ نفاذ إنهاء التزكية بانقضاء ستة شهور على تاريخ استلام الأمين العام للإخطار، ما لم يحدد الإخطار تاريخا لاحقا.

3 - في حالة إنهاء التزكية، يكون على المتعاقد أن يجد لنفسه، في غضون الفترة المشار إليها في الفقرة 2، جهة مزكية أخرى. وتقدم هذه الجهة المزكية شهادة التزكية وفقا للمادة 11، ويترتب على عدم إيجاد جهة مزكية أخرى في غضون الفترة المطلوبة إنهاء العقد.

4 - لا يشكل إنهاء التزكية من قبل دولة مزكية سببا لتحلل تلك الدولة من أي التزامات استحقت عليها عندما كانت دولة مزكية، كما لا يؤثر ذلك الإنهاء على أي حقوق أو التزامات قانونية نشأت خلال تلك التزكية.

5 - يقوم الأمين العام بإخطار أعضاء السلطة بإنهاء التزكية أو بتغييرها.

المادة 32

المسؤولية والتبعة

يتحمل كل من المتعاقد والسلطة المسؤولية والتبعة وفقا لأحكام الاتفاقية. ويواصل المتعاقد تحمل المسؤولية عن أي ضرر ناجم عن الأفعال غير المشروعة المرتكبة في أثناء إجرائه لعملياته، وبخاصة الضرر الذي يلحق بالبيئة البحرية بعد إنجاز مرحلة الاستكشاف.

الجزء الخامس
حماية البيئة البحرية وحفظها

المادة 33

حماية البيئة البحرية وحفظها

1 - تضع السلطة، وفقا لأحكام الاتفاقية والاتفاق، قواعد وأنظمة وإجراءات بيئية لضمان الحماية الفعالة للبيئة البحرية من الآثار التي قد تنشأ عن الأنشطة المضطلع بها في المنطقة، وتستعرضها دوريا.

2 - تتبع السلطة والدول المزكية، بغية كفالة توفير حماية فعالة للبيئة البحرية من الآثار الضارة التي قد تنشأ عن الأنشطة المضطلع بها في المنطقة، نهجا تحوطيا، كما هو مبين في المبدأ 15 من إعلان ريو، وأفضل الممارسات البيئية.

3 - تقدم اللجنة القانونية والتقنية توصيات إلى المجلس بشأن تنفيذ الفقرتين 1 و 2 أعلاه.

4 - تقوم اللجنة بوضع وتنفيذ إجراءات لتتثبت، استنادا إلى أفضل المعلومات العلمية والفنية المتاحة، بما فيها المعلومات المقدمة عملا بالمادة 20، مما إذا كانت أنشطة الاستكشاف المقترحة في المنطقة ستكون لها آثار خطيرة تضر بالنظم الإيكولوجية البحرية الهشة، وبخاصة تلك المرتبطة بالجبال البحرية والشعاب المرجانية في المياه الباردة، وتكفل، إذا ثبت لديها أن بعض أنشطة الاستكشاف المقترحة ستكون لها آثار خطيرة تضر بالنظم الإيكولوجية البحرية الهشة، إدارة تلك الأنشطة درءا لتلك الآثار أو عدم السماح بالمضي فيها.

5 - عملا بالمادة 145 من الاتفاقية والفقرة 2 من هذه المادة، يتخذ كل متعاقد التدابير اللازمة لمنع وتخفيف ومكافحة التلوث وغيره من الأخطار التي تتعرض لها البيئة البحرية والناجمة عن الأنشطة المضطلع بها في المنطقة بقدر ما هو ممكن عمليا، وذلك باتباع نهج تحوطي وأفضل الممارسات البيئية.

6 - يتعاون المتعاقدون والدول المزكية والدول أو الكيانات الأخرى المهتمة بالموضوع مع السلطة على وضع وتنفيذ برامج لرصد وتقييم آثار التعدين في قاع البحار العميقة على البيئة البحرية. وتشمل تلك البرامج، عندما يشترطها المجلس، مقترحات تتعلق بقطاعات تخصص ويقتصر استعمالها بوصفها مناطق مرجعية للأثر ومناطق مرجعية للحفظ. ويقصد بـ ”المناطق المرجعية للأثر“ المناطق التي ستستخدم لتقييم أثر الأنشطة التي يُضطلع بها في المنطقة على البيئة البحرية وتكون نموذجا للخصائص البيئية التي تتسم بها المنطقة. ويقصد بـ ”المناطق المرجعية للحفظ“ المناطق التي لن يحدث فيها أي تعدين لضمان بقاء واستقرار نماذج نباتات قاع البحر من أجل تقييم أي تغيرات في التنوع البيولوجي للبيئة البحرية.

المادة 34
خطوط الأساس والرصد البيئيان

1 - يشترط كل عقد على المتعاقد أن يجمع بيانات بيئية أساسية ويضع أسسا بيئية، آخذا في الاعتبار أي توصيات تصدرها اللجنة القانونية والتقنية وفقا للمادة 41، ليجري بالاستناد إليها تقييم الآثار المحتملة على البيئة البحرية من جراء الأنشطة التي يضطلع بها بموجب خطة عمل الاستكشاف، وبرنامجا لرصد تلك الآثار وتقديم تقارير عنها. ويجوز أن تتضمن التوصيات التي تصدرها اللجنة، في جملة أمور، سردا لأنشطة الاستكشاف التي يجوز اعتبارها لا تنطوي على احتمال التسبب في آثار ضارة بالبيئة البحرية. ويتعاون المتعاقد مع السلطة والدولة أو الدول المزكية على وضع وتنفيذ برنامج رصد من هذا القبيل.

2 - يقدم المتعاقد سنويا تقارير خطية إلى الأمين العام عن تنفيذ برنامج الرصد المشار إليه في الفقرة 1 ونتائجه، ويقدم بيانات ومعلومات آخذا في الحسبان أي توصيات تصدرها اللجنة وفقا للمادة 41. ويحيل الأمين العام تلك التقارير إلى اللجنة للنظر فيها عملا بالمادة 165 من الاتفاقية.

المادة 35
الأوامر في حالات الطوارئ

1 - يقدم المتعاقد فورا إلى الأمين العام تقريرا خطيا، باستخدام أنجع الوسائل، عن أي حادث ينشأ عن أنشطة تسببت في إلحاق ضرر جسيم بالبيئة البحرية أو تتسبب فيه أو يمكن أن تتسبب فيه.

2 - في حالة إخطار الأمين العام أو معرفته بطرق أخرى بأي حادث أدت إليه أو سببته أنشطة المتعاقد في المنطقة، مما تسبب في إلحاق ضرر جسيم بالبيئة البحرية أو يتسبب فيه أو يمكن أن يتسبب فيه، يعمل الأمين العام على إصدار إخطار عام بالحادث، ويخطر المتعاقد والدولة أو الدول المزكية خطيا ويقدم تقريرا على الفور إلى اللجنة القانونية والتقنية وإلى المجلس وإلى جميع أعضاء السلطة. وتوزع نسخة من التقرير على المنظمات الدولية المختصة، وعلى المنظمات والهيئات دون الإقليمية والإقليمية والعالمية المعنية. ويراقب الأمين العام ما يستجد من تطورات بشأن تلك الحوادث ويقدم عنها تقارير، حسب الاقتضاء، إلى اللجنة والمجلس وجميع أعضاء السلطة.

3 - يتخذ الأمين العام، ريثما يتخذ المجلس أي إجراءات، تدابير فورية ذات طابع مؤقت تكون عملية ومعقولة في هذه الظروف لاتقاء الضرر الجسيم بالبيئة البحرية أو خطر إلحاق ضرر جسيم بها واحتوائه وتخفيفه إلى أقصى حد. وتبقى هذه التدابير المؤقتة سارية لمدة لا تزيد على 90 يوما أو إلى أن يقرر المجلس في دورته العادية القادمة أو في دورة استثنائية التدابير التي ستتخذ عند الاقتضاء عملا بالفقرة 6 من هذه المادة.

4 - تقرر اللجنة بعد تلقيها تقرير الأمين العام، مستندة إلى الأدلة الموفرة لها، وآخذة في الاعتبار التدابير التي سبق أن اتخذها المتعاقد، التدابير الضرورية للتصدي بفعالية للحادث بغية اتقاء الضرر الجسيم بالبيئة البحرية أو خطر إلحاق ضرر جسيم بها واحتوائه وتخفيفه إلى أقصى حد، وتقدم توصياتها إلى المجلس.

5 - يجتمع المجلس للنظر في توصيات اللجنة.

6 - يجوز للمجلس أن يصدر، آخذا في الاعتبار توصيات اللجنة، وتقرير الأمين العام، وأي معلومات مقدمة من المتعاقد، وأي معلومات أخرى ذات صلة، أوامر لحالات الطوارئ، ويجوز أن تشمل هذه الأوامر إيقاف العمليات أو تعديلها، حسب الضرورة وبدرجة معقولة، من أجل اتقاء الضرر الجسيم بالبيئة البحرية أو خطر إلحاق ضرر جسيم بها جراء الأنشطة المضطلع بها في المنطقة واحتوائه وتخفيفه إلى أقصى حد.

7 - إذا لم يمتثل المتعاقد، على وجه السرعة، للأمر الصادر في حالة الطوارئ لاتقاء الضرر الجسيم بالبيئة البحرية أو خطر إلحاق ضرر جسيم بها جراء الأنشطة المضطلع بها في المنطقة واحتوائه وتخفيفه إلى أقصى حد، يجوز للمجلس أن يتخذ، بنفسه أو من خلال ترتيبات مع آخرين، نيابة عنه، التدابير التي يراها ضرورية لاتقاء الضرر الجسيم بالبيئة البحرية أو خطر إلحاق ضرر جسيم بها واحتوائه وتخفيفه إلى أقصى حد.

8 - لكي يتمكن المجلس، عند الضرورة، من اتخاذ التدابير العملية الفورية لاتقاء الضرر الجسيم بالبيئة البحرية أو خطر إلحاق ضرر جسيم بها واحتوائه وتخفيفه إلى أقصى حد، على نحو ما هو مشار إليه في الفقرة 7، يقدم المتعاقد إلى المجلس، قبل الشروع في اختبار أنظمة التجميع وعمليات التجهيز، ضمانا بقدرته المالية والتقنية على الامتثال بسرعة للأوامر الطارئة أو يضمن قدرة المجلس على اتخاذ تلك التدابير الطارئة. وإذا لم يقدم المتعاقد إلى المجلس تلك الضمانات، تتخذ الدولة أو الدول المزكية، استجابة لطلب يقدمه الأمين العام وعملا بالمادتين 139 و 235 من الاتفاقية، التدابير اللازمة لكفالة تقديم المتعاقد لذلك الضمان، أو تتخذ تدابير تكفل تقديم المساعدة إلى السلطة في الوفاء بمسؤولياتها بموجب الفقرة 7.

المادة 36
حقوق الدول الساحلية

1 - ليس في هذا النظام ما يؤثر على حقوق الدول الساحلية وفقا للمادة 142 من الاتفاقية وغيرها من الأحكام ذات الصلة.

2 - لأية دولة ساحلية لديها من الأسباب ما يجعلها تعتقد أن من المحتمل أن ينجم عن أي نشاط للمتعاقد في المنطقة أو ضرر جسيم، خطر إلحاق ضرر جسيم بالبيئة البحرية الواقعة تحت ولايتها أو سيادتها أن تخطر الأمين العام خطيا بالأسباب التي يستند إليها هذا الاعتقاد. ويتيح الأمين العام للمتعاقد وللدولة أو الدول المزكية له فرصة معقولة لدراسة الأدلة، إن وجدت، التي قدمتها الدولة الساحلية كأساس لاعتقادها. ويجوز للمتعاقد والدولة أو الدول المزكية له تقديم ملاحظاتهم على تلك الأسباب إلى الأمين العام في غضون فترة زمنية معقولة.

3 - إذا كانت هناك أسباب واضحة للاعتقاد بأن من المحتمل إصابة البيئة البحرية بضرر جسيم، يتصرف الأمين العام وفقا للمادة 35 ويتخذ، عند الضرورة، تدابير فورية ذات طابع مؤقت وفقا لما تنص عليه المادة 35 (3).

4 - يتخذ المتعاقدون جميع التدابير اللازمة لضمان الاضطلاع بأنشطتهم بحيث لا تتسبب في إلحاق ضرر جسيم بالبيئة البحرية المشمولة بولاية الدول الساحلية أو الخاضعة لسيادتها،

بما في ذلك التلوث على سبيل الذكر لا الحصر، وبحيث لا يمتد هذا الضرر الجسيم أو هذا التلوث الناجم عن حوادث أو أنشطة في قطاع الاستكشاف إلى خارج تلك القطاعات.

المادة 37

رفات الموتى والأشياء والمواقع ذات الطابع الأثري أو التاريخي

يخطر المتعاقد الأمين العام كتابة على الفور بأي رفات أموات يعثر عليه في قطاع الاستكشاف يكون ذا طابع أثري أو تاريخي أو بأي شيء أو موقع يكون له طابع مماثل وبمكان وجوده، بما في ذلك ما اتخذ من تدابير لصيانته وحمايته. ويحيل الأمين العام هذه المعلومات على الفور إلى المدير العام لمنظمة الأمم المتحدة للتربية والعلم والثقافة وإلى أي منظمة دولية مختصة أخرى. وبعد العثور على أي رفات أموات أو على أي شيء أو موقع في قطاع الاستكشاف، وتجنبا للمس بذلك الرفات أو الشيء أو الموقع، لا يتم الاضطلاع بأي أعمال تنقيب أو استكشاف أخرى، في نطاق دائري معقول، إلى أن يقرر المجلس خلاف ذلك بعد أخذ آراء المدير العام لمنظمة الأمم المتحدة للتربية والعلم والثقافة أو أي منظمة دولية مختصة أخرى في الاعتبار.

الجزء السادس
السرية

المادة 38
سرية البيانات والمعلومات

1 - تعتبر سرية أي بيانات ومعلومات ذات قيمة تجارية تقدم أو تنقل إلى السلطة أو أي شخص يشارك في أي نشاط أو برنامج للسلطة عملا بهذا النظام أو بعقد صادر بموجب هذا النظام ويحددها المتعاقد، بالتشاور مع الأمين العام، على أنها سرية، ما لم تكن بيانات ومعلومات:

(أ) معروفة عموما أو متاحة للعموم من مصادر أخرى؛

(ب) سبق لمالكها أن أتاحها للآخرين دون التزام بشأن سريتها؛

(ج) موجودة أصلا في حوزة السلطة دون التزام بشأن سريتها.

2 - البيانات والمعلومات اللازمة للسلطة من أجل صياغة القواعد والأنظمة والإجراءات المتعلقة بحماية وحفظ البيئة البحرية وسلامتها، غير بيانات تصميم المعدات المشمولة بحقوق الملكية، لا تعتبر بيانات ومعلومات سرية.

3 - لا يجوز استخدام البيانات والمعلومات السرية إلا للأمين العام وموظفي الأمانة العامة، على النحو الذي يأذن به الأمين العام وأعضاء اللجنة القانونية والتقنية، وبما يكون ضروريا وهاما لممارستهم لسلطاتهم ووظائفهم بفعالية. ولا يأذن الأمين العام بالوصول إلى هذه البيانات والمعلومات إلا للاستخدام المحدود فيما يتعلق بوظائف وواجبات موظفي الأمانة العامة واللجنة القانونية والتقنية.

4 - يقوم الأمين العام والمتعاقد باستعراض البيانات والمعلومات السرية، بعد عشر سنوات من تاريخ تقديمها للسلطة أو انقضاء عقد الاستكشاف، أيهما جاء لاحقا، وكل خمس سنوات بعد ذلك، وذلك لتحديد ما إذا كان ينبغي أن تظل سرية. وتظل هذه البيانات والمعلومات سرية إذا أثبت المتعاقد أنها إذا أفشيت فسيؤدي هذا إلى خطر جسيم يلحق به ضررا اقتصاديا فادحا وجائرا. ولا تُفشى هذه البيانات والمعلومات إلا بعد أن تتاح للمتعاقد فرصة معقولة لاستنفاد سبل الانتصاف القضائية المتاحة له عملا بالفرع 5 من الجزء الحادي عشر من الاتفاقية.

5 - إذا أبرم المتعاقد، في أي فترة بعد انقضاء مدة عقد الاستكشاف، عقدا لاستغلال أي جزء من منطقة الاستكشاف تظل البيانات والمعلومات السرية المتصلة بذلك الجزء من المنطقة سرية وفقا لعقد الاستغلال.

6 - يجوز للمتعاقد أن يتنازل في أي وقت عن سرية البيانات والمعلومات.

المادة 39

إجراءات ضمان السرية

1 - يكون الأمين العام مسؤولا عن الحفاظ على سرية جميع البيانات والمعلومات السرية، ولا يكشف عنها لأي شخص خارج السلطة إلا بموافقة خطية مسبقة من المتعاقد. ولضمان سرية تلك البيانات والمعلومات، يقرر الأمين العام إجراءات تتسق مع أحكام الاتفاقية، وتنظم مناولة المعلومات السرية من جانب موظفي الأمانة العامة وأعضاء اللجنة القانونية والتقنية وأي شخص آخر يشارك في أي نشاط أو برنامج تنفذه السلطة. وتشمل تلك الإجراءات ما يلي:

(أ) الاحتفاظ بالبيانات والمعلومات السرية في أماكن آمنة واتخاذ تدابير أمنية للحيلولة دون الوصول إلى تلك البيانات والمعلومات أو نقلها بدون إذن؛

(ب) وضع وتعهد نظام لتصنيف وتدوين وجرد ما يرد من بيانات ومعلومات مكتوبة بما في ذلك نوعها ومصدرها ومسارها من وقت استلامها لحين التصرف فيها بشكل نهائي.

2 - لا يجوز للشخص المأذون له، بموجب هذا النظام، بالاطلاع على البيانات والمعلومات السرية أن يكشف عنها إلا بما تسمح به الاتفاقية وهذا النظام. ويفرض الأمين العام على أي شخص يُؤذن له بالاطلاع على البيانات والمعلومات السرية الإدلاء بتصريح مكتوب، بحضور الأمين العام أو ممثله المأذون له، يفيد أن الشخص المأذون له:

(أ) يقر أنه ملزم قانونا بموجب هذه الاتفاقية وهذا النظام بعدم الكشف عن البيانات والمعلومات السرية؛

(ب) يوافق على الامتثال للأنظمة والإجراءات السارية لضمان سرية تلك البيانات والمعلومات.

3 - تحمي اللجنة القانونية والتقنية سرية البيانات والمعلومات السرية المقدمة إليها عملا بهذا النظام أو عقد مبرم بموجب هذا النظام، ولا يفشي أعضاء اللجنة، وفقا لأحكام المادة 163 (8) من الاتفاقية أي أسرار صناعية أو معلومات مشمولة بحق الملكية أحيلت إلى السلطة وفقا للمادة 14 من المرفق الثالث للاتفاقية أو أي معلومات سرية أخرى علموا بها بحكم اضطلاعهم بواجباتهم مع السلطة، وذلك حتى بعد انتهاء مهامهم.

4 - لا يفشي الأمين العام أو موظفو السلطة، حتى بعد انتهاء مهامهم لدى السلطة، أي أسرار صناعية أو بيانات مشمولة بحق الملكية تحال إلى السلطة، وفقا للمادة 14 من المرفق الثالث للاتفاقية، أو أي معلومات سرية أخرى علموا بها بحكم عملهم مع السلطة.

5 - يجوز للسلطة، مع مراعاة مسؤوليتها والتزامها بموجب المادة 22 من المرفق الثالث للاتفاقية، أن تتخذ ما تراه مناسبا من إجراءات ضد أي شخص اطلع على أي بيانات أو معلومات سرية، بحكم ما يضطلع به من واجبات مع السلطة، وأخل بالالتزامات المتصلة بالسرية، المنصوص عليها في الاتفاقية وهذا النظام.

الجزء السابع
الإجراءات العامة

المادة 40
الإخطار والإجراءات العامة

1 - يقدم الأمين العام أو الممثل المعين للمنقّب أو لمقدم الطلب أو للمتعاقد، حسب الحالة، خطيا أي طلب أو التماس أو إخطار أو تقرير أو قبول أو موافقة أو تنازل أو توجيهات أو تعليمات مقدمة بموجب هذا النظام. ويكون التبليغ موجها باليد أو التلكس

أو الفاكس أو البريد الجوي المسجل أو بالبريد الإلكتروني المتضمن توقيعا إلكترونيا معتمدا إلى الأمين العام في مقر السلطة أو إلى الممثل المعين.

2 - يصبح التبليغ باليد نافذا عند القيام به. ويعتبر التبليغ بالتلكس نافذا في يوم العمل التالي لليوم الذي تظهر فيه عبارة الرد ”answer back“ على آلة التلكس لدى المرسل. ويصبح التبليغ بالفاكس نافذا عندما يستقبل المرسل التقرير المؤكد للإرسال ”transmit confirmation report“ الذي يؤكد الإرسال إلى رقم الفاكس المطبوع الخاص بالمرسل إليه. ويعتبر التبليغ بالبريد الجوي المسجل نافذا بانقضاء 21 يوما على الإرسال. ويفترض استلام المرسل إليه للوثيقة الإلكترونية إذا دخلت نظام معلومات يخصصه المرسل إليه أو يستعمله لغرض استلام وثائق من النوع المرسل وكانت قابلة ليسترجعها المرسل إليه ويجهزها.

3 - يشكل الإخطار المرسل إلى الممثل المعين للمنقب أو لمقدم الطلب أو للمتعاقد إخطارا فعليا للمنقّب أو مقدم الطلب أو المتعاقد، لكل الأغراض بموجب هذا النظام، ويكون الممثل المعين وكيلا للمنقّب أو مقدم الطلب أو المتعاقد في تبليغ الإجراء أو الإخطار في أي إجراءات قانونية لأي محكمة مختصة.

4 - يشكل الإخطار المرسل إلى الأمين العام إخطارا فعليا للسلطة لكل الأغراض بموجب هذا النظام، ويكون الأمين العام وكيلا للسلطة، في تبليغ الإجراء أو الإخطار في أي إجراءات قانونية لأي محكمة مختصة.

المادة 41
التوصيات المقدمة لإرشاد المتعاقدين

1 - للجنة القانونية والتقنية أن تصدر من حين لآخر توصيات ذات طابع تقني أو إداري لإرشاد المتعاقدين بقصد مساعدتهم في تنفيذ قواعد السلطة وأنظمتها وإجراءاتها.

2 - يبلغ النص الكامل لهذه التوصيات إلى المجلس. وإذا وجد المجلس أن إحدى التوصيات تتنافى مع مقصد هذا النظام وهدفه، فله أن يطلب تعديل هذه التوصية أو سحبها.

الجزء الثامن
تسوية المنازعات

المادة 42
المنازعات

1 - المنازعات المتعلقة بتفسير هذا النظام أو تطبيقه تسوى وفقا للفرع 5 من الجزء الحادي عشر من الاتفاقية.

2 - يكون أي قرار نهائي صادر عن محكمة لها بموجب الاتفاقية ولاية متصلة بحقوق وواجبات السلطة والمتعاقد واجب الإنفاذ في إقليم كل دولة طرف في الاتفاقية.

الجزء التاسع
الموارد عدا قشور الكوبالت

المادة 43
الموارد عدا قشور الكوبالت

إذا عثر منقّب أو متعاقد على موارد في المنطقة عدا قشور الكوبالت، يكون التنقيب عن هذه الموارد واستكشافها واستغلالها خاضعا لقواعد السلطة وأنظمتها وإجراءاتها المتصلة بهذه الموارد وفقا للاتفاقية والاتفاق. ويبلغ المنقب أو المتعاقد السلطة بما عثر عليه.

الجزء العاشر
الاستعراض

المادة 44
الاستعراض

1 - بعض مضي خمسة أعوام على إقرار الجمعية هذا النظام أو في أي وقت بعد ذلك، يضطلع المجلس باستعراض للطريقة التي طُبق بها النظام عمليا.

2 - يجوز لأي دولة طرف أو للجنة القانونية والتقنية أو لأي متعاقد من خلال الدولة المزكية له توجيه طلب إلى المجلس في أي وقت لينظر، في دورته العادية التالية، في إدخال تنقيحات على هذا النظام، إذا اتضح، في ضوء تحسن المعارف أو التكنولوجيا، أن النظام غير موات.

3 - وفي ضوء هذا الاستعراض، يجوز للمجلس أن يعتمد تعديلات لأحكام هذا النظام ويطبقها مؤقتا، ريثما توافق الجمعية عليها، ويراعي في ذلك توصيات اللجنة القانونية والتقنية أو أي جهاز فرعي آخر معني. ويتم إدخال أي تعديلات دون المساس بالحقوق الممنوحة لأي

متعاقد مع السلطة بموجب أحكام عقد أُبرم عملاً بهذا النظام الساري وقت إجراء أي من هذه التعديلات.

4 – وفي حال تعديل أي من أحكام هذا النظام، يجوز للمتعاقد والسلطة أن ينقحا العقد وفقاً للمادة 24 من المرفق الرابع.

المرفق الأول

الإخطار بالعزم على التنقيب

1 - اسم المُنَقّب:

2 - العنوان الكامل للمُنَقّب:

3 - العنوان البريدي (إذا كان مختلفا عن العنوان أعلاه):

4 - رقم الهاتف:

5 - رقم الفاكس:

6 - عنوان البريد الإلكتروني:

7 - جنسية المُنَقّب:

8 - إذا كان المنقّب شخصا اعتباريا:

(أ) يحدد مكان تسجيل المُنَقّب؛

(ب) يحدد مكان العمل السكن/الرئيسي للمُنَقّب؛

(ج) ترفق نسخة من شهادة تسجيل المُنَقّب.

9 - اسم ممثل المنقّب المعين:

10 - العنوان الكامل لممثل المنقّب المعين (إذا كان مختلفا عن العنوان أعلاه):

11 - العنوان البريدي (إذا كان مختلفا عن العنوان أعلاه):

12 - رقم الهاتف:

13 - رقم الفاكس:

14 - عنوان البريد الإلكتروني:

15 - ترفق إحداثيات مجمل القطاع أو القطاعات التي سيجري التنقيب فيها (وفقا للنظام الجيوديسي العالمي WGS 84).

16 - يرفق وصف عام لبرنامج التنقيب يشمل موعد بدء البرنامج ومدته التقريبية.

17 - يرفق تعهد خطي بأن يقوم المنقّب بما يلي:

(أ) الامتثال للاتفاقية ولما يتصل بالموضوع من قواعد السلطة وأنظمتها وإجراءاتها فيما يتعلق بما يلي:

'1' التعاون في برامج التدريب المتصلة بالبحث العلمي البحري ونقل التكنولوجيا على النحو المشار إليه في المادتين 143 و 144 من الاتفاقية؛

'2' حماية البيئة البحرية وصونها؛

(ب) قبول أن تتحقق السلطة من الامتثال لذلك.

18 - تُدرج أدناه جميع ملاحق ومرفقات هذا الإخطار (ينبغي تقديم جميع البيانات والمعلومات في شكل رقمي مطبوع تحدده السلطة).

التاريخ: _____ _____

توقيع ممثل المنقّب المعين

تصديق:

_____

توقيع الشخص المصَدق

_____

اسم الشخص المصَدق

_____

لقب الشخص المصَدق

المرفق الثاني
طلب الموافقة على خطة عمل للاستكشاف بغرض الحصول على عقد

البند 1
معلومات تتعلق بمقدم الطلب

1 - اسم مقدم الطلب:

2 - العنوان الكامل لمقدم الطلب:

3 - العنوان البريدي (إذا كان مختلفا عن العنوان أعلاه):

4 - رقم الهاتف:

5 - رقم الفاكس:

6 - عنوان البريد الإلكتروني:

7 - اسم ممثل مقدم الطلب المعين:

8 - العنوان الكامل لممثل مقدم الطلب المعين (إذا كان مختلفا عن العنوان أعلاه):

9 - العنوان البريدي (إذا كان مختلفا عن العنوان أعلاه):

10 - رقم الهاتف:

11 - رقم الفاكس:

12 - عنوان البريد الإلكتروني:

13 - إذا كان مقدم الطلب شخصا اعتباريا:

(أ)   يحدد مكان تسجيل مقدم الطلب؛

(ب)   يحدد مكان العمل السكن/الرئيسي لمقدم الطلب؛

(ج)   ترفق نسخة من شهادة تسجيل مقدم الطلب.

14 - تحدد الدولة أو الدول المزكية.

15 - يبين لكل دولة مزكية تاريخ إيداع صك تصديقها على اتفاقية الأمم المتحدة لقانون البحار المؤرخة 10 كانون الأول/ديسمبر 1982 أو انضمامها إليها أو خلافتها فيها، وتاريخ قبولها الامتثال للاتفاق المتصل بتنفيذ الجزء الحادي عشر من الاتفاقية.

16 - يتعين أن ترفق بهذا الطلب شهادة تزكية صادرة عن الدولة المزكية. وإذا كان لمقدم الطلب أكثر من جنسية واحدة، كما في حالة الشراكة أو الاتحاد اللذين يضمان كيانات من أكثر من دولة واحدة، يتعين أن ترفق بالطلب شهادة تزكية صادرة عن كل دولة من الدول المعنية.

البند 2
معلومات تتصل بالقطاع المشمول بالطلب

17 - تعين حدود القطع المشمولة بالطلب عن طريق إرفاق خريطة (بمقياس وإسقاط تحددهما السلطة)، وقائمة بالإحداثيات الجغرافية (وفقا للنظام الجيوديسي العالمي WGS 84).

18 - يبين ما إذا كان مقدم الطلب يختار المساهمة بقطاع محجوز وفقا للمادة 17 أو يعرض المشاركة بحصة في رأس المال في إطار ترتيب يتعلق بمشروع مشترك وفقا للمادة 19.

19 - إذا اختار مقدم الطلب المساهمة بقطاع محجوز:

(أ)   ترفق قائمة بالإحداثيات تعين جزأي القطاع الإجمالي المتساويين من حيث القيمة التجارية المقدرة؛

(ب)   وترفق في ملحق معلومات كافية تمكن المجلس من تعيين قطاع محجوز استنادا إلى القيمة التجارية المقدرة لكل جزء من جزأي القطاع المشمول بالطلب. ويتضمن هذا الملحق البيانات المتوفرة لمقدم الطلب بالنسبة لجزأي القطاع المشمول بالطلب، بما في ذلك ما يلي:

'1'   بيانات عن موقع ومسح وتقييم قشور الكوبالت في القطاعين، بما في ذلك ما يلي:

أ –   وصف للتكنولوجيا المتعلقة باستخراج وتجهيز قشور الكوبالت، واللازمة لتعيين قطاع محجوز؛

ب –   خريطة للخصائص الفيزيائية والجيولوجية، مثل طبوغرافيا قاع البحر والقياسات العميقة وتيارات الأعماق ومعلومات عن مدى موثوقية تلك البيانات؛

ج –   خريطة تظهر البيانات المستقاة من المسوح المستخدمة لتحديد برامترات القشور الكوبالتية (السمك وما إلى ذلك) اللازمة لتحديد وزنها الطني ضمن حدود كل قطعة ومجموعات القطع في منطقة الاستكشاف وفي القطاع المحجوز؛

د – بيانات تظهر متوسط الوزن الطني (بالأطنان المترية) لكل مجموعة من قطع القشور الكوبالتية تتضمن موقع التعدين وخريطة مرفقة بها للمقادير بالأطنان تبين أماكن وجود مواقع أخذ العينات؛

ه – خرائط مجمعة لكمية قشور الكوبالت المحسوبة بالطن ودرجتها؛

و – حساب مستند إلى الإجراءات النموذجية، بما في ذلك تحليل إحصائي، مع استخدام البيانات المقدمة والافتراضات المعتمدة في الحسابات، تفيد بتوقع احتواء القطاعين على قشور الكوبالت ذات قيمة تجارية تقديرية متكافئة معبر عنها بأنها معادن ممكن استخراجها من المناطق القابلة للتعدين؛

ز – وصف للتقنيات التي يستخدمها مقدم الطلب؛

'2' معلومات تتعلق بالبارامترات البيئية (الموسمية وأثناء فترة الاختبار) تتضمن أمورا من بينها سرعة الرياح واتجاهاتها، ودرجة ملوحة المياه، ودرجة الحرارة، والتجمعات البيولوجية.

20 – إذا كان القطاع المشمول بالطلب يحتوي على أي جزء من قطاع محجوز، ترفق قائمة بإحداثيات القطاع الذي يشكل جزءا من القطاع المحجوز وتبين مؤهلات مقدم الطلب وفقا للمادة 18 من النظام.

البند 3
المعلومات المالية والتقنية

21 – ترفق معلومات كافية لتمكين المجلس من تحديد ما إذا كان مقدم الطلب قادرا ماليا على الاضطلاع بخطة العمل المقترحة للاستكشاف وعلى الوفاء بالتزاماته المالية تجاه السلطة.

(أ) إذا كان الطلب مقدما من المؤسسة، ترفق شهادة من سلطتها المختصة تثبت أن لدى المؤسسة الموارد المالية اللازمة لتغطية التكاليف التقديرية لخطة العمل المقترحة للاستكشاف؛

(ب) وإذا كان الطلب مقدما من دولة أو مؤسسة حكومية، يرفق بيان من هذه الدولة أو من الدولة المزكية يشهد على أن لدى مقدم الطلب الموارد المالية اللازمة لتغطية التكاليف التقديرية لخطة العمل المقترحة للاستكشاف؛

(ج) وإذا كان الطلب مقدما من كيان، ترفق نسخ من البيانات المالية المراجعة لمقدم الطلب، بما فيها الميزانية العمومية وبيانات الأرباح والخسائر للسنوات الثلاث الأخيرة، وتكون هذه ممتثلة لمبادئ المحاسبة المقبولة دوليا ومصدقا عليها من مكتب محاسبة قانونية مؤهل حسب الأصول؛

‘1’ وإذا كان مقدم الطلب كيانا أنشئ حديثا وليست لديه ميزانية مصدق عليها، تقدم ميزانية تقديرية مصدق عليها من مسؤول مختص يعمل لدى مقدم الطلب؛

‘2’ وإذا كان مقدم الطلب تابعا لكيان آخر، تقدم نسخ من البيانات المالية التي تخص ذلك الكيان وبيان من ذلك الكيان في امتثال لمبادئ المحاسبة المقبولة دوليا ويكون مصدقا عليه من قِبل مكتب محاسبة قانونية مؤهل حسب الأصول بما يؤكد أن مقدم الطلب ستكون لديه الموارد المالية اللازمة لإنجاز خطة العمل المتعلقة بالاستكشاف؛

‘3’ وإذا كان مقدم الطلب تحت سيطرة دولة أو مؤسسة حكومية، يقدم بيان من الدولة أو المؤسسة الحكومية تشهد فيه بأن مقدم الطلب ستكون لديه الموارد المالية اللازمة لتنفيذ خطة العمل المتعلقة بالاستكشاف.

22 - إذا كان المقصود هو تمويل خطة عمل الاستكشاف المقترحة عن طريق القروض، يرفق بيان بمقدار هذه القروض وفترة السداد وسعر الفائدة.

23 - ترفق معلومات كافية تمكن المجلس من تحديد ما إذا كان مقدم الطلب قادرا من الناحية التقنية على تنفيذ خطة عمل الاستكشاف المقترحة، بما في ذلك:

(أ) وصف عام لما اكتسبه مقدم الطلب من خبرات ومعارف ومهارات ومؤهلات فنية ودراية فنية سابقة تتعلق بخطة العمل المقترحة للاستكشاف؛

(ب) وصف عام للمعدات والطرق التي يتوقع استخدامها في تنفيذ خطة العمل المقترحة للاستكشاف وغير ذلك من المعلومات غير التجارية المناسبة بشأن خصائص تلك التكنولوجيا؛

(ج) وصف عام لقدرة مقدم الطلب المالية والتقنية على الاستجابة لأي حادث أو نشاط يلحق ضررا جسيما بالبيئة البحرية.

البند 4

خطة عمل الاستكشاف

24 - ترفق المعلومات التالية المتصلة بخطة عمل الاستكشاف:

(أ)   وصف عام لبرنامج الاستكشاف المقترح وجدول زمني لإنجازه، بما فيه برنامج الأنشطة لفترة السنوات الخمس التالية مباشرة من قبيل الدراسات المقرر إجراؤها حول العوامل البيئية والتقنية والاقتصادية وغيرها من العوامل الملائمة التي يجب أخذها في الاعتبار عند الاستكشاف؛

(ب)   وصف لبرنامج دراسات خط الأساس الأوقيانوغرافية والبيئية وفقا لهذا النظام وأي قواعد وأنظمة وإجراءات بيئية تضعها السلطة للتمكين من إجراء تقييم للتأثير البيئي الذي يحتمل أن ينشأ عن أنشطة الاستكشاف المقترحة، بما في ذلك على سبيل المثال لا الحصر التأثير على التنوع البيولوجي، مع مراعاة أي توصيات تصدرها اللجنة القانونية والتقنية؛

(ج)   تقييم أولي للأثر المحتمل لأنشطة الاستكشاف المقترحة على البيئة البحرية؛

(د)   وصف للتدابير المقترحة من أجل منع وتخفيف وضبط التلوث والأخطار الأخرى فضلا عن الآثار التي يمكن أن تتعرض لها البيئة البحرية؛

(ه)   جدول بالنفقات السنوية المتوقعة فيما يتعلق ببرنامج الأنشطة لفترة السنوات الخمس التالية مباشرة.

البند 5
التعهدات

25 - يرفق تعهد خطي بأن مقدم الطلب سيقوم بما يلي:

(أ)   يقبل تنفيذ ما ينطبق من التزامات ناشئة عن أحكام الاتفاقية، وقواعد السلطة وأنظمتها وإجراءاتها وقرارات أجهزة السلطة وأحكام عقوده مع السلطة، والامتثال لها؛

(ب)   يقبل رقابة السلطة على الأنشطة في المنطقة، على النحو الذي تأذن به الاتفاقية؛

(ج)   يزود السلطة بتأكيد خطي يتعهد فيه بأن يفي بحسن نية بالتزاماته المقررة بموجب العقد.

البند 6
العقود السابقة

26 - إذا سبق أن مُنح أي عقد مع السلطة لمقدم الطلب، أو مُنح، في حالة تقديم الطلب من قبل شراكة كيانات أو اتحاد كيانات داخل في ترتيب مشترك، لأي عضو من أعضاء شراكة أو اتحاد يشمل الطلب ما يلي:

(أ) تاريخ العقد السابق أو العقود السابقة؛

(ب) تواريخ وأرقام إحالة وعناوين التقارير المقدمة إلى السلطة فيما يتصل بالعقد أو العقود؛

(ج) تاريخ إنهاء العقد أو العقود، عند الانطباق.

البند 7

الملاحق

27 - تُرفق بهذا الطلب قائمة بجميع الملاحق والمرفقات (وينبغي تقديم جميع البيانات والمعلومات في شكل رقمي مطبوع تحدده السلطة).

التاريخ: ______________ ______________________________

توقيع ممثل مقدم الطلب المعين

تصديق:

____

توقيع الشخص المصَدق

____

اسم الشخص المصَدق

____

لقب الشخص المصَدق

المرفق الثالث

عقد استكشاف

هذا العقد المحرر في اليوم من الموافق بين **السلطة الدولية لقاع البحار** ممثلة **بأمينها العام** (المشار إليها أدناه بـ ''السلطة'') و ممثلا بـ (المشار إليه أدناه بـ ''المتعاقد'') **ينص** على ما يلي:

إدراج الشروط

1 - تدرج في هذا العقد الشروط القياسية الواردة في المرفق الرابع لنظام التنقيب عن قشور الحديد والمنغنيز الغنية بالكوبالت واستكشافها في المنطقة ويجري العمل بها كما لو كانت واردة بكاملها في هذه الوثيقة.

قطاع الاستكشاف

2 - لأغراض هذا العقد يعني "قطاع الاستكشاف" الجزء من المنطقة المخصص للمتعاقد لأغراض الاستكشاف، الذي تحدده الإحداثيات الواردة في الجدول 1 من هذا العقد والذي يجري تقليصه من حين لآخر وفقا للشروط القياسية وللنظام.

منح الحقوق

3 - اعتبارا (أ) للمصلحة المشتركة للسلطة والمتعاقد في الاضطلاع بأنشطة الاستكشاف في قطاع الاستكشاف عملا باتفاقية الأمم المتحدة لقانون البحار المؤرخة 10 كانون الأول/ديسمبر 1982 والاتفاق المتعلق بتنفيذ الجزء الحادي عشر من الاتفاقية، و (ب) مسؤولية السلطة عن تنظيم ومراقبة الأنشطة في المنطقة، وخاصة بهدف إدارة موارد المنطقة، وفقا للنظام القانوني المحدد في الجزء الحادي عشر من الاتفاقية والاتفاق والجزء الثاني عشر من الاتفاقية على التوالي، و (ج) مصلحة المتعاقد والتزامه المالي في الاضطلاع بالأنشطة في قطاع الاستكشاف والتعهدات المتبادلة في هذا العقد، تمنح السلطة المتعاقد بموجب هذا العقد الحق الخالص لاستكشاف قشور الكوبالت في قطاع الاستكشاف وفقا لأحكام وشروط هذا العقد.

بدء سريان العقد ومدته

4 - رهنا بالشروط القياسية، يبدأ سريان هذا العقد بعد توقيع الطرفين عليه ويظل ساريا لمدة خمسة عشر عاما بعد ذلك إلا في الحالتين التاليتين:

(أ) إذا حصل المتعاقد على عقد استغلال في قطاع الاستكشاف يبدأ سريانه قبل انقضاء مدة الخمسة عشر عاما المذكورة؛ أو

(ب) إذا تم إنهاء العقد قبل انقضاء تلك المدة؛ بشرط جواز تمديد فترة العقد وفقا للشرطين القياسيين 2-3 و 2-17.

الجداول

5 - الجداول المشار إليها في الشروط القياسية، أي الفرع 4 والفرع 8، هي لأغراض هذا العقد الجدولان 2 و 3 على التوالي.

الاتفاق الكامل

6 - يعبر هذا العقد عن كل ما اتفق عليه الطرفان، ولا يجوز تعديل أحكامه نتيجة لأي تفاهم شفوي أو صك سابق.

وإثباتا لما تقدم، قام الممثلان الموقعان أدناه المفوضان حسب الأصول، كل من قبل الطرف الذي يمثله، بتوقيع هذا العقد في   في هذا اليوم   الموافق   .

الجدول 1

[الإحداثيات والخرائط التوضيحية لقطاع الاستكشاف]

الجدول 2

[برنامج أنشطة الخمس سنوات الحالي بصيغته المنقحة من وقت لآخر]

الجدول 3

[يصبح برنامج التدريب جدولا من العقد بعد موافقة السلطة عليه وفقا للفرع 8 من الشروط القياسية.]

المرفق الرابع

شروط قياسية لعقد الاستكشاف

البند 1

تعاريف

1-1 في الشروط التالية:

(أ) يعني مصطلح ”قطاع الاستكشاف“ جزء المنطقة المخصص للمتعاقد لأغراض الاستكشاف، الوارد وصفه في الجدول 1 لهذا العقد، الذي يجوز تقليصه من حين لآخر وفقا لهذا العقد وللنظام؛

(ب) يعني مصطلح ”برنامج الأنشطة“ برنامج الأنشطة المحدد في الجدول 2 لهذا العقد، الذي يجوز تعديله من حين لآخر وفقا للبند 4-3 والبند 4-4 من هذا العقد؛

(ج) يعني مصطلح ”النظام“ النظام المتعلق بالتنقيب عن قشور المنغنيز الحديدي الغنية بالكوبالت واستكشافها في المنطقة الذي تعتمده السلطة.

2-1 تحمل المصطلحات والعبارات الوارد تعريفها في النظام نفس المعنى الذي تحمله في هذه الشروط القياسية.

3-1 وفقا للاتفاق المتعلق بتنفيذ الجزء الحادي عشر من اتفاقية الأمم المتحدة لقانون البحار المؤرخة 10 كانون الأول/ديسمبر 1982، تفسر أحكامه والجزء الحادي عشر من الاتفاقية وتطبق معا بوصفها صكا واحدا؛ ويفسر ويطبق هذا العقد وما يرد فيه من إشارات إلى الاتفاقية وفقا لذلك.

4-1 يشمل هذا العقد جداول العقد التي تشكل جزءا لا يتجزأ منه.

البند 2

ضمان الحيازة

1-2 يكون للمتعاقد ضمان الحيازة ولا يعلق هذا العقد أو ينهى أو ينقح إلا وفقا للفروع 20 و 21 و 24 منه.

2-2 يكون للمتعاقد دون غيره الحق في استكشاف القشور الغنية بالكوبالت في قطاع الاستكشاف وفقا لأحكام هذا العقد وشروطه. وتكفل السلطة ألا يقوم أي كيان آخر

بعمليات في القطاع لاستكشاف فئة أخرى من الموارد بطريقة تتعارض على نحو غير معقول مع العمليات التي يقوم بها المتعاقد.

3-2 يحق للمتعاقد في أي وقت أن يتنازل، بموجب إشعار يقدمه للسلطة، ودونما جزاء، عن كامل حقوقه في قطاع الاستكشاف أو جزء منها، شريطة أن يظل المتعاقد مسؤولا عن جميع الالتزامات الناشئة قبل تاريخ التنازل فيما يتعلق بالقطاع المتنازل عنه.

4-2 ليس في هذا العقد ما يُعتبر مانحا للمتعاقد أي حق غير الحقوق الممنوحة صراحة فيه. وتحتفظ السلطة بحق التعاقد بشأن موارد غير القشور الغنية بالكوبالت مع أطراف ثالثة في القطاع المشمول بهذا العقد.

البند 3

مدة العقد

1-3 يبدأ سريان هذا العقد بعد توقيع كل من الطرفين عليه، ويظل ساريا لمدة خمسة عشر عاما بعد ذلك ما لم:

(أ) يحصل المتعاقد على عقد استغلال في قطاع الاستكشاف يبدأ سريانه قبل انقضاء مدة الخمسة عشر عاما المذكورة؛ أو

(ب) يتم إنهاء العقد قبل انقضاء تلك المدة،

بشرط جواز تمديد مدة العقد وفقا للبندين 3-2 و 17-2 أدناه.

2-3 يجوز، بناء على طلب يقدمه المتعاقد في موعد أقصاه ستة أشهر قبل انقضاء هذا العقد، تمديد هذا العقد لفترات لا يتجاوز أي منها خمس سنوات بالأحكام والشروط التي يتفق عليها عندئذ بين السلطة والمتعاقد وفقا للنظام. وتتم الموافقة على هذه التمديدات إذا كان المتعاقد قد بذل جهودا مخلصة للامتثال لمقتضيات هذا العقد ولكنه لم يستطع لأسباب خارجة عن إرادته إتمام الأعمال التحضيرية اللازمة للانتقال إلى مرحلة الاستغلال أو إذا لم تبرر الظروف الاقتصادية السائدة الانتقال إلى مرحلة الاستغلال.

3-3 بصرف النظر عن موعد انتهاء هذا العقد وفقا للبند 3-1 أعلاه، إذا طلب المتعاقد عقد استغلال، قبل 90 يوما على الأقل من تاريخ انتهاء العقد، فإن حقوق المتعاقد والتزاماته بموجب هذا العقد تستمر إلى أن ينظر في الطلب ويتم إصدار عقد الاستغلال أو رفضه.

البند 4
الاستكشاف

1-4 يشرع المتعاقد في الاستكشاف وفقا للجدول الزمني المنصوص عليه في برنامج الأنشطة الوارد في الجدول 2 الوارد طيا ويتقيد بالفترات الزمنية أو أي تعديل يدخل عليها على النحو الذي ينص عليه هذا العقد.

2-4 يقوم المتعاقد بتنفيذ برنامج الأنشطة المنصوص عليه في الجدول 2 الوارد طيا. وعليه عند القيام بهذا العمل أن ينفق في كل سنة من سنوات العقد مبلغا لا يقل عن المبلغ المحدد في هذا البرنامج أو في أي استعراض له يتفق عليه، في نفقات فعلية ومباشرة تتعلق بالاستكشاف.

3-4 يجوز للمتعاقد، بموافقة من السلطة لا يجوز حجبها إلا لسبب معقول، أن يدخل من وقت لآخر على برنامج الأنشطة وعلى النفقات المحددة فيه التغييرات التي قد يكون من الضروري ومن الحكمة إدخالها وفقا للممارسات الحميدة في صناعة التعدين، ومع مراعاة ظروف السوق المتعلقة بالمعادن التي تحتوي عليها القشور الغنية بالكوبالت، والظروف الاقتصادية العالمية ذات الصلة الأخرى.

4-4 على المتعاقد والأمين العام أن يقوما، في موعد لا يتجاوز 90 يوما قبل انقضاء كل فترة مدتها خمس سنوات من تاريخ بدء سريان هذا العقد وفقا للبند 3 منه، بإجراء استعراض مشترك لتنفيذ خطة عمل الاستكشاف بموجب هذا العقد. ويجوز للأمين العام أن يطلب من المتعاقد أن يقدم أي بيانات ومعلومات إضافية حسب الاقتضاء لأغراض الاستعراض. وفي ضوء الاستعراض، يجري المتعاقد ما يلزم من تعديلات في خطة عمله ويبين برنامج أنشطته للسنوات الخمس التالية، بما في ذلك جدول منقح للنفقات السنوية المتوقعة. ويعدل الجدول 2 الوارد طيا وفقا لذلك.

البند 5
الرصد البيئي

1-5 يتخذ المتعاقد التدابير اللازمة لمنع التلوث وغيره من المخاطر التي قد تنشأ عن الأنشطة التي يضطلع بها في المنطقة على البيئة البحرية بقدر ما يكون ذلك ممكنا بشكل معقول متبعا نهجا تحوطيا وأفضل الممارسات البيئية.

2-5 قبل بدء أنشطة الاستكشاف، يقدم المتعاقد إلى السلطة ما يلي:

(أ) تقييم للآثار المحتملة للأنشطة المقترحة على البيئة البحرية؛

(ب) مقترح لبرنامج رصد من أجل تحديد الأثر المحتمل للأنشطة المقترحة على البيئة البحرية؛

(ج) بيانات يمكن استخدامها لتحديد خط أساس بيئي لتقييم أثر الأنشطة المقترحة.

5-3 يقوم المتعاقد، وفقا للنظام، بجمع بيانات خط الأساس البيئي مع تقدم أنشطة الاستكشاف وتطورها ويضع خطوط أساس بيئية يُستند إليها في تقدير الآثار المحتملة لأنشطة المتعاقد على البيئة البحرية.

5-4 يقوم المتعاقد، وفقا للنظام، بوضع وتنفيذ برنامج لرصد هذه الآثار على البيئة البحرية والإبلاغ عنها ويتعاون مع السلطة في تنفيذ هذا الرصد.

5-5 يقدم المتعاقد إلى الأمين العام، في غضون 90 يوما من نهاية كل سنة تقويمية، تقريرا عن تنفيذ ونتائج برنامج الرصد المشار إليه في البند 5-4 أعلاه ويقدم البيانات والمعلومات وفقا للنظام.

البند 6
خطط الطوارئ وحالات الطوارئ

6-1 على المتعاقد، قبل الشروع في برنامج أنشطته بموجب هذا العقد، أن يقدم إلى الأمين العام خطة طوارئ للتصدي بفعالية للحوادث التي تنشأ عن أنشطة المتعاقد في البحر في قطاع الاستكشاف ويرجح أن تتسبب في إلحاق ضرر جسيم بالبيئة البحرية أو يمكن أن تتسبب فيه. وتحدد خطة الطوارئ تلك إجراءات خاصة وتنص على توفير معدات كافية ومناسبة لمواجهة تلك الحوادث، وينبغي أن تتضمن بالخصوص ترتيبات من أجل:

(أ) القيام فورا بتوجيه إنذار عام في قطاع أنشطة الاستكشاف؛

(ب) القيام فورا بإخطار الأمين العام؛

(ج) إنذار السفن التي قد تكون على وشك الدخول إلى منطقة الطوارئ؛

(د) تدفق المعلومات الكاملة بصورة مستمرة إلى الأمين العام فيما يتصل بتفاصيل حالة الطوارئ والتدابير التي جرى اتخاذها والإجراءات الإضافية المطلوبة؛

(هـ) القيام حسب الاقتضاء بإزالة المواد الملوِّثة؛

(و) الحد من الضرر الجسيم الذي يلحق البيئة البحرية ومنع ذلك الضرر بالقدر الممكن بشكل معقول، فضلا عن التخفيف من آثاره؛

(ز) التعاون، حسب الاقتضاء، مع المتعاقدين الآخرين ومع السلطة من أجل مواجهة أي حالة طوارئ؛

(ح) إجراء تدريبات دورية على الاستجابة لحالات الطوارئ.

6-2 يقدم المتعاقد إلى الأمين العام فورا تقريرا عن أي حادث ينشأ عن أنشطته ويكون قد تسبب في إلحاق ضرر جسيم بالبيئة البحرية أو يتسبب فيه أو يمكن أن يتسبب فيه. ويجب أن يتضمن هذا التقرير تفاصيل هذا الحادث، بما في ذلك:

(أ) إحداثيات القطاع المتأثر أو الذي يمكن، بشكل معقول، توقع تأثره؛

(ب) وصف التدابير التي يتخذها المتعاقد لاتقاء الضرر الجسيم بالبيئة البحرية أو خطر إلحاق ضرر جسيم بها واحتوائه وتخفيفه إلى أقصى حد وإصلاحه؛

(ج) وصف التدابير التي يتخذها المتعاقد لرصد آثار الحادث على البيئة البحرية؛

(د) أي معلومات تكميلية معقولة قد يطلبها الأمين العام.

6-3 يمتثل المتعاقد للأوامر التي يصدرها المجلس في حالات الطوارئ ولأي تدابير فورية ذات طابع مؤقت يصدرها الأمين العام وفقا للنظام لاتقاء الضرر الجسيم بالبيئة البحرية أو خطر إلحاق ضرر جسيم بها واحتوائه وتخفيفه إلى أقصى حد وإصلاحه، ويمكن أن تشمل أوامر تصدر إلى المتعاقد ليقوم على الفور بتعليق أو تعديل أية أنشطة في قطاع الاستكشاف.

6-4 في حالة عدم امتثال المتعاقد على الفور للأوامر التي تصدر في حالات الطوارئ أو التدابير الفورية ذات الطابع المؤقت، يجوز للمجلس أن يتخذ، على نفقة المتعاقد، التدابير المعقولة اللازمة لاتقاء الضرر الجسيم بالبيئة البحرية أو خطر إلحاق ضرر جسيم بها أو احتواء ذلك الضرر أو تخفيفه إلى أقصى حد أو إصلاحه. وعلى المتعاقد أن يسدد فورا للسلطة مبلغ هذه المصاريف. وتضاف تلك المصاريف إلى أي غرامات مالية قد تفرض على المتعاقد عملا بأحكام هذا العقد أو النظام.

البند 7

رفات الموتى والأشياء والمواقع ذات الطابع الأثري أو التاريخي

يخطر المتعاقد الأمين العام كتابة على الفور بأي رفات أموات يعثر عليه في قطاع الاستكشاف يكون ذا طابع أثري أو تاريخي أو بأي شيء أو موقع يكون له طابع مماثل وبمكان

وجوده، بما في ذلك ما اتخذ من تدابير لصيانته وحمايته. ويحيل الأمين العام هذه المعلومات إلى المدير العام لمنظمة الأمم المتحدة للتربية والعلم والثقافة وإلى أي منظمة دولية مختصة أخرى. وبعد العثور على أي رفات أموات أو على أي شيء أو موقع في قطاع الاستكشاف، وتجنبا للمس بذلك الرفات أو الشيء أو الموقع، لا يتم الاضطلاع بأي أعمال تنقيب أو استكشاف أخرى، في نطاق دائري معقول، إلى أن يقرر المجلس خلاف ذلك بعد أخذ آراء المدير العام لمنظمة الأمم المتحدة للتربية والعلم والثقافة أو أي منظمة دولية مختصة أخرى في الاعتبار.

البند 8
التدريب

8-1   وفقا للنظام، يقدم المتعاقد إلى السلطة للموافقة، وقبل بدء الاستكشاف بموجب هذا العقد، البرامج المقترحة لتدريب موظفي السلطة والدول النامية، بما في ذلك اشتراك هؤلاء الموظفين في كافة الأنشطة التي يقوم بها المتعاقد بموجب هذا العقد.

8-2   يخضع نطاق برنامج التدريب وتمويله للتفاوض بين المتعاقد والسلطة والدولة أو الدول المزكية.

8-3   ينفذ المتعاقد برامج التدريب وفقا للبرنامج المحدد لتدريب الموظفين المشار إليه في البند 8-1 من هذا العقد والمعتمد من السلطة وفقا للنظام، ويصبح هذا البرنامج، حسبما يتم تنقيحه وتطويره من حين لآخر، جزءا من هذا العقد بوصفه الجدول 3.

البند 9
الدفاتر والسجلات

يمسك المتعاقد مجموعة كاملة وصحيحة من الدفاتر والحسابات والسجلات المالية طبقا لمبادئ المحاسبة المقبولة دوليا. وتتضمن هذه الدفاتر والحسابات والسجلات المالية معلومات تكشف عن كامل النفقات الفعلية والمباشرة المتعلقة بالاستكشاف وأي معلومات أخرى تيسر إجراء مراجعة فعلية لتلك النفقات.

البند 10
التقارير السنوية

10-1   يقدم المتعاقد خلال 90 يوما من نهاية كل سنة تقويمية تقريرا إلى الأمين العام بالشكل الذي قد توصي به اللجنة القانونية والتقنية من حين لآخر عن برنامج الأنشطة التي اضطلع بها في قطاع الاستكشاف، ويتضمن، حسب الانطباق، معلومات مفصلة بما يكفي بشأن ما يلي:

(أ) أعمال الاستكشاف المضطلع بها خلال السنة التقويمية، بما في ذلك الخرائط والجداول والرسوم البيانية الموضحة لما أنجز من أعمال وما حقق من نتائج؛

(ب) المعدات المستخدمة لأعمال الاستكشاف، بما في ذلك نتائج التجارب التي أجريت على تكنولوجيات تعدين مقترحة، ولا يشمل ذلك بيانات تصميم المعدات؛

(ج) تنفيذ برامج التدريب، بما فيها أي عمليات مقترحة لتنقيح أو تطوير تلك البرامج.

2-10 وتتضمن هذه التقارير أيضا ما يلي:

(أ) نتائج برامج رصد البارامترات البيئية، بما في ذلك مشاهداتها وقياساتها وتقييماتها وتحليلاتها؛

(ب) بيان عن كمية قشور الكوبالت المستخرجة كعينات أو لأغراض الاختبار؛

(ج) بيان متفق ومبادئ المحاسبة المقبولة دوليا ومصدق عليه من شركة محاسبين عموميين مؤهلة على النحو الواجب أو من الدولة المزكية، عندما يكون المتعاقد دولة أو مؤسسة تابعة للدولة، يتضمن النفقات الفعلية والمباشرة المتعلقة بالاستكشاف التي تحملها المتعاقد لدى الاضطلاع ببرنامج العمل خلال السنة المحاسبية للمتعاقد. وللمتعاقد حق المطالبة باعتبار هذه النفقات جزءا من تكاليف التنمية التي تكبدها قبل بدء الإنتاج التجاري؛

(د) تفاصيل أي تعديلات يقترح إدخالها على برنامج الأنشطة، وأسباب هذه التعديلات.

3-10 يقدم المتعاقد أيضا معلومات إضافية لاستكمال التقارير المشار إليها في البندين 10-1 و 10-2 أعلاه، حسبما يطلبه الأمين العام، من وقت لآخر، ضمن حدود معقولة، وذلك بهدف تنفيذ مهام السلطة بموجب الاتفاقية والنظام وهذا العقد.

4-10 يحتفظ المتعاقد، في حالة جيدة وإلى حين انتهاء العقد، بجزء نموذجي من العينات والعينات الجوفية لقشور الكوبالت التي يحصل عليها خلال عملية الاستكشاف. ويجوز للسلطة أن تطلب من المتعاقد كتابة أن يسلمها جزءا من أي عينة أو عينة لبية حصل عليها خلال عملية الاستكشاف بهدف تحليلها.

5-10 تدفع الجهة المتعاقدة عند تقديم التقرير السنوي رسما سنويا للمساهمة في التكاليف العامة قدره 000 47 دولار (أو مبلغا يتم تحديده وفقا للبند 10-6 من هذا النظام) لتغطية التكاليف التي تتكبدها السلطة في مجالي الإدارة والإشراف فيما يتعلق بهذا العقد وفي مجال استعراض التقارير المقدمة وفقا للبند 10-1 من هذا النظام.

6-10 يجوز للسلطة تنقيح الرسم السنوي للمساهمة في التكاليف العامة بحيث يعبر عن التكاليف التي تتكبدها بالفعل وفي الحدود المعقولة.[3]

البند 11

البيانات والمعلومات الواجب تقديمها عند انتهاء العقد

1-11 ينقل المتعاقد إلى السلطة جميع البيانات والمعلومات الضرورية والمتعلقة بممارسة السلطة لسلطاتها ووظائفها بفعالية فيما يتصل بقطاع الاستكشاف وفقا لأحكام هذا البند.

2-11 عند انتهاء هذا العقد، يقدم المتعاقد، إن لم يكن قد فعل ذلك، البيانات والمعلومات التالية إلى الأمين العام:

(أ) نسخ من جميع البيانات الجيولوجية، والبيئية، والجيوكيميائية والجيوفيزيائية التي حصل عليها في أثناء تنفيذ برنامج الأنشطة مما يلزم ويتسم بالأهمية من أجل ممارسة السلطة لسلطاتها ومهامها بفعالية فيما يتعلق بمنطقة الاستكشاف؛

(ب) تقدير للرواسب القابلة للتعدين، عند تحديد تلك الرواسب، يتضمن تفاصيل عن رتبة وكمية ما ثبت وجوده، وما يرجح وجوده، وما قد يكون هناك من احتياطيات قشور الكوبالت وظروف التعدين المتوقعة؛

(ج) نسخ من جميع التقارير الجيولوجية والتقنية والمالية والاقتصادية التي أعدها المتعاقد بنفسه أو أعدت له، مما يلزم ويتسم بالأهمية من أجل ممارسة السلطة لسلطاتها ومهامها بفعالية فيما يتعلق بمنطقة الاستكشاف؛

(د) معلومات مفصلة بما يكفي عن المعدات المستخدمة للاضطلاع بأعمال الاستكشاف، بما في ذلك نتائج التجارب التي أجريت على تكنولوجيات تعدين مقترحة، ولا يشمل هذا بيانات تصميم المعدات؛

(هـ) بيان بكمية قشور الكوبالت التي استخرجت كعينات أو لأغراض التجارب؛

[3] ISBA/19/A/12، المؤرخة 25 تموز/يوليه 2013، تعديلات

(و) بيان بالكيفية التي تحفظ بها مستندات تلك العينات الجوفية ومكان حفظها وإتاحتها للسلطة.

3-11 يقدم المتعاقد أيضا إلى الأمين العام البيانات والمعلومات المذكورة في البند 11-2 أعلاه إذا ما قدم، قبل انتهاء هذا العقد، طلبا للموافقة على خطة عمل للاستغلال أو تنازل عن حقوقه في قطاع الاستكشاف بقدر ما تتعلق تلك البيانات والمعلومات بالقطاع المتنازل عنه.

البند 12
السرية

تعتبر البيانات والمعلومات التي تقدم إلى السلطة بموجب هذا العقد سرية وفقا لأحكام النظام.

البند 13
التعهدات

1-13 ينفذ المتعاقد عملية الاستكشاف وفقا لشروط وأحكام هذا العقد وللنظام والجزء الحادي عشر من الاتفاقية والاتفاق، وغير ذلك من قواعد القانون الدولي التي لا تتعارض مع الاتفاقية.

2-13 يتعهد المتعاقد بما يلي:

(أ) قبول أحكام هذا العقد كأحكام نافذة والامتثال لها؛

(ب) الامتثال لما ينطبق من الالتزامات الناشئة عن أحكام الاتفاقية وقواعد وأنظمة وإجراءات السلطة، ومقررات أجهزتها ذات الصلة؛

(ج) قبول رقابة السلطة على الأنشطة المضطلع بها في المنطقة كما هو مخول لها في الاتفاقية؛

(د) الوفاء بحسن نية بالتزاماته بموجب هذا العقد؛

(هـ) التقيد، في حدود المعقول عمليا، بالتوصيات التي تصدرها اللجنة القانونية والتقنية من وقت لآخر.

3-13 ينفذ المتعاقد بنشاط برنامج العمل:

(أ) بما ينبغي من الاجتهاد والكفاءة والاقتصاد؛

(ب) مع إيلاء الاعتبار الواجب لأثر الأنشطة التي يضطلع بها على البيئة البحرية؛

(ج) مع إيلاء اعتبار معقول للأنشطة الأخرى المضطلع بها في البيئة البحرية.

4-13 تتعهد السلطة بالوفاء بنية حسنة بصلاحياتها ومهامها بموجب الاتفاقية والاتفاق وفقا للمادة 157 من الاتفاقية.

البند ١٤

التفتيش

1-14 يسمح المتعاقد للسلطة بإرسال مفتشيها على متن السفن والمنشآت التي يستخدمها للقيام بأنشطة في قطاع الاستكشاف بهدف:

(أ) رصد امتثال المتعاقد لشروط وأحكام العقد والنظام؛

(ب) رصد ما لهذه الأنشطة من آثار على البيئة البحرية.

2-14 يخطر الأمين العام المتعاقد في موعد معقول بالموعد المتوقع والمدة المتوقعة لعمليات التفتيش، وبأسماء المفتشين وبأية أنشطة يقوم بها المفتش وقد تستلزم توفير معدات خاصة أو مساعدة خاصة من موظفي المتعاقد.

3-14 تكون لهؤلاء المفتشين سلطة تفتيش أية سفينة أو منشأة، بما في ذلك سجل أدائها ومعداتها وسجلاتها ومرافقها وسائر البيانات المسجلة وأية وثائق ذات صلة تعتبر ضرورية لرصد امتثال المتعاقد.

4-14 يقوم المتعاقد ووكلاؤه وموظفوه بمساعدة المفتشين في تأدية واجباتهم، كما يقومون بما يلي:

(أ) قبول وتيسير صعود المفتشين بشكل سريع آمن على متن السفن والمنشآت؛

(ب) التعاون والمساعدة في تفتيش أية سفينة أو منشأة تبعا لهذه الإجراءات؛

(ج) إتاحة الوصول إلى جميع المعدات والمرافق ذات الصلة الموجودة بالسفن والمنشآت وإتاحة الاتصال بموظفيها في جميع الأوقات المعقولة؛

(د) عدم عرقلة عمل المفتشين أو إرهابهم أو التدخل في أعمالهم أثناء تأدية واجباتهم؛

(هـ) توفير التسهيلات المعقولة للمفتشين، بما في ذلك توفير الطعام والسكن، عندما يكون ذلك مناسبا؛

(و)   تيسير المغادرة الآمنة للمفتشين.

14-5 يتجنب المفتشون التدخل في العمليات الآمنة المعتادة على متن السفن والمنشآت التي يستخدمها المتعاقد للقيام بأنشطة في القطاع الذي يزورونه، ويتصرفون وفقا للنظام والتدابير المعتمدة لحماية سرية البيانات والمعلومات.

14-6 يتاح للأمين العام ولممثليه المفوضين على النحو الواجب، الوصول، لأغراض المراجعة والفحص، لدفاتر المتعاقد ووثائقه وأوراقه وسجلاته اللازمة وذات الصلة المباشرة للتحقق من النفقات المشار إليها في البند 10-2 (ج).

14-7 يوفر الأمين العام المعلومات ذات الصلة الواردة في تقارير المفتشين إلى المتعاقد والدولة أو الدول المزكية، حيثما يلزم اتخاذ إجراءات.

14-8 إذا لم يواصل المتعاقد الاستكشاف، لأي سبب من الأسباب، ولم يطلب عقدا للاستغلال، يتعين عليه، قبل الانسحاب من قطاع الاستكشاف، أن يخطر الأمين العام بذلك كتابة، للسماح للسلطة بإجراء تفتيش بموجب هذا البند، إذا ما قررت ذلك.

البند ١٥

معايير السلامة والعمل والصحة

15-1 يلتزم المتعاقد بالقواعد والمعايير الدولية المقبولة عموما، التي تقررها المنظمات الدولية المختصة أو المؤتمرات الدبلوماسية العامة بشأن سلامة الحياة في البحار ومنع وقوع حوادث تصادم وما تعتمده السلطة من قواعد وأنظمة وإجراءات تتصل بسلامة الحياة في البحار، وتحمل كل سفينة مستعملة في القيام بأنشطة في المنطقة الشهادات القانونية الصحيحة والسارية المفعول المطلوبة بموجب تلك القواعد والمعايير الدولية والصادرة عملا بها.

15-2 يحترم المتعاقد، لدى القيام بأنشطة الاستكشاف بموجب هذا العقد، ويتقيد بالقواعد والأنظمة والإجراءات المعتمدة من السلطة والمتصلة بالحماية من التمييز في العمالة وبالسلامة والصحة المهنيتين، وعلاقات العمل والضمان الاجتماعي والأمن الوظيفي وظروف المعيشة في موقع العمل. وتراعي هذه القواعد والأنظمة والإجراءات اتفاقيات وتوصيات منظمة العمل الدولية والمنظمات الدولية المختصة الأخرى.

البند ١٦

المسؤولية والتبعة

16-1 تقع على عاتق المتعاقد المسؤولية عن المقدار الفعلي لأي ضرر، بما في ذلك أي ضرر يلحق بالبيئة البحرية، يكون ناشئا عن فعل أو امتناع غير مشروع، من جانبه أو من جانب موظفيه والمتعاقدين معه من الباطن، ووكلائه وجميع من يعملون لحسابهم أو ينوبون عنهم في إدارة عملياته بموجب هذا العقد، بما في ذلك تكاليف التدابير المعقولة التي تتخذ لمنع أي ضرر يلحق بالبيئة البحرية أو للحد من هذا الضرر، مع مراعاة ما يمكن أن تكون السلطة قد أسهمت به من فعل أو امتناع.

16-2 يعوض المتعاقد السلطة وموظفيها والمتعاقدين معها من الباطن ووكلائها عن أية مطالبات من أي طرف آخر أو أية التزامات قبله تكون ناشئة عن أي فعل أو امتناع غير مشروع من جانب المتعاقد وموظفيه ووكلائه والمتعاقدين معه من الباطن وجميع من يعملون لحسابه أو ينوبون عنه في إدارة العمليات التي يضطلع بها بموجب هذا العقد.

16-3 تقع على عاتق السلطة المسؤولية عن المقدار الفعلي لأي ضرر يلحق بالمتعاقد ويكون ناشئا عن أفعال غير مشروعة ارتكبتها في ممارستها لصلاحيتها ووظائفها، بما في ذلك الانتهاكات الواردة في المادة ١٦٨ (2) من الاتفاقية، مع مراعاة أي فعل أو امتناع يكون قد أسهم به المتعاقد وموظفوه وعملاؤه والمتعاقدون معه من الباطن وجميع من يعملون لحسابه أو ينوبون عنه في إدارة العمليات التي يضطلع بها بموجب هذا العقد.

16-4 تعوض السلطة المتعاقد وموظفيه والمتعاقدين معه من الباطن ووكلاءه وجميع من يعملون لحسابه أو ينوبون عنه في إدارة العمليات التي يضطلع بها بموجب هذا العقد عن أية مطالبات من أي طرف آخر أو أية التزامات قبله تكون ناشئة عن أي فعل أو امتناع غير مشروع تكون قد ارتكبته في ممارستها لصلاحياتها ووظائفها، بما في ذلك الانتهاكات الواردة في المادة ١٦٨ (2) من الاتفاقية.

16-5 يحتفظ المتعاقد بوثائق تأمين مناسبة مع شركات معترف بها دوليا وفقا للممارسة البحرية الدولية المقبولة عموما.

البند ١٧

القوة القاهرة

17-1 لا يكون المتعاقد مسؤولا عن أي تأخير أو قصور، لا يمكن تفاديه بسبب قوة قاهرة في الوفاء بأي من التزاماته بموجب هذا العقد. ولأغراض هذا العقد، يعني مصطلح ”قوة قاهرة“

أي حـدث أو ظـرف لا يتوقـع، بشكل معقـول، أن يحـول المتعاقـد دون حدوثـه أو أن يسيطر عليه؛ شريطة ألا يكون هـذا الحـدث أو الظـرف ناشئا عـن الإهـمال أو عـدم مراعاة الممارسـات الحميدة المتبعة في صناعة التعدين.

2-17 يمنح المتعاقد، عند الطلب، فترة إضافية مـن الوقت تسـاوي الفترة التي تعطل فيها عمله بسبب القوة القاهرة، ويمدد أجل هذا العقد وفقا لذلك.

3-17 في حالة وجود قوة قاهرة، يتخذ المتعاقد جميع التدابير المعقولة لاسترداد قدرته على الوفاء بشروط وأحكام هذا العقد والامتثال لها في أقصر وقت ممكن.

4-17 في حالة وجود قوة قاهرة يخطر المتعاقد السلطة بذلك في أقرب وقت ممكن في حدود المعقول، كما يخطر السلطة بعودة الأوضاع الطبيعية.

البند ١٨

التحلل من المسؤولية

لا يجـوز بـأي شكل مـن الأشكال أن يـدعي أو يوحي المتعاقد أو أيـة شركة تابعـة لـه أو أي متعاقد معه من الباطن، سواء كان ذلك صراحة أو ضمنا، بأن للسلطة رأيا أو أعربت عـن رأي أو أن أي مسؤول فيها لـه رأي أو أعرب عـن رأي فيما يتعلـق بقشور الكوبالت في قطاع الاستكشاف، كمـا لا يجـوز أن يـرد بيان بهذا المعنى، أو يصدق عليه، في أي نشرة تمهيديـة، أو مـذكرة، أو دوريـة، أو إعـلان، أو نشـرة صـحفية، أو وثيقـة مشـابهة تصـدر عـن المتعاقد، أو أية شركة تابعـة لـه أو أي متعاقد معه مـن الباطن. وتشير إلى هـذا العقد بشكل مباشر أو غير مباشر. ولأغراض هذا البند يعني مصطلح "شركة تابعة" أي شخص أو منشأة أو شركة أو كيان مملوك لدولة إذا كان أي من هذه الكيانات يسيطر على المتعاقد، أو يسيطر عليه المتعاقد، أو يشترك المتعاقد في السيطرة عليه.

البند ١٩

التنازل عن الحقوق

يحق للمتعاقد أن يتنازل عـن حقوقه وأن ينهي هـذا العقد بدون عقوبة بإرسال إخطار بذلك إلى السلطة، شريطة أن يظل هذا المتعاقد مسؤولا عن جميع الالتزامات التي استحقت قبل تاريخ هذا التنازل وعن الالتزامات التي يتعين الوفاء بها بعد الإنهاء وفقا للنظام.

البند ٢٠
إنهاء التزكية

1-20 على المتعاقد إذا تغيرت جنسيته أو تغيرت الدولة التي لها سيطرة عليه أو أنهت الدولة المزكية له حسب تعريفها في النظام، تزكيتها، أن يخطر السلطة بذلك على الفور.

2-20 وفي أي من الحالتين، ينتهي هذا العقد على الفور ما لم يحصل المتعاقد على مُزكٍ آخر مستوف للشروط المنصوص عليها في النظام يقدم إلى السلطة في غضون المهلة المحددة في النظام شهادة تزكية للمتعاقد بالشكل المنصوص عليه.

البند ٢١
تعليق العقد وإنهاؤه والعقوبات

1-21 يجوز للمجلس أن يعلّق هذا العقد أو ينهيه، دون أن يمس ذلك أي حق من الحقوق الأخرى التي قد تكون للسلطة، في أي من الحالات التالية:

(أ) إذا كان المتعاقد، على الرغم من التحذيرات الكتابية الموجهة إليه من السلطة، قد زاول أنشطته بطريقة تسفر عن انتهاكات خطيرة مستمرة ومتعمدة للأحكام الأساسية لهذا العقد، والجزء الحادي عشر من الاتفاقية، والاتفاق، وقواعد وأنظمة وإجراءات السلطة؛

(ب) أو إذا لم يمتثل المتعاقد لقرار نهائي ملزم صادر عن الهيئة المختصة بتسوية المنازعات بالنسبة له؛

(ج) أو إذا أصبح المتعاقد معسرا أو أعلن إفلاسه أو عقد صلحا واقيا من الإفلاس مع دائنيه أو دخل في عملية تصفية أو حراسة قضائية، قسرا أو طوعا، أو قدم التماسا أو طلبا إلى أي محكمة من أجل تعيين حارس قضائي أو أمين تفليسة أو حارس قضائي عليه أو بدأ أية إجراءات تتصل به بموجب أي قانون للإفلاس أو الإعسار أو إعادة تسوية الدين، سواء كان ساريا الآن أو سيسري فيما بعد، ما لم يكن ذلك بهدف إعادة تشكيل الدين.

2-21 يجوز للمجلس، دون إخلال بالبند 17، وبعد التشاور مع المتعاقد، أن يعلق أو ينهي هذا العقد، دون أن يمس ذلك أي حق من الحقوق الأخرى التي قد تكون للسلطة، إذا تعذر على المتعاقد الوفاء بالتزاماته بموجب هذا العقد بسبب حادث أو ظرف من ظروف القوة القاهرة، المبينة في البند 17-1، والتي تظل قائمة لفترة متواصلة تتعدى سنتين، رغم أن المتعاقد قد اتخذ كافة التدابير المعقولة لاسترداد قدرته على الوفاء بأحكام وشروط هذا العقد والامتثال لها في أقصر وقت ممكن.

21-3 يتم التعليق أو الإنهاء بموجب إخطار يقدم عن طريق الأمين العام، ويشمل بيانا بأسباب اتخاذ هذا الإجراء. ويصبح التعليق أو الإنهاء نافذا بانقضاء ٦٠ يوما على إرسال هذا الإخطار، ما لم يطعن المتعاقد في غضون هذه الفترة في حق السلطة في تعليق هذا العقد أو إنهائه وفقا للفرع 5 من الجزء الحادي عشر من الاتفاقية.

21-4 إذا اتخذ المتعاقد إجراء من هذا القبيل، لا يجوز تعليق هذا العقد أو إنهاؤه إلا وفقا لقرار نهائي ملزم وفقا للفرع ٥ من الجزء الحادي عشر من الاتفاقية.

21-5 يجوز للمجلس، إذا علّق هذا العقد، أن يطلب من المتعاقد بإخطار يرسله إليه أن يستأنف عملياته وأن يمتثل لأحكام وشروط هذا العقد، في موعد لا يتجاوز ٦٠ يوما بعد إرسال هذا الإخطار.

21-6 يجوز للمجلس، في حالة حدوث أي انتهاك لهذا العقد لا يشمله البند 21-1 (أ) منه أو بدلا من تعليق العقد أو إنهائه بموجب البند 21-1 منه، أن يفرض على المتعاقد عقوبات مالية تتناسب وخطورة الانتهاك.

21-7 لا يجوز للمجلس أن ينفذ قرارا ينطوي على عقوبات مالية إلى أن يُمنح المتعاقد فرصة معقولة لاستنفاد وسائل الانتصاف القضائية المتاحة له عملا بالفرع ٥ من الجزء الحادي عشر من الاتفاقية.

21-8 في حالة إنهاء هذا العقد أو انقضاء مدته، يمتثل المتعاقد لأحكام النظام ويزيل جميع التجهيزات والمنشآت والمعدات والمواد من قطاع الاستكشاف ويجعل هذا القطاع مأمونا بحيث لا يشكل خطرا على الأشخاص أو النقل البحري أو البيئة البحرية.

البند 22
نقل الحقوق والالتزامات

22-1 لا يجوز نقل حقوق المتعاقد والتزاماته بموجب هذا العقد، سواء كليا أو جزئيا، إلا بموافقة السلطة ووفقا للنظام.

22-2 لا يجوز أن تمتنع السلطة بدون مبررات معقولة عن منح موافقتها على النقل إذا توافرت في الطرف المراد نقل هذه الحقوق والالتزامات إليه من جميع النواحي مؤهلات مقدم الطلب وفقا للنظام، واضطلع بجميع التزامات المتعاقد.

22-3 تنفذ أحكام هذا العقد وتعهداته وشروطه لصالح طرفيه ولمن يخلف أيا منهما أو يحل محله عن طريق النقل، وتكون ملزمة لهما وللخلف أو المنقول إليه.

البند 23

عدم التنازل

لا يعتبر تنازل أي من الطرفين عن أي حقوق ناجمة عن الإخلال بأحكام وشروط هذا العقد الواقعة على عاتق الطرف الآخر تنازلا من هذا الطرف عن أي إخلال لاحق بنفس الحكم أو الشرط الواقع على عاتق الطرف الآخر.

البند 24

التنقيح

24-1 عندما تنشأ أو يكون من المحتمل أن تنشأ ظروف ترى السلطة أو المتعاقد أنها قد تجعل هذا العقد غير عادل أو تجعل من غير العملي أو من المستحيل تحقيق الأهداف الواردة فيه أو في الجزء الحادي عشر من الاتفاقية أو في الاتفاق، يتفاوض الطرفان على تنقيحه وفقا لذلك.

24-2 يجوز أيضا تنقيح هذا العقد بموجب اتفاق بين المتعاقد والسلطة لتيسير تنفيذ أي قواعد أو أنظمة أو إجراءات اعتمدتها السلطة في أعقاب دخول هذا العقد حيز النفاذ.

24-3 لا يجوز تنقيح هذا العقد أو تعديله أو تحويره بأية طريقة أخرى إلا بموافقة المتعاقد والسلطة بموجب صك مناسب موقّع من الممثلين المفوضين من قبل الطرفين.

البند 25

المنازعات

25-1 تسوى وفقا للفرع 5 من الجزء الحادي عشر من الاتفاقية أية منازعة تنشأ بين الطرفين بشأن تفسير هذا العقد أو تطبيقه.

25-2 وفقا للمادة 21 (2) من المرفق الثالث للاتفاقية، تكون لأي قرار نهائي تصدره محكمة أو هيئة قضائية مختصة بموجب الاتفاقية المتعلقة بحقوق والتزامات السلطة والمتعاقد قوة نفاذ في إقليم أي دولة طرف في الاتفاقية تتأثر بذلك القرار.

البند 26

الإخطار

26-1 يقدم كتابة كل طلب أو إخطار أو تقرير أو موافقة أو تنازل أو توجيه أو تعليمات يقوم الأمين العام أو الشخص المعين ممثلا للمتعاقد، كيفما تكون الحال، بتقديمه بموجب هذا العقد. ويكون التبليغ باليد أو التلكس أو الفاكس أو البريد الجوي المسجل أو بالبريد

الإلكتروني المتضمن لتوقيع معتمد إلى الأمين العام في مقر السلطة أو إلى الشخص المعين ممثلا. ويكون اشتراط تقديم أية معلومات كتابة بموجب هذا النظام مستوفى إذا قدمت المعلومات في وثيقة إلكترونية تتضمن توقيعا رقميا.

26-2 يحق لأي الطرفين تغيير أي من هذه العناوين إلى أي عنوان آخر بإرسال إخطار إلى الطرف الآخر لا تقل مهلته عن عشرة أيام.

26-3 يصبح التبليغ باليد نافذا عند إتمامه. ويعتبر التبليغ بالتلكس نافذا في يوم العمل التالي لليوم الذي تظهر فيه عبارة "answer back" على جهاز تلكس الطرف المرسل. ويصبح التبليغ بالفاكس نافذا عندما يستقبل المرسل "تقرير تأكيد الإرسال" الذي يؤكد حدوث الإرسال إلى رقم الفاكس المطبوع الخاص بالمرسل إليه. ويعتبر التبليغ بالبريد الجوي المسجل نافذا بانقضاء 21 يوما على تاريخ الإرسال. ويفترض استلام المرسل إليه الرسالة الإلكترونية إذا دخلت نظام معلومات يخصصه المرسل إليه أو يستعمله لغرض استلام وثائق من النوع المرسل وكانت قابلة لاسترجاع المرسل إليه لها وتجهيزه لها.

26-4 يعتبر إخطار الشخص المعين ممثلا للمتعاقد إخطارا فعليا للمتعاقد في كل الأغراض المشمولة بهذا العقد، ويكون الشخص المعين ممثلا للمتعاقد هو وكيله فيما يتعلق بالإعلان أو الإخطار في أية دعوى تقام أمام محكمة أو هيئة قضائية مختصة.

26-5 يعتبر إخطار الأمين العام إخطارا فعليا للسلطة في كل الأغراض المشمولة بهذا العقد، ويكون الأمين العام هو وكيل السلطة فيما يتعلق بالإعلان أو الإخطار في أية دعوى تقام أمام محكمة أو هيئة قضائية مختصة.

البند 27
القانون الواجب التطبيق

27-1 يخضع هذا العقد لأحكام هذا العقد، وقواعد السلطة وأنظمتها وإجراءاتها، والجزء الحادي عشر من الاتفاقية، والاتفاق، وسائر قواعد القانون الدولي التي لا تتعارض مع الاتفاقية.

27-2 على المتعاقد وموظفيه والمتعاقدين معه من الباطن ووكلائه وجميع من يعملون لحسابهم أو ينوبون عنهم في إدارة عملياته بموجب هذا العقد التقيد بالقانون الواجب التطبيق المشار إليه في البند 27-1 أعلاه، والامتناع عن الاشتراك بصورة مباشرة أو غير مباشرة في أي معاملة يحظرها القانون الواجب التطبيق.

27-3 ليس في هذا العقد ما يمكن اعتباره إعفاء من ضرورة تقديم طلب للحصول على أي إذن أو تصريح قد يكون لازما للاضطلاع بأية أنشطة تتم بموجب هذا العقد، ومن ضرورة الحصول على هذا الإذن أو التصريح.

البند 28

التفسير

الغرض من تقسيم هذا العقد إلى بنود وبنود فرعية ومن إيراد العناوين هو تيسير الرجوع إليها فحسب، ويجب ألا يؤثر ذلك في تفسير أحكامه.

البند 29

الوثائق الإضافية

يوافق كل من طرفي هذا العقد على تنفيذ وإنجاز كل الصكوك الإضافية وأداء كل الأعمال والأمور الإضافية التي قد تكون ضرورية أو مناسبة لتنفيذ أحكامه.

التوصيات والإجراءات

ISBA/19/LTC/8

Distr.: General
1 March 2013
Arabic
Original: English

السلطة الدولية لقاع البحار

اللجنة القانونية والتقنية

الدورة التاسعة عشرة

كينغستون، جامايكا

١٥-٢٦ تموز/يوليه ٢٠١٣

توصيات توجيهية للمتعاقدين لتقييم الآثار البيئية المحتملة الناشئة عن استكشاف المعادن البحرية في المنطقة

أصدرتها اللجنة القانونية والتقنية

أولا – مقدمة

١ – في أثناء التنقيب عن المعادن البحرية واستكشافها، يتعين على السلطة الدولية لقاع البحار أن تقوم، في جملة أمور، بوضع قواعد وأنظمة وإجراءات بيئية لضمان الحماية الفعالة للبيئة البحرية من الآثار الضارة التي قد تنشأ عن القيام بأنشطة في المنطقة، وأن تستعرضها دورياً، وأن تطبق، جنبا إلى جنب مع الدول المزكية، نهجا وقائيا على أنشطة من هذا القبيل على أساس توصيات اللجنة القانونية والتقنية. وإضافة إلى ذلك، تشترط عقود استكشاف المعادن في المنطقة على المتعاقد جمع بيانات أساسية أوقيانوغرافية وبيئية ووضع خطوط أساس لتقيّم استنادا إليها الآثار المحتملة لبرنامج أنشطته في إطار خطة عمل الاستكشاف في البيئة البحرية وبرنامج لرصد هذه الآثار والإبلاغ عنها. ويتعاون المتعاقد مع السلطة ومع الدولة أو الدول المزكية في وضع وتنفيذ برامج الرصد. ويقوم المتعاقد بالإبلاغ سنويا عن نتائج برامجه المتعلقة بالرصد البيئي. وعلاوة على ذلك، يُشترط على كل مقدم طلب، عند التماس الحصول على موافقة على خطة عمل للاستكشاف، أن يقدم، في جملة أمور، وصفا لبرنامج دراسات أساسية أوقيانوغرافية وبيئية طبقا للنظام ذي الصلة ولأي قواعد وأنظمة وإجراءات بيئية تضعها السلطة تمكن من تقييم التأثير البيئي المحتمل لأنشطة الاستكشاف المقترحة، مع

مراعاة أي توصيات تصدر عن اللجنة القانونية والتقنية، فضلا عن إجراء تقييم أولي للتأثير المحتمل لأنشطة الاستكشاف المقترحة على البيئة البحرية.

٢ - وللجنة القانونية والتقنية أن تصدر من حين لآخر توصيات ذات طابع تقني أو إداري لإرشاد المتعاقدين بقصد مساعدتهم في تنفيذ قواعد السلطة وأنظمتها وإجراءاتها. وبموجب الفقرة ٢ (هـ) من المادة ١٦٥ من اتفاقية الأمم المتحدة لقانون البحار لعام ١٩٨٢، تقدم اللجنة أيضا توصيات إلى المجلس بشأن حماية البيئة البحرية، مراعية في ذلك وجهات نظر الخبراء المعترف بهم في ذلك المجال.

٣ - ومن الجدير بالذكر أن السلطة قد عقدت، في حزيران/يونيه ١٩٩٨، حلقة عمل عن وضع مبادئ توجيهية لتقييم التأثيرات البيئية لاستكشاف رواسب العقيدات المتعددة الفلزات. وتمخضت حلقة العمل عن مجموعة من مشاريع المبادئ التوجيهية لتقييم الآثار البيئية المحتملة الناشئة عن استكشاف رواسب العقيدات المتعددة الفلزات في المنطقة. وأشار المشاركون في حلقة العمل إلى ضرورة وضع طرق واضحة وعامة لوصف خواص البيئة بناء على مبادئ علمية ثابتة ومع مراعاة القيود الأوقيانوغرافية. وبعد انقضاء عام واحد على اعتماد نظام التنقيب عن العقيدات المتعددة الفلزات واستكشافها في المنطقة (ISBA/16/A/18)، أصدرت اللجنة القانونية والتقنية مبادئ توجيهية في عام ٢٠٠١ بوصفها الوثيقة ISBA/7/LTC/1/Rev.1 ثم قامت بمراجعتهما في عام ٢٠١٠ في ضوء زيادة الفهم (انظر ISBA/16/LTC/7). وفي ضوء اعتماد نظام التنقيب عن الكبريتيدات المتعددة الفلزات واستكشافها في المنطقة (ISBA/16/A/12/Rev.1) في عام ٢٠١٠ ونظام التنقيب عن قشور المنغنيز الحديدي الغنية بالكوبالت واستكشافها في المنطقة (ISBA/18/A/11) في عام ٢٠١٢، تقرر وجود حاجة لإحداث مجموعة مشتركة من المبادئ التوجيهية البيئية تتضمن توجيهات فيما يتعلق باستكشاف الكبريتيدات المتعددة الفلزات وقشور المنغنيز الحديدي الغنية بالكوبالت.

٤ - وعُقدت، في كينغستون، في الفترة من ٦ إلى ١٠ أيلول/سبتمبر ٢٠٠٤، حلقة عمل معنونة ”الكبريتيدات المتعددة الفلزات وقشور الكوبلت: بيئتها واعتبارات من أجل وضع خطوط أساس بيئية وبرنامج رصد مرتبط بها لأغراض الاستكشاف“ استجابة للحاجة إلى وجود توجيه بيئي خلال عملية استكشاف هذين المَوردَين. واستندت توصيات حلقة العمل إلى المعارف العلمية الراهنة المتعلقة بالبيئة البحرية والتكنولوجيا التي سيتم استخدامها.

٥ - وما لم يرد ما يثبت العكس، فإن التوصيات الواردة هنا بشأن الاستكشاف والتعدين الاختباري تنطبق على جميع أنواع الرواسب. وفي بعض المواقع، قد يتعذر عقلاً ومنطقا تنفيذ

بعض هذه التوصيات المحددة. وفي تلك الحالة، يتعين على المتعاقد أن يقدم الحجج بذلك الصدد إلى السلطة، التي يمكنها عندئذ أن تعفيه من الشرط المحدد إذا كان ذلك مناسبا.

٦ - وارتأت اللجنة، بالنظر إلى الطابع التقني للتوصيات والفهم المحدود لتأثير أنشطة الاستكشاف على البيئة البحرية، أن من الأهمية بمكان تقديم تعليق تفسيري، كمرفق أول لهذه التوصيات. ويلحق بالتعليق التفسيري مسرد بالمصطلحات التقنية.

٧ - وتتوقف طبيعة الاعتبارات البيئية المرتبطة بالتعدين الاختباري على نوع تكنولوجيا التعدين المستخدمة لاستخراج المعادن، وعلى نطاق العملية (أي عدد الأطنان المستخرجة سنويا في المنطقة الواحدة). ويُعتقد أن الإزالة الميكانيكية دون معالجة أولية في قاع البحار هي التكنولوجيا التي تستخدم على الأرجح، وهي الأسلوب المفترض هنا لاستخراج المعادن. ومن المرجح أن تستعمل في عمليات التعدين في المستقبل تقنيات لم يتطرق إليها هذا التقرير. وبما أن التوصيات الواردة هنا تستند إلى المعارف العلمية الراهنة المتعلقة بالبيئة البحرية والتكنولوجيا التي ستستخدم في هذا المجال وقت إعدادها، فإنها قد تتطلب تنقيحا في المستقبل يراعي تقدم العلم والتكنولوجيا. وطبقا لكل مجموعة أحكام من مجموعات النظام، يجوز للجنة أن تعيد من وقت لآخر النظر في هذه التوصيات مع مراعاة الحالة الراهنة للمعارف والمعلومات العلمية. ويفضل أن يُجرى هذا الاستعراض دوريا وعلى فترات لا تتجاوز الواحدة منها خمس سنوات. وتيسيرا لهذا الاستعراض، يوصى بأن تعقد السلطة، على فترات مناسبة، حلقات عمل يدعى للمشاركة فيها أعضاء اللجنة القانونية والتقنية، والمتعاقدون، وخبراء معترف بهم في الأوساط العلمية.

٨ - وبعد الموافقة على خطة عمل الاستكشاف في شكل عقد وقبل بدء أنشطة الاستكشاف، يتعين على المتعاقد أن يقدم إلى السلطة ما يلي:

(أ) تقييم للآثار المحتملة لجميع الأنشطة المقترحة على البيئة البحرية، باستثناء الأنشطة التي تعتبر اللجنة القانونية والتقنية أنها لا تنطوي على احتمال التسبب في آثار ضارة بالبيئة البحرية؛

(ب) مقترح لبرنامج رصد لتحديد الأثر المحتمل للأنشطة المقترحة على البيئة البحرية؛ وللتحقق من عدم إلحاق ضرر جسيم بالبيئة البحرية نتيجة القيام بأعمال التنقيب عن المعادن واستكشافها؛

(ج) بيانات يمكن استخدامها لتحديد خط الأساس البيئي لتقييم أثر الأنشطة المقبلة في ضوئه.

ثانيا – النطاق

ألف – الغرض

٩ - تُبين هذه التوصيات الإجراءات التي يتعيّن اتباعها للحصول على البيانات الأساسية، والرصد الذي يتعين الاضطلاع به أثناء القيام بأي أنشطة في منطقة الاستكشاف يحتمل أن تتسبب في إلحاق أضرار جسيمة بالبيئة، وبعد الانتهاء من تلك الأنشطة. والأغراض المتوخاة هي:

(أ) تحديد العناصر البيولوجية والكيميائية والجيولوجية والفيزيائية الواجب قياسها والإجراءات الواجب اتباعها من جانب المتعاقدين لكفالة الحماية الفعالة للبيئة البحرية من الآثار الضارة التي قد تنشأ عن أنشطة المتعاقدين في المنطقة؛

(ب) تيسير الإبلاغ من جانب المتعاقدين؛

(ج) توفير توجيه للمتعاقدين المحتملين في إعداد خطة عمل لاستكشاف المعادن البحرية وفقا لأحكام الاتفاقية، واتفاق عام ١٩٩٤ المتعلق بتنفيذ الجزء الحادي عشر من اتفاقية الأمم المتحدة لقانون البحار والأنظمة ذات الصلة الصادرة عن السلطة.

باء – التعاريف

١٠ - باستثناء ما هو محدد خلاف ذلك في هذه الوثيقة، فإن المصطلحات والعبارات المعرَّفة في كل مجموعة أحكام من مجموعات النظام لها نفس المدلول في هذه التوصيات. ويرد مسرد بالمصطلحات التقنية في المرفق الثاني لهذه الوثيقة.

جيم – الدراسات البيئية

١١ - تراعي كل خطة عمل لاستكشاف المعادن البحرية المراحل التالية للدراسات البيئية:

(أ) الدراسات الأساسية البيئية؛

(ب) الرصد لضمان عدم إلحاق ضرر جسيم بالبيئة البحرية جراء الأنشطة المضطلع بها خلال التنقيب والاستكشاف؛

(ج) الرصد خلال اختبار نظم ومعدات جمع العينات وبعده.

١٢ - يسمح المتعاقدون للسلطة بإرسال مفتشيها على متن السفن والمنشآت التي يستخدمها المتعاقد للقيام بأنشطة استكشاف في المنطقة لكي تقوم، في جملة أمور، برصد ما لهذه الأنشطة من آثار على البيئة البحرية.

ثالثا –   الدراسات الأساسية البيئية

١٣ -   من المهم الحصول على معلومات كافية من منطقة الاستكشاف لتوثيق الأحوال الطبيعية القائمة قبل إجراء التعدين الاختباري، وللوقوف عن كثب على العمليات الطبيعية مثل تشتت الجسيمات واستقرارها، وتعاقب مجموعات أنواع حيوانات قاع البحر، وجمع بيانات أخرى قد تتيح إمكانية الحصول على القدرات الضرورية للتنبؤ الدقيق بالآثار البيئية. وقد تكون آثار العمليات الدورية التي تحدث بشكل طبيعي ذات وقع كبير على البيئة البحرية ولكنها ليست محددة كميا بشكل جيد. ولذا فمن المهم أيضا الإلمام بأطول فترة ممكنة من تاريخ ردود الفعل الطبيعية لمجموعات أنواع الحيوانات التي تعيش عند سطح البحار وفي الطبقات المتوسطة من أعماق البحار وفي قاع البحار على التفاوت البيئي الطبيعي.

متطلبات البيانات الأساسية

١٤ -   لكي يتسنى وضع خط أساس بيئي في منطقة الاستكشاف بموجب أحكام النظام ذي الصلة، يقوم المتعاقد، بالاستفادة من أفضل التكنولوجيات المتوفرة، بما في ذلك نظم المعلومات الجغرافية، وباستخدام تصميم إحصائي محكم في إعداد استراتيجية أخذ العينات، بجمع البيانات لغرض تحديد المقومات الأساسية للمعالم الفيزيائية والكيميائية والبيولوجية وغير ذلك من المعالم التي تميّز النظم التي يرجح أن تتأثر بأنشطة الاستكشاف وأنشطة التعدين الاختباري المحتملة. وللبيانات الأساسية التي توثّق الأحوال الطبيعية القائمة قبل التعدين الاختباري أهمية بالغة لرصد التغيرات التي تنجم عن آثار التعدين الاختباري والتنبؤ بآثار أنشطة التعدين التجارية.

١٥ -   ينبغي أن تشمل البيانات التي ستعالج ما يلي:

(أ)   فيما يتعلق بالأوقيانوغرافيا الفيزيائية:

'١'   جمع معلومات عن الأوضاع الأوقيانوغرافية على طول عمود المياه بأكمله، تشمل جملة أمور منها التيار ودرجة الحرارة ونظم التعكر، وبخاصة بالقرب من قاع البحر؛

'٢'   تكييف برنامج القياس مع جيومورفولوجية قاع البحر؛

'٣'   تكييف برنامج القياس مع النشاط الإقليمي للقوى المائية في عمود طبقة المياه العليا عند سطح البحر، وفي قاع البحار؛

'٤'   قياس المعالم الفيزيائية في الأعماق المحتمل تأثرها بالانبعاثات العمودية خلال اختبار نظم ومعدات جمع العينات؛

'٥'   قياس تركيزات الجسيمات وتكوينها لتسجيل توزيعها على طول عمود المياه.

(ب)   فيما يتعلق بالجيولوجيا:

'١'   إنتاج خرائط إقليمية استنادا إلى نظام المعلومات الجغرافية مع قياس الأعماق العالي الاستبانة لإظهار الملامح الجيولوجية والجيومورفولوجية الرئيسية للتعبير عن التباين في البيئة؛ وينبغي إنتاج هذه الخرائط بمقياس يتناسب مع تنوع الموارد والموائل؛

'٢'   جمع المعلومات عن الفلزات الثقيلة والعناصر النزرة التي قد تنبعث خلال التعدين الاختباري وتركيزاتها.

(ج)   فيما يتعلق بالأوقيانوغرافيا الكيميائية:

'١'   جمع معلومات عن كيمياء عمود المياه الأساسي بما في ذلك طبقة المياه الواقعة فوق المورد، ولا سيما عن الفلزات والعناصر الأخرى التي قد تنبعث أثناء عملية التعدين؛

'٢'   جمع معلومات عن الفلزات الثقيلة والعناصر النزرة التي قد تنبعث أثناء التعدين الاختباري وتركيزاتها؛

'٣'   تحديد المواد الكيميائية الإضافية التي يمكن أن تنطلق في الانبعاثات العمودية التالية لمعالجة المورد أثناء التعدين الاختباري.

(د)   فيما يتعلق بخصائص الرواسب:

'١'   تحديد الخصائص الأساسية للرواسب، بما في ذلك ميكانيكيات التربة وتكوينها، لتحديد خصائص الرواسب السطحية والمصدر المحتمل لعمود طبقة المياه العميقة تحديدا وافيا؛

'٢'   أخذ عينات من الرواسب مع مراعاة الاختلاف في بيئة قاع البحر.

(هـ)   وفيما يتعلق بالمجتمعات الأحيائية، واستخدام خرائط قياس الأعماق عالية الاستبانة لتخطيط استراتيجية أخذ العينات البيولوجية، مع مراعاة التباين في البيئة:

'١' جمع بيانات عن المجتمعات الأحيائية، وأخذ عينات من الحيوانات تمثل تنوع الموائل، وتضاريس قاع البحر، والأعماق وخصائص قاع البحر وخواص الرواسب، والوفرة، والمورد المعدني المستهدف؛

'٢' جمع بيانات عن مجموعات الأنواع في قاع البحر ولا سيما تلك المتصلة بالكائنات الحيوانية الضخمة والكائنات الحيوانية المتوسطة والكائنات الحيوانية الدقيقة والكائنات التي تجمع القمامة في قاع البحر؛ والحيوانات المرتبطة مباشرة بالمورد، سواء في منطقة الاستكشاف أو في المناطق التي قد تتأثر بالعمليات (الأعمدة الناجمة عن عمليات التعدين أو الانبعاثات العمودية على سبيل المثال)؛

'٣' تقييم مجموعات الكائنات في البحار العميقة الواقعة في نطاق العمود المائي وفي الطبقة الحدودية القاعية التي قد تتأثر بالعمليات (الأعمدة الناجمة عن عمليات التعدين أو الانبعاثات العمودية على سبيل المثال)؛

'٤' تسجيل النسب الأساسية للفلزات الموجودة في الأنواع السائدة، التي يمكن أن تنبعث أثناء التعدين؛

'٥' تسجيل مشاهدات الثدييات البحرية وغيرها من الحيوانات الضخمة (مثل السلاحف البحرية وأسراب الأسماك) وتجمعات الطيور الموجودة قرب سطح الماء، وتحديد الأنواع التي تمت مشاهدتها، حيثما أمكن. وينبغي تسجيل التفاصيل خلال المرور العابر من مناطق الاستكشاف وإليها وعند المرور بين المحطات. وينبغي تقييم التغير الزمني؛

'٦' إقامة محطة واحدة على الأقل في كل نوع من أنواع الموائل أو في كل منطقة، حسب الاقتضاء لتقييم التغيرات الزمنية في العمود المائي ومجتمعات قاع البحر؛

'٧' تقييم التوزيع الإقليمي للأنواع والارتباط الجيني بين الأنواع الرئيسية؛

'٨' ينبغي أن تكون مجموعات المواد موثقة بالصور (وتشتمل على فهرس لصور الفيديو) في الموقع الأصلي من أجل توفير محفوظات للمعلومات المتعلقة بسياق/بيئة الموقع لكل عينة.

(و) فيما يتعلق بالتعكر الأحيائي: جمع بيانات حسب الاقتضاء عن اختلاط الرواسب بفعل الكائنات الحية؛

(ز)   فيما يتعلق بالترسب: جمع بيانات متسلسلة زمنيا عن تدفق المواد من عمود المياه العليا إلى أعماق البحر، وتكوينها.

١٦ –   وبالإضافة إلى تحليل البيانات، ينبغي أن تقدم البيانات الأولية في شكل إلكتروني مع التقارير السنوية كما هو متفق عليه مع الأمانة. وستستخدم هذه البيانات في الإدارة البيئية الإقليمية وتقييم التأثيرات التراكمية.

رابعا – تقييم الأثر البيئي

١٧ –   ينبغي استخدام أفضل التكنولوجيات والمنهجيات المتاحة لأخذ العينات عند تحديد البيانات الأساسية لتقييم الأثر البيئي.

ألف – الأنشطة التي لا تحتاج إلى تقييم تأثيرها على البيئة

١٨ –   استنادا إلى المعلومات المتاحة، هناك مجموعة متنوعة من التكنولوجيات المستخدمة حاليا في الاستكشاف يعتبر أنها لا تنطوي على احتمال التسبب في ضرر جسيم للبيئة البحرية، وبالتالي لا تستلزم إجراء تقييم للأثر البيئي. وتشمل هذه التكنولوجيات ما يلي:

(أ)   عمليات ملاحظة وقياس الثقالة وشدة المجالات المغناطيسية؛

(ب)   إعداد مقاطع جانبية للمقاومة أو الطاقة الذاتية أو الاستقطاب المستحث في القاع وما تحت القاع أو تصويرها بالموجات الصوتية أو الكهرومغنطيسية دون استخدام متفجرات وترددات معروفة بتأثيرها الجسيم على الحياة البحرية؛

(ج)   عمليات أخذ العينات المائية والحيوية والرسوبية والصخرية من أجل الدراسات الأساسية البيئية وتشمل:

'١'   أخذ عينات من كميات صغيرة من المياه والرواسب والكائنات الحية (من مركبات تشغل من بعد مثلا)؛

'٢'   أخذ عينات معدنية وصخرية ذات طبيعة محدودة، مثلما يتم باستخدام الكلابات الصغيرة أو سلال جمع العينات؛

'٣'   أخذ العينات من الرواسب باستخدام ملباب مكعب أو ملباب صغير القطر.

(د)   الملاحظات والقياسات المتعلقة بالأحوال الجوية، بما في ذلك ضبط دقة أجهزة القياس (عوامات مثبتة على سبيل المثال)؛

(هـ)   الملاحظات والقياسات الأوقيانوغرافية والهيدروغرافية، بما في ذلك ضبط دقة أجهزة القياس (عوامات مثبتة على سبيل المثال)؛

(و)   الملاحظات والقياسات المأخوذة عن طريق أشرطة الفيديو/الأفلام والصور الفوتوغرافية الثابتة؛

(ز)   اختبار المعادن وتحليلها على متن السفينة؛

(ح)   أجهزة تحديد المواقع بما فيها أجهزة الإرسال والاستقبال المخصصة للقاع وعوامات السطح وما تحت السطح المنشورة في إعلانات تنبيه البحارة؛

(ط)   القياسات المأخوذة بجهاز استشعار الأعمدة المجرور (التحليل الكيميائي، وأجهزة قياس تركز الجسيمات المعلقة، وأجهزة قياس فلورة المياه، وغيرها)؛

(ي)   القياسات الأيضية الفونية في المواقع (مثل استهلاك الأكسجين في الرواسب)؛

(ك)   الكشف عن الحمض الخلوي الصبغي للعينات البيولوجية؛

(ل)   الدراسات المعتمدة على إطلاق الصبائغ والمحاليل الكاشفة؛ ما لم تكن مطلوبة بموجب القوانين الوطنية أو الدولية التي تحكم أنشطة السفن حاملة العلم.

باء – الأنشطة التي تحتاج إلى تقييم تأثيرها على البيئة

١٩ -   تحتاج الأنشطة التالية إلى تقييم مسبق لتأثيرها على البيئة وللاضطلاع ببرنامج للرصد البيئي خلال القيام بالنشاط المحدد وبعده، وذلك طبقا للتوصيتين الواردتين في الفقرتين ٢٩ و ٣٠. وتجدر ملاحظة أن هذه الدراسات الأساسية وأعمال الرصد وتقييم الأثر تشكل على الراجح الإسهامات الأولية في تقييم تأثير التعدين التجاري على البيئة:

(أ)   أخذ العينات بغرض دراستها على اليابسة لغرض التعدين و/أو المعالجة؛ إذا كانت مساحة المنطقة المشمولة بالعينات، التي يجري بها أي نشاط لأخذ العينات، تزيد عن الحد المنصوص عليه في التوجيهات المحددة للمتعاقدين على استكشاف موارد معدنية محددة على النحو الوارد في الفرع الرابع – واو أدناه؛

(ب)   استخدام أنظمة لخلق اضطرابات مصطنعة في قاع البحر؛

(ج)   اختبار نظم ومعدات جمع العينات؛

(د)   أنشطة الحفر باستخدام حفارات على متن السفن؛

(هـ) أخذ عينات من الصخور؛

(و) أخـذ العينـات بالزلاجـة القاعيـة الفوقيـة أو بالجرافـة، أو بـشباك الجـر، ما لم يسمح بذلك للمناطق التي تقل عما هو منصوص عليه في التوجيهات المحددة للمتعاقدين على استكشاف موارد معدنية محددة على النحو الوارد في الفرع الرابع – واو أدناه.

٢٠ – يقدم المتعاقد للأمين العام التقييم المسبق للأثر البيئي والمعلومات المنصوص عليها في التوصية الـواردة في الفقـرة ٢٧ وبرنـامج الرصد البيئي ذي الـصلة قبل عـام على الأقـل من بدء النشاط، وقبل ثلاثة أشهر على الأقل قبل الدورة السنوية للسلطة.

٢١ – ويلزم تقديم بيانات الرصد البيئي قبـل التعدين الاختباري وأثناءه وبعده في موقع التعدين والمواقع المرجعية المماثلة (التي يتعين انتقاؤها وفقا لخصائصها البيئية وتكوين مجموعاتها الحيوانية. ويجب أن يستند تقييم الأثر على برنامج رصد مصمم جيدا قادر على كشف الآثار عبر الزمان والمكان وتقديم بيانات يمكن الدفاع عنها إحصائيا.

٢٢ – ويتوقع أن تتجلى الآثار البيئية الرئيسية عند قاع البحر. وقد تحدث آثار إضافية عند عمق تصريف المخلفات وفي العمود المائي. وينبغي أن يعالج تقييم الأثر التأثيرات الواقعة على القاع والطبقة الحدودية القاعية وبيئات أعماق البحار. وينبغي ألا يعالج تقييم الأثر المناطق المتأثرة تأثرا مباشرا بالتعدين فحسب، بل المنطقة الأوسع المتأثرة بالأعمدة الواقعة قرب القاع أيضا، وعمود التصريف والمواد المنبعثة من نقل المعادن إلى سطح المحيط، ويتوقف ذلك على التكنولوجيا المستخدمة.

٢٣ – ويجـوز للمتعاقـدين إجـراء اختبـارات التعـدين فـرادى أو بالتعـاون. وفي أي اختبـار لاستخراج المعادن، تجمع كل عناصر نظام التعدين وتنفذ عملية التعدين الاختباري برمتها برفع المعادن إلى سطح المحيط وتصريف المخلفات. وينبغي، في إطار إجراء التقييمات البيئية، رصد هذه المرحلة التجريبية بشكل مكثف، على نحو ما يجب أن يتم في الاختبارات المتعلقة بأي عنصر مـن عناصر التعدين الاختباري. وعنـدما يكون قد تم بالفعل تنفيذ اختبارات التعدين، حتى وإن كان ذلك عن طريق متعاقد آخر، ينبغي تطبيق المعارف المكتسبة مـن هذه الاختبارات عند الاقتضاء لكفالة حل المشكلات المعلقة من خلال بحوث جديدة.

٢٤ – وينبغي لرصد التعدين الاختباري أن يسمح بالتنبؤ بالآثار المتوقعة مـن وضع النظم التجارية واستخدامها.

٢٥ – ويمكن أن يتـداخل الانبعـاث العمـودي النـاجم عـن التصريف في المياه الـسطحية مع الإنتاجية الأولية بزيادة مستويات المغذيات وتقليص نفاذ الضوء إلى المحيط. كما سيؤدي

إدخال المياه الباردة العميقة من الأعماق إلى تغيير درجة حرارة سطح البحر محليا وانبعاث ثاني أكسيد الكربون إلى الغلاف الجوي. وقبل الإتيان بكميات كبيرة من المياه العميقة إلى السطح في إطار أنشطة التعدين الاختباري يلزم إجراء تقييم للأثر البيئي، إذ إن التغيرات البيئية قد تؤدي إلى تغيير السلاسل الغذائية، والإخلال بالهجرة الرأسية وحركات الهجرة الأخرى وحدوث تغييرات في الكيمياء الجيولوجية للمنطقة ذات المستوى الأدنى من الأوكسجين، إن وجدت. ونظرا للاختلاف الإقليمي، وإلى حد ما الموسمي، لمناطق الحد الأدنى من الأوكسجين، يتعين أن تحدد الدراسات البيئية مدى عمق طبقة الحد الأدنى من الأوكسجين في كل منطقة من مناطق التعدين الاختباري.

جيم - معلومات يقدمها المتعاقد

٢٦ - ينبغي للمتعاقد أن يزود السلطة بوصف عام وجدول لبرنامج الاستكشاف المقترح، بما في ذلك برنامج العمل المتعلق بفترة الخمس سنوات التالية مباشرة، من قبيل الدراسات التي ستجرى فيما يتعلق بالعوامل البيئية والتقنية والاقتصادية والعوامل المناسبة الأخرى التي يجب أخذها في الاعتبار خلال التعدين الاختباري. وينبغي أن يتضمن هذا الوصف العام ما يلي:

(أ) برنامج دراسات أساسية أوقيانوغرافية وبيئية وفقا لمجموعة الأحكام ذات الصلة من النظام وأية أنظمة وإجراءات بيئية تصدر عن السلطة من شأنها أن تتيح إجراء تقييم للأثر البيئي المحتمل لأنشطة الاستكشاف المقترحة، مع مراعاة أية مبادئ توجيهية تصدر عن السلطة؛

(ب) تدابير مقترحة لاتقاء خطر التلوث والأخطار الأخرى المحدقة بالبيئة البحرية وكذا الآثار المحتملة عليها والتخفيف منها والتحكم فيها؛

(ج) إجراء تقييم أولي للآثار المحتملة لأنشطة الاستكشاف المقترحة على البيئة البحرية؛

(د) تعيين حدود المنطقة المرجعية للأثر وحدود المنطقة المرجعية للحفظ. وينبغي أن تمثل المنطقة المرجعية للأثر الموقع الذي سيجري فيه التعدين من حيث الخصائص البيئية وخصائص الأحياء. وينبغي أن تحدد المنطقة المرجعية للحفظ بدقة وأن تكون واسعة بما فيه الكفاية حتى لا تتأثر بالأنشطة التعدينية، بما في ذلك الآثار الناتجة عن الأعمدة الناجمة عن العمليات وتصريف المخلفات. وسيكون الموقع المرجعي ذا أهمية في تحديد التفاوتات الطبيعية

في الظروف البيئية. وينبغي أن يعادل تكوينه من الأنواع الحيوانية مثيله في منطقة التعدين الاختباري.

٢٧ – ويتعين أن يقدم المتعاقد للأمين العام بعض أو جميع المعلومات التالية، حسب النشاط المحدد الذي سيضطلع به:

(أ)   حجم الراسب وشكله وحمولته ودرجته؛

(ب)   تقنية جمع المعادن (كالجرف أو الانجراف الميكانيكي، والسحب الهيدروليكي والنوافير المائية وغيرها)؛

(ج)   عمق النفاذ إلى قاع البحر؛

(د)   الأجزاء الدوارة (الزلاجات والعجلات والجرارات وبراغي أرخميدس ولوحات التحميل والوسادات المائية وغيرها) التي تلامس قاع البحر؛

(هـ)   طرق فصل المورد المعدني والرواسب في قاع البحر، بما في ذلك غسل المعادن، وتركيز الرواسب المختلطة بالماء وتكوينها في العمود الناجم عن العمليات في قاع البحر، وارتفاع منسوب التصريف فوق قاع البحر ونمذجة عملية تناثر حجم الجسيمات واستقرارها وتقديرات عمق الغمر بالرواسب التي تبعد عن أنشطة التعدين؛

(و)   أساليب التجهيز في قاع البحر؛

(ز)   طرق سحق المعادن؛

(ح)   طرق نقل المواد إلى السطح؛

(ط)   فصل الموارد المعدنية عن الحبيبات والرواسب على السفينة الراسية على السطح؛

(ي)   طرق التعامل مع الحبيبات المسحوجة والرواسب؛

(ك)   حجم وعمق العمود الناجم عن التصريف، وتركيز الجسيمات في الماء المصرف وتكوينها، والخواص الكيميائية والفيزيائية للتصريف؛

(ل)   معالجة الموارد المعدنية على السفينة الراسية على السطح؛

(م)   موقع اختبار التعدين وحدود منطقة الاختبار؛

(ن)   المدة المرجحة للاختبار؛

(س)   خطط الاختبار (نمط التجميع والمنطقة التي سيتم تعكيرها وغير ذلك)؛

(ع) الخرائط الأساسية (مثل المسح بواسطة المسبار الصوتي للمسح الجانبي وقياسات الأعماق عالية الاستبانة) للرواسب التي يتعين إزالتها؛

(ف) حالة البيانات الأساسية البيئية الإقليمية والمحلية.

٢٨ - وينبغي لكل متعاقد أن يضمن برنامجه الخاص بنشاط محدد وصفا للأحداث التي يمكن أن تسبب تعليق أو تعديل الأنشطة بسبب إلحاق ضرر بيئي جسيم إذا لم يكن في الإمكان تخفيف حدة آثار هذه الأحداث بالقدر الكافي.

دال - الملاحظات والقياسات التي ستجرى خلال القيام بنشاط محدد

٢٩ - يتعين أن يقدم المتعاقد للأمين العام بعض أو جميع المعلومات التالية، وذلك وفقا للنشاط المحدد الذي سيقوم به:

(أ) عرض مسارات أجهزة جمع العينات على قاع البحر وطولها ونمطها؛

(ب) عمق التغلغل في الرواسب أو الصخور، والتعكر الجانبي الذي يسببه جهاز الجمع؛

(ج) حجم ونوع المواد التي يأخذها جهاز الجمع؛

(د) نسبة الرواسب التي يفصلها جهاز الجمع عن المصدر المعدني، وحجم وأطياف حجم المواد التي رفضها جهاز الجمع، والحجم والشكل الهندسي للعمود الناجم عن العمليات في قاع البحر، والمسار والمدى المكاني للعمود نسبةً إلى أحجام الجسيمات في داخله؛

(هـ) مساحة وسمك الترسبات من العمود الناجم عن العمليات والمسافة التي لا يكاد يذكر الترسيب فيها؛

(و) حجم العمود الناجم عن التصريف من السفينة الراسية على السطح، وتركز الجسيمات في الماء المصرف، والخواص الكيميائية والفيزيائية للتصريف، وسلوك عمود الماء المصرف في المياه السطحية والوسطى أو عند قاع البحر، حسبما يكون مناسبا.

هاء - الملاحظات والقياسات التي ستجرى بعد أداء نشاط محدد

٣٠ - يتعين أن يقدم المتعاقد للأمين العام بعض المعلومات التالية أو جميعها، وذلك وفقا للنشاط المحدد الذي سيقوم به:

(أ) سمك الرواسب المعاد ترسبها والركام الصخري فوق المنطقة المتضررة من العمود الناجم عن العمليات بسبب نشاط اختبار التعدين والعمود الناجم عن التصريف؛

(ب) وفرة وتنوع المجتمعات الأحيائية القاعية والتغيرات في سلوك الأنواع الرئيسية التي تتعرض للاختناق جراء الترسب؛

(ج) التغيرات الطارئة على توزيع ووفرة وتنوع المجتمعات الأحيائية القاعية في منطقة التعدين، بما في ذلك معدلات إعادة الاستيطان؛

(د) التغيرات المحتملة في المجتمعات الأحيائية القاعية في المناطق المجاورة التي لا يتوقع أن تتأثر بالنشاط، بما في ذلك الأعمدة الناجمة عن العمليات أو التصريف؛

(هـ) التغيرات في خصائص المياه على مستوى العمود الناجم عن التصريف خلال اختبار التعدين، والتغيرات في سلوك الكائنات الحيوانية عند العمود وأسفله؛

(و) بالنسبة للرواسب المعدنية، خرائط ما بعد اختبار التعدين في المنطقة التي يجري التعدين فيها، مع إبراز التغييرات الجيومورفولوجية؛

(ز) مستويات الفلزات التي يعثر عليها في الكائنات الحيوانية القاعية السائدة التي تتعرض للرواسب المترسبة من جديد من الأعمدة الناجمة عن العمليات أو التصريف؛

(ح) إعادة أخذ عينات من البيانات الأساسية للبيئة المحلية في المناطق المرجعية والاختبارية، وتقييم الآثار البيئية؛

(ط) التغيرات في تدفق السوائل واستجابة الكائنات الحية للتغيرات في البيئات الحرارية المائية، إذا كان ذلك مهما؛

(ي) التغيرات في التيارات المائية واستجابة الكائنات الحية للتغيرات في الدورة.

واو – متطلبات إضافية محددة لفرادى أنواع الموارد

العقيدات المتعددة الفلزات

٣١ – بالإضافة إلى المعلومات الواردة أعلاه، فالمعلومات التالية خاصة بالعقيدات المتعددة الفلزات:

يتعين إجراء تقييم للأثر البيئي إذا كان أي نشاط لأخذ العينات باستخدام المزلجة القاعية الفوقية أو الجرافة أو شباك الجر أو تقنية مماثلة يتجاوز مداه ١٠ ٠٠٠ متر مربع.

الكبريتيدات المتعددة الفلزات

٣٢ - بالإضافة إلى المعلومات المقدمة أعلاه، فالمعلومات التالية خاصة بالكبريتيدات المتعددة الفلزات:

(أ) ينبغي تسجيل أي تغيير في تصريف السوائل في البيئات الحرارية المائية وما يرتبط بذلك من كائنات حيوانية (من خلال التوثيق بالصور، وقياسات درجة الحرارة، ومقاييس أخرى، حسبما يكون مناسبا)؛

(ب) ينبغي تحليل العلاقات بين درجة الحرارة والكائنات الحيوانية فيما يتعلق بالكبريتيدات النشطة (بأن تؤخذ مثلا من ٥ إلى ١٠ قياسات منفصلة موثقة بالفيديو لدرجة الحرارة داخل كل موئل فرعي)؛

(ج) ينبغي وضع خرائط وجود أصناف الأنواع الرئيسية، بما في ذلك المجتمعات المحلية المتخصصة في التخليق الكيميائي، وتعيين موقعها بالنسبة لمواقع التعدين المحتملة إلى دائرة نصف قطرها عشرة كيلومترات من موقع المنجم المقترح؛

(د) ينبغي فحص تكوين مجموعة أنواع الحيوانات المتوسطة والميكروبية والكتلة الأحيائية المرتبطة برواسب الكبريتيدات المتعددة الفلزات من عينات الصخور المجروفة والمحفورة، أو التي يتم الحصول عليها من العينات المأخوذة من مركبات تشغل من بعد/أجهزة غاطسة، حيثما يكون ذلك ممكنا. وينبغي أخذ عدد من العينات يمكن الدفاع عنه من الناحية الإحصائية من رواسب الكبريتيدات المتعددة الفلزات، وينبغي تحديد الأنواع الموجودة فيها والتي تعيش على الصخور أو في الشقوق والحفر في الترسبات؛

(هـ) ينبغي جمع الكائنات الحيوانية باستخدام التكنولوجيا الدقيقة لأخذ العينات بمركبات تشغل من بعد/أجهزة غاطسة، حسب الموئل الفرعي، ووضعها في صناديق عينات منفصلة؛

(و) ينبغي تحديد مدى وفرة وانتشار أصناف الأنواع السائدة في كل موئل فرعي.

القشور المنغنيزية الحديدية الغنية بالكوبالت

٣٣ - بالإضافة إلى المعلومات المقدمة أعلاه، فالمعلومات التالية خاصة بالقشور المنغنيزية الحديدية الغنية بالكوبالت:

(أ) المجتمعات الأحيائية المرتبطة بالقشور المنغنيزية الحديدية الغنية بالكوبالت ذات توزيع محلي للغاية. لذلك، يجب أن يكون أخذ العينات البيولوجية طبقيا وفق نوع الموئل، الذي سيحدد بالتضاريس (مثل قمة ومنحدر وقاعدة الجبال البحرية)، والهيدروغرافيا، ونظام التيارات، والكائنات الحيوانية الضخمة السائدة (على سبيل المثال، التلال المرجانية) ومحتوى المياه من الأكسجين إذا كانت طبقة الأكسجين الدنيا تتقاطع مع الجبل البحري، وربما حسب العمق. وينبغي الحصول على عينات بيولوجية مكررة باستخدام أدوات أخذ العينات المناسبة في كل موئل فرعي؛

(ب) ينبغي أخذ العينات البيولوجية، قدر الإمكان، من مجموعة فرعية ممثلة لجميع الجوانب ذات الأهمية التعدينية المحتملة داخل كل منطقة من مناطق الامتياز، من أجل تكوين صورة عن توزيع مجتمع الأحياء داخل المنطقة المعنية؛

(ج) ينبغي التقاط مقاطع عرضية فوتوغرافية أو فيديوية لتحديد نوع الموئل وبنية المجتمع الأحيائي، وارتباطات الكائنات الحيوانية الضخمة مع أنواع معينة من الطبقات التحتية. وينبغي الاستناد في البداية لتحديد وفرة الكائنات الحيوانية الضخمة، والنسبة المئوية لانتشارها وتنوعها، على أربعة مقاطع عرضية على الأقل. وينبغي لهذه المقاطع العرضية أن تمتد من قاع البحر المسطح لمسافة ١٠٠ متر أو أكثر من قاعدة الجبل البحري، وعلى طول منحدر الجبل البحري، وعبر قمته. وقد تكون هناك حاجة لأخذ عينات محدودة بشأن خصائص الجبال البحرية الكبرى. وينبغي إجراء مزيد من المقاطع العرضية في مناطق القشرة ذات الأهمية المحتملة في التعدين الاختباري؛

(د) يوصى بأخذ عدد من العينات المكررة يمكن الدفاع عنه من الناحية الإحصائية بواسطة مركبات تشغل من بعد/أجهزة غاطسة في كل طبقة لجمع العينات وتقييم ثراء الأنواع؛

(هـ) ينبغي قبل بدء التعدين الاختباري تقييم الأسماك القاعية وغيرها من السوابح التي تعيش على قاع البحر بناء على مقاطع عرضية فوتوغرافية/فيديوية، مع ضبط الكاميرات المنشورة للتسجيل في فترات زمنية مختلفة، أو بالملاحظات والصور المستمدة من مركبات تشغل من بعد/أجهزة غاطسة. ويمكن أن تكون الجبال البحرية نظما إيكولوجية هامة بها مجموعة متنوعة من الموائل لعدد من أنواع الأسماك التي تشكل تجمعات للسرء أو التغذية. ويمكن لعمليات التعدين الاختباري أن تؤثر على سلوك الأسماك؛

(و) ينبغي دراسة تكوين مجموعة أنواع الحيوانات المتوسطة والميكروبية والكتلة الأحيائية المرتبطة بالقشرة المنغنيزية الحديدية الغنية بالكوبالت، عن طريق أخذ عينات

باستخدام مركبات تشغل من بعد/أجهزة غاطسة. وينبغي أخذ عدد من العينات يمكن الدفاع عنه من الناحية الإحصائية من القشور المنغنيزية الحديدية الغنية بالكوبالت، والتي ينبغي منها تحديد الأنواع التي تعيش على الصخور أو في الشقوق والحفر في القشرة.

خامسا – جمع البيانات والإبلاغ وبروتوكول حفظ البيانات

ألف – جمع البيانات وتحليلها

٣٤ - إن أنواع البيانات المقرر جمعها، ووتيرة القيام بعملية الجمع هذه والتقنيات التحليلية وفقا لهذه التوصيات التوجيهية يجب أن تتبع فيها أفضل المنهجيات المتاحة مع استخدام نظام دولي للنوعية وعمليات ومختبرات معتمدة.

باء – برنامج حفظ البيانات واسترجاعها

٣٥ - يتعين تقديم تقرير الرحلة البحرية، مشفوعا بقائمة المحطات وقائمة الأنشطة والبيانات الفوقية الأخرى ذات الصلة، إلى أمانة السلطة الدولية لقاع البحار في غضون عام واحد من اكتمال الرحلة البحرية.

٣٦ - ويجب على المتعاقد تزويد السلطة بجميع البيانات ذات الصلة، ومعايير البيانات، وقوائم الجرد، بما في ذلك البيانات البيئية الأولية بالصيغة المتفق عليها مع السلطة. وينبغي أن تكون البيانات والمعلومات اللازمة لقيام السلطة بصياغة القواعد والأنظمة والإجراءات المتعلقة بحماية البيئة البحرية والسلامة والمحافظة عليهما، باستثناء البيانات المشمولة بحق الملكية المتعلقة بتصميم المعدات (بما في ذلك البيانات الهيدروغرافية والكيميائية والبيولوجية)، متاحة مجانا لأغراض التحليل العلمي في موعد لا يتجاوز أربع سنوات بعد الانتهاء من كل رحلة بحرية. وينبغي إتاحة إمكانية الاطلاع في الشبكة الإلكترونية العالمية على ما يوجد بحوزة كل متعاقد من بيانات. وينبغي أن تدرج مع البيانات الفعلية بيانات تصف التقنيات التحليلية وتحلل الأخطاء وتشير إلى الإخفاقات وإلى الأساليب والتقنيات التي ينبغي تجنبها، والتعليقات بشأن كفاية البيانات وغير ذلك من الأوصاف ذات الصلة.

جيم – تقديم التقارير

٣٧ - تقدم إلى السلطة دوريا تقارير تقيِّم وتفسر نتائج عملية الرصد، مع البيانات الأولية وفقا للصيغة المقررة.

دال – إحالة البيانات

٣٨ – تحال جميع البيانات المتصلة بحماية البيئة البحرية وحفظها، ما عدا البيانات المتعلقة بتصميم المعدات، والتي يتم جمعها عملا بالتوصيتين الواردتين في الفقرتين ٢٩ و ٣٠، إلى الأمين العام لإتاحتها مجانا لأغراض التحليل والبحوث العلمية في غضون أربع سنوات من اكتمال الرحلة البحرية، على أن تخضع لمقتضيات السرية الواردة في النظام ذي الصلة.

٣٩ – وينبغي للمتعاقد أن يحيل إلى الأمين العام أي بيانات غير سرية أخرى في حوزته قد تكون لها صلة بغرض حماية البيئة البحرية وحفظها.

سادسا – البحوث التعاونية وتوصيات سد الفجوات المعرفية

٤٠ – يمكن للبحوث التعاونية أن توفر بيانات إضافية لحماية البيئة البحرية، ويمكن أن تحقق فعالية التكلفة للمتعاقدين.

٤١ – ويمكن أن يكون التفاعل بين التخصصات الأوقيانوغرافية المتعددة وبين مختلف المؤسسات مفيدا في سد الفجوات المعرفية الناشئة عن عمل المتعاقدين كل بمفرده. ويمكن أن تقدم السلطة الدعم في تنسيق ونشر نتائج هذه البحوث وفقا للاتفاقية. ويجب أن تعمل السلطة بصفة استشارية لصالح متعاقدي التعدين فيما يتعلق بتحديد الفرص البحثية التعاونية، ولكن ينبغي أن يسعى المتعاقدون إلى إقامة روابط خاصة بهم مع مصادر الخبرة الأكاديمية وغيرها من الخبرات المهنية.

٤٢ – وقد تثبت الفائدة الفائقة لبرامج البحوث التعاونية في تحقيق التآزر، إذ تجمع بين الخبرة ومرافق البحوث، والقدرة اللوجستية، والمصالح المشتركة لشركات التعدين والمؤسسات التعاونية والوكالات. وبهذه الطريقة، يمكن للمتعاقدين الاستفادة على أكمل وجه من المرافق البحثية كبيرة الحجم مثل السفن، والمركبات الغوّاصة المستقلة والمركبات التي تشغل من بعد، ومن خبرة المؤسسات الأكاديمية في مجالات الجيولوجيا، وعلم البيئة، والكيمياء، وعلم المحيطات الفيزيائي.

٤٣ – وللإجابة على أسئلة معينة عن الآثار البيئية الناجمة عن التعدين، يجب أن تجرى تجارب وملاحظات وقياسات محددة. ولا حاجة إلى أن ينفذ جميع المتعاقدين نفس الدراسات. فتكرار تجارب معينة أو دراسات للأثر لا يضيف بالضرورة إلى المعرفة العلمية أو تقييمات الأثر، في حين يستهلك موارد مالية وبشرية وتكنولوجية دون داع. ويشجع المتعاقدون على استكشاف فرص توحيد جهودهم في الدراسات الأوقيانوغرافية التعاونية الدولية.

المرفق الأول

تعليقات توضيحية

١ - تهدف هذه التوصيات التوجيهية إلى تحديد المعلومات البيولوجية والكيميائية والجيولوجية والفيزيائية المتعلقة بالمحيطات اللازمة لضمان الحماية الفعالة للبيئة البحرية من الآثار الضارة التي قد تنجم عن الأنشطة المضطلع بها في المنطقة. وتوفر التوصيات أيضاً توجيهات للمتعاقدين المحتملين لإعداد خطط العمل لاستكشاف المعادن البحرية.

٢ - وينبغي أن تتضمن أي خطة عمل متعلقة بالاستكشاف أنشطةً تلبي المتطلبات البيئية التالية:

(أ) إجراء دراسة أساسية بيئية تقارَن إليها التغيرات الطبيعية والآثار الناجمة عن أنشطة التعدين؛

(ب) توفير طرق رصد وتقييم الآثار الناجمة عن التعدين في قاع البحار العميقة على البيئة البحرية؛

(ج) توفير البيانات اللازمة لإجراء تقييم الأثر البيئي المطلوب فيما يتعلق بأي عقد من عقود استغلال المعادن البحرية في المنطقة، بما في ذلك تعيين المناطق المرجعية للأثر والمناطق المرجعية للحفظ؛

(د) توفير البيانات المتعلقة بالإدارة الإقليمية لأنشطة استكشاف الموارد واستغلالها، وحفظ التنوع البيولوجي، وإعادة استيطان الكائنات القاعية في المناطق المتضررة من التعدين في قاع البحار العميقة؛

(هـ) وضع إجراءات لإثبات عدم إلحاق أضرار جسيمة بالبيئة من جراء أنشطة استكشاف المعادن البحرية.

٣ - واستناداً إلى المنهجيات المقترحة الحالية، يتوقع أن يتركز في قاع البحر القسط الأكبر من الآثار الناجمة عن الأنشطة. وقد تنجم آثار إضافية عن عمليات المعالجة التي تُجرى على متن سفن التعدين، ومن جراء عمود التصريف أو نتيجة لاختلاف التكنولوجيات المستخدمة.

٤ - وفي قاع البحار، تتسبب معدات التعدين في قلقلة قاع البحر وإزالة بعض مكوناته (الصخور والعقيدات والرواسب)، حيث تُنشئ قرب القاع عموداً من الجسيمات ناجما عن العمليات، وفي بعض الحالات تنطوي على انبعاث محتمل لمواد كيميائية ضارة تؤثر على

الكائنات الحية البحرية. وسيلزم التخفيف من وطأة ما يُفقد من الطبقة التحتية، وتوفير الظروف المواتية لإعادة استيطان الكائنات بشكل طبيعي في قاع البحار، ووضع طرائق للتقليل من الآثار الناجمة عن القلقلة المباشرة لطبيعة قاع البحر باختلاف الأماكن والأوقات، وعن المواد التي تجلبها أو ترسبها الأعمدة الناجمة عن العمليات.

٥ - وستسفر معالجة الطين المعدني عند سطح البحر على متن سفن التعدين عن تصريف كميات كبيرة في الطبقات السطحية للبحر من المياه الباردة الغنية بالمغذيات والمحملة بثاني أكسيد الكربون والجسيمات، والتي يجب مراقبتها بعناية لتجنب إحداث أي تغيير في النظم الإيكولوجية في الطبقات السطحية للبحر، كما ستسفر عن تصريف غازات تؤثر على المناخ، وعن انبعاث فلزات ومركبات ضارة ناتجة عن عمليات التعدين، ولا سيما فيما يتعلق بأطوار المعادن المختزلة، من قبيل الكبريتيدات. ويلزم تقييم أي مواد كيميائية يتم إضافتها لفصل أطوار المعادن عن النفايات ومياه الصرف المتولدة، لأغراض تقدير آثارها الضارة المحتملة.

٦ - ويلزم مراقبة العمود الناجم عن التصريف بهدف الحد من الآثار البيئية الضارة. وقد يؤدي التصريف عند سطح البحر إلى استقدام مياه محملة بالجسيمات إلى مياه تشح فيها المغذيات والجسيمات، مما يؤدي إلى إعاقة نفاذ الضوء، وتغيير درجة حرارة البحر، وجلب مستويات عالية من المغذيات إلى مناطق تشح فيها المغذيات، مما يؤثر تأثيراً كبيراً على تكوين الأنواع من مُنتِجات الغذاء الأولية وعلى النظام الإيكولوجي للمياه العميقة. وقد يؤدي التصريف في المياه العميقة بمنطقة أو مناطق التشبع بأدنى حد من الأوكسجين إلى انبعاث فلزات ضارة بالكائنات الحية، وقد يؤدي التصريف في مياه أعمق إلى جلب مياه غنية بالجسيمات إلى مجتمعات أحيائية في طبقات البحر العميقة تقل فيها أنواع الكائنات ولكنها تتسم بالتنوع عموماً. أما التصريف في قاع البحار فسيضيف إلى الأعمدة الناجمة عن العمليات ويولد مياه أكثر دفئاً وجسيمات أدق حجماً.

٧ - وتشمل البيانات الأساسية المطلوبة سبع فئات هي: الخواص الفيزيائية للمحيطات، والجيولوجيا، والكيمياء/الكيمياء الجيولوجية، والتجمعات الأحيائية، وخصائص الرواسب، والتعكر الأحيائي، والترسيب.

٨ - ويلزم توفير بيانات الخواص الفيزيائية للمحيطات لتقدير التأثير المحتمل لأعمدة التشغيل الناجمة عن العمليات أو عن التصريف، ولاستخدامها إلى جانب معلومات عن تضاريس قاع البحر في التنبؤ بالتوزيع المحتمل لأنواع الكائنات. ويلزم توفير معلومات عن

التيارات ودرجة الحرارة والعكارة في الطبقات السطحية للبحر، وفي الطبقة المتوسطة للمياه، وفي الطبقة الحدودية القاعية التي تغمر قاع البحر.

٩ - ويلزم توفير قياسات للتيارات والجسيمات في مستوى العمق المقترح لعمود التصريف، وذلك للتنبؤ بسلوك العمود ولتقييم حجم الجسيمات الموجودة بالطبيعة في المياه.

١٠ - ويقاس التكوين الأوقيانوغرافي لعمود الماء بنظم قياس ''التوصيل والحرارة والعمق''. ويلزم مراعاة التغيرات في التكوين الفيزيائي للمياه السطحية في الأوقات المختلفة. وينبغي استخدام نظم قياس ''التوصيل والحرارة والعمق'' لاستقاء البيانات واختبار طبقات المياه ابتداءً من السطح وانتهاءً بالقاع، بهدف تحديد خصائص الترتيب الطبقي لعمود الماء بأكمله. ويمكن استنباط تكوينات التيارات والمجالات الحرارية من بيانات أجهزة رصد التيارات المثبتة في عوامات ثابتة عبر فترات طويلة (mooring data)، ومن محددات دوبلر الصوتية التكميلية لقياس التيارات (Acoustic Doppler Current Profilers). ويجوز استخدام النظم التي يمكن تشغيلها عن بُعْد مثل غواصات الاستكشاف الآلية أو غواصات الاستكشاف الآلية الشراعية، لأغراض توفير المعلومات المكانية والزمانية. ويلزم أن يكون عدد العوامات المثبتة ومواقع توزيعها ملائماً لحجم المنطقة بما يمكن من تحديد خصائص نظام التيارات بصورة ملائمة، لا سيما في المناطق التي تتسم بتضاريس معقدة. وتستند دقة أخذ العينات الموصى بها إلى معايير برنامج بحوث دورة المحيطات العالمية (World Ocean Circulation Experiment) وبرنامج بحوث التغيرات والتنبؤات المناخية (CLIVAR)، على ألا تتجاوز المسافة بين مواقع أخذ العيّنات ٥٠ كيلومتراً. وفي المناطق ذات المنحدرات الجانبية الكبيرة (كما في مناطق التيارات التخومية وبالقرب من التكوينات الجيولوجية الضخمة)، ينبغي تقليص التباعد الأفقي لأخذ العيّنات لكي يتسنّى تحليل طبيعة المنحدرات. ويتوقف عدد أجهزة قياس التيارات في أي عوامة مثبتة على المقاييس المميزة لتضاريس أرضية المنطقة المدروسة (الاختلاف في الارتفاعات قياساً من القاع). وينبغي أن يكون الموقع المقترح لجهاز قياس التيارات السفلي أقرب ما يكون إلى قاع البحر، على مسافة تتراوح عادة بين متر واحد و ٣ أمتار. وينبغي أن يتجاوز موقع جهاز قياس التيارات العلوي أعلى عنصر من التكوينات التضاريسية بمعامل يتراوح بين ١,٢ و ٢. وعلاوة على ذلك، ينبغي أن تكون المستويات الأساسية لوضع أجهزة قياس التيارات على ارتفاعات ١٠ أمتار و ٢٠ متراً و ٥٠ متراً و ١٠٠ متر و ٢٠٠ متر من قاع البحر.

١١ - ويوصى بإجراء تحليل للبيانات المستمدة من الأقمار الصناعية لفهم الظواهر السطحية التي تبلغ درجة الأعاصير في المنطقة، ولأغراض فهم الظواهر الأوسع نطاقاً.

١٢ - وينبغي تحديد تكوين عمود الماء إما عن طريق التنميط المستمر أو عن طريق أخذ عينات من عمود الماء. وفيما يتعلق بالعينات، ينبغي ألا تتباعد قياسات خصائص المياه في المستوى الرأسي أكثر من ١٠٠ متر. وينبغي أن تكون درجة الوضوح أكبر في المناطق الشديدة الانحدار (مثلاً لدى تحديد مناطق المياه التي يقل تشبعها بالأوكسجين إلى الحد الأدنى وقياس حدودها). وفيما يتعلق بالمعالم التي ليس لها انحدارات أفقية كبرى، يكفي تحديد نطاقات مرجعية (على سبيل المثال، المتوسطات والانحرافات المعيارية). أما فيما يتعلق بالمعالم التي تتميز بتكوينات تضاريسية كبيرة (منحدرات، أطراف) فيجب أن تسمح درجة وضوح العينات برصد خصائص التكوين الفيزيائي للمحيط في المنطقة. ونظراً للتأثير القوي للتضاريس على المقاييس المكانية لمعالم المحيط، يُتوَقَّع أن يستلزم ذلك وضع خطة لإجراء مسح يكون فيه التباعد بين أماكن أخذ العينات متوقفاً على المقياس المحلي للتكوينات التضاريسية، كأن تُستَخدَم مثلاً درجة أعلى لوضوح العينات في المناطق ذات المنحدرات الشديدة.

١٣ - أما مجموعة البيانات الأساسية الثانية (الخواص الكيميائية للمحيطات) فهي مطلب محدد يهدف إلى جمع البيانات قبل نفث أي تصريف في عمود الماء أو في قاع البحر. فالبيانات التي يتم جمعها ذات أهمية لتقييم ما يُحتَمَل أن ينجم عن أنشطة التعدين، بما في ذلك أنشطة التعدين التي تُجرى على سبيل الاختبار، من تأثير على تكوين المياه، مثل تركيزات الفلزات، وعلى عمليات النظم الإيكولوجية (النشاط البيولوجي). وينبغي جمع العينات في نفس المواقع التي أُخِذَت فيها قياسات الخواص الفيزيائية للمحيطات. وينبغي تحليل الخواص الكيميائية للمياه التي تغمر الرواسب المعدنية والمياه الموجودة في مسام الرواسب، حيثما أمكن، بهدف تقييم عمليات التبادل الكيميائي التي تحدث بين الرواسب وعمود الماء. وتَرِد البارامترات الكيميائية المقرر قياسها والبروتوكولات المقترحة في الفصل ٢٣ من تقرير السلطة المعنون ”توحيد البيانات والمعلومات البيئية: وضع المبادئ التوجيهية“. وفي التقرير نفسه، يورد الجدول ٣ قائمة بالحد الأدنى المطلوب من البارامترات التي يتعين قياسها (الفوسفات، والنترات، والنتريت، والسيليكات، ودرجة قلوية أيونات الكربونات، والأوكسجين، والزنك، والكادميوم، والرصاص، والنحاس، والزئبق، والكربون العضوي الكلي). وحالما تتضح التفاصيل المتعلقة بتقنيات أنشطة التعدين الاختبارية المقترحة، ينبغي توسيع نطاق قوائم البارامترات لتشمل أي مواد تنطوي على خطر يحتمل تسربها إلى عمود الماء أثناء أنشطة التعدين الاختبارية. ويجب أن تكون جميع القياسات دقيقة ومتوافقة مع المعايير العلمية المقبولة (مثل معايير برنامج بحوث التغيرات والتنبؤات المناخية، وبروتوكولات

برنامج دراسات الدورات الجيولوجية والبيولوجية والكيميائية للعناصر النزرة (GEOTRACES).

١٤ - وحتى يتسنى إجراء تحليلات لاحقاً لأي بارامترات إضافية، ينبغي أن تُجمَع عينات من الماء صالحة لإجراء تحليلات للمواد الذائبة والجسيمات وأن تُخزَّن كمحفوظات في مستودع يمكن الوصول إليه لإجراء دراسات في المستقبل.

١٥ - ويلزم أيضاً تناول بيانات القطاعات الرأسية والتغييرات الزمانية في برنامج القياسات الميدانية.

١٦ - ويشمل أي مخطط عام للدراسات الأساسية لخصائص المحيطات الفيزيائية والكيميائية ما يلي:

(أ) جمع بيانات المساحة البحرية ونفاذية الضوء في عمود الماء على أن تكون دقيقة بما يكفي لتحديد خصائص الأنماط السائدة، مع مراعاة الخصائص الجيومورفولوجية والطبغرافية لقاع البحر في موقع الاستكشاف حيثما كان ذلك مناسباً؛

(ب) جمع بيانات ملائمة لتقييم احتمالات التشتّت الأفقي والعمودي للمواد المذابة والجسيمات بالانتقال مع كتلة المياه أو بالانتشار الدواميّ، على مقياسين زمني ومكاني مجديين بيئياً؛

(ج) وضع واعتماد نموذج رقمي للدوران يغطي المقياسين الزمني والمكاني ذوي الأهمية فيما يتعلق بعملية التشتّت، وإجراء التجارب، لبحث التأثيرات المحتملة لحوادث الانسكاب العرضية مثلاً.

١٧ - وبغض النظر عن تقنيات التعدين المقرر استخدامها، من المتوقع أن تتسرب نواتج ثانوية للتعدين جسيمية و/أو ذائبة إلى عمود الماء بالقرب من الرواسب التي يجري تعدينها، وإلى قنوات النقل والتجهيز عند سطح البحر. وفي إطار تقنيات الاستكشاف والتعدين الاختباري المقترحة حالياً، فإن النواتج الثانوية الرئيسية لعمليات التعدين الاختباري المتوقع تولدها هي جسيمات ناشئة عن التفتيت الميكانيكي للمعادن المستخرجة. ورغم أن من المتوقع أن يقلل متعهدو عمليات التعدين إلى الحد الأدنى الفاقد من المعادن القيِّمة اقتصادياً، فمن غير الواقعي أن يُفترَض أن تكون نسبة الفاقد صفراً. وبما أن نطاق أحجام الجسيمات غير معروف، يفترض اشتمال النواتج الثانوية للتعدين الاختباري على جسيمات صغيرة جداً قد تظل عالقة على مدى شهور. ولا يمكن استبعاد احتمال توليد مواد سامة. ورغم أن الفلزات المتحدة غير متوفرة بيولوجياً، فقد يحدث ذوبان للفلزات وما يترتب عليه

من سمية فلزية في ظل ظروف بيئية معينة (على سبيل المثال، لدى زيادة درجة الحموضة، بما في ذلك داخل أحشاء الحيوانات البحرية، وفي مناطق انخفاض التشبع بالأوكسجين إلى الحد الأدنى في عمود الماء). ومن بين الأمثلة الأخرى المحتملة وقوع حوادث التسرب العرضي أو المقصود للمواد الكيميائية المستخدمة في الاستكشاف والتعدين الاختباري. ويتمثل أحد الأهداف الأساسية لجمع البيانات الأساسية الفيزيائية في تقييم إمكانات التشتت للجسيمات والمواد المذابة على السواء. ويلزم أيضاً معرفة إمكانية التشتت لرصد الآثار الناجمة عن حوادث الانسكاب العرضي المتصلة بعمليات التعدين الاختباري والتخفيف منها. وينبغي تقييم إمكانات التشتت بالقرب من مواقع التعدين المحتملة حتى وإن كان أحد أهداف التصميم الذي تقوم عليه تكنولوجيا التعدين المستخدمة تجنُّب تسريب أي نواتج ثانوية لأنشطة التعدين الاختباري في البيئة المحيطة.

١٨ - وبالنسبة لكل ناتج ثانوي من نواتج التعدين الاختباري، يجب وضع نماذج للنطاق الزمني الذي يتسبب الناتج الثانوي على مداه في إحداث آثار بيئية جسيمة. وإذا كانت هذه النطاقات الزمنية تتوقف على عامل التخفيف، يجب إدراج تحديد معدلات الخلط العمودي والأفقي قرب الموقع المستهدف ضمن تقييم التشتّت. ويجب تقييم احتمالات التشتّت على مدى نطاقات زمنية تتراوح بين تواتر حركات المدّ والجزر وأكبر النطاقات الزمنية لتلك "الآثار البيئية". وبوجه عام يتطلب إجراء تقييم لاحتمالات التشتّت في أعماق المحيطات بذل جهود طويلة الأجل في مجال الرصد. وحتى تحديد اتجاهات ومعدلات سرعة متوسط التدفق في الأعماق قد يتطلّب ما يعادل عدة سنوات من جمع البيانات الخاصة بقياس التيارات. وتقييم التشتّت بالانتشار الدوامي هو أمر صعب ويتطلّب بوجه عام تطبيق تقنيات تقوم على أساليب لاغرانج، من قبيل استخدام المواد المتعادلة الطفو أو التجارب القائمة على استخدام الأصباغ. ولهذه الأسباب، يُوصى بالبدء في إجراء تقييم لاحتمالات التشتّت في المنطقة على عدة مستويات في عمود الماء في وقت مبكّر أثناء الاستكشاف. ويمكن إجراء تقييم للتشتّت قرب السطح وعلى مسافة ١٠٠٠ متر اعتمادا على ما هو متُاح من بيانات - باستخدام العوامات المنجرفة السطحية والمنصّات العائمة لمصفوفة الرصد الأوقيانوغرافي للغلاف الجوّي الجغرافي بالزمن الحقيقي، على التوالي. وقبل البدء في التعدين الاختباري، يجب تقييم احتمالات التشتّت على كافة المستويات حيثما قد تنبعث إلى عمود الماء نواتج ثانوية ضارة للتعدين الاختباري وحيثما يُحتمل حدوث انسكابات عرضية. وستعتمد درجة وضوح التحليل العمودي المطلوبة على النظام الدينامي الإقليمي (أي الانفصام العمودي للتيارات الأفقية)، إلا أنه يُتوقّع أن يلزم أخذ عيّنات على ثلاثة مستويات على الأقل (قرب السطح، ومنتصف العمق، وقرب القاع). ويجب تحليل التدفق

قرب قاع البحر على وجه الخصوص تحليلاً زمنياً ومكانياً، على سبيل المثال باستخدام قياسات أجهزة دوبلر المثبتة في القاع بما يشمل أخذ عيّنات كافية لتحليل تدفقات المدّ والجزر السائدة. وفي المناطق المُتّسمة بتضاريس جيومورفولوجية قرب موقع التعدين الاختباري، يجب زيادة درجة وضوح التحاليل الأفقية والعمودية لإتاحة تحليل التكوينات الدينامية السائدة التي تكون مرتبطة بالتضاريس الجيومورفولوجية في أعماق البحر (على سبيل المثال التيارات التخومية، والدوّامات المحبوسة، والطفح).

١٩ - وعلى مقربة من مواقع المنافس الحرارية المائية، غالباً ما يمكن اكتساب معلومات مفيدة من الدرجة الأولى عن التشتّت عند مستوى الأعمدة المتعادلة الطفو وذلك من خلال الملاحظات الهيدروغرافية والكيميائية والبصرية. وتتضافر مجموعة عوامل على تعقيد عملية تفسير الملاحظات عن تشتّت الأعمدة من حيث احتمالات تشتّت النواتج الثانوية للتعدين، وتشمل ضآلة المعرفة بالخصائص الزمنية والمكانية للمصادر الحرارية المائية، وتشتت الأعمدة الحرارية المائية عند مستوى توازنها، وهو ما يتوقّف على خصائص كل من المصادر والخلفية البيئية، وعدم إمكانية مراقبة تكوين الجسيمات (وبالتالي، سرعة الترسّب) في الأعمدة الحرارية المائية. لكن يُتوقّع أن تكون الملاحظات عن تشتّت الأعمدة الحرارية المائية مفيدة عندما تحدث تلك الأعمدة قرب أحد الموارد المعدنية، لا سيما فيما يتعلق بتصميم دراسات متابعة خاضعة للمراقبة. ومن أجل استكمال أي تقييم لاحتمالات التشتّت، يجب وضع نموذج رقمي ثلاثي الأبعاد للقوى المائية يشمل المقياسين الزمني والمكاني المهمّين بالنسبة للتشتّت.

٢٠ - وينبغي للمتعاقد أن يستخدم نموذجاً يكون مقبولاً لدى الأوساط المعنية بوضع نماذج المحيطات بوصفه ملائماً تماماً لدراسات التشتّت قرب قاع البحار؛ علماً بأن استخدام نماذج تكعيبية بسيطة أو نماذج إحداثية عينيّة (z-coordinate) ذات درجة وضوح رأسية ضعيفة في العمق لا يُتوقّع أن يفي بالغرض. وستتوقّف تفاصيل نموذج من هذا القبيل على البيئات الطبوغرافية والأوقيانوغرافية للموقع المستهدف. وينبغي أن يكون التحليل وفقا للمقاييس الموصوفة أعلاه (أي ينبغي تحليل المنحدرات انطلاقا من عدة نقاط) ويلزم التحقق من سلامة النموذج مقارنةً ببيانات الملاحظة. وبعد التحقق، ينبغي استخدام النموذج الرقمي لدراسة السيناريوهات المحتملة، مثلا لتقدير التأثير المحتمل للانسكابات العرضية، أو التأثيرات في حالات قصوى معيّنة (مثل العواصف الجوّية).

٢١ - وسيكون وضع النماذج أمرا مهما في استنباط الآثار من التعدين الاختباري للتوصل إلى الآثار المحتملة للتعدين على نطاق تجاري.

٢٢ - والغرض من مجموعة البيانات الأساسية الثالثة (خصائص الرواسب، بما في ذلك كيمياء المياه المسامية) هو استقاء معلومات أساسية للتنبؤ بسلوك عمود الماء المصرف وتأثير نشاط التعدين الاختباري على تكوين الرواسب. وفي هذا السياق، يجب قياس المعايير التالية: الثقالة النوعية للرواسب وكثافتها الظاهرية ودرجة مقاومتها للجز وحجم حبيباتها، إضافة إلى عمق التغير في الرواسب من أوضاع مؤكسدة إلى أوضاع ناقصة الأكسدة أو من أوضاع ناقصة الأكسدة إلى أوضاع مؤكسدة: وبالإضافة إلى ذلك، ينبغي أن تشمل القياسات الكربون العضوي وغير العضوي في الرواسب، والفلزات الأخرى التي قد تكون ضارة في صورة من الصور (الحديد والمنغنيز والزنك والكادميوم والرصاص والنحاس والزئبق)، والعناصر الغذائية (الفوسفات والنترات والنتريت والسيليكات) والكربونات (القلوية) ونظام الأكسدة والاختزال في المياه المسامية. وينبغي أيضا تحديد الكيمياء الجيولوجية للمياه المسامية والرواسب إلى عمق ٢٠ سم. وترد البروتوكولات الموصى بها في الجدولين ١ و ٢ من الفصل ٢٣ من تقرير السلطة الدولية لقاع البحار المعنون ''توحيد البيانات والمعلومات البيئية: وضع مبادئ توجيهية''. وينبغي جمع وحفظ عيّنات تمثيلية من اللب ومن الترسّبات لما قبل التعدين الاختباري.

٢٣ - والغرض من مجموعة البيانات الأساسية الرابعة (المجتمعات الأحيائية) هو جمع بيانات عن مجتمعات الأحياء ''الطبيعية''، بما في ذلك ''التنوع الطبيعي المكاني والزمني''، لتقييم الآثار المحتملة للأنشطة على كائنات أعماق وقيعان البحار.

٢٤ - وينبغي تحديد خصائص تجمعات كائنات أعماق وقيعان البحار في جميع الموائل الفرعية التي قد تتأثر بعمليات التعدين وتحديد التوزيع الإقليمي لإنشاء مناطق مرجعية للحفظ وكي تعزز استراتيجيات التخفيف عمليات إعادة الاستيطان الطبيعي في المناطق المتأثرة بأنشطة التعدين.

٢٥ - ويُوصى باستخدام أدوات رسم الخرائط لنظام المعلومات الجغرافية من أجل رسم خرائط الموائل وتسجيل أماكن أخذ العيّنات وتخطيط برامج أخذ عينات عشوائية طبقية.

٢٦ - وينبغي اتباع ممارسات موحدة لحفظ الكائنات الحيّة، بما في ذلك: أخذ عيّنات منفصلة للموائل الفرعية في حاويات منفصلة للعيّنات (ويفضّل أن تكون الحاويات معزولة) ذات أغطية مغلقة للحيلولة دون تبدد العيّنات لدى استخلاصها؛ فضلاً عن استخلاص العيّنات في غضون ١٢ ساعة من جمعها للحصول على مادة عالية الجودة، وتجهيزها فورا، وحفظ العيّنات على ظهر السفينة أو صونها في غرف باردة لفترات لا تزيد على ست ساعات قبل حفظها (وأقل من ذلك في حالة اعتزام إجراء اختبارات جزيئية).

٢٧ - ويلزم اتّباع أساليب حفظ متعدّدة، بما في ذلك الحفظ في الفورمالين لأغراض الدراسات التصنيفية، والتجميد أو الحفظ فيما نسبته ١٠٠ في المائة من مادة الإيثانول لأغراض الدراسات الجزيئية، وتجفيف الحيوانات بأكملها و/أو الأنسجة المختارة لأغراض إجراء تحاليل النظائر المستقرّة؛ وتجميد الحيوانات بأكملها و/أو الأنسجة المختارة لأغراض تحليل الفلزات النزرة وإجراء التحليلات الكيميائية - البيولوجية.

٢٨ - وينبغي الحصول على صور فوتوغرافية ملوّنة للكائنات الحيّة كلما أمكن ذلك (أي الكائنات الحيّة في الموقع و/أو المواد الجديدة على ظهر السفينة لتوثيق التلوين الطبيعي). وينبغي أن تغدو تلك الصور جزءاً من مجموعة المحفوظات.

٢٩ - وينبغي ربط جميع العيّنات ونواتج العيّنات (الصور، والمواد المحفوظة، والتعاقب الجيني) بالمعلومات الخاصة بالمجموعات ذات الصلة (التاريخ، والوقت، وأسلوب أخذ العيّنات، وخط العرض، وخط الطول، والعمق، كحد أدنى).

٣٠ - وينبغي تكملة عمليات تحديد وتعداد العيّنات في البحر وفي المختبر بتحاليل جزيئية ونظيرية حسب الاقتضاء. وينبغي أن تكون مصفوفات وفرة الأنواع ومصفوفات الكتلة الأحيائية للأنواع مُنتجات معيارية حيثما أمكن عملياً.

٣١ - ويجب حفظ العيّنات لأغراض المقارنة مع التصنيفات في المواقع الأخرى، ومن أجل الوقوف على تفاصيل التغيّرات في تكوين الأنواع على مر الزمن. وإذا طرأ تغيير بالفعل على تكوين الأنواع، فربما كان هذا التغيير غير ملحوظ، وبالتالي يلزم الرجوع إلى الحيوانات الأصلية (في الحالات التي قد يكون فيها التعرف مبنيا على مجرد الظن). ويوصى بأن تُحفظ العينات في إطار مجموعات وطنية أو دولية.

٣٢ - أما توحيد المنهجية والإبلاغ عن النتائج فإنهما في غاية الأهمية. وينبغي أن يشمل التوحيد ما يلي: الأجهزة والمعدّات، وسبل ضمان الجودة بوجه عام؛ وتقنيات جمع العيّنات ومعالجتها وحفظها؛ وأساليب التحديد ومراقبة جودة الأساليب التحليلية على متن السفن، ومراقبة الجودة في المختبرات، ومعالجة البيانات، وتقديم التقارير. ومن شأن توحيد الأساليب أن يتيح مقارنة النتائج على نطاق المناطق وأن يفضي إلى اختيار بارامترات حاسمة للجهود في مجال الرصد.

٣٣ - ويجب تقييم التباين المكاني في المجتمع الأحيائي المعني قبل التعدين الاختباري عن طريق أخذ ثلاث عيّنات على الأقل من الرواسب المعدنية، إن وجدت، في المنطقة، بحيث يفصل بين كل منها مسافة تزيد على مسافة الترسّب المتوقّع بنسبة ٩٠ في المائة للجسيمات العالقة بفعل عملية التعدين. ونظرا لأن تجمعات الحيوانات التي تعيش في بعض الرواسب

ستكون مجموعات فرعية لمجتمعات فوقية تتفاعل من خلال التشتت والاستيطان، فمن المهم معرفة درجة انعزال المجموعات التي تشغل الرواسب المعدنية التي سيتم إزالتها، ومعرفة ما إذا كان أحد هذه المجتمعات يعمل بمثابة حاضنة بالغة الأهمية لمجتمعات أخرى.

٣٤ - ويمكن تكييف مختلف أنواع معدات أخذ العينات حسب خصائص قاع البحار وحجم الكائنات الحيوانية التي يراد جمعها. وبالتالي يجب تكييف أساليب جمع البيانات البيولوجية الأساسية وفق كل مجموعة من الظروف. ويمكن استخدام معدات استخراج عيّنات لبية متعددة في الرواسب اللينة من توزيع أنابيب جميع العيّنات المختلفة انطلاقا من المحطة نفسها على الأخصائيين الذين يستخدمون تقنيات مختلفة لتحديد أنواع الكائنات وعدّها. ولكن ينبغي التشديد على أن يتم ضبط قطر الأنابيب لتفادي التعكير المفرط للرواسب أو الإعاقة من جانب الجسيمات الكبيرة من قبيل العقيدات وشظايا الصخور وأن تكون العينات البيولوجية كبيرة بما فيه الكفاية لتوليد أحجام جيدة من العينات من حيث الوفرة والكتلة الأحيائية من أجل إجراء تحليلات إحصائية محكمة.

٣٥ - وتعد الطبقات التحتية الصلبة (من قبيل الكبريتيدات المتعددة الفلزات والقشور الغنية بالكوبالت، والبازلت) بيئات يصعب فيها إجراء معاينة كمية، وبخاصة حيثما تكون الكائنات الحيّة صغيرة. وقد يقتضي الأمر استخدام أساليب متعددة لجمع العينات، بما في ذلك أخذ العيّنات بالتفريغ الهوائي أو بالالتقاط من أي من الكائنات الحية الأكبر حجماً. وقد يكون التوثيق بواسطة الفيديو أو المقاطع الفوتوغرافية العرضية هو الوسيلة الوحيدة المناسبة لوضع مصفوفة لوفرة الأنواع في بعض الحالات. ويوصى بأن تؤخذ العينات بدقة باستخدام مركبات تشغل من بعد بالنسبة لجميع الموائل. وقد تثبت المركبات الغوّاصة المستقلة، أو المركبات الهجينة التي تشمل مركبات تُشغّل من بعد ومركبات غوّاصة مستقلة، في نهاية الأمر، أنها منصّات مفيدة لعمليات المسح/أخذ العيّنات. وقد تكون المساحات المعدنية المكشوفة غير منتظمة، وقد تكون شديدة الانحدار، ويصعب أخذ صور لها من الناحية الكمية دون استخدام مركبات تُشغل من بعد.

٣٦ - وينبغي أن تكون البيانات المقرر جمعها والمنهجيات المتبعة لمختلف فئات حيوانات قاع البحر وأحجامها على النحو التالي:

(أ) **الكائنات الحيوانية الضخمة** - ينبغي أن تستند البيانات المتعلقة بمدى وفرة الكائنات الحيوانية الضخمة وكتلتها الأحيائية وبنية أنواعها وتنوّعها إلى مقاطع فيديو ومقاطع فوتوغرافية عرضية. ويجب أن تكون درجة وضوح الصور الفوتوغرافية كافية للتعرف على الكائنات التي يزيد حجمها على سنتيمترين في أصغر أبعادها. وينبغي أن يبلغ عرض المساحة

التي تغطيها الصور الفوتوغرافية مترين على الأقل. وفيما يتعلق بمحطات جمع العيّنات، يجب أن يُراعى في تحديد نمط المقاطع الفوتوغرافية العرضية المعالم المختلفة لقاع البحر، كالتضاريس وتنوّع خصائص الرواسب ومدى وفرة الرواسب وأنواعها. وينبغي التحقق من الأنواع التي يجري التعرف عليها بجمع العينات من الموقع. وينبغي أن تبذل جهود أخرى لأخذ العينات لتمييز الكائنات الحيوانية الضخمة الأقل وفرة ولكن يحتمل أن تكون كائنات حيوانية رئيسية ضخمة موجودة في النظام (بما فيها الأسماك وسرطان البحر والكائنات المتحركة الأخرى). وينبغي الحفاظ على عينات تمثيلية لهذه الكائنات من أجل التحليلات التصنيفية وتحليلات الجزيئات والنظائر.

(ب) **الكائنات الحيوانية الكبيرة** – يجب أن تستند البيانات المتعلقة بمدى وفرة الكائنات الحيوانية الكبيرة (أكبر من ٢٥٠ ميكرون) وبنية أنواعها وكتلتها الأحيائية وتنوعها من خلال تحليل كمي للعينات. وفي الرواسب اللينة، ينبغي الحصول على صور جانبية رأسية ذات توزيع مناسب حسب العمق (الأعماق المقترحة: صفر –١، ١–٥، ٥–١٠ سم) من العينات اللبية المكعبة (٠,٢٥ متر مربع) أو من أجهزة أخذ العينات اللبية المتعددة حسب الاقتضاء.

(ج) **الكائنات الحيوانية المتوسطة** – يجب الحصول على البيانات المتعلقة بمدى وفرة الكائنات الحيوانية المتوسطة (أصغر من ٢٥٠ ميكرون وأكبر من ٣٢ ميكرون) وبنية أنواعها وكتلتها الأحيائية من خلال تحليل كمي للعينات. وفي الرواسب اللينة، ينبغي الحصول على صور جانبية رأسية من العينات اللبية المأخوذة وفق توزيع مناسب للأعماق (الأعماق المقترحة: صفر–٠,٥، ٠,٥–١,٠، ١–٢، ٢–٣، ٣–٤، ٤–٥ سم). ويمكن تخصيص أنبوب واحد لجهاز أخذ العينات اللبية المتعددة في كل محطة لهذا الغرض.

(د) **الكائنات الحيوانية الدقيقة** – يوصى بتحديد نشاط التمثيل الغذائي للكائنات الميكروبية باستخدام الأدنيوسين ثلاثي الفوسفات أو أي معايرة تحليلية أخرى. وفي الرواسب اللينة ينبغي الحصول على صور جانبية رأسية مع أخذ العينات على فترات من صفر–٠,٥، ٠,٥–١، ١–٢، ٢–٣، ٣–٤، ٤–٥ سم. ويمكن تخصيص أنبوب واحد لجهاز أخذ العينات اللبية المتعددة في كل محطة لهذا الغرض.

(هـ) **الكائنات التي تعيش على سطح العقيدات** – يوصى بأن تحدد وفرة الكائنات التي تعيش على سطح العقيدات وكتلتها الأحيائية وبنية أنواعها استنادا إلى عقيدات تختار من أعلى أجهزة أخذ العينات اللبية المكعبة أو تؤخذ عينات منها بواسطة مركبات تُشغل عن بعد.

(و) **القمامات المغمورة** - يوصى بأن تركب في منطقة الدراسة كاميرا مزودة بطُعم تأخذ لمدة عام على الأقل صورا لدراسة الديناميات الفيزيائية للرواسب السطحية ولتوثيق مستوى نشاط أنواع الكائنات الحيوانية السطحية الضخمة ومدى تواتر عودة تشكيل الرواسب العالقة بالماء. ويمكن استخدام مصائد مزودة بطُعم لتحديد تكوين أنواع مجتمعات الأحياء. وينبغي تحديد تجمعات القمامات المزدوجة الأرجل باستخدام مصائد قصيرة الأجل (من ٢٤ إلى ٤٨ ساعة) مزودة بطعم.

٣٧ - وإذا كان ثمة احتمال لحدوث تصريفات سطحية، يتعين عندئذ تحديد خصائص مجموعات العوالق القاطنة على عمق ٢٠٠ متر من سطح العمود المائي. ورهنا بما تخلص إليه دراسات نمذجة الأعمدة، قد تقتضي الضرورة إجراء دراسة لمجموعات تلك العوالق، وبخاصة العوالق الجيلاتينية، على نطاق واسع من مختلف الأعماق. وقبل الشروع في التعدين الاختباري، ينبغي أيضا تقييم مكوِّنات مجتمع الأحياء البحرية التي تقطن في محيط عمق العمود الناجم عن التصريف وفي الأعماق أسفله. وبالإضافة إلى ذلك، ينبغي تحديد خصائص ما يقطن منها في الطبقة القريبة من القاع، وذلك بالاستعانة بشباك جر ذات فتحات تنغلق على ما يتسرب داخلها، أو بتقنيات المركبات التي تشغل من بعد. وينبغي إجراء قياسات لمكونات العوالق النباتية وكتلتها الأحيائية وناتجها؛ ومكوِّنات العوالق الحيوانية وكتلتها الأحيائية، والكتلة الأحيائية للعوالق النباتية البكتيرية وغلتها. وينبغي دراسة التغييرات الزمنية التي تطرأ على مجموعات العوالق التي تقطن مياه الطبقة العلوية دراسة تستند إلى مقاييس تيسِّر مقارنة حالتها بين فصل وآخر وسنة وأخرى. وينبغي الاستعانة بطريقة الاستشعار عن بعد لتوسيع دائرة البرامج الميدانية. ومن الأهمية بمكان معايرة البيانات المستخلصة بتلك الطريقة والتحقق من سلامتها.

٣٨ - وينبغي تقييم نسبة الفلزات النزرة المترسبة في الأجهزة العضلية للأسماك القاعية وأنواع اللافقريات السائدة وفي أعضائها المستهدفة. وينبغي القيام بهذا التقييم عدة مرات قبل بدء عمليات التعدين الاختباري (لقياس التفاوت الطبيعي)، ثم القيام بعد ذلك على الأقل مرة في السنة برصد أي تغيرات قد تنشأ عن أنشطة التعدين الاختباري. وقد تقتضي الضرورة الجمع بين إنجاز أعمال الرصد وإجراء تجارب على متن السفينة وأخرى مختبرية لإيجاد حل، قبل الشروع في التعدين الاختباري، لما قد يترتب على أنشطة هذا التعدين من آثار سمية بيئية، وبخاصة على العوالق النباتية والعوالق الحيوانية إذا تكوّن عمود تصريف في طبقة مياه البحر السطحية أو الوسطى.

٣٩ - وقبل الشروع في التعدين الاختباري، يجب إجراء تقييم للتغييرات الزمنية يشمل ما لا يقل عن موقع واحد من مواقعه والموقع المرجعي لحفظ الكائنات (والأمثل أن تقاس هذه التغييرات كل سنة كحد أدنى على امتداد ثلاث سنوات على الأقل). وينبغي أن تستعرض السلطة الدولية لقاع البحار هذه الدراسة الزمنية قبل البدء في التعدين الاختباري. وينبغي أن تستند دراسات التغير الزمني في قاع البحر على الفيديو و/أو مسوح التصوير الفوتوغرافي. وبالنسبة لرواسب الكبريتيد، يلزم قياس درجات الحرارة المرتبطة بها وأخذ عيِّنات من الموائل الفرعية. فبالاستعانة بنظم لرصد قاع البحر تتمثل ببساطة في القيام يوميا على امتداد عام بالتقاط نحو أربع أو خمس صور متباعدة عن بعضها زمنيا بفترات منتظمة، يمكن توفير بيانات زمنية عالية الدقة. وينبغي القيام، حيثما أمكن، بإجراء دراسات للأنظمة الإيكولوجية تشمل على سبيل المثال معدلات النمو، ومعدلات تعزيز الرصيد السمكي، والحالة التغذوية للأنواع بتصنيفاتها السائدة. وأينما يتم تحديد عدة مواقع لإجراء التعدين الاختباري، يجب على المتعاقد أن يقيِّم مدى إمكانية تطبيق نتائج دراسات زمنية لموقع من المواقع على موقع آخر. وينبغي أيضا أن تقوم السلطة بمراجعة هذا التقييم.

٤٠ - وينبغي تنسيق عملية تصنيف الأنواع. فلكي يتسنى تحديدها، ينبغي أن يكون هناك تبادل لرموز التحديد والمفاتيح والرسوم، وترتيبات التعاقب مع المختبرات أو المجموعات التي تضطلع بدراسات تصنيفية للكائنات البحرية. فالخبرات التصنيفية محدودة للغاية حتى بالنسبة لمجموعات حيوانية رئيسية (مثل الأسماك، والرخويات، والقشريات عشرية الأرجل، والمرجان والإسفنج وشوكيات الجلد). ومن المهم تقييم جميع الفئات التصنيفية في كل موقع. وهذا ما يمكن إنجازه بأكبر قدر من الكفاءة من خلال إنشاء مراكز تصنيفية تعاونية أو أفرقة خبراء. ويشكِّل التصنيف الرقمي (من قبيل، النوع ١، النوع ٢)، أساسا جيدا لإجراء الدراسات الأساسية، إذا ما استخدمت فيه قواعد ثابتة واحتفظ فيه بقسائم، ولكن لا بد أن يكون هناك دعم للتصنيف الكلاسيكي والجزيئي، ييسِّره المتعاقد مباشرة بنفسه، أو يقدم في إطار برامج بحثية تعاونية. فالأساليب الجزيئية تواصل تقدمها السريع، وهو ما سيجعل إنجاز مسوح أحيائية على جميع المستويات، ولا سيما بالنسبة للكائنات المجهرية، أسرع وأجدى من الناحية الاقتصادية مما عليه الحال في الوقت الحاضر. ويتعين إيداع متواليات الجزيئات في مصارف جينية أو ما يقابلها من قواعد بيانات المتواليات المعترف بها دوليا.

٤١ - ومن الأهمية بمكان القيام، بعد إجراء التعدين الاختباري، باستقاء المعلومات المتعلقة بتعاقب الكائنات الحيوانية حيث إن ذلك يساعد في تحديد معدلات الانتعاش من آثار التعدين لدى المجتمعات الأحيائية القاعية. وينبغي أن تتضمن البيانات عينات تؤخذ من المنطقة المتاخمة لمكان التعدين قبل إجراء الاختبار التعديني وبعده، ومن أماكن مختارة بعيدة

عن منطقة التعدين لتحديد أثر الأعمدة القاعية، وتكرار ذلك على فترات بعد إجراء التعدين الاختباري. ويمكن إجراء هذه التجارب لتحديد الآثار في إطار تعاوني.

٤٢ - ويمكن جمع معلومات إضافية بشأن آثار الأعمدة الناجمة عن التصريف على الكائنات الحيوانية في الأعماق بتسجيل ما يستجد من أحداث غير عادية كمجازر الأسماك، والوجود غير الاعتيادي في مكان ما لأعداد كبيرة من الأسماك أو الثدييات البحرية أو السلاحف أو الطيور.

٤٣ - ويؤثّر التوزع العمودي للضوء تأثيراً مباشراً على الغلة الأوّلية في المنطقة المضاءة. وإذا حدثت تصريفات سطحية، فإن ملامح شدة الضوء العمودي ستظهر مدى تأثير الجسيمات المُصرّفة في خفوت الضوء ونطاقاته الطيفية على مدى الزمن ومستوى العمق وبعد المسافة من سفينة التعدين. ويمكن استخدام هذه القيم لكشف أي تراكمات للجسيمات العالقة على طبقة تغير الكثافة (البيكنوكلاين). وبالإضافة إلى ذلك، فإن أيا من الأعمدة الناجمة عن التصريف قد يفرز كميات كبيرة من المغذيات، ويحدث تغيرات في درجات الحرارة، ويطلق ثاني أكسيد الكربون (في مواقع الكبريتيد)، بل وقد يحدث تغييرات في درجة الحموضة ويؤدي إلى تحمض المحيطات.

٤٤ - ويُراد بالمجموعة الخامسة من البيانات الأساسية (التعكر الأحيائي) معرفة المعدلات الأساسية ''الطبيعية'' لعمليات الترسب، بما في ذلك ''التنوع الطبيعي المكاني والزماني''، لتتسنى نمذجة وتقييم آثار أنشطة التعدين على مثل هذه العمليات. ويجب مثلا قياس معدلات التعكر الأحيائي، أي اختلاط الرواسب بالكائنات الحية، لتحليل حجم النشاط الأحيائي قبل حدوث أي تعكير بسبب التعدين، ويمكن تقدير هذه المعدلات في ضوء القياسات الجانبية للتركيزات الزائدة للرصاص ٢١٠ المأخوذة من عيّنات لبّية، مع مراعاة التغييرات في الرواسب. وينبغي تقييم التركيزات الزائدة للرصاص ٢١٠ في خمسة مستويات على الأقل لكل عيّنة لبّية (الأعماق المقترحة هي ٠-٠,٥ و ٠,٥-١,٠ و ١-١,٥ و١,٥-٢,٥ و ٢,٥-٥ سم). وينبغي تقييم معدلات وعمق التعكر الأحيائي استناداً إلى نماذج التأفق المعيارية أو نماذج الانتشار المباشر.

٤٥ - ويُراد بالمجموعة السادسة من البيانات الأساسية (الترسب) استقاء بيانات بشأن عمود التصريف ونمذجته وتقييم آثاره. ويوصى بنشر مراسي مزدوجة مزودة بمصيدتين للرواسب على حبل إرساء بحيث تنصب إحدى المصيدتين على عمق ٢٠٠٠ متر لتحديد خصائص ما يصل إلى قاع البحر من جسيمات تتدفق إليه من الطبقة المضاءة، وتنصب الأخرى فوق مستوى البحر بقرابة ٥٠٠ متر لتحديد خصائص ما يصل إلى قاعه من

تدفقات تحمل مواد أخرى. ويجب أن تكون المصيدة السفلى مرتفعة عن القاع بدرجة كافية حتى لا تتأثر بتعلق الرواسب بالمياه من جديد. ويجب تركيب مصائد الرواسب لمدة مناسبة وجمع العيِّنات شهريا لدراسة التغيرات الموسمية في التدفقات وتقييم ما يطرأ عليها من تغييرات بين سنة وأخرى، وبخاصة التغير الحاصل بين سنوات الظواهر المناخية (مثل ظاهرتي النينيو والنينيا). ويمكن أن تستخدم في تركيب المصائد نفس المراسي المستخدمة في تثبيت مقاييس التيار، على النحو الموصوف أعلاه. ونظرا لما لتدفق المواد من عمود طبقة المياه العليا إلى أعماق البحار من أهمية إيكولوجية في الدورة الغذائية للكائنات الحية التي تعيش في القاع، فإن من الضروري أن تحدد على النحو الملائم خصائص تدفقات المواد التي تصل إلى طبقة المياه الوسطى وتدفقاتها التي تصل إلى قاع البحر لإجراء مقارنة بين أثرها والأثر الناشئ عن تصريف المخلفات. وستساعد معرفة سرعة الترسّب في الموقع فيما يخص الجسيمات التي تصرّفها عمليات التعدين الاختباري، سواء في طبقة المياه الوسطى أو قرب قاع البحر، على التحقّق من قدرة النماذج الرياضية على التنبؤ بتشتّت أعمدة طبقة المياه الوسطى والأعمدة القاعية وتحسينها. وتهم هذه المعلومات الشواغل التي أثيرت بشأن عمود التصريف والمخاوف التي أبديت من أثر عمود العمليات على الأحياء القاعية والكائنات التي تقطن في الطبقة القريبة من القاع. ويجب أن تكون فترة التحليل الزمني لقياسات تدفق الجسيمات على مدى شهر واحد أو أفضل من ذلك، وينبغي تسجيل قياس الاستطارة الضوئية على مصائد الترسّبات.

٤٦ - ويراد بالمجموعة السابعة من البيانات الأساسية (الخصائص الجيولوجية) تحديد مدى التباين في البيئة والمساعدة في تحديد المواقع المناسبة لأخذ العينات.

٤٧ - وينبغي جمع بيانات لقياس الأعماق عالية الدقة وعالية الجودة على نطاق المنطقة التي يُتوقّع أن يؤثّر فيها تشتُّت النواتج الثانوية للتعدين الاختباري تأثيراً جسيماً على البيئة (أي على نطاق المنطقة برمّتها التي يغطيها النموذج الرقمي للدوران).

٤٨ - وفي إطار الاضطلاع بالدراسة الاستقصائية الأساسية العالية الدقة، ينبغي القيام، حسب الاقتضاء، بجمع مجموعة تمثيلية من عينات الرواسب المستخرجة من قاع البحر قبل إجراء التعدين، ثم خزنها في مستودع مناسب. وينبغي استخدام أجهزة تجمع عينات لم تتعكر من الجزء العلوي الممتد بضعة سنتيمترات.

٤٩ - وبالنسبة لرواسب الكبريتيدات، يتعيّن تصنيف مواقع المنافس الحرارية المائية إما بوصفها مواقع خاملة ما زالت تحت التأثير المحتمل لمصدر حراري ولو أنه ليس ثمة أي نفاذ لتيارات من السوائل الحرارية المائية، أو مواقع خامدة بعيدة عن المصادر الحرارية

الموجودة حاليا. ويجوز أن يتساوى هذان الاحتمالان إلى حد كبير من الناحية الايكولوجية. فالمهم من الناحية البيولوجية، هو ما إذا كان في الموقع المقترح للتعدين منافس حرارية مائية نشطة (الحالة ١)، أو منافس خاملة قد تنشط مرة أخرى بسبب نشاط تعديني (الحالة ٢)، أو منافس تظل خاملة حتى بوجود تعكير يحدثه الاختبار التعديني (الحالة ٣)، ومن المهم أن يحدد التقييم الأساسي أيا من هذه الحالات ينطبق.

٥٠ - ويتناول الجزء الرابع من التوصيات التوجيهية تقييم الآثار المترتبة في البيئة. فبعض الأنشطة لا ينطوي على أي خطر جسيم على البيئة البحرية، ولذا، فهي لا تتطلب أي تقييم لآثارها في البيئة. وتوجد قائمة بهذه الأنشطة. أما الأنشطة التي تتطلب أن تقيّم آثارها في البيئة فلا بد من برنامج لرصدها قبل حدوث نشاط محدد وأثناءه وبعده لتحديد آثاره على الأنشطة الأحيائية، بما في ذلك ما يتعلق منها بإعادة استيطان المناطق التي تعكرت.

٥١ - وستستند الدراسات البيئية التي سيتم إجراؤها أثناء مرحلة الاستكشاف إلى خطة يقترحها المتعاقد وتراجعها اللجنة القانونية والتقنية بغرض استكمالها والتثبت من دقتها وموثوقية بياناتها الإحصائية. ثم تدرج تلك الخطة في برنامج الأنشطة المتعهد به بموجب العقد. وستتضمن هذه الدراسات التي ستجرى أثناء مرحلة الاستكشاف رصد بارامترات بيئة للتأكد من النتائج المستخلص فيها أنه لن يلحق ضرر جسيم بالبيئة جراء أي من الأنشطة المضطلع بها في قاع البحر، أو في عمود طبقتي المياه الوسطى والعليا.

٥٢ - وتتيح اختبارات نظم الجمع فرص لفحص آثار التعدين في البيئة. ويقدم المتعاقد خطة اختباراته إلى السلطة، مضمِّنا إياها تفاصيل رصد البيئة، قبل عام على الأقل من الشروع في الاختبارات وقبل ثلاثة أشهر على الأقل من الدورة السنوية للسلطة. وتتضمن خطة اختبار نظم الجمع ترتيبات لرصد المناطق المتأثرة بالأنشطة التي سيقوم بها المتعاقد حيث يحتمل أن تلحق تلك الأنشطة أضرارا جسيمة بالبيئة حتى ولو كانت هذه المناطق خارج موقع الاختبار المقترح. وستراعى بقدر الإمكان في البرنامج مواصفات أي نشاط أو حدث يؤدي إلى تعليق الاختبارات أو تعديلها بسبب أضرار جسيمة يحتمل أن يلحقها بالبيئة إن لم يخفف من آثاره بقدر كاف. وينبغي أن يجيز البرنامج تحسين خطة الاختبار قبل تنفيذها أو في أي وقت آخر من الأوقات المناسبة، كلما اقتضى الأمر. وستتضمن الخطة استراتيجيات لضمان استناد عملية أخذ العينات إلى أساليب إحصائية سليمة وكفالة أن تكون المعدات والأساليب مقبولة من الناحية العلمية، وأن يكون الأفراد الذين يقومون بتخطيط البيانات وجمعها وتحليلها مؤهلين تأهيلا جيدا، وأن تقدم البيانات المستقاة إلى السلطة وفق الأشكال المحددة.

٥٣ - ويوصى، لدى القيام بالاختبار التعديني، بالإخطار بما هو مقترح ليكون منطقة مرجعية للأثر ومنطقة مرجعية للحفظ. ويوصى بأن يتم اختيار المنطقة المرجعية للأثر بحيث تكون منطقة تمثّل الخصائص البيئية للموقع الذي سيتم فيه التعدين، ولا سيما خصائص كائناته الأحيائية. وينبغي أن تحدد المنطقة المرجعية لحفظ الكائنات في موقع يتم اختياره بعناية وأن تكون مساحتها من السعة بحيث لا تطولها أي آثار قد تنشأ عن تفاوتات طبيعية في الظروف البيئية المحلية. وينبغي أن تكون طائفة الأنواع الموجودة في ذاك الموقع مماثلة لما يوجد في منطقة الاختبار. وينبغي أن تقع المنطقة المرجعية للحفظ خارج منطقة الاختبار والمناطق الخاضعة لتأثير الانبعاث العمودي.

٥٤ - ويجب أن يتضمن برنامج الرصد الذي يقترحه المتعاقد تفاصيل سبل تقييم آثار أنشطة التعدين الاختباري.

٥٥ - ويتناول الجزء الخامس من التوصيات التوجيهية جمع البيانات وكيفية إعداد التقارير. ومن الموصى به أن تتبع في تقنيات الجمع والتحليل أفضل الممارسات كتلك التي وضعتها اللجنة الأوقيانوغرافية الحكومية الدولية التابعة لمنظمة الأمم المتحدة للتربية والعلم والثقافة (اليونسكو) والمتاحة في المراكز العالمية للبيانات ومراكز البيانات الأوقيانوغرافية الوطنية المسؤولة، أو كتلك التي وضعتها السلطة أو أوصت بالأخذ بها. وينبغي تأمين باب الوصول عن طريق السلطة إلى ما يوجد بحوزة كل متعاقد من بيانات في الشبكة الإلكترونية العالمية.

٥٦ - وتمثّل الدراسات الأساسية البيئية وبرامج الرصد مصدراً هاماً من مصادر البيانات والمعارف. ومن شأن وضع آلية لحفظ البيانات واسترجاعها أن يساعد جميع المتعاقدين في البحث عن المؤشرات الهامة من الناحية البيئية. فتوليف البيانات والخبرات يمكن أن يفيد المتعاقدين جميعا. وبزيادة فرص الوصول إلى البيانات، تزداد فرص الحصول على نماذج دقيقة مما سيساعد على تحقيق ما يلي:

(أ)   تحديد أفضل الممارسات؛

(ب)   الاتفاق على نهج مشترك لإدارة البيانات؛

(ج)   إجراء تبادل متعدد الأطراف للآراء والبيانات يثمر عن تعاون دولي؛

(د)   التوفير في الوقت والجهود والتكاليف بتوجيه انتباه المجتمع المحلي إلى مواطن الفشل؛

(هـ)   تحقيق وفورات بتقليص مقاسات بعض البارامترات.

٥٧ - ويمكن أن تشهد على صحة تلك النماذج وتنقحها بيانات كهذه تكشف أسرار البحار، مما يمكن فيما بعد من استكمال جانب من العمليات المكلفة لجمع المعلومات. ويمكن أن تكون بعض المناطق المطالب بها متاخمة للمناطق الأخرى المطالب بها أو القريبة منها، مما يوفر مبرراً إضافياً للوصول إلى البيانات والتشارك في جهود وضع النماذج، حتى يُمكن تقييم آثار الأنشطة في المناطق المجاورة دون حاجة إلى تكرار جميع جوانب التقييم البيئي.

٥٨ - ويتناول الجزء السادس من التوصيات التوجيهية البحوث التعاونية وتوصيات سد الفجوات المعرفية. وقد شهدت السنوات الأخيرة ثورة في تطور المعارف والتكنولوجيا في علوم قاع البحار. ويعكف عدد من معاهد البحوث في جميع أنحاء العالم على تنفيذ برامج بحوث واسعة النطاق. وتمتلك تلك المؤسسات خبرة كبيرة في الميادين البيولوجية والعلمية وقد تكون لديها الرغبة في الاشتراك مع متعاقدي التعدين لإجراء بعض البحوث البيئية المطلوبة. وبإمكانها أن توفر معدات لأخذ العينات إلى جانب الخبرة، ومن المرجح أنها تتطلع إلى الانضمام إلى سفن المتعاقدين والمساعدة في أخذ عينات المناطق النائية.

٥٩ - ويمكن للبحوث التعاونية أن تسهل تحديد البيانات الأساسية للتغيرات الطبيعية بناءً على السجلات الجيولوجية والبيولوجية وغيرها من السجلات البيئية التي يتم الحصول عليها من مناطق مختارة.

٦٠ - ويمكن أن تسفر الشراكة بين الدوائر العلمية والمتعاقدين عن جهات لإيداع القسائم التي يتم جمعها، ومستودعات لبيانات التسلسل الجيني، وتحليل وتفسير النظائر الثابتة، ومكتبة للصور الفوتوغرافية للأنواع/العينات. وينبغي أن تقود المعلومات العلمية الأساسية المكتسبة عن طريق الشراكة إلى إتاحة إمكانية فعالة من حيث التكلفة لاكتساب المعلومات التي تساعد في تخطيط التنمية وصنع القرار، والتعرف في الوقت المناسب على أية آثار بيئية أو مسائل مهمة قبل التعدين الاختباري أو أثناءه. ويمكن استخدام هذه المعلومات من أجل إيجاد حلول اعتماداً على نهج قائم على أدنى حد من التعارض.

٦١ - وسيتوقف احتمال انقراض جزء هام من تجمعات الكائنات الحيوانية الحية في موقع للتعدين الاختباري إلى حد كبير على توزيع تلك التجمعات إما في منطقة واحدة أو على نطاق واسع: وسيتطلب إجراء التقييم وضع مُصنفات جغرافية أحيائية لتلك الكائنات. وسيسهل من هذه العملية وجود تعاون بين المتعاقدين ومع الأوساط العلمية.

٦٢ - وينبغي أن تجرى دراسات النمذجة تعاونيا وأن ترتبط ارتباطا وثيقا بالدراسات الميدانية ليتسنى تقييم مخاطر الانقراض في إطار مختلف استراتيجيات الإدارة، بما في ذلك

الخيارات المختلفة لتصميم المناطق المحمية. وعموما، تحتاج استراتيجيات الحفظ إلى أن تأخذ في الحسبان آثار عمليات التعدين غير الاختبارية على تجمعات الكائنات الحيوانية الحية.

٦٣ - وينبغي للمتعاقدين أن يعملوا سوية مع السلطة الدولية لقاع البحار ومع مؤسسات البحث العلمي الوطنية والدولية في إطار برامج البحوث التعاونية لإجراء أكبر قدر من التقييم للأثر البيئي والتقليل إلى أدنى حد من تكاليف هذه التقييمات.

٦٤ - وتنص الاتفاقية على أن تقوم السلطة الدولية لقاع البحار بتعزيز وتشجيع إجراء البحوث العلمية البحرية في المنطقة، وتقوم بتنسيق ونشر نتائج تلك البحوث والتحليلات عند توفرها.

المرفق الثاني

مسرد المصطلحات التقنية

الكبريتيدات النشطة	كبريتيدات متعددة الفلزات تجري من خلالها مياه دافئة. وتنفث الكبريتيدات النشطة (وتُسمَّى أيضاً منافس حرارية مائية) مركبات مختزلة (مثل الكبريتيدات) إلى السطح البيني لتلاقي قاع البحر ومياه البحر حيث يمكن أن تتأكسد أو أن تدخل في عمليات أيض بالتغذية الذاتية بفعل الكائنات الحية الدقيقة الطليقة أو التكافلية.
أ.ث.ف.	يشير هذا المختصر إلى مادة الأدينوسين ثلاثي الفوسفات، وهو مركب عضوي مُعقد له دور في تخزين الطاقة لفترات قصيرة وتحويلها في جميع الكائنات الحية. ويستفاد منه باستخدام كميته كمقياس لمعرفة الحجم الكلي للكتلة الأحيائية الميكروبية في الطبقة الرسوبية، حيث تتناسب كميته مع عدد الخلايا النشطة، التي تتكون في معظمها هنا من البكتريا.
بحري عميق	ما يتعلق ببيئة أعالي البحار في الأعماق السحيقة التي تزيد عن ٠٠٠ ٣ متر، أي أعمق من نطاق البحار المتوسطة العمق.
قاعي	ما يتعلق بقاع المحيطات.
الطبقة الحدودية القاعية	ما يتعلق بطبقة المياه التي تعلو مباشرة السطح البيني بين طبقة المياه في قاع المحيط والرواسب.
بحري قاعي	ما يتعلق بالنطاق القريب جداً من قاع البحر، والذي يكون ملامساً للقاع إلى حد ما، في الأجزاء الأعمق من عرض المحيط.
أحياء القاع	هي أشكال الكائنات الحية البحرية التي تعيش على قاع المحيط أو فيه.
التخليق الكيميائي	عملية تُحول بها الكائنات الحية الدقيقة عن طريق الأيض الكربون غير العضوي إلى (خلايا) كربون عضوي باستخدام الطاقة المُستمدة من أكسدة المركبات المختزلة. والتخليق الكيميائي هو الأساس الذي تقوم عليه الشبكة الغذائية المرتبطة بالمنافس الحرارية المائية في أعماق البحار. وعبارة التغذية الذاتية الكيميائية (Chemoautotrophy) هي مصطلح أدق وأوفى وصفاً للظاهرة العامة المتمثلة في التخليق الكيميائي؛ وغالبا ما تستعمل العبارتين على سبيل الترادف.
قشور منغنيزية حديدية غنية بالكوبالت	قشور منغنيزية حديدية ذات محتوى غني بالكوبالت تتكون عادة بالترسب وتوجد على الطبقات التحتية الصلبة في أعماق البحار على معالم ذات تضاريس طوبوغرافية بارزة، من قبيل الجبال البحرية والمرتفعات المتطاولة.

ت.ح.ع. (التوصيل، الحرارة، العمق)	يتعلق هذا المختصر بنظام لقياس معدل التوصيل (الذي يعتبر مؤشراً لدرجة ملوحة المياه) ودرجة الحرارة والعمق (الذي يتحدد بقياسات الضغط). ويعتبر العنصران الأولان ضروريين للملاحظات المتعلقة بالدراسات البحرية، بينما تستخدم قراءات العمق لتحديد التركيبات الرأسية في جيولوجيا المحيطات. وهنالك عوامل أخرى، مثل الأس الهيدروجيني وتركيز الأوكسجين المذاب، يمكن قياسها إذا استخدمت مجسات اختيارية.
الآثار التراكمية	الآثار الناجمة عن التغيرات التدريجية التي تسببها أفعال أخرى سابقة أو حالية أو متوقعة.
قاعيات	كائنات تعيش في قاع رقعة مائية أو بالقرب منها.
يومي	ما يتعلق بفترة قدرها ٢٤ ساعة، تشمل عادة النهار والليل الذي يليه.
الآثار المباشرة	الآثار التي تحدث كنتيجة مباشرة لفعلٍ ما، مثل فقدان الموائل ومجموعات الكائنات الحية بسبب إزالة الكبريتيدات أو غيرها من المواد.
الانسداد الانتفاخي	يحتوي دم الأسماك وأنسجتها على غازات مذابة. فإذا رفعت هذه الأسماك من أعماق المحيط إلى السطح، فإن انخفاض الضغط الذي ينتج عن ذلك يؤدي إلى تمدد الغازات المذابة في شكل فقاعات (انتفاخات)، مما يتسبب في تشويه أشكال هذه الأسماك وخروج أعضائها الداخلية من أفواهها ومن الفتحات الأخرى في أجسامها.
التوطن	تشير الكلمة إلى مدى اقتصار وجود نوع من الأنواع على منطقة جغرافية معينة؛ ويحدث التوطن عادة في مناطق معزولة بطريقة ما. ويستخدم البيولوجيون أيضاً مصطلح ”مُتوطِن“ للإشارة إلى كائن حي قد يكون واسع الانتشار من الناحية الجغرافية، إلا أن وجوده مقتصر على موئل بعينه ومن ذلك، مثلاً، المنافس الحرارية المائية.
الكائنات الحيوانية القاعية	هي الحيوانات التي تعيش في القاع، إما ملتصقة به أو تتحرك عليه بحرية.
بحري علوي	ما يتعلق بالمنطقة العليا لأعماق المحيط، وهي تعلو الطبقة البحرية الوسطى وتكون بصفة عامة تحت نطاق الحد الأدنى من الأوكسجين.
المنطقة المضاءة	هي الجزء الأعلى من المحيط، الذي يتلقى من الضوء ما يكفي لإتمام عملية التمثيل الضوئي. وتمتد هذه المنطقة، في المحيطات ذات المياه الصافية، إلى أعماق تصل إلى ١٥٠ متراً كحد أقصى.
مجموعة الأنواع الحيوانية (الفونا)	اللافقاريات والفقاريات.
طبقة تمارج الملوحة	هي طبقة المياه التي يشتد فيها تغير درجة الملوحة.
الطبقات التحتية الصلبة	تعني بروز طبقات على شكل كربونات مُتحجرة، ومواد صلبة، وصخور قشرية أو رواسب من مواد مترسبة، وفلزات، ومعادن تُخرجها النظم الحرارية المائية من الطبقات التحتية.

المتعلقة بالقوى المائية: هو كل ما يتعلق بحركة مياه البحر والمحيطات.

منطقة الأثر: المنطقة التي يحدث فيها الأثر (المباشر، أو غير المباشر أو التراكمي أو التفاعلي) المترتب على النشاط.

مناطق مرجعية للأثر: مناطق تُستخدم لتقييم تأثير الأنشطة المضطلع بها في المنطقة على البيئة البحرية؛ ويجب أن تمثل الخصائص البيئية (الفيزيائية والكيميائية والبيولوجية) للمنطقة المُراد إجراء التعدين فيها.

الكبريتيدات غير النشطة (أو الخاملة): الكبريتيدات المُتعددة الفلزات التي لم تعد تجري من خلالها مياه دافئة إلى مياه البحر التي تعلوها (أي أنها ''باردة''). وقد يفضي تحريك هذه الكبريتيدات إلى استئناف التدفقات الحرارية المائية إلى عمود الماء، بحيث تتحول الكبريتيدات غير النشطة إلى كبريتيدات نشطة (ومن هنا جاء مفهوم الكبريتيدات ''الخاملة'').

الآثار غير المباشرة: الآثار على البيئة التي ليست نتيجة مباشرة للنشاط والتي غالباً ما تحدث بعيداً عن أو نتيجة لمسار مُعقّد (فيزيائي، كيميائي، بيولوجي). وغالباً ما يُشار إلى تلك الآثار بوصفها آثار ثانوية (أو حتى من الدرجة الثالثة).

الكائنات الحيوانية الجوفية: هي الكائنات الحية التي تعيش داخل الطبقات الرسوبية.

الكائنات الحيوانية الكبيرة: هي حيوانات تكون من الكبر بحيث ترى بالعين المجردة، ويصل طولها عادة إلى ٢ سم.

الكائنات الحيوانية الضخمة: الحيوانات الكبيرة (التي يزيد طولها على ٢ سم) بما يكفي للتعرف عليها في الصور الفوتوغرافية، ويُقترح أن تشكل صنفا رئيسيا (انظر علم التصنيف) لأغراض تقييم الأثر البيئي لأعمال التعدين في أعماق البحار.

الكائنات الحيوانية المتوسطة: هي حيوانات طائفة القاع، وحجمها وسط بين الكائنات الحيوانية الكبيرة والكائنات الحيوانية الدقيقة. وتعرّف لأغراض عملية بأنها ذات طول يزيد على ٣٢ ميكرون ويقل عن ٢٥٠ ميكرون.

بحري أوسط: ما يتعلق بذلك الجزء من البحار أو المحيطات الذي يقع تحت النطاق البحري العلوي وفوق النطاق البحري العميق، وهو عادة ذلك الجزء الذي تنخفض فيه الإضاءة في أعماق البحار أو ما يسمى ''المنطقة المعتمة''.

الكائنات الحيوانية الدقيقة: كائنات حية لا ترى بالعين المجردة، وهي أصغر من الكائنات الحيوانية المتوسطة. وتعرّف لأغراض عملية بأن حجمها يقل عن ٣٢ ميكرون.

الكائنات الحية الدقيقة: تشمل البكتيريا والعتائق وحقيقيات النوى المجهرية.

السوابح: الأسماك والحبارات والقشريات والثدييات البحرية التي تسبح بطاقتها في أعالي البحار.

الديدان الخيطية – طائفة الديدان المستديرة؛ وهي فئة سائدة ضمن الكائنات الحيوانية المتوسطة.

نطاق الحد الأدنى من الأوكسجين: طبقة مائية توجد في المحيطات على أعماق تتراوح بين ٤٠٠ و ١ ٠٠٠ متر، ويعود وجودها إلى تحلل ما يغوص إلى الأعماق من مواد عضوية بالبكتيريا. وقد تؤدي ندرة الأوكسجين في هذه الطبقة إلى ذوبان المعادن الحبيبية.

بحري: ما يتعلق بأعالي البحار.

الأس الهيدروجيني: مقياس الحموضة أو القلوية.

التمثيل الضوئي: العملية الحيوية التي يتم فيها تمثيل المواد العضوية باستخدام الضوء كمصدر للطاقة. وتقوم فيها النباتات بتحويل ثاني أوكسيد الكربون والماء، في ظل وجود مادة الكلوروفيل والطاقة الضوئية، إلى غذاء كربوهيدراتي وأوكسجين.

العوالق النباتية: كائنات نباتية مجهرية تعتبر أولى حلقات الحياة البحرية المنتجة للمواد العضوية.

العوالق: كائنات حية تنجرف مع الماء أو تسبح فيه بحركة ضعيفة. تشمل أطوار اليرقات للكائنات الحية القاعية والكائنات الحية البحرية، والعوالق النباتية (في المياه السطحية)، والعوالق الحيوانية، والهلاميات، وغيرها من الكائنات الحية المنجرفة أو السابحة بشكل ضعيف.

الانبعاث العمودي: انتشار مياه البحر التي تحتوي على جسيمات رسوبية كثيفة. والانبعاث العمودي القاعي هو عبارة عن تيار مائي يحتوي على جسيمات معلقة من رواسب قاع البحر وعقيدات منغنيزية مسحوجة، وكائنات حية مغمورة في القاع تخرج من جهاز جمع عينات التعدين نتيجة تعكير جهاز الجمع لقاع البحر وينتشر في منطقة قريبة من قاع البحر. والعنصر الأبعد للانبعاث العمودي القاعي يطلق عليه أسم "مطر المواد الدقيقة". والانبعاث العمودي السطحي هو عبارة عن تيار مائي يحتوي على جسيمات معلقة من رواسب قاع البحر، وعقيدات منغنيزية مسحوجة وكائنات حية مغمورة في القاع ينتج عن فصل العقيدات عن جهاز حمل المياه، على متن سفينة التعدين، في منطقة أقرب من الانبعاث العمودي القاعي إلى سطح المحيط.

الكبريتيدات المُتعددة الفلزات: رواسب الكبريتيدات والموارد المعدنية المقترنة بها من مصدر حراري مائي في المنطقة، التي تحتوي على تركيزات المعادن، بما فيها النحاس والرصاص والزنك والذهب والفضة.

المياه المسامية: المياه الموجودة في الفراغات بين الجسيمات الدقيقة للرواسب؛ وتسمى أيضا المياه "التخللية".

مناطق مرجعية للحفظ: هي مناطق تمثل موقع تجارب التعدين، إنما يتعين ألا يجري فيها أي تجارب للتعدين؛ تُستخدم لتقييم التغيرات التي تطرأ على الحالة البيولوجية للبيئة والتي تسببها أنشطة تجارب التعدين.

طبقة تغير الكثافة	طبقة مائية يشتد فيها تغير الكثافة حسب العمق. وهي تفصل المياه السطحية المختلطة جيداً عن المياه الكثيفة في أعماق المحيط. وكثافة ماء البحر تتوقف على الحرارة والملوحة، وبدرجة أقل، على الضغط.
مطر المواد الدقيقة	مكون بعيد من مكونات ''الانبعاث العمودي القاعي'' يتألف بصورة رئيسية من مواد دقيقة؛ وجسيمات رسوبية تنتقل مع تيار القاع وتستقر ببطء في قاع البحر وعموما خارج منطقة التعدين المحددة.
الأكسدة والاختزال	للدلالة على عمليتي الأكسدة (اكتساب إليكترون) والاختزال (فقدان إليكترون) وهما من العمليات الأساسية في التفاعلات الكيميائية. ويفسر ميل المواد الكيميائي إلى الأكسدة (قوة التأثير البيئي) بأنه إمكانية تأكسدها أو اختزالها (متوسط التغير)، ويمكن حسابه بمقياس Eh/Ph، حيث تكون قيمة EH مترابطة بقوة بمعدل تركيز الأوكسجين المذاب في الطبقة الرسوبية.
الحيوانات آكلة النفايات	حيوانات تقتات على نواتج النفايات وبقايا الكائنات الميتة من الحيوانات والنباتات الأخرى التي لم تقتلها بنفسها.
الجبال البحرية	معالم طبوغرافية معزولة عادة ما تكون بركانية المنشأ، عالية الارتفاع فوق قاع البحر.
المقاييس المكانية	مقاييس ترتبط بالأبعاد المساحية للظواهر التي تحدث في البحار والمحيطات، مثل قطر دوامة أو طول موجة مائية، وكذلك بالترتيب الجغرافي لمحطات أخذ العينات.
الموائل الفرعية	أحد المكونات التي يمكن تمييزها بصرياً في موئل ما من الموائل الكبيرة؛ فمثلا، يمكن أن تكون مهاد الديدان الأنبوبية وبلح البحر موائل فرعية في حقل معين من الكبريتيدات النشطة المتعددة الفلزات؛ وهو مصطلح عملي ييسر فهم المقصود بالموئل ككل.
التكافل (التخليق الكيميائي)	يعني الروابط بين البكتيريا (المُتكافلات) واللافقاريات أو الفقاريات (العوائل)، التي تقوم فيها المُتكافلات بدور تخليقي كيميائي وتوفر تغذية للعوائل. وقد تكون البكتيريا إما تكافلية داخلية (تعيش ضمن أنسجة العائل، من قبيل الديدان الأنبوبية، والبطلينوس، وبلح البحر) أو تكافلية فوقية (تعيش خارج العائل، من قبيل القريدس (البريسيليد) والديدان الكثيرة الشعر (الفينيليد)).
التدرجات الإعصارية	مقاييس لحساب تغير القوى المائية، أو أحداث تتضمن قياسات زمنية تتراوح بين أسبوع وأسبوعين أو شهر وشهرين، وقياسات مكانية تتراوح من كيلومتر واحد إلى عدة مئات من الكيلومترات. وتعتبر الدوامات الإعصارية التي تتراوح أقطارها من ١٠٠ إلى ٢٠٠ كيلومتر، التي تعبر الجزء الشمالي الشرقي المداري من المحيط الهادئ من الشرق إلى الغرب، والتي غالباً ما تنفذ إلى قاع المحيط، من المظاهر النمطية لذلك.
تصنيف الأحياء	تصنيف منتظم للنباتات والحيوانات حسب علاقاتها الطبيعية المفترضة.

التعدين الاختباري	استخدام نظم ومعدات الاستخلاص واختبارها.
طبقة الهبوط الحراري	طبقة مائية يحدث فيها تغير سريع في درجة الحرارة بالتناسب مع العمق.
المقطع العرضي	السطح العمودي (المرجع لجميع القياسات وعمليات أخذ العينات خلال المسح)، الممتد من السطح إلى قاع البحر، لطريق سفينة المسح الأوقيانوغرافية، من نقطة ألف إلى نقطة باء.
مقياس نفاذ الضوء	أداة تستخدم لقياس معدل خفوت الضوء على عمق محدد في وسط معين كالماء مثلاً. وقد تكون البيانات مترابطة مع كميات الجسيمات الموجودة في ذلك الوسط.
العوالق الحيوانية	خلافاً للعوالق النباتية، لا تستطيع هذه الكائنات الحية أن تصنع مواد عضوية بنفسها، ومن ثم تتغذى على غيرها من الكائنات الحية.

السلطة الدولية لقاع البحار

ISBA/19/LTC/14

Distr.: Limited
12 July 2013
Arabic
Original: English

اللجنة القانونية والتقنية

الدورة التاسعة عشرة

كينغستون، جامايكا

١٥-٢٦ تموز/يوليه ٢٠١٣

توصيات توجيهية للمتعاقدين والدول المزكية بشأن البرامج التدريبية في إطار خطط العمل المتعلقة بالاستكشاف

صادرة عن اللجنة القانونية والتقنية

مقدمة

١ - تهدف هذه التوصيات إلى تقديم توجيهات إلى مقدمي طلبات الموافقة على خطط العمل المتعلقة بالاستكشاف، وإلى المتعاقدين والدول المزكية، عن مسؤولياتهم فيما يتعلق بالبرامج التدريبية الجارية في إطار خطط العمل المتعلقة بالاستكشاف.

٢ - وتشمل التوصيات المكوّنات التالية لتصميم وتنفيذ البرامج التدريبية:

(أ) عملية استعراض وإقرار البرامج التدريبية المقترحة التي يقدمها مقدمو طلبات الموافقة على خطط العمل المتعلقة بالاستكشاف؛

(ب) مضمون البرامج التدريبية، بما في ذلك مشاركة الدول المزكية؛

(ج) عملية توزيع طالبي التدريب وفقا للفرص التدريبية؛

(د) إجراءات الإبلاغ عن الأنشطة التدريبية.

٣ - وورد الإقرار بالأهمية الأساسية للتعاون الدولي التقني والعلمي فيما يتعلق بالأنشطة في المنطقة، بما في ذلك تدريب موظفي المؤسسة ورعايا الدول النامية، في المادتين ١٤٤

و ١٤٨ من اتفاقية الأمم المتحدة لقانون البحار مقروءتين مع المادة ٥ من مرفق الاتفاق المتعلق بتنفيذ الجزء الحادي عشر من الاتفاقية.

أولا – الالتزامات القانونية

٤ - وردت التزامات المتعاقدين القانونية المتعلقة بالتدريب في المادة ١٥ من مرفق الاتفاقية الثالث، وحُددت تفاصيلها في الأنظمة المتعلقة بالتنقيب والاستكشاف التي اعتمدتها السلطة. وتنص المادة ٢٧ من نظام التنقيب عن العقيدات المتعددة المعادن (نظام العقيدات) على ما يلي [1]:

عملا بالمادة ١٥ من مرفق الاتفاقية الثالث، يتضمن كل عقد برنامجا عمليا، في شكل جدول زمني، لتدريب موظفي السلطة والدول النامية يضعه المتعاقد بالتعاون مع السلطة والدولة أو الدول المُزكِّية. وتركّز البرامج التدريبية على التدريب على القيام بعمليات الاستكشاف وتوفر ما يلزم لاشتراك هؤلاء الموظفين اشتراكا كاملا في كل الأنشطة المشمولة بالعقد.

٥ - وينص البند ٨ من الشروط القياسية لعقود الاستكشاف على ما يلي [2]:

٨-١ وفقا للنظام، يقدم المتعاقد إلى السلطة للموافقة، قبل بدء الاستكشاف بموجب هذا العقد، البرامج المقترحة لتدريب موظفي السلطة والدول النامية، بما في ذلك اشتراك هؤلاء الموظفين في كافة الأنشطة التي يقوم بها المتعاقد بموجب هذا العقد.

٨-٢ يخضع نطاق برنامج التدريب وتمويله للتفاوض بين المتعاقد والسلطة والدولة أو الدول المزكية.

٨-٣ ينفذ المتعاقد برامج التدريب وفقا للبرنامج المحدد لتدريب الموظفين المشار إليه في البند ٨-١ من هذا العقد والمعتمد من السلطة وفقا للنظام، ويصبح هذا البرنامج، حسبما يتم تنقيحه وتطويره من حين لآخر، جزءا من هذا العقد بوصفه الجدول ٣.

_____

(١) المادة ٢٩ من نظام الكبريتيدات والقشور.

(٢) انظر المرفق الرابع لنظام العقيدات والكبريتيدات والقشور.

ثانيا – أهداف البرنامج التدريبي وغاياته

٦ - يجري تصميم البرامج التدريبية وتنفيذها لصالح المتدرب، والبلد الذي يرشحه للتدرب، وكذلك، على نطاق أوسع، أعضاء السلطة ولا سيما البلدان النامية. كما أن أعضاء السلطة الذين يمكن أن يسهموا في تنمية المؤسسة ينبغي أيضا أن يستفيدوا منها عبر الحصول على نفس الفرص التدريبية.

٧ - ويجب بذل كل جهد لكفالة أن يتم تخطيط البرامج التدريبية وصياغتها بحسن نية وأن تتبع أفضل الممارسات في جميع الأوقات. ووفقا لذلك، يجب على جميع الأطراف بذل كل جهد ممكن لكفالة أن يسهم التدريب في تلبية الاحتياجات التدريبية وتنمية القدرات في البلدان التي يأتي منها المشاركون.

٨ - ويجب أن يُمنح البرنامج التدريبي الأولوية الواجبة في برنامج عمل المتعاقد، ووفقا لذلك، ينبغي أن يُصاغ خلال المناقشات والمفاوضات في مرحلة ما قبل التعاقد وأن يُدمج في العقد، بوصفه الجدول ٣، قبل التوقيع وقبل بدء أعمال الاستكشاف.

٩ - ويجب على كل متعاقد يقدم طلبا للحصول على الموافقة على خطة عمل للاستكشاف أن يتصرف بحسن نية وأن يفهم أن توفير التدريب هو نشاط يتسم بأهمية لا تقل أو تزيد عن أي نشاط آخر في خطة العمل التي يقترحها، ويجب، وفقا لذلك، أن يحظى بنفس الأولوية من حيث الوقت والجهد والتمويل.

١٠ - وليس استخدام واستدامة المهارات والخبرات التي يكتسبها المتدربون والبلدان التي ترشحهم بأقل أهمية من التدريب. ويجب على جميع الأطراف، وخصوصا السلطة والبلدان النامية، أن تتعهد بالتشجيع على استخدام التدريب المقدم بشكل يعود بالفائدة على المتدرب وعلى مشاركة البلد في الأنشطة ذات الصلة بالسلطة والمنطقة.

١١ - ويجب على جميع الأطراف أن تلتزم بقنوات اتصال حرة ومفتوحة لكفالة تنفيذ برامج التدريب على الوجه الأمثل، وتقديم التقارير في الوقت المناسب، وتحسين رصد الأداء.

١٢ - وترد أدناه التوصيات التوجيهية المتعلقة بالخطوات المحددة لتنفيذ البرامج التدريبية.

ثالثا – الموافقة على البرامج التدريبية

١٣ - يقتضي النظام أن يشمل طلب الموافقة على خطة العمل عنصرا يتعلق بالبرامج التدريبية. ويُعبّر بصورة مباشرة عن مدى فائدة البرنامج المقترح من خلال الروابط العملية بين التدريب وخطة عمل المتعاقد. ومن المنطقي أنه ينبغي النظر في هذين الأمرين معا.

١٤ - وتحدد مسؤوليات كل طرف على النحو التالي:

(أ)   ينبغي لمقدم طلب الموافقة على خطة عمل للاستكشاف:

١ -   أن يدرج في الطلب تفاصيل عن الأنشطة الملائمة للتدريب التي سينفذها خلال السنوات الخمس الأولى من برنامج الأنشطة؛

٢ -   أن يُدرج في الطلب، استنادا إلى ما ورد أعلاه، جدول الأنشطة المحتملة في إطار البرنامج التدريبي المقترح، بما في ذلك وصف عام للتدريب؛

٣ -   أن يُدرج في الطلب عرضا موجزا يبيّن العدد الأدنى للفرص التدريبية التي سيوفرها في كل سنة من السنوات الخمس الأولى من مدة العقد، وتقديرات عن عدد الفرص التي سيوفرها في كل سنة من فترات السنوات الخمس اللاحقة من مدة العقد؛

٤ -   أن يقدم استمارة موجزة لتفاصيل التدريب، على الشكل الوارد في مرفق هذه الوثيقة، لكل نوع من أنواع الفرص التدريبية المحددة في الفقرة الفرعية ٢ أعلاه؛

٥ -   أن يبيّن جميع البرامج التدريبية التي وضعت بالتعاون مع الدول المزكية؛

٦ -   أن يبيّن الحالات التي يعتزم فيها المتعاقد دعم البرامج التدريبية بالإضافة إلى الأنشطة المشمولة بخطة عمله؛

٧ -   أن يبيّن الحالات التي يكون فيها البرنامج التدريبي قد وضع جزئيا أو كليا بالتعاون مع الدولة المزكية أو المعاهد الوطنية في الدولة المزكية أو مع منظمات أو مع أي دولة أخرى من الدول الأطراف؛

(ب)   تبيّن الدولة المزكية ما إذا كانت ستوفر أي مساهمة محددة أخرى أو أي شكل آخر من أشكال الدعم إلى البرنامج التدريبي لمقدم الطلب؛

(ج)   على اللجنة القانونية والتقنية، عند النظر في طلب للموافقة على خطة عمل للاستكشاف:

١ -   أن تستعرض الفرص التدريبية، والبرنامج، وما يقابلها في خطة عمل المتعاقد؛

٢ -   أن تستعرض طلبات التدريب، وأن تجري تقييما كاملا لاحتياجات البلدان النامية المرشّحة واحتياجات الأمانة في مجال التدريب وتنمية القدرات؛

٣ - أن تناقش مع المتعاقد البرنامج التدريبي المقترح، وذلك خلال المناقشات المتعلقة بخطة عمله؛

٤ - أن تسدي المشورة وتقدم التوصيات المناسبة إلى الأمين العام فيما يخص شكل البرنامج التدريبي المقترح ومضمونه وهيكله؛

٥ - أن تستعرض البرنامج التدريبي المقترح بمقارنته مع التوصيات التوجيهية الواردة هنا؛

(د)   ينبغي للأمين العام:

١ - أن يأخذ في الحسبان توصيات اللجنة القانونية والتقنية عندما يناقش البرامج التدريبية ويتفاوض بشأنها مع المتعاقدين؛

٢ - أن يحتفظ في الأمانة بقاعدة بيانات تشمل أسماء المرشحين للتدريب واحتياجات التدريب الخاصة بالبلدان النامية، وتحدد وتدرج في الوقت نفسه الاحتياجات المستقبلية للمؤسسة.

رابعا - محتوى البرامج التدريبية

١٥ - يجب على المتعاقدين، في حالة الشك، أن يسترشدوا بالتزاماتهم القانونية. ووفقا لذلك، يجب عليهم توفير تدريب عملي المنحى. وينبغي أن يركز التدريب على أنشطة الاستكشاف وكذلك، حيثما أمكن، على جميع الأنشطة الواردة في خطة عمل المتعاقد. وينبغي توفير البرامج التدريبية وتنفيذها طوال مدة سريان العقد.

١٦ - تقدم التوصيات التالية فيما يتعلق بمحتوى البرامج التدريبية:

(أ)   ينبغي للمتعاقدين:

١ - أن يُناقشوا مع اللجنة القانونية والتقنية، في أقرب وقت ممكن، الفرص المتاحة، والجداول الزمنية، والبرامج التدريبية؛

٢ - أن يحسموا أمرهم باختيار مجموعة من الفرص التدريبية عقب التشاور مع اللجنة والدولة المزكية؛

٣ - أن ينظروا في احتياجات التدريب وبناء القدرات في البلدان النامية والأمانة (المؤسسة) عند وضع برامج التدريب، وذلك لكفالة تنمية المهارات على أوسع نطاق ممكن؛

٤ - أن يقدموا، كحد أدنى، ما يعادل تدريب ما لا يقل عن ١٠ متدربين خلال كل خمس سنوات من مدة العقد؛

٥ - أن يحددوا الفرص التدريبية الإضافية التي قد تنشأ خلال مدة العقد، إلى جانب أي تعديلات يُقترح إدخالها على جداول التدريب المعتمدة، إذا طُلب ذلك؛

٦ - أن يقدموا إلى السلطة مساهمة على سبيل الهبة مخصصة على وجه التحديد لأغراض التدريب عندما يتعذر تنفيذ البرامج التدريبية نتيجة لعوامل تفرضها الظروف؛

٧ - أن يحاولوا بكل السبل الممكنة تجنب معاناة المرشحين الجديرين المحتملين الذين يشاركون في الفرص التدريبية من عوائق ناجمة عن مسائل خارجة عن سيطرتهم، مثل الحواجز اللغوية. وفي هذه الحالات، لا بد من محاولة البحث عن بدائل مجدية بكل السبل الممكنة؛

(ب) ينبغي للجنة القانونية والتقنية:

١ - أن تكون على علم إلى أقصى قدر ممكن بالاحتياجات التدريبية للدول النامية التي تعيّن مرشحين للتدريب؛

٢ - أن تكون على علم بالاحتياجات التدريبية والاحتياجات اللازمة لتطوير القدرات اللازمة لتطوير المؤسسة؛

٣ - أن تكون على علم بالفرص التدريبية العملية التي قد تنبثق عن خطة العمل الخمسية لأي متعاقد؛

٤ - أن تكون على علم بمسائل الأداء في البرامج التدريبية السابقة للاسترشاد بها في أنشطة التخطيط والبرمجة في المستقبل؛

(ج) ينبغي للأمين العام:

١ - أن يطوّر القدرات والموارد داخل الأمانة للتركيز حصرا على التدريب وبناء القدرات. ويمكن أن يتمثل أحد مجالات التركيز الرئيسية في استحداث نظام معلوماتي في المرحلة الأولى، وقاعدة بيانات في مرحلة لاحقة، للاحتياجات التدريبية للبلدان النامية؛

٢ - وفي الأجل القصير، أن يستحدث استمارات ملائمة (إلكترونية) لتقديم الطلبات وتسمية المرشحين، لتتيح تبيّن المرشحين وتحديد الاحتياجات التدريبية على الوجه الأمثل؛

٣ - أن يحدد ويحفظ المعلومات عن الفرص التدريبية والمؤسسات والجهات الشريكة المحتملة الأخرى؛

٤ - أن يضع برنامجا طويل الأجل بناءً على الاحتياجات وأولويات البلدان لأغراض التخطيط، ويتعهده بالحفظ، لكي تستخدمه اللجنة في مناقشاتها مع المقاولين؛

٥ - أن يأخذ في الحسبان توصيات اللجنة عند مناقشة البرامج التدريبية والتفاوض بشأنها مع المتعاقدين.

خامسا - توزيع الفرص التدريبية

١٧ - كان تحديد الفرص التدريبية يمثل حتى الآن عملية يغلب عليها طابع رد الفعل، وتستند إلى عرض يتقدم به المتعاقد، يليه استطلاع لتحديد مدى اهتمام البلدان وأخيرا قرار يُتخذ عقب قيام اللجنة بإعداد قائمة مختصرة بأسماء المرشحين. ولا بد من اتباع عملية استباقية إذا كان المُراد هو أن يتوافق التدريب مع الاحتياجات. ويجب على السلطة توفير ما يلزم من قدرات وعمليات، واستحداث نظام يتيح لها أن تتسم بالقدرة الاستباقية في توجيه أي برنامج تدريبي، بدلا من أن تكون مجرد قناة للتوصيل، وهيئة تستجيب للعروض بحسب ورودها.

١٨ - ويوصى بأن يعمل كل طرف على النحو التالي:

(أ) ينبغي للمتعاقد:

١ - أن يقدم إلى الأمانة أكبر قدر ممكن من المعلومات عن خطة عمله وعن الفرص التدريبية المتاحة ذات الصلة بها، بما في ذلك عدد الأماكن المتوفرة للمتدربين، والتواريخ وغيرها من الاحتياجات المحددة اللازمة للاضطلاع بأنشطة التدريب؛

٢ - أن يعمل بشكل استباقي ويواظب على إعلام السلطة بالفرص الجديدة وبأي تغييرات قد تطرأ؛

٣ - أن يشجع مقدمي الطلبات المحتملين والدول المرشِّحة على تقديم الطلبات للسلطة باستخدام الاستمارات المناسبة؛

٤ - أن يواظب على الاتصال بالأمانة، بعد الموافقة على البرنامج التدريبي، فيما يتعلق بالاختيار النهائي للمرشحين الذين سيتلقون التدريب، وبمسائل أخرى منها على سبيل المثال شروط الحصول على تأشيرة سفر، والمسائل المتعلقة بالمؤهلات الأكاديمية؛

(ب) وينبغي للدولة المزكية، ولا سيما إذا كانت أيضا من البلدان النامية:

١ - أن تبلغ الأمانة بالتفاصيل الكاملة للأشخاص الذين ترشحهم للتدريب؛

٢ - أن تكفل، كلما أمكن ذلك، أن تكون احتياجاتها التدريبية قائمة على اتفاق ثنائي وعلى شرط أن تكون مشمولة بالتزكية؛

٣ - أن تبلغ الأمانة إذا كانت لديها احتياجات تدريبية تفوق وتتجاوز ما هو مذكور في اتفاقها الثنائي ويمكن ألا يكون متعاقدها قادرا على تلبيتها؛

(ج) ينبغي للأمانة:

١ - في الأجل القصير، أن تبادر على وجه السرعة إلى الإعلان على أوسع نطاق ممكن عن المعلومات المتعلقة بالفرص التدريبية. وينبغي أن يتم ذلك عن طريق إخطارات رسمية إلى الدول الأعضاء فضلا عن الاتصال المباشر مع أعضاء اللجنة، والمنظمات الدولية ذات الصلة، والمؤسسات العلمية، والأطراف المهتمة الأخرى؛

٢ - أن تستطلع السبل التي يمكن من خلالها التشجيع على مشاركة عدد أكبر من مواطني البلدان النامية في الأنشطة التدريبية للسلطة؛

٣ - أن تضع برنامج لبناء القدرات وأن تطور ما يلزم من قدرة وسياسات واستراتيجيات وبرامج:

أ - استلام طلبات التدريب وإعداد قائمة بالمرشحين المقبولين المؤهلين؛

ب - تنسيق طلبات التدريب، بما في ذلك الاحتفاظ بقاعدة بيانات لاحتياجات البلدان ومقدمي الطلبات المؤهلين؛

ج - تقديم عرض بشأن المستجدات المتعلقة بالتدريب والطلبات الواردة من المرشحين المهتمين في كل اجتماع للجنة؛

د –   المساعدة على تحديد المرشحين المناسبين المدرجة أسماؤهم في قائمة تقرها اللجنة مسبقا، أو في فئة فرعية في تلك القائمة، لاغتنام الفرص حين تسنح، وذلك بالتشاور مع المتعاقدين؛

٤ –   أن تكفل بقاء اللجنة على علم تام في جميع الأوقات بمعلومات مستكملة حتى تستطيع أداء مهامها بأكبر قدر ممكن من الكفاءة والفعالية؛

(د)   في كل اجتماع من اجتماعات اللجنة القانونية والتقنية، ستقوم اللجنة بما يلي:

١ –   تعيين لجنة فرعية أو فريق فرعي لكفالة استعراض المسائل المتعلقة بالبرامج التدريبية ومعالجتها بأقصى قدر من الدقة؛

٢ –   استعراض جميع طلبات التدريب التي أحيلت إليها؛

٣ –   الاتفاق، بناء على معايير شفافة، على قائمة للمرشحين الموافق عليهم مسبقا، استنادا إلى المعلومات الواردة من الأمانة؛

٤ –   تقديم توجيهات بشأن أنماط المرشحين والتوزيع المفضل لهم، استنادا إلى الفرص المتاحة؛

٥ –   إجراء استعراضات منتظمة للتأكد من التقيد بهدف التوزيع الجغرافي العادل للفرص التدريبية.

سادسا –   إجراءات الإبلاغ

١٩ –   من الضروري وجود عملية رسمية للإبلاغ عن الأنشطة التدريبية لتحقيق هدفي المساءلة والشفافية. ويمكن أن تتيح العملية التالية إجراء تحليل أفضل للتدريب الذي يجري تنفيذه ويسمح بتخطيط البرامج المقبلة بقدر أكبر من الفعالية لتلبية طلبات واحتياجات الدول النامية. وتكون مسؤوليات كل طرف على النحو التالي:

(أ)   ينبغي للمتعاقد:

١ –   أن يدرج في تقاريره السنوية معلومات عن التدريب المنجز في تلك السنة المشمولة بالتقرير؛

٢ –   أن يدرج في خطط عمله معلومات عن أي تغييرات في البرامج التدريبية؛

٣ –   أن يراعي التوجيهات التي تصدرها اللجنة حين يعرض برنامجه التدريبي الأولي، وأن يكيّف أيضا برامجه التدريبية في ضوء التطورات الجديدة، عند الاقتضاء؛

(ب) ينبغي أن يطلب من المتدربين:

١ - تقديم تقرير عند انتهاء التدريب حول مدى استفادهم من تلك الفرصة. وإذا أمكن، ينبغي لهم أن يبيّنوا بشكل موضوعي ما إذا كانت توقعاهم قد تحققت. وينبغي عرض التقرير على السلطة والمتعاقد والدولة المرشِّحة. ولا ينبغي أن يتضمن تقرير المتدرب ما يمس أو يهدد حقوق المتعاقد فيما قد يتعلق بمسائل ذات حساسية تجارية، وبحقوق الملكية الفكرية، أو بأي شيء ذي طابع سري؛

٢ - تقديم تقرير بعد خمس سنوات من إنجاز التدريب، ليُتاح تقييم الفوائد الطويلة الأجل. ويجب على الدولة المرشحة أن تكفل الوفاء بهذا الالتزام؛

٣ - تقديم أي تعليقات أو معلومات قد تساعد اللجنة على تقديم توجيهات للبرامج التدريبية المقبلة. وينبغي للمتدرب الإبلاغ عن أي فوائد حصل عليها أو نقلها إلى غيره بنتيجة التدريب؛

٤ - الإشارة إلى أنهم يمكن أن يكونوا، إذا لزم الأمر، مُتاحين للمؤسسة أو البلد النامي؛

(ج) ينبغي للأمانة:

١ - الإبلاغ عن أي تطورات تطرأ على البرامج التدريبية في كل اجتماع من اجتماعات اللجنة، على أن يشمل ذلك تحديد المرشحين الذين تم تنسيبهم في وظائف تدريبية وطلبات التدريب الجديدة التي وردت، من أجل تمكين أعضاء اللجنة من تقديم توجيهات؛

٢ - المحافظة على الاتصال مع المتدربين السابقين لرصد فوائد التدريب وتحديد ما إذا كانوا مُتاحين في المستقبل؛

٣ - الإبلاغ عن التقدم المحرز في أي برنامج لبناء القدرات شرعت في تنفيذه، بما في ذلك على سبيل المثال لا الحصر، حالة المؤسسة؛

٤ - تزويد اللجنة بتقرير سنوي عن حالة البرامج التدريبية وبرامج تنمية القدرات، بما في ذلك نواتج البرامج التدريبية ذات الصلة التي يتم تنفيذها عن طريق صندوق الهبات أو عن طريق التعاون مع مؤسسات أخرى ومع هيئات الأمم المتحدة؛

(د) ستقوم اللجنة القانونية والتقنية بما يلي:

١ - تقديم توجيهات إضافية بشأن التدريب استنادا إلى التقارير الواردة، بما في ذلك شكل البرامج التدريبية المقبلة ومضمونها وهيكلها، وتقديم المشورة بشأن المعايير المطلوبة لاختيار المرشحين في المستقبل؛

٢ - المواظبة، قدر الإمكان، على رصد جميع الأنشطة المنفذة داخل المنطقة وتحديد المجالات التي يحتمل أن تمثل فرصا علمية وتكنولوجية أو ثغرات يمكن أن تُستهدف بالفرص التدريبية أو لبرامج البحوث العلمية البحرية في المستقبل؛

٣ - توفير معلومات منتظمة إلى المجلس كجزء من عملية الإبلاغ العادية.

سابعا – عملية الاستعراض

٢٠ - يوصى بأن ترصد الأمانة الأداء في مجال التدريب، وفقا لهذه التوصيات التوجيهية، وأن تجري تقييما بوتيرة منتظمة.

٢١ - ينبغي استعراض هذه التوصيات وتحديثها من حين إلى آخر.

ثامنا – تحفظ محلّ من المسؤولية

٢٢ - لا ينبغي أن يكون في هذه التوصيات التوجيهية ما يخالف مقصد النظام والغرض منه.

المرفق

استمارة موجزة لتفاصيل التدريب

(يُملأ من قبل المتعاقد)

نوع الفرصة

(اذكر العدد الإجمالي الذي سيتوفر)

إذا وجــدت مؤســسات إضــافية مُــشاركة (إلى جانــب المتعاقد)، فيجب إدراج أسمائها

مقاصد البرنامج التدريبي وأهدافه

المهارات التي سيجري تعليمها أو تطويرها

الجدول الزمني للأنشطة التدريبية

السنوات التي سيجري فيها التدريب

عدد المتدربين الذين سيجري استيعابهم والسنوات الــتي سيجري فيها ذلك

الاقتراحـات المحـددة فيمـا يتعلـق باختيـار المرشـحين المحتملين (اللغات المطلوبة، المؤهلات الدنيا، إلخ)

ISBA/21/LTC/11

السلطة الدولية لقاع البحار

اللجنة القانونية والتقنية

Distr.: General
14 April 2015
Arabic
Original: English

الدورة الحادية والعشرون

كينغستون، جامايكا

١٣-٢٤ تموز/يوليه ٢٠١٥

توصيات مقدَّمة لإرشاد المتعاقدين بشأن الإبلاغ عن النفقات الفعلية والمباشرة المتعلقة بالاستكشاف

صادرة عن اللجنة القانونية والتقنية

تُصدِر اللجنة القانونية والتقنية، عملا بالمادة ٣٩ من نظام التنقيب عن العقيدات المؤلفة من عدة معادن واستكشافها في المنطقة، والمادة ٤١ من نظام التنقيب عن الكبريتيدات المتعددة الفلزات واستكشافها في المنطقة، والمادة ٤١ من نظام التنقيب عن قشور المنغنيز الحديدي الغنية بالكوبالت واستكشافها في المنطقة، التوصيات التالية المقدّمة لإرشاد المتعاقدين.

أولا – مقدمة

١ – في هذه التوصيات الإرشادية، يقصد بأن تكون الإحالات إلى ''النظام'' إحالات جماعية إلى نظام التنقيب عن العقيدات المؤلفة من عدة معادن واستكشافها في المنطقة، ونظام التنقيب عن الكبريتيدات المتعددة الفلزات واستكشافها في المنطقة، ونظام التنقيب عن قشور المنغنيز الحديدي الغنية بالكوبالت واستكشافها في المنطقة. ويقصد بأن تكون الإحالات إلى ''الشروط القياسية'' إحالات إلى الشروط القياسية التي تنطبق على العقد المحدد المعني.

٢ – ويتمثل الغرض من هذه التوصيات في تقديم إرشادات للمتعاقدين فيما يتصل بالمسائل التالية:

300415 210415 15-05894 (A)

الرجاء إعادة استعمال الورق

(أ)   الدفاتر والحسابات والسجلات المالية التي يتعين مسكها وفقا للبند ٩ من المرفق ٤ للنظام؛

(ب)   تحديد مبادئ المحاسبة المقبولة دوليا؛

(ج)   عرض المعلومات المالية في التقرير السنوي المقرر تقديمه عملا بالبند ١٠ من المرفق ٤ للنظام؛

(د)   تعريف التكاليف الفعلية والمباشرة المتعلقة بالاستكشاف على النحو المبين في البند ١٠-٢ (ج) من المرفق ٤ للنظام؛

(هـ)   استمارة التصديق على النفقات الفعلية والمباشرة المتعلقة بالاستكشاف.

٣ -   وترد الكلمات والعبارات المعرفة في النظام بنفس المعنى في هذه التوصيات الإرشادية، ما لم يذكر خلاف ذلك.

٤ -   والغرض من المطالبة بتقديم تقارير مالية مفصلة غرض مزدوج. فهذه المطالبة هي قبل كل شيء مطالبة ببذل العناية الواجبة ترد كثيرا في عقود الاستكشاف والتعدين وتُدرج كوسيلة تتيح إجراء تقييم كمي موضوعي لمدى امتثال الجهة المتعاقدة لخطة عملها. وفي هذا الصدد، وفي إطار عملية تقديم طلب بشأن خطة عمل للاستكشاف، يطلب من المتعاقدين تقديم برنامج للأنشطة مدته خمس سنوات وجدول للنفقات السنوية المتوقعة لهذا البرنامج. وبموجب الشروط القياسية (المرفق ٤، البند ٤-٢)، يطلب من المتعاقدين أن ينفقوا في كل سنة من سنوات العقد مبلغا لا يقل عن المبلغ المحدد في برنامج الأنشطة، أو في أي استعراض له يتفق عليه، في نفقات فعلية ومباشرة تتعلق بالاستكشاف. ومن ثم فإن التقرير المالي السنوي هو الوسيلة الوحيدة التي يمكن للسلطة أن تتحقق من خلالها بصورة موضوعية من امتثال المتعاقدين لهذه الأحكام.

٥ -   وينطوي السبب الثاني لطلب التقارير المالية على فائدة يحتمل أن تعود مباشرة على المتعاقد. والممارسة المتبعة عموما في صناعة التعدين هي السماح بخصم قدر من تكاليف تنمية موقع التعدين من الإيرادات النهائية المتأتية من الإنتاج. وفيما يتعلق بالتعدين في قاع البحار، أدرجت أحكام مفصلة تتصل بتعريف ‘‘تكاليف التنمية’’ واستردادها في ظروف معينة في المادة ١٣ من المرفق الثالث لاتفاقية الأمم المتحدة لقانون البحار. ولم تعد هذه الأحكام سارية بسبب الاتفاق المتصل بتنفيذ الجزء الحادي عشر من الاتفاقية. غير أن البند ١٠-٢ (ج) من المرفق ٤ للنظام يشير إلى إمكانية أن ترصد السلطة، في الوقت المناسب، مخصصات لاسترداد قدر ما من تكاليف التنمية، وهو بند ينص على أن للمتعاقد حق المطالبة باعتبار هذه النفقات

جزءا من تكاليف التنمية التي تكبدها قبل بدء الإنتاج التجاري. وفي هذه الظروف، من المهم بشكل خاص أن تكون هناك وسيلة ما للتحقق بصورة موضوعية من مبلغ هذه النفقات والعلاقة التي تربطها ببرنامج الأنشطة وما إذا كانت نفقات فعلية ومباشرة تتعلق بالاستكشاف.

ثانيا – الدفاتر والحسابات والسجلات المالية

٦ – يشترط البند ٩ من المرفق ٤ للنظام على كل متعاقد أن ''يمسك مجموعة كاملة وصحيحة من الدفاتر والحسابات والسجلات المالية طبقا لمبادئ المحاسبة المقبولة دوليا''. ولأغراض النظام، توصي اللجنة بأن يقوم المتعاقدون باعتماد وتطبيق المعايير الدولية للإبلاغ المالي التي اعتمدها المجلس الدولي للمعايير المحاسبية، ولا سيما المعيار رقم ٦ المتعلق بالإبلاغ المالي عن النفقات المرتبطة باستكشاف الموارد المعدنية وتقييمها. وعلاوة على ذلك، ولكفالة إمكانية المقارنة بالبيانات المالية للمتعاقد عن السنوات السابقة وكذلك بالبيانات المالية للمتعاقدين الآخرين، ينبغي تقديم جميع البيانات المالية في شكل يتماشى مع المعيار الدولي للمحاسبة رقم ١، بما فيها البيان المالي الذي يتعين إدراجه في التقرير السنوي الذي يُطلب تقديمه بموجب البند ١٠ من المرفق ٤ للنظام.

ثالثا – عرض المعلومات المالية

٧ – يشترط البند ٩ من المرفق ٤ للنظام أيضا أن ''تتضمن هذه الدفاتر والحسابات والسجلات المالية معلومات تكشف عن كامل النفقات الفعلية والمباشرة المتعلقة بالاستكشاف وأي معلومات أخرى تيسر إجراء مراجعة فعلية لتلك النفقات''. وبناء على ذلك، ينبغي أن تتيح المعلومات المقرر أن يَكشف عنها المتعاقدون تحديد وتفسير المبالغ المبلّغ عنها في البيانات المالية والناشئة عن استكشاف الموارد المعدنية وتقييمها. وتحقيقا لهذه الغاية، يوصى بأن يبين المتعاقدون سياساتهم المحاسبية المتعلقة بنفقات الاستكشاف والتقييم، بما في ذلك الإقرار بأصول الاستكشاف والتقييم. وينبغي للمتعاقدين أيضا أن يكشفوا عن مبالغ الأصول، والخصوم، والإيرادات والمصروفات، والتدفقات النقدية التشغيلية والاستثمارية الناشئة عن استكشاف الموارد المعدنية وتقييمها.

٨ – وينبغي أن تغطي البيانات المالية نفس الفترة التي يغطيها التقرير، وينبغي لها عادة أن تقابل السنة التقويمية. وعندما يتعذر ذلك، كأن تكون للبلد الذي يوجد فيه مقر المتعاقد سنة مالية مختلفة، ينبغي للمتعاقد أن يشير إلى السنة المحاسبية، وأن يقدم، قدر الإمكان، موجزا تناسبيا للنفقات يقابل السنة المشمولة بالتقرير.

٩ - وينبغي أن يتسق البيان المالي مع برنامج الأنشطة المقترح، بما في ذلك الجدول المقترح للنفقات السنوية، المتضمن في الجدول ٢ من العقد على مدى الفترة المعادلة. وينبغي تقديم تقرير وتفسير واضحين عن أي خروج عن برنامج الأنشطة المقترح أو جدول النفقات السنوية. وينبغي أن يتوافق ذلك أيضا مع تعديل رسمي للبرنامج المقترح، تكون الأطراف قد توصلت إلى الاتفاق عليه.

١٠ - وعندما يتجاوز أحد أنشطة الاستكشاف سنة محاسبية ما، ينبغي ربط التكاليف المبلّغ عنها فقط بالأنشطة التي نفذت خلال السنة المحاسبية المعنية. وينبغي تمييز هذه النفقات بشكل واضح من التكاليف المرتبطة بأنشطة استكشاف ماضية أو سابقة أو مقبلة.

١١ - وعندما تنعدم النفقات، ينبغي ذكر ذلك أيضا.

رابعا - النفقات الفعلية والمباشرة المتعلقة بالاستكشاف

١٢ - وفقا للنظام، ينبغي ألا تتصل النفقات المبلغ عنها إلا بالتكاليف الفعلية والمباشرة المتعلقة بالاستكشاف. ولا يجوز اعتبار جميع النفقات المتكبدة خلال الفترة المشمولة بالتقرير تكاليف فعلية ومباشرة تتعلق بالاستكشاف. وعموما، تعرّف التكاليف الفعلية والمباشرة المتعلقة بالاستكشاف بالتكاليف الضرورية لتنفيذ أنشطة استكشاف المورد المعين المشمول بالعقد في حدود الفترة المالية المعنية وبما يتوافق مع برنامج الأنشطة الوارد في عقد الاستكشاف. وينبغي تفصيل هذه التكاليف على النحو المناسب في توزيع النفقات.

١٣ - وعملا بالمادة ١-٣ (ب) من النظام، يعني مصطلح ''الاستكشاف'' البحث، بحقوق خالصة، عن الرواسب في المنطقة، وتحليل هذه الرواسب، واستخدام واختبار نظم ومعدات الاستخلاص، ومرافق المعالجة وأنظمة النقل، وإجراء دراسات للعوامل البيئية والتقنية والاقتصادية والتجارية وغيرها من العوامل المناسبة التي يجب مراعاتها في الاستغلال. وبناء على ذلك، يمكن اعتبار أن التكاليف المرتبطة بالاستكشاف يجب أن تكون التكاليف التي تندرج ضمن قائمة الأنشطة التي تعرّف مصطلح ''الاستكشاف''. وترد أيضا في المعيار الدولي رقم ٦ للإبلاغ المالي قائمة غير حصرية بأمثلة على النفقات يمكن أن تُقدّم في القياس الأولي لأصول الاستكشاف والتقييم. ولكي تُعتبر التكاليف المتكبدة تكاليف مباشرة، يجب أن ترتبط مباشرة بأعمال الاستكشاف المضطلع بها وفقا لبرنامج العمل المنصوص عليه في العقد. وترد في المرفق صيغة موصى بها لبيان النفقات الفعلية والمباشرة المتعلقة بالاستكشاف.

١٤ - وثمة حاجة أيضا إلى الربط بين النفقات المبلغ عنها والتكاليف الفعلية. وهذا يعني أن التكاليف جرى تكبدها بالفعل وأنها ليست تكاليف نظرية أو تقديرية أو متوقعة. وتُربط التكاليف الفعلية في نهاية المطاف بالتكاليف المتكبدة خلال السنة المشمولة بالتقرير. وهي لا تشمل بالتالي التكاليف التي تتصل بأعمال الاستكشاف الماضية أو المقبلة. وقد تختلف التكاليف الفعلية عن التكاليف المتوقعة، لكن ينبغي تقديم الأسباب المسوغة لأي اختلاف في التقرير.

خامسا - التصديق على البيانات المالية

١٥ - من مستلزمات الشروط القياسية لعقود الاستكشاف أن تصادق شركة محاسبين عموميين مؤهلة على النحو الواجب، أو الدولة المزكية في الحالات التي يكون فيها المتعاقد دولة أو مؤسسة تابعة لدولة، على صحة البيانات المالية التي تبين النفقات الفعلية والمباشرة المتعلقة بالاستكشاف التي تحملها المتعاقد لدى تنفيذ برنامج الأنشطة خلال السنة المحاسبية.

١٦ - وتفاديا للبس لدى تطبيق هذه الشروط، ينبغي للمتعاقد، في الحالات التي يكون فيها المتعاقد دولة أو مؤسسة مملوكة لدولة، أن يبين في التقرير السنوي الكيان في الدولة المزكية المخول له التصديق على صحة البيانات المالية.

١٧ - وينبغي أن يكون تاريخ استلام التصديق نفس تاريخ استلام العناصر الأخرى للتقارير السنوية، أي في موعد لا يتجاوز ٣١ آذار/مارس من كل عام. وعندما يتعذر ذلك، في الحالات التي تعتمد فيها سلطة التصديق فترة إبلاغ مالي مختلفة على سبيل المثال، ينبغي للمتعاقد أن يشير إلى التاريخ المبدئي لتقديم التصديق في التقرير السنوي. وحال توافر التصديق، ينبغي للمتعاقد أن يحيله إلى الأمين العام دون إبطاء.

المرفق

الصيغة الموصى بها لبيان النفقات الفعلية والمباشرة المتعلقة بالاستكشاف

١ –   ينبغي الإبلاغ عن النفقات حسب العناوين التالية:

• **أعمال الاستكشاف**

– البحوث والتحاليل، بما فيها الاستقصاءات الميدانية

– المعدات والأدوات

• **الدراسات البيئية**

– البحوث والتحاليل، بما فيها الاستقصاءات الميدانية

– المعدات والأدوات

• **تطوير تكنولوجيا التعدين**

– البحوث والتحاليل، بما فيها الاستقصاءات الميدانية

– المعدات والأدوات

• **تطوير عملية معالجة المعدن**

– البحوث والتحاليل، بما فيها الاستقصاءات الميدانية

– المعدات والأدوات

• **التدريب**

• **الأنشطة الأخرى**

– إعداد التقرير السنوي

– أية نفقات أخرى فعلية ومباشرة للاستكشاف لا تشملها العناوين الواردة أعلاه، لكنها تشكل جزءا من برنامج الأنشطة بموجب العقد.

٢ –   في الحالات التي يمكن أن يعزى فيها بند النفقات إلى عدة أنشطة، ينبغي الإبلاغ عنه تحت عنوان واحد فقط تفاديا للازدواج.

٣ - يجب قدر الإمكان إيراد تفاصيل النفقات المبلغ عنها تحت كل عنوان حسب (أ) النفقات التشغيلية؛ (ب) النفقات الرأسمالية؛ (ج) تكاليف الموظفين؛ (د) التكاليف العامة. وإذا نُظمت رحلة بحرية، ينبغي بيان المعدل اليومي الفعلي لتكلفة استخدام السفينة والمعدل اليومي لتكلفة أية قطعة كبيرة من المعدات تُستخدم أثناء الرحلة.

٤ - وينبغي أن تدرج في التقرير تفاصيل النفقات الرأسمالية المخصصة لبند واحد التي تفوق ٢٠٠ ٠٠٠ دولار في أية سنة واحدة.

_____

السلطة الدولية لقاع البحار

ISBA/21/LTC/15

Distr.: General
4 August 2015
Arabic
Original: English

اللجنة القانونية والتقنية

التوصيات التوجيهية للمتعاقدين بشأن مضمون التقارير السنوية وشكلها وهيكلها

١ - تُصدِر اللجنة القانونية والتقنية التابعة للسلطة الدولية لقاع البحار، عملا بالمادة ٣٩ من نظام التنقيب عن العقيدات المؤلفة من عدة معادن واستكشافها في المنطقة، والمادة ٤١ من نظام التنقيب عن الكبريتيدات المتعددة الفلزات واستكشافها في المنطقة، والمادة ٤١ من نظام التنقيب عن قشور المنغنيز الحديدي الغنية بالكوبالت واستكشافها في المنطقة، هذه التوصيات المقدّمة لإرشاد المتعاقدين.

أولا – مقدمة

٢ - في هذه التوصيات، يقصد بأن تكون الإحالات إلى ''النظام'' إحالات جماعية إلى نظام التنقيب عن العقيدات المؤلفة من عدة معادن واستكشافها في المنطقة، ونظام التنقيب عن الكبريتيدات المتعددة الفلزات واستكشافها في المنطقة، ونظام التنقيب عن قشور المنغنيز الحديدي الغنية بالكوبالت واستكشافها في المنطقة. ويقصد بأن تكون الإحالات إلى ''الشروط'' إحالات إلى الشروط القياسية التي تنطبق على العقد المحدد المعني.

٣ - ويتمثل الغرض من هذه التوصيات في تقديم توجيهات للمتعاقدين بشأن مضمون تقاريرهم السنوية وشكلها وهيكلها. وهي تشمل المتطلبات العامة للتقارير السنوية وتوجيهات محددة للإبلاغ بشأن استكشاف العقيدات المؤلفة من عدة معادن والكبريتيدات المتعددة الفلزات وقشور المنغنيز الحديدي الغنية بالكوبالت بموجب العقود. وتحل التوصيات محل التوجيهات التي قدمتها اللجنة في مرفق الوثيقة ISBA/8/LTC/2، وينبغي أن يطبقها جميع المتعاقدين اعتبارا من ١ كانون الثاني/يناير عام ٢٠١٦.

الرجاء إعادة استعمال الورق

290915   280915   15-09575 (A)

ثانيا – المتطلبات العامة

٤ - تقدَّم التقارير السنوية إلى الأمين العام بحلول نهاية آذار/مارس من كل سنة عن الأنشطة المنفذة في السنة السابقة وتتضمن المعلومات المحددة في البند ١٠ من المرفق الرابع للنظام.

٥ - وينبغي تقديم التقارير في نسخ ورقية وفي شكل إلكتروني، وينبغي تقديم جميع البيانات البيئية والجيولوجية في شكل رقمي ذو إسناد جغرافي مكاني يتوافق ومتطلبات السلطة، وذلك باستخدام النماذج التي تنشرها اللجنة والتي تدرج في المرفق الرابع لهذه الوثيقة.

٦ - وينبغي أن تقدم التقارير نتائج العمل المحققة في السنة المشمولة بالتقرير في سياق خطة عمل الاستكشاف الموافق عليها. وينبغي للمتعاقد أن يبين أهدافه للمدى القصير (سنة واحدة) والمدى المتوسط (٥ سنوات) والمدى الطويل (١٠ سنوات – ١٥ سنة). وينبغي أيضا أن تتضمن التقارير معلومات عن إدارة المشاريع بحيث يمكن إجراء استعراض عام للتقدم المحرز في تنفيذ برنامج العمل، وفي البرامج التدريبية، حيثما ينطبق ذلك.

٧ - وينبغي أن تبين التقارير بوضوح الأعمال الفعلية التي نفذت خلال السنة المشمولة بالتقرير.

ثالثا – التوجيهات المحددة

٨ - يقدم في المرفق الأول المضمون والشكل والهيكل الموصى بهم للتقارير السنوية عن استكشاف العقيدات المؤلفة من عدة معادن بموجب العقود.

٩ - ويقدم في المرفق الثاني المضمون والشكل والهيكل الموصى بهم للتقارير السنوية عن استكشاف الكبريتيدات المتعددة الفلزات بموجب العقود.

١٠ - ويقدم في المرفق الثالث المضمون والشكل والهيكل الموصى بهم للتقارير السنوية عن استكشاف قشور المنغنيز الحديدي الغنية بالكوبالت بموجب العقود.

١١ - وتقدم في المرفق الرابع قائمة بالنماذج التي يتعين استخدامها للإبلاغ عن البيانات الجيولوجية والبيئية.

١٢ - وتقدم في المرفق الخامس معايير التصنيف للسلطة للإبلاغ عن تقييمات نتائج الاستكشاف المعدني، والموارد المعدنية، والاحتياطات المعدنية، بالصيغة التي اعتمدتها اللجنة.

المرفق الأول

مضمون وشكل وهيكل التقارير السنوية المتعلقة باستكشاف العقيدات المؤلفة من عدة معادن بموجب العقود

أولا – موجز تنفيذي

١ – يطلب من المتعاقد تقديم موجز للإنجازات والتحديات الرئيسية في عام ____ ٢٠ [يذكر العام] (بحد أقصاه أربع صفحات).

ثانيا – لمحة عامة

٢ – يطلب من المتعاقد تقديم ما يلي:

(أ) المعلومات المتعلقة بالتعديلات المدخلة على برنامج الأنشطة، إن وجدت، لعام ____ ٢٠ [يذكر العام]؛

(ب) رد على تعليقات السلطة الدولية لقاع البحار على التقرير السنوي السابق، إن وجدت.

ثالثا – نتيجة أعمال الاستكشاف

٣ – البرنامج المتوخى والإنجاز الفعلي

يطلب من المتعاقد الإبلاغ عن برنامج العمل السنوي الذي نُفذ وتقديم معلومات عن أي انحراف عن البرنامج المتوخى.

٤ – الطرق والمعدات

يطلب من المتعاقد تقديم قائمة بالطرق التي طبقها والمعدات التي استخدمها في إعداد الخرائط، أو أخذ العينات، أو إجراء أي نشاطات أخرى لاستكشاف قاع البحار وباطن أرضها اضطلع بها خلال رحلاته البحرية الخاصة بأعمال المسح، إضافة إلى وصف لهذه الطرق والمعدات.

(أ) إعداد الخرائط

يطلب من المتعاقد تقديم وصف عام للطرق، ومعدات الجمع، والإجراءات (المعايرة وتفاصيل التركيب وما إلى ذلك) المستخدمة لمسح منطقة

الاستكشاف. وتدرك السلطة أن هذه الطرق تشمل، على سبيل المثال لا الحصر، ما يلي:

'١' سبر الأعماق بالأمواج الصوتية بحزمة أمواج مفردة أو حزم متعددة (بالأجهزة المثبتة على هياكل السفن و/أو من المركبات المشغلة عن بعد أو المركبات الغواصة المستقلة)؛

'٢' تصوير تضاريس قاع البحار باستخدام مسبار المسح الجانبي (المقطور من السفينة، أو من مركبات مشغلة عن بعد، أو مركبات غواصة مستقلة أو غير ذلك)؛

'٣' تحديد المقاطع العرضية لباطن القاع؛

'٤' التصوير الفوتوغرافي والتسجيل بالفيديو باستخدام الكلابات التلفزيونية أو الزلاجات أو المركبات المشغلة عن بعد أو المركبات الغواصة المستقلة أو الغاطسات أو أجهزة أخرى؛

(ب) أخذ العينات

يطلب من المتعاقد تقديم وصف عام لبرنامج أخذ العينات الذي أُنجز، بما في ذلك معدات أخذ العينات والإجراءات المتعلقة باستخدامها، أي أجهزة استخراج العينات الجوفية أو الكلابات أو الجرافات أو غير ذلك من الطرق والمعدات. وينبغي أن يصاغ هذا الوصف بطريقة تهدف إلى دعم الإبلاغ عن البيانات الجيولوجية والبيئية المتعلقة بالعقيدات المؤلفة من عدة معادن في النماذج الملائمة (انظر المرفق الرابع)؛

(ج) الأنشطة الأخرى

يطلب من المتعاقد تقديم وصف عام لأي أنشطة أخرى تنفذ للحصول على معلومات وبيانات ذات صلة عن قاع البحار أو المناطق الواقعة تحت سطح البحر.

٥ - البيانات المجمعة

يطلب مـن المتعاقد الإبلاغ عـن البيانات الـتي جمعهـا أثنـاء إعـداد الخـرائط، وأخـذ العينـات، أو إجراء أي أنشطة أخرى لاستكشاف قـاع البحـار وبـاطن أرضها اضطلع بهـا خلال رحلاته البحرية الخاصة بأعمال المسح.

(أ) البيانات الملاحية

ينبغي الإبـلاغ عـن كـل المعلومـات المتعلقـة بالملاحـة بدلالـة الإحـداثيات الجغرافية بوصفها جـزءا مـن جميـع مجموعـات البيانات. ولكـن، تيسيـرا للرجـوع إلى هـذه البيانات، يطلـب مـن المتعاقـدين أن يقدموا أيضـا ملفات إلكترونية منفصلة تتضمن الإحداثيات الخاصة بكل مما يلي:

١' مواقع المحطات؛

٢' خطوط المسـار الخاصـة بحـزم الأمـواج المتعـددة والسـونار والأمـواج الاهتزازية؛

٣' مسار السفينة.

(ب) قياس الأعماق

تتوقع السلطة أن يقدم المتعاقد بيانات قيـاس الأعمـاق الـتي جمعهـا وجهزهـا في ملفـات رقميـة لإحـداثيات ثلاثيـة الأبعـاد (س ع ص) في شكل الرمـوز القياسيـة الأمريكيـة لتبـادل المعلومـات (ASCII) أو أحـد الأشـكال الشـائعة لنظم المعلومات الجغرافية. ويجب تقديم وصف كامل لتسلسل التجهيز.

(ج) بيانات مسبار المسح الجانبي والبيانات الاهتزازية

تتوقع السلطة أن يقدم المتعاقد البيانات الـتي جمعهـا في شكل ملفـات رقميـة (SEG-Y أو XTF) و/أو في شـكل صـور ذات دقـة عاليـة (JPG، و PDF، و TIFF وما إلى ذلك).

(د) الصور الفوتوغرافية وأشرطة الفيديو

تتوقع السلطة أن يقدم المتعاقد الصور الفوتوغرافية وأشرطة الفيـديو في شكل صور تمثيلية ذات دقة عالية (JPG، و PDF، و TIFF وما إلى ذلك).

(هـ)   خصائص العقيدات

تتسم العقيدات بوفرتها وخصائصها الشكلية وتركيبها المعدني وخصائصها الكيميائية والفيزيائية. ويطلب من المتعاقد تقديم وصف عام لتلك الخصائص وللطرق التحليلية المطبقة. وينبغي الإبلاغ عن النتائج المحددة لتحاليل العقيدات والطبقة التحتية في كل محطة من محطات أخذ العينات في جدول يوضع في شكل نموذج البيانات الجيولوجية المتعلقة بالعقيدات المؤلفة من عدة معادن (انظر المرفق الرابع).

٦ –   التفسيرات والتقديرات

يطلب من المتعاقد الإبلاغ عن نتائج تفسيرات التركيب الجيولوجي للرواسب المعدنية وتقييمات الموارد التي أجريت استنادا إلى البيانات التي جمعت.

(أ)   تفسيرات الرواسب المعدنية

يمكن الإبلاغ عن التفسيرات التي أجراها المتعاقد فيما يتعلق بمختلف جوانب الرواسب المعدنية في شكل مجموعة من الخرائط المصحوبة بتعليقات، من قبيل الخرائط المتعلقة بقياس الأعماق، والخصائص الشكلية لقاع البحار، والتركيب الجيولوجي أو خصائص الصخور، ووفرة العقيدات، وتوزع الفلزات، وتوزع الموارد، وما إلى ذلك (في ملفات تستخدم الشكل shapefile وفي صور رقمية).

(ب)   تقديرات الموارد المعدنية

إذا وصل المتعاقد إلى مرحلة وضع تقديرات للموارد من الرواسب المعدنية، ينبغي الإبلاغ بالتفصيل عن البنود التالية:

'١'   طريقة وضع التقديرات؛

'٢'   تصنيف الموارد/الاحتياطات، مبلغا عنه وفق معايير الإبلاغ للسلطة (انظر المرفق الخامس).

(ج)   ينبغي أيضا أن يتضمن التقرير بيانا بكمية العقيدات التي استخرجت كعينات أو لأغراض الاختبار (حتى لو كانت هذه الكمية صفرا).

٧ – الاستراتيجية المستقبلية لأعمال الاستكشاف

يطلب من المتعاقد الإبلاغ عن أي تطور يطرأ على استراتيجيته المستقبلية لأعمال الاستكشاف.

رابعا – الدراسات الأساسية البيئية (الرصد والتقييم)

٨ – للاطلاع على التوجيهات المتعلقة بالدراسات الأساسية البيئية، ينبغي للمتعاقد الرجوع إلى التوصيات التوجيهية للمتعاقدين لتقييم الآثار البيئية المحتملة الناشئة عن استكشاف المعادن البحرية في المنطقة (ISBA/19/LTC/8، الفرع ثالثا).

ألف – الرصد البيئي

٩ – يطلب أيضا من المتعاقد تقديم ما يلي:

(أ) وصف للأهداف خلال الفترة المشمولة بالتقرير (المتوخاة والحالية والمنجزة)؛

(ب) معلومات عن المعدات والمنهجيات التقنية المستخدمة في الأعماق وعلى متن السفينة وفي المختبر (بما في ذلك برامجيات التحليل)؛

(ج) النتائج المحرزة (التي توجَز أيضا في شكل تمثيل بالرسوم للبيانات التي تستند إليها النتائج)؛

(د) تفسير للنتائج، بما في ذلك مقارنات بالبيانات المنشورة المستقاة من دراسات أخرى؛

(هـ) معلومات عن الأوقيانوغرافيا الفيزيائية (خصائص عمود الماء والتيارات القريبة من القاع، بما في ذلك سرعة التيارات واتجاهها، ودرجات الحرارة، والعكارة في مختلف أعماق الماء، بالإضافة إلى أي نماذج لحركة الماء). وينبغي ربط البيانات بقراءات تؤخذ على امتداد فترة طويلة لأجهزة قياس التيارات المثبتة على مراسي غاطسة؛

(و) معلومات عن الأوقيانوغرافيا الكيميائية (خصائص ماء البحر، بما في ذلك قيمة درجة الحموضة، والأكسجين المذاب، والقلوية الكلية، وتركيزات المغذيات، والكربون العضوي المذاب والمعلق، وتقدير التدفق الكتلي، والفلزات الثقيلة، والعناصر النزرة، والكلوروفيل ألف)؛

(ز)   معلومـات عـن دراسـات التجمعـات البيولوجيـة والتنـوع البيولـوجي (بمـا في ذلـك الحيوانـات الضـخمة، والحيوانـات الكـبيرة، والحيوانـات المتوسـطة، والنباتـات الدقيقـة، والحيوانات التي تعيش على سطح العقيدات، والحيوانـات القمامـة الـتي تعيش بـالقرب مـن القاع، والتجمعات البيولوجية التي تعيش في عرض البحر)؛

(ح)   معلومـات عـن عمـل النظـم الإيكولوجيـة (مثـل قياسـات التعكـر البيولـوجي، والنظائر المستقرة، واستهلاك التجمعات التي تعيش على الترسبات من الأكسجين).

باء –   التقييم البيئي

١٠ –   يطلب من المتعاقد تقديم ما يلي:

(أ)   معلومـات عـن التأثـير البيئـي لأنشطة الاستكشاف، بمـا في ذلك معلومـات عـن برنامج للرصد قبل وأثناء وبعد أنشطة محددة تنطوي على احتمال التسبب في ضرر جسيم؛

(ب)   تصريـح بـأن الأنشطة الـتي جرى الاضطلاع بهـا في المنطقة المشمولة بالعقد في العام الذي يغطيه التقرير السنوي لم تتسبب بضرر جسيم والأدلة على كيفية التوصل إلى هذه النتيجة؛

(ج)   معلومـات عـن التأثـير البيئـي لأنشطة التعديـن الاختبـاري مقاسا في المناطق المرجعية للتأثيرات؛

(د)   تقييـم للسلامة/القدرة الإحصائية مع مراعاة أحجام العينات، وعدد العينات، وفيمـا يتعلق بالتجمعـات البيولوجيـة، تقييـم وفـرة فـرادى الأنواع البيولوجيـة (مـع أدلة على الأهمية الإحصائية)؛

(هـ)   تحليـل للثغـرات واستراتيجيـة مستقبليـة لتحقيـق أهـداف برنـامج الأنشطة الخمسي والمتطلبات الواردة في الوثيقة ISBA/19/LTC/8؛

(و)   دراسة لتعافي تجمعات قاع البحر على مر الزمن بعد تجارب الاضطراب الـتي تجرى في قاع البحر؛

(ز)   تقييـم لمزايـا وعيوب الطرق المختلفـة لأخـذ العينات والتحليـل، بمـا في ذلـك مراقبة النوعية؛

(ح)   مقارنـة للنتـائج البيئيـة في منـاطق مشـابهة مـن أجـل فهـم نطاقـات الأنواع وتبعثرها على مستوى الأحواض المحيطية.

١١ - وينبغي الإبلاغ عن جميع البيانات المستخدمة في التقرير (الأرقام والرسوم البيانية والصور) باستخدام نموذج إكسل للبيانات البيئية المتعلقة بالعقيدات المؤلفة من عدة معادن (انظر المرفق الرابع).

خامسا – تجارب التعدين وتكنولوجيات التعدين المقترحة

١٢ - يطلب من المتعاقد تقديم ما يلي:

(أ) بيانات ومعلومات عن طبيعة معدات التعدين المصممة والمجربة، حيثما ينطبق ذلك، إضافة إلى بيانات عن استخدام معدات لم يصممها المتعاقد؛

(ب) وصف للمعدات والعمليات ونتائج اختبارات التعدين؛

(ج) وصف لطبيعة ونتائج التجارب (حيثما ينطبق ذلك)؛

(د) فيما يتعلق بتكنولوجيات التعدين، معلومات عن التقدم التكنولوجي الذي أحرزه المتعاقد فيما يتعلق ببرنامج تطوير نظام التعدين الذي يعتمده (من قبيل أجهزة الجمع أو جهاز الرفع أو سفينة الإنتاج أو غير ذلك)؛

(هـ) فيما يتعلق بتكنولوجيات المعالجة:

'١' معلومات عن معالجة المعادن والتجارب التعدينية وطرق المعالجة، من قبيل معالجة ثلاثة فلزات أو خمسة فلزات أو العناصر الأرضية النادرة أو غيرها؛

'٢' معلومات عن الطرق الأخرى.

سادسا – البرنامج التدريبي

١٣ - يطلب من المتعاقد تقديم معلومات مفصلة عن تنفيذ البرنامج التدريبي، وفقا للملحق ٣ للعقد، مع مراعاة المتطلبات الواردة في التوصيات التوجيهية للمتعاقدين والدول المزكية بشأن البرامج التدريبية في إطار خطط العمل المتعلقة بالاستكشاف (ISBA/19/LTC/14).

سابعا – التعاون الدولي

١٤ - يطلب من المتعاقد تقديم معلومات عما يلي:

(أ) مشاركته في البرامج التعاونية التي ترعاها السلطة؛

(ب) التعاون مع المتعاقدين الآخرين؛

(ج) الأشكال الأخرى من التعاون الدولي.

ثامنا – البيان المالي المصدق للنفقات الفعلية والمباشرة المتعلقة بالاستكشاف

١٥ – يطلب من المتعاقد تقديم بيان مالي مفصل يمتثل التوصيات المقدَّمة لإرشاد المتعاقدين بشأن الإبلاغ عن النفقات الفعلية والمباشرة المتعلقة بالاستكشاف (ISBA/21/LTC/11)، على النحو المطلوب بموجب البند ١٠ من المرفق الرابع للنظام.

تاسعا – برنامج أنشطة السنة التالية

١٦ – يطلب من المتعاقد أن يقوم بما يلي:

(أ)   الإشارة بإيجاز إلى العمل المقترح تنفيذه في السنة التالية؛

(ب)   وصف التعديلات المقترحة على برنامج الأنشطة الأصلي للسنة التالية بموجب العقد؛

(ج)   شرح أسباب هذه التعديلات.

عاشرا – المعلومات الإضافية التي يقدمها المتعاقد

١٧ – يطلب من المتعاقد تقديم ما يلي:

(أ)   قائمة بالمنشورات ذات الصلة الواردة في مجلات استعراض الأقران الصادرة خلال السنة المشمولة بالتقرير؛

(ب)   الإحالات الكاملة إلى جميع الوثائق، والنشرات الصحفية، والمنشورات ذات الصلة المذكورة في التقرير.

المرفق الثاني

مضمون وشكل وهيكل التقارير السنوية المتعلقة باستكشاف الكبريتيدات المتعددة الفلزات بموجب العقود

أولا – موجز تنفيذي

١ – يطلب من المتعاقد تقديم موجز للإنجازات والتحديات الرئيسية في عام ٢٠ـــ [يذكر العام] (بحد أقصاه أربع صفحات).

ثانيا – لمحة عامة

٢ – يطلب من المتعاقد تقديم ما يلي:

(أ) المعلومات المتعلقة بالتعديلات المدخلة على برنامج الأنشطة، إن وجدت، لعام ٢٠ـــ [يذكر العام].

(ب) رد على تعليقات السلطة الدولية لقاع البحار على التقرير السنوي السابق، إن وجدت.

ثالثا – نتيجة أعمال الاستكشاف

٣ – البرنامج المتوخى والإنجاز الفعلي

يطلب من المتعاقد الإبلاغ عن برنامج العمل السنوي الذي نُفذ وتقديم معلومات عن أي انحراف عن البرنامج المتوخى.

٤ – الطرق والمعدات

يطلب من المتعاقد تقديم قائمة بالطرق التي طبقها والمعدات التي استخدمها في إعداد الخرائط، وأخذ العينات، أو إجراء أي أنشطة أخرى لاستكشاف قاع البحار وباطن أرضها اضطلع بها خلال رحلاته البحرية الخاصة بأعمال المسح، إضافة إلى وصف لهذه الطرق والمعدات.

(أ) إعداد الخرائط

يطلب من المتعاقد تقديم وصف عام للطرق، ومعدات الجمع، والإجراءات (المعايرة وتفاصيل التركيب وما إلى ذلك) المستخدمة لمسح منطقة

الاستكشاف (قاع البحر أو المياه القريبة من القاع). وتدرك السلطة أن هـذه الطرق تشمل، على سبيل المثال لا الحصر، ما يلي:

'١' سبر الأعماق بالأمواج الصوتية بحزمة أمواج مفردة أو حزم متعددة (بالأجهزة المثبتة على هياكل السفن و/أو من المركبات المشغلة عن بعد أو المركبات الغواصة المستقلة)؛

'٢' قياس الناقلية ودرجة الحرارة والعمق، بأخذ قياسات على ارتفاعات مختلفة مـن عمود الماء إمـا بجهاز يلقى في البحر أو بجهاز يتحرك هبوطا وصعودا في عمود الماء؛

'٣' تصـوير تضـاريس قـاع البحـار باستخدام مسبار المسـح الجـانبي (المقطور من السفينة، أو من مركبات مشغلة عن بعـد، أو مركبات غواصة مستقلة أو غير ذلك)؛

'٤' تحديد المقاطع العرضية لباطن القاع؛

'٥' تحديد المقاطع العرضية باستخدام الأمواج الكهرمغنطيسية؛

'٦' التصـوير الفوتـوغرافي والتسـجيل بالفيديو باسـتخدام الكلابـات التلفزيونية أو الزلاجات أو المركبات المشغلة عـن بعد أو المركبات الغواصة المستقلة أو الغاطسات أو أجهزة أخرى؛

'٧' طرق أخرى.

(ب) أخذ العينات

يطلب من المتعاقد تقديم وصف عام لبرنامج أخذ العينات الـذي أنجـز، بمـا في ذلك معدات أخـذ العينات والإجراءات المتعلقة باستخدامها، أي أجهـزة استخراج العينات الجوفية أو الكلابات أو الجرافات أو المركبات المشغلة عـن بعد أو الغاطسات أو غير ذلك من الطرق والمعدات. وينبغي أن يصاغ هذا الوصـف بطريقـة تهـدف إلى دعـم الإبـلاغ عـن البيانـات الجيولوجيـة والبيئيـة المتعلقـة بالكبريتيـدات المتعـددة الفلـزات في النمـاذج الملائمـة (انظر المرفق الرابع).

(ج) الأنشطة الأخرى

يطلب من المتعاقد تقديم وصف عام لأي أنشطة أخرى تنفذ للحصول على معلومات وبيانات ذات صلة عن قاع البحار أو المناطق الواقعة تحت سطح البحر.

٥ - البيانات المجمعة

يطلب من المتعاقد الإبلاغ عن البيانات التي جمعها أثناء إعداد الخرائط، وأخذ العينات، أو إجراء أي أنشطة أخرى لاستكشاف قاع البحار وباطن أرضها اضطلع بها خلال رحلاته البحرية الخاصة بأعمال المسح.

(أ) البيانات الملاحية

ينبغي الإبلاغ عن كل المعلومات المتعلقة بالملاحة بدلالة الإحداثيات الجغرافية بوصفها جزءا من جميع مجموعات البيانات. ولكن، تيسيرا للرجوع إلى هذه البيانات، يطلب من المتعاقدين أن يقدموا أيضا ملفات إلكترونية منفصلة تتضمن الإحداثيات الخاصة بكل مما يلي:

'١' مواقع المحطات؛

'٢' خطوط المسار الخاصة بحزم الأمواج المتعددة والسونار والأمواج الاهتزازية؛

'٣' مسار السفينة.

(ب) قياس الأعماق

تتوقع السلطة أن يقدم المتعاقد بيانات قياس الأعماق التي جمعها وجهزها في ملفات رقمية لإحداثيات ثلاثية الأبعاد (س ع ص) في شكل الرموز القياسية الأمريكية لتبادل المعلومات (ASCII) أو أحد الأشكال الشائعة لنظم المعلومات الجغرافية. ويجب تقديم وصف كامل لتسلسل التجهيز.

(ج) بيانات مسبار المسح الجانبي والبيانات الاهتزازية

تتوقع السلطة أن يقدم المتعاقد البيانات التي جمعها في شكل ملفات رقمية (SEG-Y أو XTF) و/أو في شكل صور ذات دقة عالية (JPG، و PDF، و TIFF وما إلى ذلك).

(د)   البيانات الكهرمغنطيسية/المغنطيسية

تتوقع السلطة أن يقدم المتعاقد البيانات الكهرمغنطيسية/المغنطيسية التي جمعها في شبكات إحداثيات رقمية في أحد الأشكال الشائعة لنظم المعلومات الجغرافية.

(ه)   بيانات الكمون الكهربائي الذاتي

تتوقع السلطة أن يقدم المتعاقد بيانات الكمون الكهربائي الذاتي التي جمعها في شبكات إحداثيات رقمية في أحد الأشكال الشائعة لنظم المعلومات الجغرافية.

(و)   بارامترات المياه القريبة من القاع

تتوقع السلطة أن يقدم المتعاقد البيانات التي جمعها عن المياه القريبة من القاع (درجة الحرارة، والملوحة، والعكارة أو الشفافية، ورقم كمون الأكسدة – الإرجاع، ودرجة الحموضة، وما إلى ذلك) في شكل جداول (إكسل و txt وما إلى ذلك) ورسوم بيانية مخزنة في شكل رقمي.

(ز)   الصور وأشرطة الفيديو

تتوقع السلطة أن يقدم المتعاقد الصور وأشرطة الفيديو في شكل صور تمثيلية عالية الدقة (JPEG، و PDF، و TIFF وما إلى ذلك).

(ح)   خصائص الكبريتيدات المتعددة الفلزات

تتسم رسوبيات الكبريتيدات المتعددة الفلزات بتركيبها المعدني وخصائصها الكيميائية والفيزيائية. ويطلب من المتعاقد تقديم وصف عام لتلك الخصائص وللطرق التحليلية المطبقة على الرواسب المعدنية نفسها وعلى الرواسب المرتبطة بها التي تحوي معادن. وينبغي الإبلاغ عن النتائج المحددة لتحاليل الكبريتيدات المتعددة الفلزات والكتل المتعدنة ذات درجات الحرارة المنخفضة والطبقات التحتية في كل محطة من محطات أخذ العينات في جدول يوضع في شكل نموذج البيانات الجيولوجية المتعلقة بالكبريتيدات المتعددة الفلزات (انظر المرفق الرابع).

٦ – التفسيرات والتقديرات

يطلب من المتعاقد الإبلاغ عن نتائج تفسيرات التركيب الجيولوجي للرواسب المعدنية وتقييمات الموارد التي أجريت استنادا إلى البيانات التي جمعت.

(أ)   تفسيرات الرواسب المعدنية

يمكن الإبلاغ عن التفسيرات التي أجراها المتعاقد فيما يتعلق بمختلف جوانب الرواسب المعدنية في شكل مجموعة من الخرائط المصحوبة بتعليقات، من قبيل الخرائط المتعلقة بقياس الأعماق، والخصائص الشكلية لقاع البحار، والتركيب الجيولوجي (بما في ذلك وصف دقيق للرواسب)، وخصائص الصخور، وخصائص المعادن وما إلى ذلك (في ملفات تستخدم الشكل shapefile وفي صور رقمية)

(ب)   النشاط الحراري المائي المرتبط بالرواسب

تحظى المعلومات المتعلقة بالنشاط الحراري المائي المرتبط بالرواسب باهتمام خاص في حالة رسوبيات الكبريتيدات المتعددة الفلزات. ويطلب من المتعاقد أن يبلغ عن هذه المعلومات فيما يتعلق بالحقول النشطة والخاملة على النحو التالي:

'١'   طريقة الكشف عن النشاط الحراري المائي:

–   الملاحظة المباشرة (المشاهدة)، مع صور فوتوغرافية تمثيلية

–   الملاحظة غير المباشرة (حالات الشذوذ في عمود الماء)، بأخذ قياسات على ارتفاعات مختلفة من عمود الماء بجهاز يلقى في البحر أو بجهاز يتحرك هبوطا وصعودا في عمود الماء

(ج)   تقديرات الموارد المعدنية

إذا وصل المتعاقد إلى مرحلة وضع تقديرات للموارد من الرواسب المعدنية، ينبغي الإبلاغ بالتفصيل عن البنود التالية:

'١'   طريقة وضع التقديرات؛

'٢'   تصنيف الموارد/الاحتياطات، مبلغا عنه وفق معايير الإبلاغ للسلطة (انظر المرفق الخامس).

(د) ينبغي أيضا أن يتضمن التقرير بيانا بكمية الكبريتيدات المتعددة الفلزات التي استخرجت كعينات أو لأغراض الاختبار (حتى لو كانت هذه الكمية صفرا).

٧ - الاستراتيجية المستقبلية لأعمال الاستكشاف

يطلب من المتعاقد الإبلاغ عن أي تطور يطرأ على استراتيجيته المستقبلية لأعمال الاستكشاف.

رابعا - الدراسات الأساسية البيئية (الرصد والتقييم)

٨ - للاطلاع على التوجيهات المتعلقة بالدراسات الأساسية البيئية، ينبغي للمتعاقد الرجوع إلى التوصيات التوجيهية للمتعاقدين لتقييم الآثار البيئية المحتملة الناشئة عن استكشاف المعادن البحرية في المنطقة (ISBA/19/LTC/8، الفرع ثالثا).

ألف - الرصد البيئي

٩ - يطلب من المتعاقد تقديم ما يلي:

(أ) وصف للأهداف خلال الفترة المشمولة بالتقرير (المتوخاة والحالية والمنجزة)؛

(ب) معلومات عن المعدات والمنهجيات التقنية المستخدمة في الأعماق وعلى متن السفينة وفي المختبر (بما في ذلك برامجيات التحليل)؛

(ج) النتائج المحرزة (التي توجَز أيضا في شكل تمثيل بالرسوم للبيانات التي تستند إليها النتائج)؛

(د) تفسير للنتائج، بما في ذلك مقارنات بالبيانات المنشورة المستقاة من دراسات أخرى؛

(هـ) معلومات عن الأوقيانوغرافيا الفيزيائية (خصائص ماء البحر والتيارات القاعية، بما في ذلك سرعة التيارات واتجاهها، ودرجات الحرارة، والعكارة في مختلف أعماق الماء، ونقل الرواسب على المنحدرات بالجاذبية بالإضافة إلى أي نماذج لحركة الماء). وينبغي أيضا ربط البيانات بأي قراءات تؤخذ على امتداد فترة طويلة لأجهزة قياس التيارات المثبتة على مراسي غاطسة وتتعلق بعمل الاستكشاف؛

(و)‏ معلومات عن الأوقيانوغرافيا الكيميائية (خصائص ماء البحر، بما في ذلك قيمـة الحموضـة، والأكسـجين المـذاب، والقلويـة الكليـة، وتركيـزات المغـذيات، والكربـون العضـوي المـذاب والمعلـق، وتقـدير التـدفق الكتلـي، والفلـزات الثقيلـة، والعناصـر النـزرة، والكلوروفيل ألف)؛

(ز)‏ معلومـات عـن دراسـات التجمعـات البيولوجيـة والتنـوع البيولوجي (بما في ذلك تنـوع الموائـل، والحيوانـات الضـخمة، والحيوانـات الكبـيرة، والحيوانـات المتوسـطة، والحصائر البكتيرية، والحيوانات القمامة التي تعيش بالقرب من القاع، والتجمعـات البيولوجية التي تعيش في عرض البحر)؛

(ح)‏ معلومـات عـن عمـل النظـم الإيكولوجيـة (بما في ذلك شبكات الأغذيـة والنظائر المستقرة والأحماض الدهنية واستقلاب الميثان وكبريتيد الهيدروجين).

باء – التقييم البيئي

١٠ – يطلب من المتعاقد تقديم ما يلي:

(أ)‏ معلومـات عـن التأثير البيئي لأنشطة الاستكشاف، بما في ذلك معلومـات عـن برنامج للرصد قبل وأثناء وبعد أنشطة محددة تنطوي على احتمال التسبب في ضرر جسيم؛

(ب)‏ تصريح بأن الأنشطة التي جرى الاضطلاع بها في المنطقة المشمولة بالعقد في العام الـذي يغطيه التقرير السنوي لم تتسبب بضرر جسيم والأدلة على كيفية التوصل إلى هذه النتيجة؛

(ج)‏ معلومـات عـن التأثير البيئي لأنشطة التعدين الاختباري مقاسا في المناطق المرجعية للتأثيرات؛

(د)‏ تقييم للسلامة/القدرة الإحصائية مع مراعاة أحجام العينات، وعدد العينات، وفيمـا يتعلـق بالتجمعـات البيولوجية، تقييم وفرة فرادى الأنواع البيولوجية (مع أدلـة على الأهمية الإحصائية)؛

(هـ)‏ تحليـل للثغـرات واسـتراتيجية مسـتقبلية لتحقيـق أهـداف برنـامج الأنشطة الخمسي والمتطلبات الواردة في الوثيقة ISBA/19/LTC/8؛

(و)‏ دراسـة للتغـيير الـذي يحـدث في النظـم الإيكولوجيـة وتعافيهـا مـن أثـر الاضطرابات الطبيعية والتي يتسبب فيها الإنسان، بما في ذلك أنشطة الحفر؛

(ز)   تقييم لمزايا وعيوب الطرق المختلفة لأخذ العينات والتحليل، بما في ذلك مراقبة النوعية؛

(ح)   مقارنة للنتائج البيئية في مناطق مشابهة من أجل فهم نطاقات الأنواع وتبعثرها على مستوى الأحواض المحيطية.

١١ -   وينبغي الإبلاغ عن جميع البيانات المستخدمة في التقرير (الأرقام والرسوم البيانية والصور) باستخدام نموذج إكسل للبيانات البيئية المتعلقة بالكبريتيدات المتعددة الفلزات (انظر المرفق الرابع).

خامسا –   تجارب التعدين وتكنولوجيات التعدين المقترحة

١٢ -   يطلب من المتعاقد تقديم ما يلي:

(أ)   بيانات ومعلومات عن طبيعة معدات التعدين المصممة والمجربة، حيثما ينطبق ذلك، إضافة إلى بيانات عن استخدام معدات لم يصممها المتعاقد؛

(ب)   وصف للمعدات والعمليات ونتائج الاختبارات؛

(ج)   وصف لطبيعة ونتائج التجارب (حيثما ينطبق ذلك)؛

(د)   فيما يتعلق بتكنولوجيات التعدين، معلومات عن التقدم التكنولوجي الذي أحرزه المتعاقد فيما يتعلق ببرنامج تطوير نظام التعدين الذي يعتمده (من قبيل أجهزة الجمع أو جهاز الرفع أو سفينة الإنتاج أو غير ذلك)؛

(ﻫ)   فيما يتعلق بتكنولوجيات المعالجة:

'١'   معلومات عن معالجة المعادن والتجارب التعدينية وطرق المعالجة؛

'٢'   معلومات عن الطرق الأخرى.

سادسا –   البرنامج التدريبي

١٣ -   يطلب من المتعاقد تقديم معلومات مفصلة عن تنفيذ البرنامج التدريبي، وفقا للملحق ٣ للعقد، مع مراعاة المتطلبات الواردة في التوصيات التوجيهية للمتعاقدين والدول المزكية بشأن البرامج التدريبية في إطار خطط العمل المتعلقة بالاستكشاف (ISBA/19/LTC/14).

سابعا – التعاون الدولي

١٤ - يطلب من المتعاقد تقديم معلومات عما يلي:

(أ) مشاركته في البرامج التعاونية التي ترعاها السلطة؛

(ب) التعاون مع المتعاقدين الآخرين؛

(ج) الأشكال الأخرى من التعاون الدولي.

ثامنا – البيان المالي المصدق لنفقات الاستكشاف الفعلية والمباشرة

١٥ - يطلب من المتعاقد تقديم بيان مالي مفصل يمتثل التوصيات المقدَّمة لإرشاد المتعاقدين بشأن الإبلاغ عن النفقات الفعلية والمباشرة المتعلقة بالاستكشاف (ISBA/21/LTC/11)، على النحو المطلوب بموجب البند ١٠ من المرفق الرابع للنظام.

تاسعا – برنامج أنشطة السنة التالية

١٦ - يطلب من المتعاقد أن يقوم بما يلي:

(أ) الإشارة بإيجاز إلى العمل المقترح تنفيذه في السنة التالية؛

(ب) وصف التعديلات المقترحة على برنامج الأنشطة الأصلي للسنة التالية بموجب العقد؛

(ج) شرح أسباب هذه التعديلات.

عاشرا – المعلومات الإضافية التي يقدمها المتعاقد

١٧ - يطلب من المتعاقد أن يقدم ما يلي:

(أ) قائمة بالمنشورات ذات الصلة الواردة في مجلات استعراض الأقران الصادرة خلال السنة المشمولة بالتقرير؛

(ب) الإحالات الكاملة إلى جميع الوثائق، والنشرات الصحفية، والمنشورات ذات الصلة المذكورة في التقرير.

المرفق الثالث

مضمون وشكل وهيكل التقارير السنوية المتعلقة باستكشاف قشور المنغنيز الحديدي الغنية بالكوبالت بموجب العقود

أولا – موجز تنفيذي

١ – يطلب من المتعاقد تقديم موجز للإنجازات والتحديات الرئيسية في عام ٢٠___ [يذكر العام] (بحد أقصاه أربع صفحات).

ثانيا – لمحة عامة

٢ – يطلب من المتعاقد تقديم ما يلي:

(أ) المعلومات المتعلقة بالتعديلات المدخلة على برنامج الأنشطة، إن وجدت، لعام ٢٠___ [يذكر العام]؛

(ب) رد على تعليقات السلطة الدولية لقاع البحار على التقرير السنوي السابق، إن وجدت؛

ثالثا – نتيجة أعمال الاستكشاف

٣ – البرنامج المتوخى والإنجاز الفعلي

يطلب من المتعاقد الإبلاغ عن برنامج العمل السنوي الذي نُفذ وتقديم معلومات عن أي انحراف عن البرنامج المتوخى.

٤ – الطرق والمعدات

يطلب من المتعاقد تقديم قائمة بالطرق التي طبقها والمعدات التي استخدمها في إعداد الخرائط، أو أخذ العينات، أو إجراء أي أنشطة أخرى لاستكشاف قاع البحار وباطن أرضها اضطلع بها خلال رحلاته البحرية الخاصة بأعمال المسح، إضافة إلى وصف لهذه الطرق والمعدات.

(أ) إعداد الخرائط

يطلب من المتعاقد تقديم وصف عام للطرق، ومعدات الجمع، والإجراءات (المعايرة وتفاصيل التركيب وما إلى ذلك) المستخدمة لمسح منطقة

الاستكشاف. وتدرك السلطة أن هذه الطرق تشمل، على سبيل المثال لا الحصر، ما يلي:

'١' سبر الأعماق بالأمواج الصوتية بحزمة أمواج مفردة أو حزم متعددة (بالأجهزة المثبتة على هياكل السفن و/أو من المركبات المشغلة عن بعد أو المركبات الغواصة المستقلة)؛

'٢' تصوير تضاريس قاع البحار باستخدام مسبار المسح الجانبي (المقطور من السفينة، أو من مركبات مشغلة عن بعد، أو مركبات غواصة مستقلة أو غير ذلك)؛

'٣' تحديد المقاطع العرضية لباطن القاع (بالأجهزة المثبتة على هياكل السفن أو المركبات المشغلة عن بعد والمركبات الغواصة المستقلة)؛

'٤' التصوير الفوتوغرافي والتسجيل بالفيديو باستخدام الكلابات التلفزيونية أو الزلاجات أو المركبات المشغلة عن بعد أو المركبات الغواصة المستقلة أو الغاطسات أو أجهزة أخرى؛

'٥' الطرق الأخرى (من قبيل الكشف بأشعة غاما).

(ب) أخذ العينات

يطلب من المتعاقد تقديم وصف عام لبرنامج أخذ العينات الذي أنجز، بما في ذلك معدات أخذ العينات والإجراءات المتعلقة باستخدامها، أي استخراج العينات الجوفية بالحفر أو الجرافات أو المركبات المشغلة عن بعد أو الغاطسات أو غير ذلك من الطرق والمعدات. وينبغي أن يصاغ هذا الوصف بطريقة تهدف إلى دعم الإبلاغ عن البيانات الجيولوجية والبيئية المتعلقة بقشور المنغنيز الحديدي الغنية بالكوبالت في النماذج الملائمة (انظر المرفق الرابع).

(ج) الأنشطة الأخرى

يطلب من المتعاقد تقديم وصف عام لأي أنشطة أخرى تنفذ للحصول على معلومات وبيانات ذات صلة عن قاع البحار أو المناطق الواقعة تحت سطح البحر.

٥ - البيانات المجمعة

يطلب من المتعاقد الإبلاغ عن البيانات التي جمعها أثناء إعداد الخرائط، وأخذ العينات، أو إجراء أي أنشطة أخرى لاستكشاف قاع البحار وباطن أرضها اضطلع بها خلال رحلاته البحرية الخاصة بأعمال المسح.

(أ) البيانات الملاحية

ينبغي الإبلاغ عن كل المعلومات المتعلقة بالملاحة بدلالة الإحداثيات الجغرافية بوصفها جزءا من جميع مجموعات البيانات. ولكن، تيسيرا للرجوع إلى هذه البيانات، يطلب إلى المتعاقدين أن يقدموا أيضا ملفات إلكترونية منفصلة تتضمن الإحداثيات الخاصة بكل مما يلي:

‘١’ مواقع المحطات؛

‘٢’ خطوط المسار الخاصة بحزم الأمواج المتعددة والسونار والأمواج الاهتزازية؛

‘٣’ مسار السفينة.

(ب) قياس الأعماق

تتوقع السلطة أن يقدم المتعاقد بيانات قياس الأعماق التي جمعها في ملفات رقمية لإحداثيات ثلاثية الأبعاد (س ع ص) في شكل الرموز القياسية الأمريكية لتبادل المعلومات (ASCII) أو أحد الأشكال الشائعة لنظم المعلومات الجغرافية.

(ج) بيانات مسبار المسح الجانبي والبيانات الاهتزازية

تتوقع السلطة أن يقدم المتعاقد البيانات التي جمعها في شكل ملفات رقمية (SEG-Y أو XTF) و/أو في شكل صور ذات دقة عالية (JPG، و PDF، و TIFF وما إلى ذلك).

(د) الصور وأشرطة الفيديو

تتوقع السلطة أن يقدم المتعاقد الصور وأشرطة الفيديو في شكل صور تمثيلية عالية الدقة (JPG، و PDF، و TIFF وما إلى ذلك).

(هـ)   خصائص قشور المنغنيز الحديدي الغنية بالكوبالت

تتسم رواسب قشور المنغنيز الحديدي الغنية بالكوبالت بسماكتها وتغطيتها بالقشور وتركيبها المعدني وخصائصها الكيميائية والفيزيائية. ويطلب من المتعاقد تقديم وصف عام لتلك الخصائص وللطرق التحليلية المطبقة. وينبغي الإبلاغ عن النتائج المحددة لتحاليل قشور المنغنيز الحديدي الغنية بالكوبالت في كل محطة من محطات أخذ العينات في جدول يوضع في شكل نموذج البيانات الجيولوجية المتعلقة بقشور المنغنيز الحديدي الغنية بالكوبالت (انظر المرفق الرابع).

٦ –   التفسيرات والتقديرات

يطلب من المتعاقد الإبلاغ عن نتائج تفسيرات التركيب الجيولوجي للرواسب المعدنية وتقييمات الموارد التي أجريت استنادا إلى البيانات التي جمعت.

(أ)   تفسيرات الرواسب المعدنية

يمكن الإبلاغ عن التفسيرات التي أجراها المتعاقد فيما يتعلق بمختلف جوانب الرواسب المعدنية في شكل مجموعة من الخرائط المصحوبة بتعليقات، من قبيل الخرائط المتعلقة بقياس الأعماق، والخصائص الشكلية لقاع البحار، والتركيب الجيولوجي وخصائص الصخور، والتغطية بالقشور، وتوزع الفلزات، وسماكة القشور وتباينها بين الأمكنة والمناطق (بما في ذلك التباين مع العمق) (في ملفات تستخدم الشكل shapefile وفي صور رقمية).

(ب)   تقديرات الموارد المعدنية

إذا وصل المتعاقد إلى مرحلة وضع تقديرات للموارد من الرواسب المعدنية، ينبغي الإبلاغ بالتفصيل عن البنود التالية:

’١‘   طريقة وضع التقديرات؛

’٢‘   تصنيف الموارد/الاحتياطات، مبلغا عنه وفق معايير الإبلاغ للسلطة (انظر المرفق الخامس).

(ج)   ينبغي أيضا أن يتضمن التقرير بيانا بكمية قشور المنغنيز الحديدي الغنية بالكوبالت التي استخرجت كعينات أو لأغراض الاختبار (حتى لو كانت هذه الكمية صفرا).

٧ –   الاستراتيجية المستقبلية لأعمال الاستكشاف

يطلب من المتعاقد الإبلاغ عن أي تطور يطرأ على استراتيجيتيه المستقبلية لأعمال الاستكشاف.

رابعا –   الدراسات الأساسية البيئية (الرصد والتقييم)

٨ –   للاطلاع على التوجيهات المتعلقة بالدراسات الأساسية البيئية، ينبغي للمتعاقد الرجوع إلى التوصيات التوجيهية للمتعاقدين لتقييم الآثار البيئية المحتملة الناشئة عن استكشاف المعادن البحرية في المنطقة (ISBA/19/LTC/8، الفرع ثالثا).

ألف –   الرصد البيئي

٩ –   يطلب من المتعاقد تقديم ما يلي:

(أ)   وصف للأهداف خلال الفترة المشمولة بالتقرير (المتوخاة والحالية والمنجزة)؛

(ب)   معلومات عن المعدات والمنهجيات التقنية المستخدمة في الأعماق وعلى متن السفينة وفي المختبر (بما في ذلك برامجيات التحليل)؛

(ج)   النتائج المحرزة (التي توجَز أيضا في شكل تمثيل بالرسوم للبيانات التي تستند إليها النتائج)؛

(د)   تفسير للنتائج، بما في ذلك مقارنات بالبيانات المنشورة المستقاة من دراسات أخرى؛

(هـ)   معلومات عن الأوقيانوغرافيا الفيزيائية (خصائص ماء البحر والتيارات القاعية، بما في ذلك سرعة التيارات واتجاهها، ودرجات الحرارة، والعكارة في مختلف أعماق الماء، ونقل الرسوبيات على المنحدرات بالجاذبية بالإضافة إلى أي نماذج لحركة الماء). وينبغي أيضا ربط البيانات بأي قراءات تؤخذ على امتداد فترة طويلة لأجهزة قياس التيارات المثبتة على مراسي غاطسة وتتعلق بعمل الاستكشاف؛

(و)   معلومات عن الأوقيانوغرافيا الكيميائية (خصائص ماء البحر، بما في ذلك قيمة الحموضة، والأكسجين المذاب، والقلوية الكلية، وتركيزات المغذيات، والكربون العضوي المذاب والمعلق، وتقدير التدفق الكتلي، والفلزات الثقيلة، والعناصر النزرة، والكلوروفيل ألف)؛

(ز)   معلومـات عـن دراسـات التجمعـات البيولوجيـة والتنـوع البيولـوجي (بمـا في ذلـك تنـوع الموائـل، والحيوانـات الضـخمة، والحيوانـات الكبيرة، والحيوانـات المتوسـطة، والحصائر البكتيرية، والحيوانات القمامة التي تعيش بالقرب من القاع، والتجمعات البيولوجية التي تعيش في عرض البحر)؛

(ح)   معلومـات عـن عمـل الـنظم الإيكولوجيـة (بمـا في ذلـك شبكات الأغذيـة والنظائر المستقرة والأحماض الدهنية).

باء –   التقييم البيئي

١٠ – يطلب من المتعاقد تقديم ما يلي:

(أ)   معلومات عن التأثير البيئي لأنشطة الاستكشاف، بما في ذلك معلومات عـن برنامج للرصد قبل وأثناء وبعد أنشطة محددة تنطوي على احتمال التسبب في ضرر جسيم؛

(ب)   تصريح بأن الأنشطة التي جرى الاضطلاع بها في المنطقة المشمولة بالعقد في العام الـذي يغطيه التقرير السنوي لم تتسبب بضرر جسيم والأدلة على كيفية التوصل إلى هذه النتيجة؛

(ج)   معلومـات عـن التأثير البيئي لأنشطة التعدين الاختباري مقاسا في المناطق المرجعية للتأثيرات؛

(د)   تقييم للسلامة/القدرة الإحصائية مع مراعاة أحجام العينات، وعدد العينات، وفيمـا يتعلق بالمجتمعـات البيولوجيـة، تقييم وفرة فـرادى الأنواع البيولوجية (مع أدلـة على الأهمية الإحصائية)؛

(هـ)   تحليـل للثغـرات واسـتراتيجية مسـتقبلية لتحقيـق أهـداف برنامج الأنشطة الخمسي والمتطلبات الواردة في الوثيقة ISBA/19/LTC/8؛

(و)   دراسة لتعافي النظم الإيكولوجية من أثر الاضطرابات الطبيعية والتي يتسبب فيها الإنسان، حيثما ينطبق ذلك؛

(ز)   تقييم لمزايا وعيوب الطرق المختلفة لأخذ العينات والتحليل، بما في ذلك مراقبة النوعية؛

(ح)   مقارنـة للنتـائج البيئيـة في منـاطق مشـابهة مـن أجـل فهـم نطاقـات الأنـواع وتبعثرها على مستوى الأحواض المحيطية.

١١ - وينبغي الإبلاغ عن جميع البيانات المستخدمة في التقرير (الأرقام والرسوم البيانية والصور) باستخدام نموذج إكسل للبيانات البيئية المتعلقة بقشور المنغنيز الحديدي الغنية بالكوبالت (انظر المرفق الرابع).

خامسا – تجارب التعدين وتكنولوجيات التعدين المقترحة

١٢ - يطلب من المتعاقد تقديم ما يلي:

(أ)   بيانات ومعلومات عن طبيعة معدات التعدين المصممة والمجربة، حيثما ينطبق ذلك، إضافة إلى بيانات عن استخدام معدات لم يصممها المتعاقد؛

(ب)   وصف للمعدات والعمليات، وحيثما كان ذلك مناسبا، نتائج الاختبارات؛

(ج)   وصف لطبيعة ونتائج التجارب (حيثما ينطبق ذلك)؛

(د)   فيما يتعلق بتكنولوجيات التعدين، معلومات عن التقدم التكنولوجي الذي أحرزه المتعاقد فيما يتعلق ببرنامج تطوير نظام التعدين الذي يعتمده (من قبيل أجهزة الجمع أو جهاز الرفع أو سفينة الإنتاج أو غير ذلك)؛

(هـ)   فيما يتعلق بتكنولوجيات المعالجة:

‘١’   معلومات عن معالجة المعادن والتجارب التعدينية وطرق المعالجة؛

‘٢’   معلومات عن الطرق الأخرى.

سادسا – البرنامج التدريبي

١٣ - يطلب من المتعاقد تقديم معلومات مفصلة عن تنفيذ البرنامج التدريبي، وفقا للملحق ٣ للعقد، مع مراعاة المتطلبات الواردة في التوصيات التوجيهية للمتعاقدين والدول المزكية بشأن البرامج التدريبية في إطار خطط العمل المتعلقة بالاستكشاف (ISBA/19/LTC/14).

سابعا – التعاون الدولي

١٤ - يطلب من المتعاقد تقديم معلومات عما يلي:

(أ)   مشاركته في البرامج التعاونية التي ترعاها السلطة؛

(ب)   التعاون مع المتعاقدين الآخرين؛

(ج)   الأشكال الأخرى من التعاون الدولي.

ثامنا –   البيان المالي المصدق لنفقات الاستكشاف الفعلية والمباشرة

١٥ – يطلب من المتعاقد تقديم بيان مالي مفصل يمتثل التوصيات المقدَّمة لإرشاد المتعاقدين بشأن الإبلاغ عن النفقات الفعلية والمباشرة المتعلقة بالاستكشاف (ISBA/21/LTC/11)، على النحو المطلوب بموجب البند ١٠ من المرفق الرابع للنظام.

تاسعا –   برنامج أنشطة السنة التالية

١٦ – يطلب من المتعاقد أن يقوم بما يلي:

(أ)   الإشارة بإيجاز إلى العمل المقترح تنفيذه في السنة التالية؛

(ب)   وصف التعديلات المقترحة على برنامج الأنشطة الأصلي للسنة التالية بموجب العقد؛

(ج)   شرح أسباب هذه التعديلات.

عاشرا –   المعلومات الإضافية التي يقدمها المتعاقد

١٧ – يطلب من المتعاقد أن يقدم ما يلي:

(أ)   قائمة بالمنشورات ذات الصلة الواردة في مجلات استعراض الأقران الصادرة خلال السنة المشمولة بالتقرير؛

(ب)   الإحالات الكاملة إلى جميع الوثائق، والنشرات الصحفية، والمنشورات ذات الصلة المذكورة في التقرير.

المرفق الرابع

قائمة بنماذج الإبلاغ عن البيانات الجيولوجية والبيئية المجدوَلة

١ - نموذج الإبلاغ عن البيانات الجيولوجية المتعلقة بالعقيدات المؤلفة من عدة معادن والطبقة التحتية

٢ - نموذج الإبلاغ عن البيانات الجيولوجية المتعلقة بالكبريتيدات المتعددة الفلزات والطبقة التحتية

٣ - نموذج الإبلاغ عن البيانات الجيولوجية المتعلقة بقشور المنغنيز الحديدي الغنية بالكوبالت

٤ - نموذج الإبلاغ عن البيانات البيئية المتعلقة بالعقيدات المؤلفة من عدة معادن

٥ - نموذج الإبلاغ عن البيانات البيئية المتعلقة بالكبريتيدات المتعددة الفلزات

٦ - نموذج الإبلاغ عن البيانات البيئية المتعلقة بقشور المنغنيز الحديدي الغنية بالكوبالت

المرفق الخامس

معايير الإبلاغ للسلطة الدولية لقاع البحار عن تقييمات نتائج الاستكشاف المعدني، والموارد المعدنية، والاحتياطيات المعدنية

أولا - مقدمة

١ - تحدد هذه الوثيقة المعايير الواجب التقيد بها في جميع الوثائق المقدمة إلى السلطة الدولية لقاع البحار التي تشمل الإبلاغ عن تقديرات الموارد في المنطقة والتي لا تتمثل الغاية منها في نشرها للجمهور أو لا يكون الغرض الرئيسي منها تقديم معلومات للمستثمرين أو المستثمرين المحتملين ومستشاريهم. وينبغي الإبلاغ عن هذه التقديرات وفقا لنظام تصنيف الموارد الذي تعمل به السلطة والذي يستند إلى فئات الموارد الرئيسية الثلاث: (أ) تقييمات نتائج الاستكشاف المعدني؛ (ب) الموارد المعدنية؛ (ج) الاحتياطيات المعدنية (انظر الشكل أدناه). وتستند هذه الوثيقة إلى طبعة تشرين الثاني/نوفمبر ٢٠١٣ من نموذج الإبلاغ الدولي الصادر عن لجنة معايير الإبلاغ الدولي عن الاحتياطيات المعدنية[(١)].

٢ - وفي هذه الوثيقة، تعرّف المصطلحات الهامة في فقرات تُبرز بالخط الداكن. وعندما ترد هذه المصطلحات في تعريف مصطلحات أخرى، يوضع خط تحتها. وتبين بنود النموذج بالخط

---

(١) أعَدَّ هذا المرفقَ، بناءً على طلب السلطة الدولية لقاع البحار، فريقٌ يضم: ك. أنتريم، المديرة التنفيذية في لجنة سيادة القانون المعنية بالمحيطات، الولايات المتحدة الأمريكية؛ و هـ. باركر، نائب رئيس لجنة معايير الإبلاغ الدولي عن الاحتياطيات المعدنية والجيولوجي الاستشاري في مسائل التعدين والأخصائي في الإحصاء الجيولوجي في شركة Amec Foster Wheeler، الولايات المتحدة؛ و ب. ر. ستيفنسون، رئيس مشارك سابق للجنة معايير الإبلاغ الدولي عن الاحتياطيات المعدنية ومدير وكبير الجيولوجيين في شركة AMC Consultants، كندا؛ مع مساهمات من أعضاء لجنة معايير الإبلاغ الدولي عن الاحتياطيات المعدنية. ويُسترشد فيه بالمبادئ التوجيهية التي وضعها فريق عامل في حلقة عمل نظمتها السلطة، بالتعاون مع وزارة علوم الأرض في الهند، بشأن تصنيف موارد العُقيدات المؤلفة من عدة معادن، وعُقدت في غوا، الهند في الفترة من ١٣ إلى ١٧ تشرين الأول/أكتوبر ٢٠١٤. وتألّف الفريق العامل من الأعضاء التالية أسماؤهم: السيد ستيفنسون؛ والسيدة أنتريم؛ و م. نيمّو، كبير الجيولوجيين في شركة Golder Associates، أستراليا؛ و د. ماكدونالد، رئيس فريق الخبراء المعني بتصنيف الموارد التابع للجنة الاقتصادية لأوروبا؛ و ب. كاي، مدير فرع معادن عرض البحر في الوكالة الأسترالية لعلوم الأرض Geoscience Australia؛ و ب. مادوريرا، نائب رئيس فرقة العمل المعنية بتوسيع الجرف القاري؛ و غ. شيركاشوف، نائب مدير معهد الجيولوجيا والموارد المعدنية لمحيطات العالم، الاتحاد الروسي؛ و ت. إيشياما من شركة Deep Ocean Resources Development، اليابان؛ و ت. أبراموفسكي، المدير العام لمنظمة Interoceanmetal Joint Organization، بولندا؛ و ج. باريونوس، كبير الجيولوجيين في شركة Tonga Offshore Mining Limited، تونغا؛ و ج. باينيون من شركة G-TEC Sea Mineral Resources NV.

العادي. ويقصد من الفقرات الواردة بالخط المائل بعد البنود ذات الصلة مساعدة القراء وإرشادهم في تفسير تطبيق البنود الواردة في معايير الإبلاغ للسلطة. وتتضمن الضميمة ١ قائمة بالمصطلحات العامة ومعادلاتها وتعاريفها، تقدم بهدف تجنب الازدواج أو الغموض.

ثانيا – النطاق

٣ – يتمثل المبدآن الرئيسيان الناظمان لتفعيل وتطبيق معايير الإبلاغ في الشفافية وأهمية المضمون:

(أ) يتطلب مبدأ الشفافية أن تزوِّد السلطة، وخاصة اللجنة القانونية والتقنية، بمعلومات كافية، تقدم بطريقة واضحة لا لبس فيها، وذلك من أجل فهم التقرير وتجنب التضليل؛

(ب) يتطلب مبدأ أهمية المضمون أن يتضمن التقرير جميع المعلومات الهامة التي قد تحتاجها السلطة، وخاصة اللجنة القانونية والتقنية، وتتوقع أن تجدها في التقرير في حدود المعقول بغرض إصدار حكم معلَّل ومتوازن بشأن الموارد المعدنية أو الاحتياطيات المعدنية المبلَّغ عنها؛

٤ – **وتحدد معايير الإبلاغ المعايير الدنيا التي يلزم توفرها في جميع الوثائق المقدمة إلى السلطة، التي تشمل الإبلاغ عن تقييمات نتائج الاستكشاف المعدني، والموارد المعدنية، والاحتياطيات المعدنية. ولا تتمثل الغاية من هذه المعايير في إتاحتها لعامة الجمهور وليس الغرض الرئيسي منها تقديم معلومات للمستثمرين أو المستثمرين المحتملين ومستشاريهم[٢].** وتُشجّع الكيانات المبلِّغة على تقديم معلومات شاملة قدر الإمكان في تقاريرها[٣].

---

(٢) في الحالات التي يكون الغرض الرئيسي من إعداد التقارير فيها إتاحتها للجمهور أو تقديم معلومات للمستثمرين أو المستثمرين المحتملين ومستشاريهم، توصي السلطة بأن تمتثل تلك التقارير معيارا واحدا من معايير الإبلاغ التي تعترف لجنة معايير الإبلاغ الدولي عن الاحتياطيات المعدنية بأنها منسجمة مع نموذج الإبلاغ الدولي الذي تعتمده.

(٣) على الرغم من بذل جميع الجهود الممكنة لجعل معايير الإبلاغ للسلطة تشمل معظم الحالات التي يحتمل مواجهتها عند الإبلاغ عن تقييمات نتائج الاستكشاف المعدني، والموارد المعدنية، والاحتياطيات المعدنية، قد تكون هناك حالات تنطوي على الشك فيما يخص الشكل المناسب للإفصاح عن المعلومات. وفي هذه الحالات، فإن مستعملي معايير الإبلاغ ومن يقومون بإعداد التقارير بحيث تمتثل المعايير ينبغي أن يسترشدوا بمقصدها، وهو توفير معايير دنيا لهذا الإبلاغ وكفالة أن تتضمن التقارير جميع المعلومات التي قد يحتاجها ويتوقعها قارئو تلك التقارير، في حدود المعقول، من أجل إصدار حكم معلَّل ومتوازن على تقييمات نتائج الاستكشاف المعدني، والموارد المعدنية، والاحتياطيات المعدنية المبلَّغ عنها.

٥ - ويكون تقدير الموارد المعدنية والاحتياطيات المعدنية بطبيعته عُرضة لقدر معين مـن عـدم اليقين وعدم الدقة. وقد يلزم توفر مهارة وخبرة كبيرتين لتفسير بعض المعلومـات، مثل الخـرائط الجيولوجية والنتائج التحليلية التي تستند إلى عيّنات لا تمثل عادة سوى جزء صغير من الرواسب المعدنيـة. وينبغـي أن يُنـاقَش عـدم اليقين الـذي يشـوب التقـديرات في التقريـر وأن يـنعكس في الاختيار المناسب لفئات الموارد المعدنية والاحتياطيات المعدنية.

٦ - وتنطبق معايير الإبلاغ على جميع **الموارد المعدنية** التي تطلب السلطة، بموجب قواعدها وأنظمتها وإجراءاتها، الإبلاغ عن **تقييمات نتائج الاستكشاف المعدني، والموارد المعدنية، والاحتياطيات المعدنية** المتعلقة بها.

٧ - ومن المسلَّم به أنه لا بد من إجراء استعراض آخر لمعايير الإبلاغ من وقت إلى آخر.

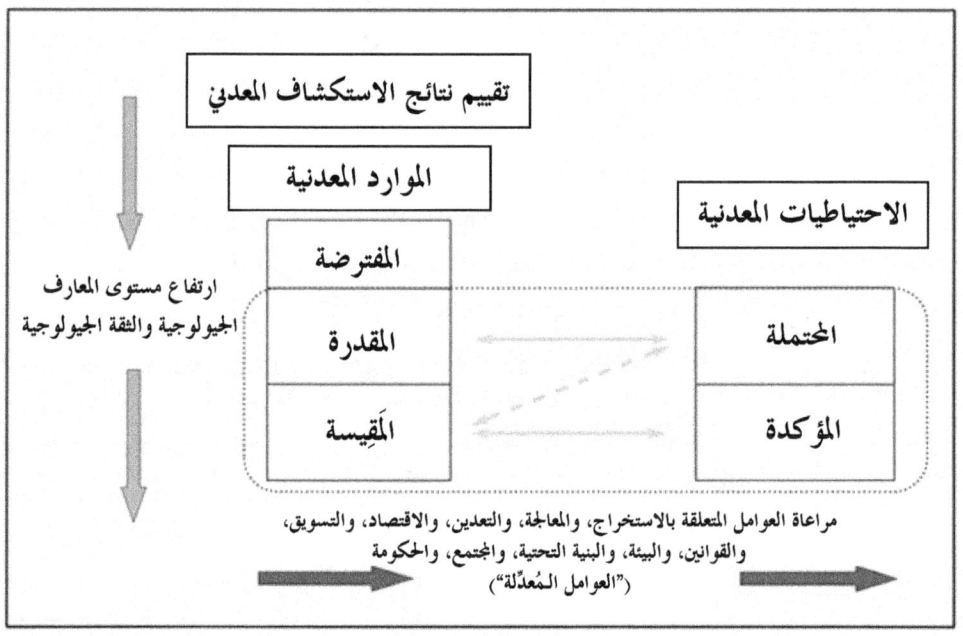

العلاقة العامة بين تقييمات نتائج الاستكشاف المعدني، والموارد المعدنية، والاحتياطيات المعدنية

ثالثا – مصطلحات الإبلاغ

٨ – **العوامل المعدِّلة هي الاعتبارات التي تُستخدم لتحويل الموارد المعدنية إلى احتياطيات معدنية. وهي تشمل، على سبيل المثال لا الحصر، العوامل المتعلقة بالاستخراج، والمعالجة، والتعدين، والبنية التحتية، والاقتصاد، والتسويق، والقوانين، والبيئة، والمجتمع، والحكومة.**

التوجيه

٩ – يبين الشكل الوارد في الفقرة ٧ الإطار المستخدم في تصنيف تقديرات الكميات بالطن والنوعية لتعكس مختلف مستويات الثقة الجيولوجية ومختلف درجات التقييم التقني والاقتصادي. ويمكن تقدير الموارد المعدنية أساسا بناء على المعلومات الجيولوجية مع بعض المساهمات من تخصصات أخرى. وتتطلب الاحتياطيات المعدنية، التي تشكل مجموعة فرعية معدلة من الموارد المعدنية المقدرة والمقيسة (المبينة في الإطار المحدد بخط منقط في الشكل)، النظر في العوامل المُعدِّلة التي تؤثر في الاستخراج، وينبغي تقديرها في معظم الحالات بالاستعانة بمساهمات من مجموعة متنوعة من التخصصات.

١٠ – ويمكن تحويل الموارد المعدنية المِقيسة إما إلى احتياطيات معدنية مؤكدة أو احتياطيات معدنية محتَملة. ويمكن تحويل الموارد المعدنية المقِيسة إلى احتياطيات معدنية محتَملة بسبب أوجه عدم اليقين المرتبطة ببعض أو جميع العوامل المعدِّلة المأخوذة في الاعتبار في عملية تحويل الموارد المعدنية إلى احتياطيات معدنية. وتبيِّن هذه العلاقة بالسهم المتقطع في الشكل. وعلى الرغم من أن اتجاه السهم المتقطع يتضمن مركبا رأسيا، فهو لا يعني، في هذا المقام، وجود انخفاض في مستوى المعارف الجيولوجية أو الثقة الجيولوجية. وفي هذه الحالة، ينبغي تفسير العوامل المعدِّلة تفسيرا تاما (انظر أيضا الفقرة ٢١ المتعلقة بالتقسم الفرعي للموارد المعدنية).

رابعا – الإبلاغ العام

١١ – يجب أن تتضمن التقارير المقدمة إلى السلطة عن تقييمات نتائج الاستكشاف المعدني أو الموارد المعدنية أو الاحتياطيات المعدنية الخاصة بالمتعاقد وصفا لشكل وطبيعة الكتلة المتعدنة.

١٢ – ويجب على المتعاقد الإفصاح عن أي معلومات هامة ذات صلة بالرواسب المعدنية يمكن أن تؤثر تأثيرا كبيرا في القيمة الاقتصادية لتلك الرواسب بالنسبة للمتعاقد. ويجب على المتعاقد أن يبلغ السلطة فورا بأي تغييرات جوهرية في موارده المعدنية واحتياطياته المعدنية.

١٣ – وتستخدم في جميع معايير الإبلاغ بعض الكلمات بمعنىً عامّ في حين يمكن أن تعطيها فئات معينة من العاملين في قطاع التعدين معنىً أكثر تحديدا. ولتفادي الازدواج والغموض،

تدرج تلك المصطلحات في الضميمة ٢ جنبا إلى جنب مع مصطلحات أخرى يمكن اعتبارها مرادفة لغرض هذه الوثيقة[٤].

خامسا - الإبلاغ عن تقييمات نتائج الاستكشاف المعدني

١٤ - هدف الاستكشاف هو وضع بيان أو تقدير لإمكانيات استكشاف أحد الرواسب المعدنية في بيئة جيولوجية محددة، حيث يتعلق البيان أو التقدير، المقدم في شكل نطاق للكميات بالطن ونطاق للنوعية أو الجودة، بكتلة متعدنة لم يجر استكشافها على نحو كاف لتقدير الموارد المعدنية فيها.

١٥ - وتشمل تقييمات نتائج الاستكشاف المعدني البيانات والمعلومات المتولدة عن برامج استكشاف المعادن التي قد تكون ذات فائدة لقارئي التقرير لكنها لا تشكل جزءا من إعلان عن موارد معدنية أو احتياطيات معدنية[٥].

١٦ - ويكثر هذا النوع من البيانات في المراحل الأولى من الاستكشاف عندما تكون كمية البيانات المتاحة غير كافية عموما للتوصل إلى وضع تقديرات إلا في شكل هدف للاستكشاف.

١٧ - وإذا كان المتعاقد يبلغ عن تقييمات نتائج الاستكشاف المعدني فيما يتعلق بكتلة متعدنة غير مصنفة باعتبارها موردا معدنيا أو احتياطيا معدنيا، يجب بالتالي عدم الإبلاغ عن تقديرات الكميات بالطن والنوعية المتوسطة المرتبطة بها إلا في شكل هدف للاستكشاف[٦].

١٨ - ويجب أن تتضمن تقارير تقييمات نتائج الاستكشاف المعدني المتعلقة بكتلة متعدنة غير مصنفة باعتبارها موردا معدنيا أو احتياطيا معدنيا معلوماتٍ كافية تتيح إصدار حكم مدروس ومتوازن بشأن أهمية النتائج. ويجب ألا تُعرض التقارير المتعلقة بتقييمات نتائج الاستكشاف المعدني بحيث تعني على نحو غير واقعي أن كتلة معدنية ذات جدوى اقتصادية قد اكتُشفت.

---

(٤) لا يعني استخدامُ مصطلح معين في هذه الوثيقة أنه مصطلح مفضّل، كما لا يعني بالضرورة أنه المصطلح الأمثل في جميع الظروف. ويُتوقع من المتعاقدين اختيار واستخدام أنسب المصطلحات للسلع أو الأنشطة المبلّغ عنها.

(٥) ينبغي أن يوضَّح في التقارير التي تتضمن تقييمات نتائج الاستكشاف المعدني أنه من غير المناسب استخدام هذه المعلومات لاستخلاص تقديرات الكميات بالطن والنوعية. ويُوصى بأن تتضمن هذه التقارير عبارة دائمة تنص على ما يلي: ”تشكل المعلومات الواردة في هذا التقرير/البيان/النشرة تقييمات نتائج الاستكشاف المعدني بحسب التعريف الوارد في معايير الإبلاغ للسلطة الدولية لقاع البحار، فيما يتعلق بالشرط ٢٤. ومن غير المناسب استخدام هذه المعلومات لاستخلاص تقديرات الكميات والنوعية“.

(٦) ينبغي تقديم وصف لأهداف الاستكشاف أو إمكانيات الاستكشاف الواردة في التقارير بحيث لا تعطى صورة خاطئة بأنها تقدير للموارد المعدنية أو الاحتياطيات المعدنية.

سادسا – الإبلاغ عن الموارد المعدنية

١٩ – الموارد المعدنية هي تركيز أو وجود لمادة صلبة ذات أهمية اقتصادية في قشرة الأرض أو عليها ينطوي شكله أو نوعيته أو جودته أو كميته على إمكانيات معقولة للاستخراج الاقتصادي النهائي[(٧)].

٢٠ – ويجري تحديد أو تقدير أو تفسير موقع الموارد المعدنية، وكميتها، ونوعيتها أو جودتها، واستمراريتها وسائر خصائصها الجيولوجية، بناء على أدلة ومعارف جيولوجية محددة، بما يشمل أخذ العينات.

٢١ – وتُقسَم الموارد المعدنية، بهدف زيادة الثقة الجيولوجية، إلى فئات فرعية هي ”المفترضة“ و ”المقدرة“ و ”المَقِيسة“.

٢٢ – أما أجزاء الرواسب المعدنية التي لا تبدي إمكانيات معقولة للاستخراج الاقتصادي النهائي فيجب ألا تُدرج في الموارد المعدنية[(٨)].

٢٣ – والموارد المعدنية المفترضة هي ذلك الجزء من الموارد المعدنية الذي تُقدَّر كميته ونوعيته أو جودته على أساس أدلة جيولوجية وعمليات أخذ عينات محدودة. وتكون الأدلة الجيولوجية كافية للدلالة على الاستمرارية الجيولوجية و استمرارية النوعية أو الجودة، ولكنها غير كافية للتحقق منها.

٢٤ – ويكون مستوى الثقة في الموارد المعدنية المفترضة أدنى من المستوى الذي ينطبق على الموارد المعدنية المقدرة ويجب عدم تحويلها إلى احتياطي معدني. ويُتوقع، في حدود معقولة،

---

(٧) يشمل مصطلح ’الموارد المعدنية‘ الكتلة المتعدنة التي حددت وقدرت من خلال الاستكشاف وأخذ العينات والتي يمكن تحديد احتياطيات معدنية ضمنها بمراعاة تطبيق العوامل المـُعدِّلة.

(٨) ينطوي مصطلح ”إمكانيات معقولة للاستخراج الاقتصادي النهائي“ على رأي (وإن كان أوليا) للمتعاقدين بشأن العوامل التقنية والاقتصادية التي يرجح أن تؤثر في إمكانية الاستخراج الاقتصادي، بما في ذلك بارامترات التعدين التقريبية. وبعبارة أخرى، ليس المورد المعدني مخزونا يتضمن كل الكتلة المتعدنة التي شملها الحفر أو أُخذت منها العيّنات، بغض النظر عن بارامترات القيمة النوعية للفصل، أو أبعاد التعدين المرجحة، أو الموقع، أو الاستمرارية. بل هو مخزون واقعي للكتلة المتعدنة التي يمكن، في إطار ظروف تقنية واقتصادية مفترضة ومبررة، أن تصبح، كليا أو جزئيا، قابلة للاستخراج اقتصاديا. وينبغي أن تُذكر بوضوح في التقرير أيُّ افتراضات هامة توضع عند تحديد الإمكانيات المعقولة للاستخراج الاقتصادي النهائي. كما ينبغي أن يُذكر ويُبيَّن بوضوح في التقرير أي تعديل يُدخل على البيانات بغرض إجراء تقدير الموارد المعدنية، عن طريق فصل القيم النوعية أو تحديدها، أو تحديد قياسات وفرة عُقيدات قاع البحار، على سبيل المثال.

أن يكون في الإمكان، مع مواصلة الاستكشاف، ترقية معظم الموارد المعدنية المفترضة إلى موارد معدنية مقدرة[(٩)].

٢٥ - ويقصد بالفئة المفترضة أن تغطي الحالات التي يُحدد فيها تركيز أو وجود معدني وتُنجز فيها قياسات وعمليات أخذ عينات محدودة، ولكن البيانات تكون فيها غير كافية لكي تتيح تفسير الاستمرارية الجيولوجية أو استمرارية النوعية بثقة. وعادة ما يكون من المعقول توقع إمكانية أن يرقّى معظم الموارد المعدنية المفترضة إلى موارد معدنية مقدرة مع مواصلة الاستكشاف. ولكن، بسبب عدم اليقين الذي يكتنف الموارد المعدنية المفترضة، ينبغي عدم افتراض حدوث هذه الترقية في جميع الأحوال.

٢٦ - والموارد المعدنية المقدرة هي ذلك الجزء من الموارد المعدنية الذي تُقدَّر كميته، ونوعيته أو جودته، وكثافاته، وشكله، وخصائصه الفيزيائية بمستوى عال من الثقة يكفي للسماح بتطبيق العوامل الـمُعدِّلة بتفاصيل كافية لدعم تخطيط المنجم وتقييم الجدوى الاقتصادية للرواسب.

٢٧ - وتُستمد الأدلة الجيولوجية من عمليات الاستكشاف وأخذ العينات وإجراء الاختبارات المفصلة والموثوق بها بدرجة كافية وتكون كافية لافتراض الاستمرارية الجيولوجية واستمرارية النوعية أو الجودة فيما بين نقاط الملاحظة.

٢٨ - ويكون مستوى الثقة في الموارد المعدنية المقدرة أدنى من المستوى الذي ينطبق على الموارد المعدنية الـمَقِيسة، ولا يمكن تحويلها إلاّ إلى احتياطي معدني محتَمل[(١٠)].

٢٩ - والموارد المعدنية المقيسة هي ذلك الجزء من الموارد المعدنية الذي تُقدَّر كميته، ونوعيته أو جودته، وكثافاته، وشكله وخصائصه الفيزيائية بمستوى عال من الثقة يكفي للسماح بتطبيق العوامل الـمُعدِّلة لدعم التخطيط التفصيلي للمنجم وإجراء تقييم نهائي للجدوى الاقتصادية للرواسب.

(٩) عادة ما تكون الثقة في التقديرات غير كافية للسماح باستخدام نتائج تطبيق البارامترات التقنية والاقتصادية لإجراء تخطيط تفصيلي. ولهذا السبب، لا توجد صلة مباشرة تربط بين الموارد المفترضة وأي فئة من فئات الاحتياطيات المعدنية (انظر الشكل الوارد في الفقرة ٧). وينبغي توخي الحذر لدى النظر في تلك الفئة في الدراسات التقنية والاقتصادية.

(١٠) يمكن تصنيف الكتلة المتعدنة باعتبارها موارد معدنية مقدرة عندما تكون طبيعة البيانات ونوعيتها وكميتها وتوزّعها بمستوى كاف يسمح بإجراء تفسير واثق للإطار الجيولوجي وافتراض استمرارية الكتلة المتعدنة. وتكون الثقة في التقديرات كافية للسماح بتطبيق المعايير التقنية والاقتصادية والتمكين من إجراء تقييم للجدوى الاقتصادية.

٣٠ - وتُستمد الأدلة الجيولوجية من عمليات الاستكشاف وأخذ العينات وإجراء الاختبارات المفصلة والموثوق بها وتكون كافية للتأكد من الاستمرارية الجيولوجية واستمرارية النوعية أو الجودة فيما بين نقاط الملاحظة.

٣١ - ويكون مستوى الثقة في الموارد المعدنية المقيسة أعلى من المستوى الذي ينطبق على الموارد المعدنية المقدرة أو الموارد المعدنية المفترضة. ويمكن تحويلها إلى احتياطي معدني مؤكد أو إلى احتياطي معدني مُحتَمل.

التوجيه

٣٢ - يمكن تصنيف الكتلة المتعدنة باعتبارها موارد معدنية مَقِيسة عندما تكون طبيعة البيانات أو نوعيتها أو كميتها أو توزّعها بمستوى لا يدع مجالا للشك المعقول، من وجهة نظر المتعاقد الذي يتولى تحديد الموارد المعدنية، في أنه يمكن تقدير وزن الكتلة المتعدنة بالطن ونوعيتها في حدود ضيقة، وأنّه من غير المرجح أن يؤثر أي انحراف عن التقديرات تأثيرا كبيرا في الجدوى الاقتصادية.

٣٣ - وتتطلب هذه الفئة مستوى عاليا من الثقة في جيولوجيا الرواسب المعدنية وتشكلها الجيولوجي، وفي فهم كليهما.

٣٤ - وتكون الثقة في التقديرات كافية للسماح بتطبيق المعايير التقنية والاقتصادية والتمكين من إجراء تقييم للجدوى الاقتصادية بمستوى عال من الثقة.

٣٥ - ويتوقف اختيار الفئة المناسبة من الموارد المعدنية على كمية البيانات المتاحة وتوزعها ونوعيتها ومستوى الثقة التي تولى لتلك البيانات.

التوجيه

٣٦ - يُحدد تصنيف الموارد المعدنية برأي يستند إلى المهارات، وينبغي للمتعاقد مراعاة البنود الواردة في الضميمة ١ التي تتعلق بالثقة في تقدير الموارد المعدنية.

٣٧ - ولدى التفريق بين الموارد المعدنية المقدرة والموارد المعدنية المقِيسة، قد يكون من المفيد النظر، إضافة إلى الشروح المتعلقة بالاستمرارية الجيولوجية واستمرارية النوعية الواردة في الفقرتين ٢٦ و ٢٩، في الصياغة الواردة في المبدأ التوجيهي المتعلق بتعريف الموارد المعدنية المقِيسة، أي "من غير المرجح أن يؤثر أي انحراف عن التقديرات تأثيرا كبيرا في الجدوى الاقتصادية".

٣٨ - ولدى التفريق بين الموارد المعدنية المفترضة والموارد المعدنية المقدرة، قد يكون من المفيد النظر، إضافة إلى الشروح الواردة في التعريفين الواردين في الفقرتين ٢٣ و ٢٦ المتعلقين بالاستمرارية الجيولوجية واستمرارية النوعية، في المبدأ التوجيهي المتعلق بتعريف الموارد المعدنية المقدرة، أي ''تكون الثقة في التقديرات كافية للسماح بتطبيق المعايير التقنية والاقتصادية والتمكين من إجراء تقييم للجدوى الاقتصادية''، وهو ما يتناقض مع المبدأ التوجيهي المتعلق بتعريف الموارد المعدنية المفترضة، أي ''عادة ما تكون الثقة في التقديرات غير كافية للسماح باستخدام نتائج تطبيق البارامترات التقنية والاقتصادية في التخطيط التفصيلي'' و ''ينبغي توخي الحذر لدى النظر في هذه الفئة في الدراسات التقنية والاقتصادية''.

٣٩ - وينبغي للمتعاقد أن يأخذ في الحسبان شكل الكتلة المتعدنة والنطاق وبارامترات الفصل عند تقييم الاستمرارية الجيولوجية واستمرارية النوعية.

٤٠ - ولا تُعَدُّ تقديرات الموارد المعدنية حسابات دقيقة، إذ إنها تتوقف على تفسير معلومات محدودة عن موقع وشكل واستمرارية وجود تلك الموارد وعلى النتائج المتاحة لعمليات أخذ العينات. وينبغي أن يعكس الإبلاغ عن أرقام الكمّيات بالطن والنوعية عدمَ اليقين النسبي للتقدير، وذلك بالتقريب إلى أرقام ذات دلالة، وفي حالة الموارد المعدنية المفترضة، عن طريق استخدام مصطلحات مثل ''تقريبا''[(١١)].

التوجيه

٤١ - يشجع المتعاقد، عند الاقتضاء، على مناقشة مستوى الدقة أو الثقة النسبيتين في تقديرات الموارد المعدنية. وينبغي أن يحدد البيان ما إذا كان يتعلق بتقديرات كلية (كامل الموارد) أو موضعية (وهي مجموعة فرعية من الموارد قد تختلف دقة التقديرات المتعلقة بها أو الثقة فيها عن دقة التقديرات المتعلقة بكامل الموارد أو الثقة فيها)، وإذا كانت التقديرات موضعية، تذكر الكميات بالطن أو الحجوم ذات الصلة. وفي الحالات التي يستحيل فيها بيان مستوى الدقة أو الثقة النسبيتين، ينبغي توفير مناقشة وصفية لجوانب عدم اليقين (راجع الضميمة ١).

---

(١١) في معظم الحالات، ينبغي أن يكون التقريب إلى الرقم الثاني ذي الدلالة كافيا. فعلى سبيل المثال ينبغي أن يذكر الرقم ١٠ ٨٦٣ ٠٠٠ طن عند النسبة ٨,٢٣ في المائة بالشكل التالي: ١١ مليون طن عند النسبة ٨,٢ في المائة. بيد أنه قد تُصادف حالات يكون فيها التقريب إلى الرقم الأول ذي الدلالة ضروريا من أجل إعطاء فكرة مناسبة عن أوجه عدم اليقين في التقدير. وهذه هي الحالة عادة فيما يتعلق بالموارد المعدنية المفترضة. وللتأكيد على الطابع غير الدقيق لتقدير الاحتياطي المعدني، ينبغي الإشارة دائما إلى النتيجة النهائية باعتبار أنها تقدير لا حسابٌ.

٤٢ - ويجب أن تحدِّد تقارير الموارد المعدنية فئة أو أكثر من الفئات ''المفترضة'' و ''المقدرة'' و ''المَقِيسة''. ويجب عدم الإبلاغ عن الفئات في شكل مختلط ما لم تقدم أيضا تفاصيل لكل فئة من الفئات على حدة. ويجب ألاّ يُبلغ عن الموارد المعدنية من حيث المحتوى من الفلزات أو المحتوى المعدني ما لم تقدم أيضا الكميات بالطن والنوعية المقابلة لها. ويجب عدم تجميع الموارد المعدنية مع الاحتياطيات المعدنية(١٢).

٤٣ - وترد في الضميمة ١، في شكل موجز، قائمة بالمعايير الرئيسية التي ينبغي النظر فيها لدى إعداد تقارير عن تقييمات نتائج الاستكشاف المعدني، والموارد المعدنية، والاحتياطيات المعدنية. ولا حاجة لمناقشة هذه المعايير في تقرير ما إن لم تؤثّر تأثيرا ملموسا في تقدير أو تصنيف الموارد المعدنية(١٣).

٤٤ - ويجب عدم استخدام كلمتي ''الخام'' و ''الاحتياطيات'' لتقديم تقديرات الموارد المعدنية لأن هذين المصطلحين ينطويان على معنى الجدوى التقنية والجدوى الاقتصادية ولا يكونان ملائمَين إلا بعد احتساب جميع العوامل المعدِّلة المناسبة. وينبغي مواصلة الإشارة في التقارير والبيانات إلى الفئة أو الفئات المناسبة من الموارد المعدنية إلى أن يجري التثبت من الجدوى التقنية والجدوى الاقتصادية. وإذا دلّت عملية إعادة التقييم على أن أي جزء من الاحتياطيات المعدنية لم يعد مجديا، يجب إعادة تصنيف هذه الاحتياطيات المعدنية كموارد معدنية أو إزالتها من بيانات الموارد المعدنية والاحتياطيات المعدنية(١٤).

---

(١٢) لا يُسمح بالإبلاغ عن الكميات بالطن والنوعية خارج الفئات المشمولة بمعايير الإبلاغ.

(١٣) ليس ضروريا، لدى تقديم التقارير، التعليق على كل بند من بنود الضميمة ١، إلاّ أنه من الضروري مناقشة أية مسائل قد تؤثر تأثيرا ملموسا في فهم القارئ أو تفسيره لتقييمات النتائج أو التقديرات المبلّغ بها. ولهذا الأمر أهمية خاصة في الحالات التي تؤثر فيها البيانات غير الكافية أو غير المؤكدة في موثوقية بيانٍ لتقييمات نتائج الاستكشاف المعدني أو تقديرٍ للموارد المعدنية أو الاحتياطيات المعدنية، أو في الثقة فيهما، من قبيل الحالات التي تنطوي على طرق رديئة في استخراج العينات، والاعتماد على نتائج استطلاع قاع البحار بالفيديو أو المسح الصوتي، وما إلى ذلك. وفي حال وجود شك بشأن ما ينبغي الإبلاغ عنه، فالأفضل تقديم كمّ كبير من المعلومات وليس تقديم القليل جدا منها. وينبغي الإفصاح عن أوجه عدم اليقين في أيّ من المعايير الواردة في الضميمة ١ التي يمكن أن تؤديَ إلى التفريط أو الإفراط في بيان الموارد.

(١٤) ليس المقصود ضرورة تطبيق عملية إعادة التصنيف من احتياطيات معدنية إلى موارد معدنية أو العكس نتيجة لتغييرات يُتوقع أن تكون قصيرة الأجل أو ذات طابع مؤقت، أو في الحالات التي تتخذ فيها إدارة الجهة المتعاقدة قرارا متعمدا بالعمل على أساس غير اقتصادي. وتتضمن الأمثلة على هذه الحالات تقلبات أسعار السلع التي يُتوقع أن تكون قصيرة الأجل، وحالات الطوارئ في المناجم ذات الطابع غير الدائم، وإضراب عمال النقل.

سابعا – الإبلاغ عن الموارد المعدنية

٤٥ – الاحتياطي المعدني هو الجزء القابل للتعدين اقتصاديا من الموارد المعدنية المقيسة أو المقدرة.

٤٦ – وهو يشمل المواد المخففّة والكميات المسموحة كخسائر يمكن أن تحدث عندما تعدن المادة أو تستخرج، وهو يحدد بدراسات تشمل تطبيق العوامل المعدِّلة على مستوى الجدوى التمهيدية أو على مستوى الجدوى حسب الاقتضاء. وهذه الدراسات تثبت أنه يمكن تبرير الاستخراج بدرجة معقولة في وقت الإبلاغ.

٤٧ – ويجب ذكر النقطة المرجعية التي تحدَّد عندها الاحتياطيات والتي تكون عادة النقطة التي يُسلَّم فيها الخام إلى منشأة معالجة المعادن. ومن المهم عندما تكون النقطة المرجعية مختلفة، أن تُدرج عبارة توضيحية من أجل ضمان أن يكون القارئ على اطّلاع تام بما يجري الإبلاغ عنه.

التوجيه

٤٨ – الاحتياطيات المعدنية هي تلك الأجزاء من الموارد المعدنية التي ينجم عنها، بعد تطبيق جميع عوامل التعدين، كمية مقدرة بالطن ونوعية يمكن، حسب رأي المتعاقد الذي يُجري التقديرات، أن يشكّلا الأساس لمشروع مجد اقتصاديا، بعد مراعاة جميع العوامل المعدِّلة ذات الصلة.

٤٩ – ولدى الإبلاغ عن الاحتياطيات المعدنية، تكتسي المعلومات المتعلقة بعوامل الاستخراج التقديرية في عملية المعالجة المعدنية أهميةً بالغة، وينبغي إدراجها دائما في التقارير.

٥٠ – ويعني مصطلح ”قابل للتعدين اقتصاديا“ ضمنا أن استخراج الاحتياطي المعدني قد تبين أنه مُجدٍ في ظل افتراضات مالية معقولة. وسيتفاوت مضمون ما يمكن أن يكون ”مُفترض بشكل واقعي“ وفقا لنوع الرواسب، ومستوى الدراسة المجراة، والمعايير المالية لفرادى المتعاقدين. ولهذا السبب، لا يمكن وضع تعريف محدد لمصطلح ”قابل للتعدين اقتصاديا“. ولكن يُتوقع أن تحاول الشركات تحقيق عائد مقبول على رأس المال المستثمر، وأن تكون عائدات المستثمرين في المشروع ذات قدرات تنافسية مع استثمارات بديلة ذات مخاطر مماثلة.

٥١ – وبغية تحقيق المستوى اللازم من الثقة في الموارد المعدنية وفي جميع العوامل المعدِّلة، تجرى دراسات الجدوى التمهيدية أو الجدوى، حسب الاقتضاء، قبل تحديد الاحتياطيات

المعدنية. وتحدد الدراسة خطة للمنجم تكون قابلة للإنجاز تقنيا ومجدية اقتصاديا ويمكن الحصول منها على الاحتياطيات المعدنية.

٥٢ - ولا يلزم بالضرورة أن يعني مصطلح ''الاحتياطيات المعدنية'' أن مرافق الاستخراج قد أقيمت أو أنها تعمل، أو أن كل الموافقات أو عقود البيع قد استلمت. بل يعني وجود توقعات معقولة بالحصول على هذه الموافقات والعقود. وينبغي للمتعاقد النظر في أهمية أي مسألة غير مسواة مرهونة بطرف ثالث تتوقف عليه عملية الاستخراج.

٥٣ - وينبغي أن يُذكر ويُبيَّن بوضوح في التقرير أي تعديل يُدخل على البيانات بغرض إجراء تقدير الموارد المعدنية عن طريق فصل القيم النوعية أو تحديدها، أو تحديد قياسات وفرة عُقيدات قاع البحار، على سبيل المثال.

٥٤ - وتجدر الإشارة إلى أن معايير الإبلاغ لا تعني ضمنا أن العملية الاقتصادية تنطوي على وجود احتياطيات معدنية مثبَتة. فقد تنشأ حالات تكون فيها الاحتياطيات المعدنية المحتمَلة كافية وحدَها لتبرير عملية الاستخراج. وهذا أمر يقرر برأي يقدمه المتعاقد.

٥٥ - والاحتياطي المعدني المحتمَل هو الجزء القابل للتعدين اقتصاديا من موارد معدنية مقدرة، وفي بعض الحالات، من موارد معدنية مقِيسة. وتكون الثقة في العوامل المعدِّلة المنطبقة على احتياطي معدني محتمَل أقل من الثقة في العوامل المعدلة المطبقة على احتياطي معدني مؤكد.

٥٦ - ويكون مستوى الثقة في الاحتياطي المعدني المحتَمل أدنى من المستوى الذي ينطبق على الاحتياطي المعدني المؤكد، ولكن يمكن الوثوق به بشكل كاف ليشكل الأساس الذي يقوم عليه اتخاذ قرار بشأن استغلال الرواسب.

٥٧ - والاحتياطي المعدني المؤكد هو الجزء القابل للتعدين اقتصاديا من موارد معدنية مقيسة. وينطوي الاحتياطي المعدني المؤكد على درجة عالية من الثقة في العوامل المعدِّلة.

٥٨ - ويمثل الاحتياطي المعدني المؤكد أعلى مستوى ثقة في تقديرات الاحتياطيات(١٥).

---

(١٥) يمكن أن يعني شكل الكتلة المتعدنة أو العوامل الأخرى عدم إمكانية الوصول إلى تصنيف بعض الرواسب باعتبارها احتياطيات معدنية مؤكدة. وينبغي للمتعاقد أن يدرك تبعات الإعلان عن مواد من فئة الثقة الأعلى قبل أن يقتنع بنفسه أن جميع بارامترات الموارد والعوامل المعدِّلة ذات الصلة قد تحققت على مستوى عال مماثل من الثقة.

٥٩ - ويتحـدد اختيـار الفئـة المناسبة للاحتيـاطي المعـدني، في المقـام الأول، بالمسـتوى ذي الصلة من الثقة في الموارد المعدنية وبعد النظر في أيٍّ من أوجه عدم اليقين التي تكتنف العوامل المعدِّلة. ويجب أن يتولى المتعاقد تعيين الفئة المناسبة.

٦٠ - وتـنص معاييـر الإبـلاغ علـى وجـود علاقـة مباشـرة بـين المـوارد المعدنيـة المقدرة والاحتياطيات المعدنية المحتمَلة وبين الموارد المعدنية المقيسة والاحتياطيات المعدنية المؤكدة. وبعبـارة أخـرى، يكـون مسـتوى الثقة الجيولوجية في الاحتياطيات المعدنية المحتملة مماثلا لمستوى الثقة اللازم لتحديد الموارد المعدنية المقدرة. أما مستوى الثقة الجيولوجية في الاحتياطيات المعدنية المؤكدة فيماثل مستوى الثقة اللازم لتحديد الموارد المعدنية المقيسة. وتكون الموارد المعدنية المفترضة دائما مضافةً إلى الاحتياطيات المعدنية.

التوجيه

٦١ - تنص معايير الإبلاغ أيضا على وجود علاقة ذات اتجاهين بين الموارد المعدنية المقيسة والاحتياطيات المعدنية المحتملة. والهدف من هذا الحكم تغطية الحالات التي يمكن فيها لأوجه عدم اليقين المرتبطة بأي عامل من العوامل المعدِّلة التي تراعى لدى تحويل الموارد المعدنية إلى احتياطيات معدنية أن تؤدي إلى أن تكون درجة الثقة في الاحتياطيات المعدنية أدنى مما هي عليه في الموارد المعدنية المقابلة لها. ولا يعني هذا التحويل وجود انخفاض في مستوى المعارف الجيولوجية أو الثقة الجيولوجية.

٦٢ - ويمكن تحويل احتياطي معدني محتمل مشتق من موارد معدنية مقيسة إلى احتياطي معدني مؤكد إذا أزيلت أوجه عدم اليقين التي تشوب العوامل المعدِّلة. ولا يمكن َ أن يعلوَ أي قدر من الثقة في العوامل المعدِّلة المتعلقة بالتحويل من موارد معدنية إلى احتياطي معدني على المسـتوى الأعلى مـن الثقة القائمة في الموارد المعدنيـة. ولا يمكن بـأي حـال مـن الأحـوال إجراء تحويل مباشر لموارد معدنية مقدرة إلى احتياطي معدني مؤكد (انظر الشكل الوارد في الفقرة ٧).

٦٣ - وينطوي تعيين فئة الاحتياطيات المعدنية المؤكدة على أعلى درجة من درجات الثقة في التقديرات، مع ما ينتج عن ذلك مـن توقعات في أذهـان قارئي التقريـر. وينبغي أن تؤخذ هذه التوقعات في الاعتبار عند تصنيف موارد معدنية في فئة الموارد المعدنية المقيسة[١٦].

---

(١٦) انظر أيضا التوجيهات الواردة في الفقرات ٣٢-٣٤ فيما يتعلق بتصنيف الموارد المعدنية.

٦٤ - ولا تُعَدُّ تقديرات الاحتياطي المعدني حسابات دقيقة. وينبغي أن يعكس الإبلاغ عن أرقام الكمّيات بالطن والنوعية عدمَ اليقين النسبي في التقدير، وذلك بالتقريب إلى أرقام ذات دلالة (انظر أيضا الفقرة ٤٠)[١٧].

التوجيه

٦٥ - يشجع المتعاقد، عند الاقتضاء، على مناقشة مستوى الدقة أو الثقة النسبيتين في تقديرات الاحتياطات المعدنية. وينبغي أن يحدد البيان ما إذا كان يتعلق بتقديرات كلية (كامل الاحتياطي) أو موضعية (وهي مجموعة فرعية من الاحتياطي قد يختلف مستوى دقة التقديرات المتعلقة بها أو الثقة فيها عن مستوى دقة التقديرات المتعلقة بكامل الاحتياطي والثقة فيها)، وإذا كانت التقديرات موضعية، ينبغي ذكر الكميات بالطن أو الحجوم ذات الصلة. وفي الحالات التي يستحيل فيها بيان مستوى الدقة أو الثقة النسبية، ينبغي توفير مناقشة وصفية لجوانب عدم اليقين (راجع الضميمة ١ والتوجيهات الواردة في الفقرة ٤٠).

٦٦ - ويجب أن تحدد التقارير عن الاحتياطيات المعدنية فئة واحدة من الفئتين ''المؤكدة'' و ''المحتَملة'' أو كلتيهما. ويجب عدم الإبلاغ عن الفئات في شكل مختلط للاحتياطي المعدني المؤكد والمحتمل ما لم تقدم أيضا الأرقام ذات الصلة لكل فئة من الفئتين. ويجب ألاّ تعرض التقارير أرقام المحتوى من الفلزات أو المحتوى المعدني ما لم تقدم أيضا أرقام الكميات بالطن والنوعية المقابلة لها. ويجب عدم تجميع الاحتياطيات المعدنية مع الموارد المعدنية[١٤].

التوجيه

٦٧ - يمكن أن تشتمل الاحتياطيات المعدنية على مواد (تخفيف) لا تشكّل جزءا من الموارد المعدنية الأصلية. ومن الضروري أخذ هذا الفرق الأساسي بين الموارد المعدنية والاحتياطيات المعدنية في الاعتبار وتوخي الحذر لدى محاولة استخلاص استنتاجات من المقارنة بين الاثنين.

٦٨ - وعند تقديم بيانات منقحة لاحتياطيات معدنية وموارد معدنية، ينبغي أن تكون مشفوعة بتسوية مع البيانات السابقة. ولا يلزم تقديم سرد مفصل للفروق بين الأرقام، ولكن ينبغي تقديم تعليقات كافية تمكن القارئ من فهم التغيرات الهامة.

(١٧) للتأكيد على الطابع غير الدقيق للاحتياطي المعدني، ينبغي الإشارة دائما إلى النتيجة النهائية باعتبار أنها تقديرٌ لا حسابٌ.

٦٩ - وعندما يبلغ عن أرقام ذات صلة بالموارد المعدنية والاحتياطيات المعدنية على السواء، يجب أن تدرج في التقرير عبارةٌ تبين بوضوح ما إذا كانت الموارد المعدنية تشمل الاحتياطيات المعدنية أم أنه يبلغ عنها بالإضافة إلى الاحتياطيات.

٧٠ - ويجب ألا تدرج تقديرات الاحتياطيات المعدنية في تقديرات الموارد المعدنية تحت رقم إجمالي واحد[١٨].

التوجيه

٧١ - الموارد المعدنية المقيسة والمقدرة هي مضافةٌ إلى الاحتياطيات المعدنية. وفي الحالة الأولى، إذا لم تعدل أي موارد معدنية مقيسة ومقدرة بهدف إنتاج احتياطيات معدنية لأسباب اقتصادية أو غير ذلك من الأسباب، ينبغي أن تُدرج في التقرير التفاصيل ذات الصلة الخاصة بهذه الموارد المعدنية غير المعدلة. والهدف من ذلك هو مساعدة قارئ التقرير في التوصل إلى رأي بشأن احتمال تحويل الموارد المعدنية المقيسة والمقدرة غير المعدلة إلى احتياطيات معدنية في نهاية المطاف.

٧٢ - وتكون الموارد المعدنية المفترضة، بالتعريف، مضافةً دائما إلى الاحتياطيات المعدنية. وللأسباب المذكورة في الفقرة ٢٤ وفي هذه الفقرة، يجب ألا تدرج أرقام الاحتياطيات المعدنية المبلّغ عنها في أرقام الموارد المعدنية المبلّغ عنها. ويكون المجموع الناتج مضللا ويمكن أن يساء فهمه أو يُساء استعماله لإعطاء انطباع خاطئ عن توقعات المتعاقد.

ثامنا - الدراسات الفنية

٧٣ - الدراسة الاستطلاعية هي دراسة اقتصادية للجدوى الممكنة من الموارد المعدنية تشمل تقييمات مناسبة لعوامل معدِّلة مفترضة بشكل واقعي، إلى جانب أي عوامل عملية أخرى ذات صلة تكون ضرورية لكي تبين في وقت الإبلاغ أن التقدم نحو إجراء دراسة جدوى تمهيدية يمكن أن يبرر على نحو معقول.

٧٤ - ودراسة الجدوى التمهيدية هي دراسة شاملة لطائفة من خيارات الجدوى التقنية والاقتصادية لمشروع تعديني وصل إلى مرحلة تُقرَّر فيها طريقة التعدين المفضلة وتحدد فيها طريقة فعالة لمعالجة المعادن. وهي تشمل تحليلا ماليا بناء على افتراضات معقولة

(١٨) في بعض الحالات، يوجد ما يدعو للإبلاغ عن الموارد المعدنية متضمنة الاحتياطيات المعدنية، ويوجد في حالات أخرى ما يدعو للإبلاغ عن الموارد المعدنية بالإضافة إلى الاحتياطيات المعدنية. ويجب أن يوضح شكل الإبلاغ المعتمد. ويمكن الإبلاغ عن الأشكال الملائمة للعبارات التوضيحية.

بشأن العوامل المعدّلة، وتقييما لأي عوامل أخرى ذات صلة تكون كافية لكي يقوم المتعاقد، متصرفا في حدود المعقول، بتحديد ما إذا كان يمكن تحويل كل الموارد المعدنية أو جزء منها إلى احتياطي معدني في وقت الإبلاغ. ويكون مستوى الثقة في دراسة الجدوى التمهيدية أدنى من مستوى الثقة في دراسة الجدوى.

٧٥ - ودراسة الجدوى هي دراسة فنية واقتصادية شاملة لخيار الاستغلال الذي تقرر الأخذ به في مشروع تعديني، وهي تشمل تقييمات مفصلة على نحو ملائم للعوامل المعدِّلة الواجبة التطبيق إلى جانب تحليلٍ مالي مفصل وأي عوامل عملية أخرى ذات صلة تكون ضرورية لكي تثبت في وقت الإبلاغ أن الاستخراج مبرر اقتصاديا بأسباب معقولة (الموارد قابلة للتعدين اقتصاديا). وقد تُشكّل نتائج الدراسة، على نحو معقول، الأساس اللازم لكي يتخذ طرف داعم أو مؤسسة مالية قرارا نهائيا بالمباشرة في إقامة المشروع، أو تمويله. وسيكون مستوى الثقة في هذه الدراسة أعلى من مستوى الثقة في دراسة الجدوى التمهيدية.

التوجيه

٧٦ - ترد في الضميمة ١، في شكل موجز، قائمة بالمعايير التي ينبغي النظر فيها لدى إعداد تقارير عن تقييمات نتائج الاستكشاف المعدني، والموارد المعدنية، والاحتياطيات المعدنية. ولا حاجة لمناقشة تلك المعايير في تقرير ما إن لم تؤثّر تأثيرا ملموسا في تقدير أو تصنيف الموارد المعدنية. ويمكن أن تُشكل التغييرات في العوامل الاقتصادية أو السياسية وحدها الأساس لتغييرات هامة في الاحتياطيات المعدنية، وينبغي الإبلاغ عنها وفقا لذلك.

الضميمة ١

قائمة مرجعية بمعايير التقييم والإبلاغ

١ - هذا الجدول هو قائمة مرجعية ينبغي لمعدّي التقارير المتعلقة بتقييمات نتائج الاستكشاف المعدني، والموارد المعدنية، والاحتياطيات المعدنية استخدامها كمرجع. والقائمة المرجعية غير إلزامية، وكما هو الحال دائما، تشكّل الملاءمة وأهمية المضمون مبدأين سائدين يحددان ماهية المعلومات التي ينبغي أن يبلغ عنها. غير أن من المهم الإبلاغ عن أي مسائل يمكن أن تؤثر تأثيرا ملموسا في فهم القارئ أو تفسيره لتقييمات النتائج أو التقديرات التي يُبلّغ عنها. ولهذا الأمر أهمية خاصة في الحالات التي تؤثر فيها البيانات غير الكافية أو غير المؤكدة في موثوقية بيان لتقييمات نتائج الاستكشاف المعدني أو تقدير للموارد المعدنية أو الاحتياطيات المعدنية، أو في الثقة فيهما.

٢ - ويعكس ترتيب المعايير وتجميعها في الجدول النهج المنتظم المعتاد للاستكشاف والتقييم. وتنطبق معايير الفئة الأولى (تقنيات أخذ العينات وبياناته) على جميع ما يليها من فئات. وفي الجزء المتبقي من القائمة المرجعية، تنطبق المعايير الواردة في إحدى الفئات في كثير من الأحيان على الفئات التالية وينبغي النظر فيها عند وضع التقديرات وتقديم التقارير.

المعايير	الشرح
تقنيات أخذ العينات وبياناتها (تنطبق المعايير الواردة في هذه الفئة على جميع الفئات التالية)	
تقنيات أخذ العيّنات	طبيعة أخذ العينات ونوعيتها (من قبيل استخدام أجهزة أخذ العينات ذات الكلابات التي تعمل بالسقوط الحر، والأجهزة الصندوقية لاستخراج العينات الجوفية، والأجهزة الصندوقية ذات الكلابات لاستخراج العينات، وما إلى ذلك) والتدابير المتخذة لضمان الصفة التمثيلية للعيّنات.
استخراج العيّنات	• بيان ما إذا كان يجري تسجيل استخراج العينات بشكل صحيح وتقييمُ النتائج • التدابير المتخذة لزيادة استخراج العيّنات إلى أقصى حد وضمان الصفة التمثيلية للعيّنات • بيان ما إذا كانت توجد علاقة بين استخراج العيّنات والنوعية وما إذا كان قد حدث خطأ منتظم في معالجة العينات بسبب خسارة تفضيلية أو ربح تفضيلي لمواد ناعمة وخشنة

المعايير	الشرح
تسجيل العيّنات ووصفها	• بيان ما إذا كان يجري تسجيل العينات أو وصفها بمستوى من التفصيل يكفي لدعم التقديرات الملائمة للموارد المعدنية، ودراسات الاستخراج، والدراسات التعدينية • بيان ما إذا كان تسجيل العينات نوعيا أو كميا في طبيعته وتقديم صور فوتوغرافية للعينات
تقنيات أخذ العينات الفرعية وتحضير العينات	• طبيعة تقنية تحضير العينات ونوعيتها ومدى ملاءمتها • إجراءات مراقبة الجودة المعتمدة في جميع مراحل أخذ العينات الفرعية لتعزيز الصفة التمثيلية للعينات إلى أقصى حد ممكن • التدابير المتخذة لضمان تمثيلية العينات المأخوذة للمواد المجمّعة في الموقع • بيان ما إذا كانت أحجام العينات ملائمة لحجم حبيبات المواد التي تؤخذ منها العينات • يوصى بإيراد بيان بشأن تدابير الأمن المتخذة لضمان سلامة العينات
نوعية بيانات المعايرة والتجارب المختبرية	• طبيعة عملية المعايرة والإجراءات المختبرية المستخدمة ونوعيتها ومدى ملاءمتها، وما إذا كانت التقنية تُعتبر جزئية أو كلية • طبيعة إجراءات ضبط الجودة المعتمدة (من قبيل المعايير، والاستمارات، وتكرار التجارب، وعمليات التحقق في مختبرات خارجية) وما إذا كانت قد أرسيت مستويات مقبولة من الضبط (أي غياب الخطأ المنتظم في المعالجة) والدقة
موقع نقاط البيانات	• دقة وجودة المسوح المستخدمة في تحديد مواقع العينات الأخرى المستخدمة في تقدير الموارد المعدنية • نوعية المراقبة الطبوغرافية ومدى كفايتها (تقديم مخططات الحقول)
التباعد بين البيانات وتوزيعها	• التباعد بين بيانات الإبلاغ عن تقييمات نتائج الاستكشاف المعدني • بيان ما إذا كان التباعد بين البيانات وتوزيعها كافيين لتحديد درجة الاستمرارية الجيولوجية ودرجة استمرارية النوعية المناسبتين للإجراءات والتصنيفات المطبقة في تقدير الموارد المعدنية والاحتياطيات المعدنية • بيان ما إذا كان يجري تطبيق تجميع العينات
محفوظات الإبلاغ	توثيق البيانات الأولية، وإجراءات إدخال البيانات، والتحقق من البيانات، وتخزين البيانات (المادية والإلكترونية) اللازمة لإعداد التقرير

المعايير	الشرح
عمليــــات المراجعــــة والاستعراض	نتائج أي عمليات مراجعة واستعراض لتقنيات أخذ العينات وبياناتها

الإبلاغ عن تقييمات نتائج الاستكشاف المعدني
(تنطبق المعايير المدرجة في الفئة السابقة على هذه الفئة أيضا)

الحقوق في المعادن وملكية الأراضي	• النـوع، والاسـم أو الـرقم المرجعـي، والموقـع، والملكيـة، بمـا في ذلـك الاتفاقـات أو المسائل المادية مع أطراف ثالثة مثل المشاريع المشتركة، والشراكات، والريوع ذات الأولوية، والوضع البيئي، وما إلى ذلك
	• ضمان الحيازة في وقت تقديم التقرير، إلى جانب أي عقبات معروفة تحول دون الحصول على عقد للعمل في المنطقة
	• مخططات مواقع الحقوق في المعادن وحقوق ملكيتها. ولا يُتوقع أن يمثل إيراد وصف لحق في ملكية المعادن في تقرير فني رأيا قانونيا، بل ينبغي أن يكون وصفا موجزا وواضحا لهذا الحق في الملكية كما يفهمه معدُّ التقرير
الاستكشــاف الـذي تجريـه أطراف أخرى	• الإقرار بالاستكشاف الذي تجريه أطراف أخرى وتقييمه
الجيولوجيا	• نوع الراسب، والبيئة الجيولوجية، وشكل الكتل المتعدنة
	• ينبغي وجود خرائط جيولوجية موثوقة لدعم التفسيرات
طرق الإبلاغ عن البيانات	• عند الإبلاغ عن تقييمات نتائج الاستكشاف المعدني، عادة ما تكون قيمتا الحد الأقصى والحد الأدنى لفصل النوعية (من قبيل فصل قيم النوعية العليا) وقيم فصل النوعية عموما هامة جدا وينبغي ذكرها
	• ينبغي أن تُذكر بوضوح الافتراضات المستخدمة في أي إبلاغ عن القيم المكافئة للفلزات
الرسوم البيانية	حيثما أمكن، ينبغي إدراج خرائط، ومخططات ذات مقاييس تتضمن نتائج فحص العينات لأي اكتشاف لمواد يجري الإبلاغ عنه، إذا كانت هذه الرسوم البيانية توضح التقرير إلى حد كبير
الإبلاغ المتوازن	عندما يكون تقديم تقارير شاملة عن جميع تقييمات نتائج الاستكشاف المعدني أمرا غير ممكن عمليا، ينبغي اللجوء إلى تقديم تقارير تمثيلية عن كل من النوعيتين الدنيا والعليا والامتدادات لتجنب تقديم تقارير مضللة عن هذه التقييمات
بيانات الاستكشاف الفنية الأخرى	ينبغي أن تُقدَّم بيانات أخرى عـن الاستكشاف، إذا كانـت مجديـة وذات أهميـة، بما في ذلك (على سبيل المثال لا الحصر): الملاحظات الجيولوجية؛ ونتائج المسح

المعايير	الشرح
	الجيوفيزيائي؛ ونتائج المسح الجيوكيميائي؛ ونتائج التصوير الفوتوغرافي لقاع البحر أو المسح بواسطة المسبار؛ والعينات الكبيرة وحجمها وطريقة معالجتها؛ ونتائج الاختبارات التعدينية؛ والكثافة الحجمية؛ والخصائص الجيوتقنية وخواص الصخور؛ والمواد الضارة أو الملوِّثة المحتملة
العمل الإضافي	طبيعة ونطاق العمل الإضافي المقرر (من قبيل تجارب التوسعات الجانبية)

تقدير الموارد المعدنية والإبلاغ عنها

(تنطبق المعايير المدرجة في الفئة الأولى، وحسب الاقتضاء في الفئة الثانية، على هذه الفئة أيضا)

سلامة قواعد البيانات	• التدابير المتخذة لضمان عدم تعرض البيانات للتحريف، على سبيل المثال، بأخطاء التدوين أو الترميز، فيما بين جمعها الأولي واستخدامها لأغراض تقدير الموارد المعدنية • التحقق من صحة البيانات أو إجراءات التثبت المتبعة
التفسير الجيولوجي	• الثقة (أو بالعكس، عدم اليقين) في التفسير الجيولوجي للرواسب المعدنية • طبيعة البيانات المستخدمة وأي افتراضات موضوعة • تأثير التفسيرات البديلة، إن وجدت، في تقدير الموارد المعدنية • استخدام الجيولوجيا في توجيه وضبط تقدير الموارد المعدنية • العوامل المؤثرة في استمرارية النوعية والاستمرارية الجيولوجية
الأبعاد	امتداد وتقلبات الموارد المعدنية المعبَّر عنها بالطول (على امتداد خط اتجاه الطبقة أو غير ذلك) والعرض
تقنيات التقدير والنمذجة	• طبيعة وملاءمة تقنيات التقدير المطبَّقة والافتراضات الأساسية، بما في ذلك معالجة قيم النوعية القصوى، والتقسيم إلى نطاقات، ومعايير الاستقراء الداخلي، والبعد الأقصى للاستقراء الخارجي عن نقاط البيانات • توافر تقديرات المراقبة، والتقديرات السابقة وسجلات إنتاج المناجم، وبيان ما إذا كان تقدير الموارد المعدنية يولي هذه البياناتِ الاعتبارَ المناسب • الافتراضات الموضوعة فيما يتعلق باستخراج المنتجات الثانوية • تقدير العناصر الضارة أو المتغيرات الأخرى غير المتعلقة بالنوعية وذات الأهمية الاقتصادية • في حالة الاستقراء الداخلي لنموذج الكتل، حجم الكتل فيما يتعلق بمتوسط التباعد بين العينات والبحث المستخدَم

المعايير	الشرح

- أي افتراضات كامنة وراء نمذجة وحدات التعدين الانتقائية (مثل طريقة كريغ غير الخطية)

- بيان أي افتراضات بشأن الترابط بين المتغيرات

- عملية التحقق، وعملية الفحص المستخدمة، ومقارنة البيانات النموذجية ببيانات فحص العينات، واستخدام بيانات التسويات، في حال توافرها

- وصف تفصيلي للطريقة المستخدمة والافتراضات الموضوعة لتقدير الكميات بالطن (أو الوفرة) والنوعيات (طريقة القطع، أو طريقة المضلع، أو المسافة العكسية، أو الطريقة الإحصائية الجيولوجية، أو طريقة أخرى)

- وصف الكيفية التي استُخدم فيها التفسير الجيولوجي لضبط تقديرات الموارد

- مناقشة أساس استخدام، أو عدم استخدام، فصل النوعية أو تحديد الحد الأقصى لها. وفي حال اختيار الطريقة الحاسوبية، وصف البرامج والبارامترات المستخدمة

- تتباين الطرق الإحصائية الجيولوجية تباينا شديدا وينبغي وصفها بالتفصيل. وينبغي تبرير الطريقة المختارة. وينبغي مناقشة البارامترات الإحصائية الجيولوجية، بما في ذلك الفاريوغرام، وتوافقيتها مع التفسير الجيولوجي

- وينبغي أن تؤخذ في الاعتبار الخبرة المكتسبة من تطبيق الإحصاءات الجيولوجية على رواسب مشابهة

الرطوبة	بيان ما إذا كانت الكميات بالطن أو الوفرة تقدر بالطريقة الجافة أو بالرطوبة الطبيعية، وطريقة تحديد محتوى الرطوبة
بارامترات الفصل	أساس القيمة أو القيم النوعية للفصل المعتمدة أو بارامترات النوعية أو الكمية المطبقة، بما في ذلك، عند الاقتضاء، أساس صيغ الفلزات المكافئة
عوامـــل التعـــدين أو افتراضاته	• الافتراضات الموضوعة بشأن طرق التعدين الممكنة والحدود الدنيا لأبعاد التعدين، وتخفيف التركيز المعدني الداخلي (أو الخارجي، عندما ينطبق ذلك). وقد لا يتسنى دائما وضع افتراضات بشأن طرق التعدين وبارامتراته عند تقدير الموارد المعدنية. وفي الحالات التي لا توضع فيها افتراضات، ينبغي أن يُذكر ذلك في التقرير

- من أجل وضع توقعات واقعية للاستخراج الاقتصادي النهائي، لا بد من وضع افتراضات أساسية. ومن الأمثلة على ذلك البارامترات الجيوتقنية، وطبوغرافيا قاع البحر، وحجم منطقة التعدين في قاع البحار، والاحتياجات من البنى التحتية، وتكاليف التعدين التقديرية. وينبغي بيان جميع الافتراضات بوضوح

المعايير	الشرح
العوامل والافتراضات المتعلقة بالمعالجة التعدينية	• العملية التعدينية المقترحة ومدى ملاءمة تلك العملية لنوع الكتلة المتعدنة. وقد لا يتسنى دائما وضع افتراضات بشأن عمليات المعالجة التعدينية وبارامتراتها عند الإبلاغ عن الموارد المعدنية. وفي الحالات التي لا توضع فيها افتراضات، ينبغي أن يُذكر ذلك في التقرير • من أجل وضع توقعات واقعية للاستخراج الاقتصادي النهائي، لا بد من وضع افتراضات أساسية. ومن الأمثلة على ذلك نطاق عمل التجارب التعدينية، وعوامل الاستخراج، والمخصصات المتعلقة بالإيرادات من النواتج الثانوية أو بالعناصر الضارة، والاحتياجات من البنى التحتية، والتكاليف التقديرية للمعالجة. وينبغي بيان جميع الافتراضات بوضوح
الكثافة الحجمية	• بيان ما إذا كانت الكثافة الحجمية مفترضة أو محددة. وإذا كانت مفترضة، ما هو أساس الافتراضات. أما إذا كانت محددة، فما هي الطريقة المستخدمة، وما إذا كانت رطبة أو جافة، وتواتر القياسات، وطبيعة العينات وحجمها وصفتها التمثيلية
التصنيف	• أساس تصنيف الموارد المعدنية في فئات متباينة من الثقة • بيان ما إذا كان يولى الاعتبار الواجب لجميع العوامل ذات الصلة (أي الثقة النسبية في حسابات الكميات بالطن أو حسابات النوعية، والثقة في الاستمرارية الجيولوجية وقيم الفلزات، ونوعية البيانات وكميتها وتوزّعها) • بيان ما إذا كانت النتيجة تبيّن بشكل مناسب رأي المتعاقد بشأن الرواسب
عمليات المراجعة والاستعراض	نتائج أي عمليات مراجعة أو استعراض لتقديرات الموارد المعدنية
مناقشة الدقة والثقة النسبيتين	• عند الاقتضاء، بيان مستوى الدقة أو الثقة النسبيتين في تقدير الموارد المعدنية باستخدام نهج أو إجراء يراه المتعاقد. ومثال ذلك تطبيق الإجراءات الإحصائية أو الإحصائية الجيولوجية لتحديد قيمة للدقة النسبية لتقدير الموارد ضمن حدود معلنة للثقة أو، إذا كان هذا النهج لا يعتبر نهجا مناسبا، إجراء مناقشة وصفية للعوامل التي يمكن أن تؤثر في مستوى الدقة والثقة النسبيتين المتعلقتين بالتقدير • ينبغي أن يحدد البيان ما إذا كان يتعلق بتقديرات كلية أو موضعية، وإذا كانت موضعية، تذكر الكميات بالطن أو أرقام الوفرة ذات الصلة، التي ينبغي أن تكون ذات أهمية للتقييم التقني والاقتصادي • ينبغي أن تشمل الوثائق الافتراضات الموضوعة والإجراءات المستخدمة • ينبغي مقارنة البيانات المتعلقة بمستوى الدقة والثقة النسبيتين للتقدير ببيانات الإنتاج، في حال توافرها

المعايير	الشرح
تقدير الاحتياطيات المعدنية والإبلاغ عنها **(تنطبق المعايير المدرجة في الفئة الأولى، وعند الاقتضاء في الفئات السابقة، على هذه الفئة أيضا)**	
تقدير الموارد المعدنية لتحويلها إلى احتياطيات معدنية	• وصف تقدير الموارد المعدنية المستخدم كأساس للتحويل إلى احتياطيات معدنية • بيان واضح بشأن ما إذا كان يبلّغ عن الموارد المعدنية بالإضافة إلى الاحتياطيات المعدنية أو أنها تتضمنها
حالة الدراسة	• نوع ومستوى الدراسة المجراة لكي يتسنى تحويل الموارد المعدنية إلى احتياطيات معدنية • لا تشترط معايير الإبلاغ أن تجرى دراسة جدوى نهائية من أجل تحويل الموارد المعدنية إلى احتياطيات معدنية؛ ولكنها تشترط أن تضع الدراسات المجراة على الأقل على مستوى الجدوى التمهيدية خطة منجم قابلة للتحقيق تقنيا، ومجدية اقتصاديا، وأن ينظر في جميع العوامل المعدِّلة
بارامترات الفصل	أساس القيمة أو القيم النوعية للفصل المعتمدة أو بارامترات النوعية المطبقة، بما في ذلك، عند الاقتضاء، أساس صيغ الفلزات المكافئة. وقد يشكل بارامتر الفصل قيمة اقتصادية للكتلة وليس قيمة للنوعية
عوامل التعدين أو افتراضاته	• الطريقة والافتراضات المستخدمة لتحويل الموارد المعدنية إلى احتياطيات معدنية (أي إما بتطبيق العوامل المناسبة عن طريق تحديد القيم المثلى أو عن طريق تصميم أولي أو تفصيلي) • اختيار وطبيعة ومدى ملاءمة طريقة أو طرائق التعدين التي وقع عليها الاختيار، وحجم وحدة التعدين المختارة، وبارامترات التعدين الأخرى، بما في ذلك مسائل التصميم المرتبطة بها • الافتراضات الموضوعة بشأن البارامترات الجيوتقنية (مثل انحدار قعر قاع البحر والأحوال الطوبوغرافية) • العوامل التعدينية المتعلقة بتخفيف التركيز، والعوامل التعدينية المتعلقة بالاستخراج، والحدود الدنيا لامتدادات التعدين المستخدمة • الاحتياجات من البنى التحتية لطرائق التعدين المختارة، وتاريخ موثوقية بارامترات الأداء، في حال توفره
العوامل والافتراضات التعدينية	• العملية التعدينية المقترحة ومدى ملاءمة تلك العملية لشكل الكتلة المتعدنة • بيان ما إذا كانت العملية التعدينية تمثل تكنولوجيا مجرّبة جيدا أو جديدة في طبيعتها

المعايير	الشرح
	• طبيعة الاختبارات التعدينية المجراة وكميتها وصفتها التمثيلية وعوامل الاستخراج التعدينية المطبقة
	• أي افتراضات أو مخصصات توضع بشأن العناصر الضارة
	• وجود أي أعمال تجريبية تتضمن أخذ عينات كبيرة أو استخراج تجريبي ودرجة تمثيل هذه العينات لكتلة الخام ككل
	• ينبغي أن يذكر بوضوح في بيانات الكميات بالطن والنوعيات المقدمة بخصوص الاحتياطيات المعدنية ما إذا كانت تلك البيانات تتعلق بالمواد المرسلة لمنشأة المعالجة أو المتاحة بعد الاستخراج
	• تدرج ملاحظة بخصوص منشأة المعالجة والمعدات القائمة، بما في ذلك الإشارة إلى قيمة استبدالها وقيمتها المتبقية بعد انتهاء العمل
عوامل التكاليف والإيرادات	• استنتاج رأس المال المتوقع والتكاليف التشغيلية، أو الافتراضات الموضوعة فيما يتعلق بها
	• الافتراضات الموضوعة فيما يتعلق بالإيرادات، بما في ذلك النوعية الأولى، وأسعار الفلزات أو السلع، وأسعار الصرف، وتكاليف النقل والمعالجة، والعقوبات، وما إلى ذلك
	• المخصصات الموضوعة للريوع المستحقة الدفع، وتقاسم المنافع على الصعيد الدولي، وما إلى ذلك
	• مساهمات التدفقات النقدية الأساسية لفترة زمنية محددة
تقييم الأسواق	• الطلب والعرض وحالة المخزون فيما يتعلق بالسلعة المعنية، بالإضافة إلى اتجاهات وعوامل الاستهلاك التي يحتمل أن تؤثر في العرض والطلب في المستقبل
	• تحليل للمستهلكين والجهات المنافسة، إلى جانب تحديد الفترات الزمنية المؤاتية المحتملة لطرح المنتج في السوق
	• توقعات الأسعار والأحجام وأساس هذه التوقعات
معايير أخرى	• تأثير العوامل المتعلقة بالمخاطر الطبيعية أو البنى التحتية أو البيئة أو القوانين أو التسويق أو المجتمع أو الحكومة، إن وجدت، في احتمال نجاح المشروع وفي تقدير وتصنيف الاحتياطيات المعدنية
	• حالة حقوق الملكية والموافقات ذات الأهمية البالغة لنجاح المشروع، مثل عقود الإيجار الخاصة بالتعدين، وتراخيص تصريف المياه المستعملة، والموافقات الحكومية والقانونية

المعايير	الشرح
	• الأوصاف البيئية للمسؤوليات المتوقعة • مخططات مواقع حقوق التعدين وحقوق الملكية
التصنيف	• أساس تصنيف الاحتياطيات المعدنية في فئات متباينة من الثقة • بيان ما إذا كانت النتيجة تبيّن بشكل مناسب رأي المتعاقد بشأن الرواسب • نسبة الاحتياطيات المعدنية المحتملة التي استنتجت من الموارد المعدنية المقيسة، إن وجِدت
عمليات المراجعة والاستعراض	نتائج أي عمليات مراجعة أو استعراض لتقديرات الموارد المعدنية
مناقشة الدقة والثقة النسبيتين	• عند الاقتضاء، بيان مستوى الدقة أو الثقة النسبيتين في تقديرات الاحتياطيات المعدنية باستخدام نهج أو إجراء يراه المتعاقد مناسبا. ومثال ذلك تطبيق الإجراءات الإحصائية أو الإحصائية الجيولوجية لتحديد قيمة للدقة النسبية لتقدير الاحتياطيات ضمن حدود معلنة للثقة أو إذا كان هذا النهج لا يعتبر نهجا مناسبا، إجراء مناقشة وصفية للعوامل التي يمكن أن تؤثر في مستوى الدقة والثقة النسبيتين المتعلقتين بالتقدير • ينبغي أن يحدد البيان ما إذا كان يتعلق بتقديرات كلية أو موضعية، وإذا كانت موضعية، تذكر الكميات بالطن أو أرقام الوفرة ذات الصلة، التي ينبغي أن تكون ذات أهمية للتقييم التقني والاقتصادي. وينبغي أن تشمل الوثائق الافتراضات الموضوعة والإجراءات المستخدمة • ينبغي مقارنة البيانات المتعلقة بالدقة والثقة النسبيتين للتقدير ببيانات الإنتاج، في حال توافرها

الضميمة ٢

المصطلحات العامة ومعادِلاتها وتعاريفها

تستخدم في معايير الإبلاغ للسلطة الدولية لقاع البحار بعض الكلمات بمعنىً عامّ في حين يمكن أن تعطيها فئات معينة من العاملين في قطاع التعدين معنىً أكثر تحديدا. ولتفادي الازدواج والغموض، تُعرّف تلك المصطلحات العامة فيما يلي، جنبا إلى جنب مع مصطلحات أخرى يمكن اعتبارها مرادفة لأغراض هذه الوثيقة.

المصطلح العام	المرادفات أو المصطلحات المشابهة	المعنى العام المقصود
الاحتياطي المعدني	احتياطي الخام	راسب صُنّف كاحتياطي. ويفضل استخدام مصطلح ''المعدن'' في إطار معايير الإبلاغ للسلطة ولكن مصطلح ''الخام'' شائع الاستعمال ومقبول بوجه عام. ويمكن استخدام مصطلحات أخرى لتوضيح المعنى، مثل ''احتياطيات قاع البحار''
الاستخراج	الإنتاج	النسبة المئوية للمواد ذات الاهتمام الأولي المستخرجة أثناء التعدين أو المعالجة. وقياس لكفاءة التعدين أو المعالجة
التعدين	الجمع من قاع البحار	جميع الأنشطة المتصلة باستخراج الفلزات والمعادن من الأرض، سواء على السطح أو تحت سطح الأرض أو في قاع البحار
دراسة الجدوى		دراسة شاملة لرواسب معدنية تدرس فيها جميع العوامل الجيولوجية والهندسية والقانونية والتشغيلية والاقتصادية والاجتماعية والبيئية وغيرها من العوامل ذات الصلة بتفصيل واف يمكن أن يكوّن أساسا معقولا لاتخاذ قرار نهائي يصدر عن مؤسسة مالية بتمويل استخراج الرواسب لإنتاج المعادن
دراسة الجدوى التمهيدية	دراسة الجدوى الأولية	دراسة شاملة عن جدوى مشروع تعديني: (أ) يكون قد بلغ مرحلة قُررت فيها طريقة التعدين، وحددت فيها طريقة فعالة لمعالجة المعادن؛ (ب) تشمل تحليلا ماليا يستند إلى افتراضات معقولة بشأن العوامل التقنية والهندسية والقانونية والتشغيلية والاقتصادية، وتقييمَ العوامل الأخرى ذات الصلة التي تكون كافية لكي يقوم شخص ذو مؤهلات وخبرات ملائمة، في حدود

المصطلح العام	المرادفات أو المصطلحات المشابهة	المعنى العام المقصود
		المعقول، بتحديد ما إذا كان يمكن تصنيف كل الموارد المعدنية أو جزء منها كاحتياطي معدني
قيمة الفصل النوعية	خصائص المنتج	أدنى نوعية، أو جودة، للمواد المتعدّنة التي تعتبر قابلة للتعدين اقتصاديا وتكون متوافرة في رواسب معينة. ويمكن تحديدها بناء على تقييم اقتصادي، أو على أساس الخواص الفيزيائية أو الكيميائية التي تحدد خصائص مقبولة للمنتج
الكتلة المتعدنة	نوع الراسب؛ شكل الكتلة المتعدنة	أي معدن واحد أو مجموعة معادن توجد في كتلة أو في راسب ذي أهمية اقتصادية. ويقصد بهذا المصطلح أن يشمل جميع الأشكال التي يمكن أن يحدث فيها التعدّن، مصنفة حسب نوع الرواسب، أو طريقة الحدوث، أو النشوء، أو التركيب
الكمية بالطن	الكمية؛ الحجم؛ الوفرة	تعبير عن مقدار المادة المعنية بصرف النظر عن وحدات القياس (التي ينبغي ذكرها عند الإبلاغ عن الأرقام)
المعالجة التعدينية	المعالجة؛ التنقية؛ التحضير؛ التركيز	عملية الفصل الفيزيائي أو الكيميائي للمكونات المنشودة من كتلة أكبر من المواد. والطرق المستخدمة في تحضير منتج نهائي قابل للتسويق من المواد المستخرجة. ومن الأمثلة على ذلك الغربلة، والتعويم، والفصل المغنطيسي، والتصويل، والغسل، والتحميص
النوعية	الجودة؛ المعايرة؛ التحليل (قيمة)	أي قياس فيزيائي أو كيميائي لخصائص المواد المعنية في العينات أو المنتج

السلطة الدولية لقاع البحار

ISBA/21/C/19*

المجلس

Distr.: General
23 July 2015
Arabic
Original: English

الدورة الحادية والعشرون

كينغستون، جامايكا

١٣-٢٤ تموز/يوليه ٢٠١٥

مقرر مجلس السلطة الدولية لقاع البحار المتعلق بإجراءات ومعايير تمديد خطط عمل الاستكشاف الموافق عليها وفقاً للفقرة ٩ من الفرع ١ من مرفق الاتفاق المتعلق بتنفيذ الجزء الحادي عشر من اتفاقية الأمم المتحدة لقانون البحار المؤرخة ١٠ كانون الأول/ديسمبر ١٩٨٢

إن مجلس السلطة الدولية لقاع البحار،

إذ يشير إلى أنه يضطلع، عملا بالفقرتين الفرعيتين ٢ (أ) و (ل) من المادة ١٦٢ من مواد اتفاقية الأمم المتحدة لقانون البحار، بمهمة الإشراف على تنفيذ أحكام الجزء الحادي عشر من الاتفاقية المتعلق بجميع المسائل والأمور التي تقع ضمن اختصاص السلطة وتنسيق هذا التنفيذ، ويمارس الرقابة على الأنشطة في المنطقة وفقاً للفقرة ٤ من المادة ١٥٣ من الاتفاقية ولقواعد السلطة وأنظمتها وإجراءاتها،

وإذ يشير أيضا إلى الفقرة ٢ من مقرره المؤرخ ٢٣ تموز/يوليه ٢٠١٤[(١)] التي طلب فيها إلى اللجنة القانونية والتقنية، على سبيل الاستعجال والأولوية المطلقة، وضع مشروع للإجراءات والمعايير المتعلقة بتقديم طلباتِ التمديد لعقود الاستكشاف، وفقا للبند ٣-٢ من الشروط القياسية الواردة في المرفق الرابع للنظام، لكي ينظر فيه المجلسُ في دورته الحادية والعشرين،

---

* أعيد إصدارها لأسباب فنية في ٢٤ تموز/يوليه ٢٠١٥.

(١) ISBA/20/C/31.

وإذ يضع في الاعتبار توصيات اللجنة القانونية والتقنية المتعلقة بإجراءات ومعايير تمديد خطط عمل الاستكشاف الموافَق عليها وفقاً للفقرة ٩ من الفرع ١ من مرفق الاتفاق المتعلق بتنفيذ الجزء الحادي عشر من اتفاقية الأمم المتحدة لقانون البحار المؤرخة ١٠ كانون الأول/ديسمبر ١٩٨٢[٢]، وكذلك توصيات لجنة المالية،

١ - يعتمد إجراءات ومعايير تمديد خطط عمل الاستكشاف الموافَق عليها وفقاً للفقرة ٩ من الفرع ١ من مرفق الاتفاق المتعلق بتنفيذ الجزء الحادي عشر من اتفاقية الأمم المتحدة لقانون البحار المؤرخة ١٠ كانون الأول/ديسمبر ١٩٨٢، بصيغتها الواردة في مرفق هذا المقرر؛

٢ - يؤكد من جديد أنه، تمشيا مع ولاية اللجنة القانونية والتقنية المنصوص عليها في المادة ١٦٥ من الاتفاقية والفقرة ٩ من الفرع ١ من مرفق اتفاق عام ١٩٩٤، تنظر اللجنة فيما إذا كان المتعاقد قد بذل عن حسن نية جهوداً للوفاء بالتزاماته بموجب عقد الاستكشاف، ولكنه لم يتمكن لأسباب خارجة عن إرادة المتعاقد من إكمال الأعمال التحضيرية اللازمة للانتقال إلى مرحلة الاستغلال، أو فيما إذا كانت الأحوال الاقتصادية السائدة لا تبرر الانتقال إلى مرحلة الاستغلال؛

٣ - يدعو الدولة أو الدول المزكية إلى أن تؤكد للأمين العام، وفقا للالتزامات الواقعة على عاتقها، استمرارها في التزكية طوال فترة التمديد؛

٤ - يطلب إلى الأمين العام أن يبلغَ جميع المتعاقدين مع السلطة بهذا المقرر، ويطلب إلى المتعاقدين المتقدّمين بطلبات للتمديد أن يسلطوا الضوء على التعديلات و/أو الإضافات المقترحة المدْخَلة على برنامج الأنشطة.

الجلسة ٢١٢
٢٣ تموز/يوليه ٢٠١٥

(٢) ISBA/21/C/WP.1.

المرفق

إجراءات ومعايير تمديد خطط عمل الاستكشاف الموافَق عليها وفقاً للفقرة ٩ من الفرع ١ من مرفق الاتفاق المتعلق بتنفيذ الجزء الحادي عشر من اتفاقية الأمم المتحدة لقانون البحار المؤرخة ١٠ كانون الأول/ديسمبر ١٩٨٢

أولا - شكل ومضمون طلب التمديد

١ - يجوز لصاحب عقد الاستكشاف (المشار إليه فيما يلي بلفظ ”المتعاقد“) تقديم طلب لتمديد ذلك العقد وفقا للإجراءات المبينة أدناه. ويجوز أن يتقدم المتعاقدون بهذه الطلبات للتمديد لفترات لا يتجاوز كل منها خمس سنوات.

٢ - ويقدم كل طلب لتمديد أي عقد استكشاف كتابة، ويوجه إلى الأمين العام للسلطة الدولية لقاع البحار، ويتضمن المعلومات المبينة في المرفق الأول لهذه الوثيقة. ويقدم كل طلب من هذا القبيل في موعد لا يقل عن ستة شهور قبل انتهاء العقد المقدم الطلب بشأنه.

٣ - وتعتبر الرعاية مستمرة طوال فترة التمديد ما لم تشر الدولة أو الدول المزكية إلى خلاف ذلك عند تقديم طلب التمديد، وتستمر الدولة أو الدول المزكية في تحمل المسؤولية وفقا للمادتين ١٣٩ و ١٥٣ (٤) من الاتفاقية والمادة ٤ (٤) من المرفق الثالث للاتفاقية.

٤ - ويحدد رسم تجهيز طلب تمديد عقد الاستكشاف بمبلغ مقطوع قدره ٦٧ ٠٠٠ دولار أو ما يعادلها بالعملات القابلة للتحويل في السوق الحرة، يُسدَّد بالكامل عند تقديم الطلب.

٥ - وإذا كانت التكاليف الإدارية التي تكبدتها السلطة في تجهيز طلب من الطلبات أقل من المبلغ المقطوع الوارد في الفقرة ٤ أعلاه، تسدد السلطة للمتعاقد الفرق في التكلفة. أما إذا فاقت التكاليفُ الإدارية التي تكبدتها السلطة في تجهيز الطلب المبلغَ المقطوع الوارد في الفقرة ٤ أعلاه، يقوم المتعاقد بتسديد الفرق إلى السلطة، بشرط ألا يتجاوز أي مبلغ إضافي يدفعه المتعاقد نسبة ١٠ في المائة من الرسم المقطوع المشار إليه في الفقرة ٤.

٦ - ويحدد الأمين العام مبلغ هذه الفروق على النحو المشار إليه في الفقرة ٥ أعلاه، آخذا في الحسبان أي معايير تضعها لجنة المالية لهذا الغرض، ثم يخطر المتعاقد بالمبلغ. ويتضمن الإخطار بيانا بالنفقات التي تكبدتها السلطة. ويُسدّد المتعاقد المبلغَ المستحق أو تردّه السلطة في غضون ثلاثة أشهر من القرار النهائي الذي يتخذه المجلس بشأن الطلب.

ثانيا - تجهيز طلب تمديد عقد الاستكشاف

٧ - يقوم الأمين العام بما يلي:

(أ) توجيه إشعار كتابي باستلام كل طلب مقدم لتمديد عقد استكشاف، ويحدد الإشعار تاريخ الاستلام؛

(ب) إخطار الدولة أو الدول المزكية باستلام الطلب وبالشرط المذكور في الفقرة ٣ أعلاه؛

(ج) حفظ الطلب وملحقاته ومرفقاته في مكان مأمون وضمان سرية جميع البيانات والمعلومات السرية الواردة في الطلب؛

(د) إخطار أعضاء السلطة باستلام ذلك الطلب وتعميم معلومات عليهم بشأن الطلب تكون ذات طابع عام وغير سري؛

(هـ) إخطار أعضاء اللجنة القانونية والتقنية بذلك الطلب وإدراج النظر فيه كبند في جدول أعمال الاجتماع المقبل للجنة.

ثالثا - نظر اللجنة القانونية والتقنية في الطلبات

٨ - تنظر اللجنة في طلبات تمديد عقود الاستكشاف على وجه السرعة ووفقا لترتيب استلامها.

٩ - وتقوم اللجنة بدراسة واستعراض البيانات والمعلومات المقدمة من المتعاقد فيما يتصل بطلب تمديد عقد الاستكشاف. ولأغراض الاستعراض، يجوز للجنة أن تطلب إلى المتعاقد تقديم بيانات ومعلومات إضافية حسبما قد يلزم بشأن تنفيذ خطة العمل وامتثال الشروط القياسية للعقد.

١٠ - وتقوم اللجنة، في إطار أدائها لواجباتها، بتطبيق هذه الإجراءات والمعايير وقواعد السلطة وإجراءاتها وأنظمتها ذات الصلة بالمورد المعدني المحدد تطبيقا موحدا وبلا تمييز.

١١ - وإذا تبين للجنة أن طلب تمديد عقد الاستكشاف لا يمتثل لهذه الإجراءات، أو أن المتعاقد لم يقدم البيانات والمعلومات التي طلبتها اللجنة، تقوم بإخطار المتعاقد بذلك كتابة، عن طريق الأمين العام، مبينة الأسباب. وللمتعاقد أن يعدل طلبه في غضون ٤٥ يوما من تاريخ ذلك الإخطار. وإذا رأت اللجنة، بعد النظر مرة أخرى في الطلب، ألا توصي بالموافقة على طلب المتعاقد بتمديد عقد الاستكشاف، تقوم بإخطار المتعاقد بذلك، عن طريق الأمين العام، وتتيح له فرصة أخرى لتقديم بيان أوضاع في غضون ٣٠ يوما. وتولي اللجنة الاعتبار لأي بيان أوضاع من هذا القبيل يقدمه المتعاقد عند إعداد تقريرها وتوصيتها إلى المجلس.

١٢ - وتوصي اللجنة بالموافقة على طلب تمديد عقد الاستكشاف إذا رأت أن المتعاقد بذل عن حسن نية جهودا لامتثال شروط عقد الاستكشاف ولكنه لم يتمكن، لأسباب خارجة عن إرادته، من إنجاز الأعمال التحضيرية اللازمة للانتقال إلى مرحلة الاستغلال، أو إذا لم تُبرر الظروف الاقتصادية السائدة الانتقال إلى مرحلة الاستغلال.

١٣ - وتقدم اللجنة تقريرها وتوصياتها إلى المجلس في أول فرصة ممكنة، آخذة في الاعتبار الجدول الزمني لاجتماعات السلطة.

رابعا - نظر المجلس في الطلبات

١٤ - ينظر المجلس في تقارير اللجنة وتوصياتها المتصلة بطلبات تمديد خطط عمل الاستكشاف الموافق عليها وفقا للفقرتين ١١ و ١٢ من الفرع ٣ من مرفق الاتفاق بشأن تنفيذ الجزء الحادي عشر من اتفاقية الأمم المتحدة لقانون البحار المؤرخة ١٠ كانون الأول/ ديسمبر ١٩٨٢.

١٥ - بعد موافقة المجلس، يمدد العقد بقيام الأمين العام والممثل المخول للمتعاقد بتنفيذ اتفاق يبرم بالشكل المبين في المرفق الثاني لهذه الوثيقة. وتكون الأحكام والشروط المنطبقة على العقد خلال فترة التمديد هي الأحكام والشروط السارية في وقت صدور قرار التمديد، عملا بالنظام ذي الصلة(٣).

خامسا - الحكم الانتقالي

١٦ - في حالة تقديم طلب تمديد عقد على النحو الواجب وفقا لهذه الإجراءات، إلا أن العقد سينتهي خلافا لما ذكر سابقا في تاريخ يقع بعد الاجتماع التالي المقرر للجنة القانونية والتقنية ولكن قبل الاجتماع التالي المقرر للمجلس، يعتبر التمديد شاملا العقد وجميع الحقوق والالتزامات القائمة بموجبه حتى الوقت الذي يكون فيه المجلس قادرا على الاجتماع والموافقة على التقرير والتوصيات الصادرة عن اللجنة فيما يتعلق بذلك العقد. ولا يؤدي تطبيق هذا الحكم بأي حال من الأحوال إلى تمديد العقد بعد مدة خمس سنوات أو مدة أقصر منها حسبما يمكن أن يكون المتعاقد قد طلبها، ابتداء من التاريخ الذي كان العقد سينتهي فيه إذا لم يمدد بموجب هذه الإجراءات.

---

(٣) ما لم يشر إلى خلاف ذلك، تُفهم الإحالات إلى ''النظام'' بوصفها إحالات جماعية إلى نظام التنقيب عن العقيدات المؤلفة من عدة معادن واستكشافها في المنطقة (ISBA/19/C/17، المرفق) ونظام التنقيب عن الكبريتيدات المتعددة الفلزات واستكشافها في المنطقة (ISBA/16/A/12/Rev.1)، ونظام التنقيب عن قشور المنغنيز الحديدي الغنية بالكوبالت واستكشافها في المنطقة (ISBA/18/A/11).

التذييل الأول

المعلومات التي يتعين إدراجها في طلب تمديد عقد استكشاف

١ -   يتألف طلب تمديد عقد استكشاف مما يلي:

(أ)   بيان مقدم من المتعاقد بالأسباب التي يُلتمس تمديد عقد الاستكشاف بناء عليها. ويحدد ذلك البيان فترة التمديد المطلوبة (خمس سنوات كحد أقصى) ويتضمن ما يلي:

‘١’   تفاصيل الأسباب الخارجة عن إرادة المتعاقد التي تجعله غير قادر على إكمال الأعمال التحضيرية اللازمة للانتقال إلى مرحلة الاستغلال؛ أو

‘٢’   شرح للأسباب التي تجعل الظروف الاقتصادية السائدة لا تبرر الانتقال إلى مرحلة الاستغلال، بما يشمل توضيحا لما إذا كانت الظروف الاقتصادية المعنية تشير إلى ظروف السوق العالمية بشكل عام أو إلى تقييم للجدوى بشأن مشروع المتعاقد؛

(ب)   موجز تفصيلي للأعمال التي اضطلع بها المتعاقد خلال فترة العقد بكاملها حتى تاريخه والنتائج المحققة قياسا إلى خطة عمل الاستكشاف الموافق عليها. ويشمل ذلك الموجز ما يلي:

‘١’   تقدير للموارد المعدنية و/أو الاحتياطيات وفقا لمعايير الإبلاغ عن الموارد المعدنية المحددة على نحو ما قررته السلطة، وتوزيعها المكاني داخل منطقة الاستكشاف؛

‘٢’   جدول يوجز جميع البيانات البيئية الأساسية المجمعة فيما يتعلق بالمتغيرات البيئية المدرجة في التوصيات التوجيهية ذات الصلة للمتعاقدين(أ)؛

‘٣’   قائمة كاملة بجميع التقارير المقدمة إلى السلطة عملا بعقد الاستكشاف؛

‘٤’   قائمة جرد كاملة بجميع البيانات والمعلومات المقدمة إلى السلطة عملا بعقد الاستكشاف؛

‘٥’   جميع البيانات التي طلبتها السلطة بعد استعراض التقارير السنوية بموجب عقد الاستكشاف أو التي كان ينبغي، بخلاف ذلك، أن تقدم إلى السلطة

_____

(أ) ISBA/19/LTC/8.

بموجب العقد، والتي لم تقدم بعد أو لم تقدم بالشكل المطلوب من السلطة أو المقبول لديها؛

‘٦’ تفصيل للنفقات عملا بعقد الاستكشاف، وفقا للتوصيات التوجيهية ذات الصلة للمتعاقدين التي أصدرتها اللجنة القانونية والتقنية عملا بالنظام(ب)، وتحديد أي خروج عن النفقات السنوية المتوقعة خلال فترة العقد؛

‘٧’ موجز للتدريب المقدم عملا بعقد الاستكشاف؛

(ج) وصف وجدول زمني لبرنامج الاستكشاف المقترح خلال فترة التمديد، بما في ذلك برنامج تفصيلي للأنشطة، يبين أي إضافات أو تعديلات يقترح إدخالها على خطة عمل الاستكشاف الموافق عليها بموجب العقد، وبيان يفيد بأن المتعاقد سيكمل خلال فترة التمديد الأعمال التحضيرية اللازمة للانتقال إلى مرحلة الاستغلال؛

(د) ما يلزَم من تفاصيل عن أي تخلٍ مقترح عن أي جزء من منطقة الاستكشاف خلال فترة التمديد؛

(هـ) جدول زمني بالنفقات السنوية المتوقعة فيما يتعلق ببرنامج الأنشطة لفترة التمديد؛

(و) برنامج تدريبي مقترح لفترة التمديد وفقا للتوصيات التوجيهية ذات الصلة للمتعاقدين التي أصدرتها اللجنة القانونية والتقنية عملا بالنظام(ج).

٢ - تقدم جميع البيانات والمعلومات المقدمة فيما يتعلق بطلب تمديد عقد الاستكشاف في شكل مطبوع وفي شكل رقمي تحدده السلطة.

(ب) ISBA/21/LTC/11.

(ج) ISBA/19/LTC/14.

التذييل الثاني

اتفاق بين السلطة الدولية لقاع البحار و [المتعاقد] بشأن تمديد عقد الاستكشاف [للمورد المعدني] المبرم بين السلطة الدولية لقاع البحار و [المتعاقد] والمؤرخ [التاريخ]

يتفق كل من السلطة الدولية لقاع البحار، ممثلة بأمينها العام (ويشار إليها فيما يلي بلفظ ''السلطة'') و [المتعاقد]، ممثلا بـ [...] (ويشار إليه فيما يلي بلفظ ''المتعاقد'')، على تمديد عقد استكشاف [المورد المعدني] المبرم بين السلطة والمتعاقد والموقع في [التاريخ] في [المكان] لمدة ١٥ سنة من [تاريخ بدء نفاذ العقد الأصلي]، بالإضافة إلى المرفقات ذات الصلة، لمدة [...] سنة [سنوات] إلى [التاريخ]، رهنا بالتعديلات التالية.

١ - يستعاض عن الجدول ٢ في العقد ببرنامج الأنشطة الملحق بهذا الاتفاق بصفته المرفق الأول.

٢ - يستعاض عن الجدول ٣ في العقد ببرنامج التدريب الملحق بهذا الاتفاق بصفته المرفق الثاني.

٣ - يستعاض عن الشروط القياسية المشار إليها في الفقرة ١ من منطوق العقد بالشروط القياسية الملحقة بهذا الاتفاق بصفتها المرفق الثالث(أ)، حيث ستدمج في العقد ويجري العمل بها كما لو كانت واردة فيه باستفاضة.

رهنا بالتعديلات الواردة أعلاه، يستمر العقد نافذا وساريا بصورة كاملة في جميع جوانبه الأخرى. ويدخل هذا التعديل حيز النفاذ في [التاريخ].

وإثباتا لما تقدم، قام الممثلان الموقعان أدناه والمفوضان حسب الأصول، كل من قبل الطرف الذي يمثله، بتوقيع هذا الاتفاق في [المكان] في يوم [التاريخ].

———————

(أ) فيما يتعلق بالعقود التي تنتهي مدتها في عامي ٢٠١٦ و ٢٠١٧، تصبح الإحالة إلى المرفق الرابع لنظام التنقيب عن العقيدات المؤلفة من عدة معادن في المنطقة واستكشافها الذي اعتمده المجلس في ٢٢ تموز/ يوليه ٢٠١٣ (الوثيقة ISBA/19/C/17، المرفق) بصيغته المعدلة بموجب الوثيقة ISBA/19/A/12.